江苏水利年鉴

2021

江苏省水利厅◎编著

河海大学出版社
HOHAI UNIVERSITY PRESS
·南京·

图书在版编目(CIP)数据

江苏水利年鉴. 2021 / 江苏省水利厅编著. -- 南京：
河海大学出版社，2022.9
ISBN 978-7-5630-7713-7

Ⅰ. ①江… Ⅱ. ①江… Ⅲ. ①水利建设—江苏—
2021—年鉴 Ⅳ. ①F426.9—54

中国版本图书馆 CIP 数据核字(2022)第 170211 号

敬 告

本书的封面、封底及正文部分图片由江苏省水利摄影协会供稿，在此我们表示衷心的感谢！也恳请各位读者朋友未经许可，不得擅自使用，谢谢！

书　　名　江苏水利年鉴(2021)
JIANGSU SHUILI NIANJIAN (2021)
书　　号　ISBN 978-7-5630-7713-7
责任编辑　彭志诚
特约编辑　方　璐
特约校对　薛艳萍
装帧设计　黄　煜　徐娟娟
出版发行　河海大学出版社
地　　址　南京市西康路 1 号(邮编:210098)
电　　话　(025)83737852(总编室)
(025)83722833(营销部)
网　　址　http://www.hhup.com
排　　版　南京布克文化发展有限公司
印　　刷　南京工大印务有限公司
开　　本　787 毫米×1092 毫米　1/16
插　　页　14
印　　张　17.75
字　　数　480 千字
版　　次　2022 年 9 月第 1 版
印　　次　2022 年 9 月第 1 次印刷
定　　价　220.00 元

特载 1

习近平考察江都水利枢纽

中共中央总书记、国家主席、中央军委主席习近平近日在江苏考察时强调，要全面把握新发展阶段的新任务新要求，坚定不移贯彻新发展理念、构建新发展格局，坚持稳中求进工作总基调，统筹发展和安全，把保护生态环境摆在更加突出的位置，推动经济社会高质量发展、可持续发展，着力在改革创新、推动高质量发展上争当表率，在服务全国构建新发展格局上争做示范，在率先实现社会主义现代化上走在前列。

2020 年 11 月 12 日至 13 日，习近平在江苏省委书记娄勤俭、省长吴政隆陪同下，先后来到南通、扬州等地，深入长江和运河岸线、水利枢纽、文物保护单位等，就贯彻落实党的十九届五中全会精神、统筹推进常态化疫情防控和经济社会发展工作等进行调研。

13 日下午，习近平乘车前往江都水利枢纽。江都水利枢纽是南水北调东线工程的源头，也是目前我国规模最大的电力排灌工程、亚洲最大的泵站枢纽。习近平来到展厅观看南水北调东线工程及江都水利枢纽专题片，结合沙盘听取南水北调东线工程建设运行情况介绍。他走进第四抽水站，察看抽水泵运行。在观测平台，工作人员向习近平展示了刚刚提取的水样，介绍当地加强水源地生态保护等情况。

在江都水利枢纽展览馆，习近平边走边看，详细了解水利枢纽发展建设历程和发挥调水、排涝、泄洪、通航、改善生态环境等功能情况。习近平指出，“北缺南丰”是我国水资源分布的显著特点。党和国家实施南水北调工程建设，就是要对水资源进行科学调剂，促进南北方均衡发展、可持续发展。要继续推动南水北调东线工程建设，完善规划和建设方案，确保南水北调东线工程成为优化水资源配置、保障群众饮水安全、复苏河湖生态环境、畅通南北经济循环的生命线。要把实施南水北调工程同北方地区节约用水统筹起来，坚持调水、节水两手都要硬，一方面要提高向北调水能力，另一方面北方地区要从实际出发，坚持以水定城、以水定业，节约用水，不能随意扩大用水量。习近平强调，南水北调东线工程取得的重大成就，离不开数十万建设者长期的辛勤劳动，离不开沿线 40 万移民的巨大奉献。要依托大型水利枢纽设施和江都水利枢纽展览馆，积极开展国情和水情教育，引导干部群众特别是青少年增强节约水资源、保护水生态的思想意识和行动自觉，加快推动生产生活方式绿色转型。

（摘自新华社 2020 年 11 月 14 日报道）

特载 2

习近平总书记考察调研江都水利枢纽
精心呵护“江淮明珠” 确保一江清水北送

秋冬之交，正是大地色彩最为绚烂的时候，千株金黄银杏掩映下，江都水利枢纽“江淮明珠”风姿尽显。11月13日下午4时许，习近平总书记来到这里，了解南水北调东线工程和枢纽建设运行等情况。当晚，记者追随总书记的足迹，第一时间回访这处南水北调东线工程的源头。

经过入口处“源头”石碑，便看到4座抽水站连接4座小岛，记者眼前的江都水利枢纽美如花园，静谧的水面让人心旷神怡。这一我国规模最大的电力排灌工程、亚洲最大的泵站枢纽，让南水北调东线起点动力澎湃。

“江都站是新中国成立后，我们自主规划、自主设计、自主制造、自主施工的大型泵站群。当时，集中了全国的规划、设计、科研专家联合攻关。江都站设计成为经典，工程获得国家质量金质奖。”刚刚向习近平总书记汇报完的省水利厅厅长陈杰，带着喜悦介绍江都水利枢纽的光辉往事。

“江水北调奠基石，南水北调开新篇”，江都第四抽水站厂房悬挂的一幅标语，讲述了一段历史：江苏在“南水北调”上先行一步，上世纪 60 年代初就开始用“江水北调”平衡江苏南北水资源，江都第一抽水站便是其发端。后来，“江水北调”成为南水北调东线工程的良好基础，江都水利枢纽又成了为中国北方“解渴”的起点。

位于枢纽内的江苏南水北调展示馆，星空灯下东线工程蜿蜒于江淮大地，“南水”一路坚定北上。习近平总书记在 1∶75 000 的沙盘前，听取陈杰对南水北调东线工程建设运行情况的汇报。

在南水北调工程规划图前，习近平驻足观看。图的北方，北京、天津、保定、雄安新区……正期待着来自江苏的长江水。经历 50 多年论证，数十万建设者十多年攻坚，南水北调这个跨越半世纪的梦想变成现实。东线一期工程在我省江水北调工程基础上向北延伸，抽江规模提升，翻水梯级增加，新增供水量 36 亿立方米。

历经 60 多年建设和运行，如今江苏的南水北调工程体系已成为世界上最大的网络化泵站集群。展厅“南水北调工程功在当代利在千秋”的标语下，剖面图展示了从 0.7 米高程的江都水利枢纽，经过 9 级台阶提升 30 米，送水逾 400 公里进入山东的“足迹”。

一江清水，跨上一级级台阶北上；南水北调东线江苏段的建设管理，也逐年迈上新台阶。7 年中，江苏牢牢扛起为全国发展大局作贡献的责任，统筹配置境内江、淮、沂沭泗等多种水源和区域雨洪资源，科学优化实行洪旱错峰调度，克服省内农业灌溉高峰期供水保障巨大压力，竭尽全力保证南水北调东线工程向省外调水的水源丰沛稳定。东线一期工程通水7年多来，江苏已累计向山东调水超47亿立方米，相当于将5个骆马湖或1.5个洪泽湖的蓄水搬运到齐鲁大地；同时，江苏还为安徽洪泽湖周边受水区提供稳定水源，为东线一期工程向河北、天津应急供水提供支持。

如今，南水北调的战略意义愈加凸显。习近平总书记在江都水利枢纽调研时指出，党和国家实施南水北调工程建设，就是要对水资源进行科学调剂，促进南北方均衡发展、可持续发展。要继续推动南水北调东线工程建设，完善规划和建设方案，确保南水北调东线工程成为优化水资源配置、保障群众饮水安全、复苏河湖生态环境、畅通南北经济循环的生命线。

“总书记高度评价南水北调工程，我们无比振奋。作为东线源头省份，我们将牢记总书记嘱托，管理好、运行好一期工程，规划好、建设好二期工程，为国家战略目标的实现作出贡献。”陈杰坚定地说。

（摘自新华日报2020年11月15日报道）

中共江苏省委江苏省人民政府关于表彰 2020 年全省防汛抗洪工作先进集体和先进个人的决定
（2021 年 5 月 23 日）

2020 年，我省长江、太湖流域发生大洪水，沂沭河发生 60 年来最大洪水。面对严峻复杂的汛情形势，全省上下深入学习贯彻习近平总书记关于防汛救灾工作的重要讲话指示精神，全面贯彻落实党中央、国务院决策部署，坚持人民至上、生命至上，周密部署、科学应对，勠力同心、众志成城，切实筑牢“工程、预案、应急”三道防线，全面落实防汛抗灾各项措施，实现无水利工程失事、无人员伤亡、无重大灾害损失，夺取了防汛抗洪斗争的全面胜利，确保了人民群众生命财产安全。

在防汛抗洪斗争中，全省各级党委政府紧急动员、积极行动，各级领导干部深入一线、靠前指挥，各级防指科学研判、精准调度，各有关部门全力以赴、同舟共济，广大军民万众一心、众志成城，尤其是一线工作人员闻令而动、敢打硬仗，形成抗御洪涝灾害的强大合力，涌现出一大批可歌可泣、催人奋进的先进集体和先进个人。他们身上集中展现的“忠诚担当、团结拼搏，不畏艰险、敢于胜利”的优质品质，是伟大抗洪精神的生动体现，也是加快建设“强富美高”新江苏的强大动力。

为表彰先进、弘扬正气，充分发挥典型示范作用，激发全省广大干部群众干事创业的责任感和使命感，省委、省政府决定，授予南京市防汛抗旱指挥部等120个集体“全省防汛抗洪工作先进集体”称号，授予卢婉莹等260名同志“全省防汛抗洪工作先进个人”称号，予以通报表彰。

希望受到表彰的先进集体和先进个人珍惜荣誉、再接再厉，充分发挥模范带头作用，为党和人民事业作出新的更大贡献。全省广大干部群众要以习近平新时代中国特色社会主义思想为指导，深入学习贯彻习近平总书记视察江苏重要讲话指示精神，牢记习近平总书记对江苏提出的“争当表率、争做示范、走在前列”的谆谆嘱托，以受到表彰的先进集体和先进个人为榜样，增强“四个意识”、坚定“四个自信”、做到“两个维护”，更加紧密地团结在以习近平同志为核心的党中央周围，不忘初心、牢记使命，顽强拼搏、锐意进取，为开启全面建设社会主义现代化新征程、加快“强富美高”新江苏建设而不懈奋斗。

附件：

1. 2020年全省防汛抗洪工作先进集体名单

2. 2020年全省防汛抗洪工作先进个人名单

（此件公开发布）

中共江苏省委办公厅

2021年5月23日印发

附件 1

2020 年全省防汛抗洪工作先进集体名单

南京市

南京市防汛抗旱指挥部

南京市水务局

南京市鼓楼区防汛抗旱指挥部办公室

南京市栖霞区水务局

南京市浦口区人民政府江浦街道办事处

南京市溧水区和凤镇人民政府

南京市高淳区防汛防旱指挥部办公室

南京市六合区水务局

无锡市

无锡市人民政府办公室

无锡市水利局

江阴市水利局

宜兴市水利局

无锡市新吴区排水管理中心

徐州市

徐州市水务局

徐州市应急管理局

邳州市水务局

新沂市水务局

徐州市防汛防旱抢险中心

常州市

常州市水利局

溧阳市水利局

常州市武进区水利局

常州市新北区防汛防旱指挥部

苏州市

苏州市水务局

苏州市应急管理局

苏州市姑苏区消防救援大队

常熟市水务局

苏州市吴江区水务局

南通市

南通市水利局

如皋市水务局

启东市水务局

南通市海门区水利局

连云港市

连云港市公安局

连云港市水利局

连云港市应急管理局

连云港市赣榆区水利局

灌云县水利局

东海县水务局

淮安市

淮安市水利局

淮安市应急管理局

盱眙县公安局

盱眙县水务局

盱眙县交通运输局

盐城市

盐城市水利局

盐城市市政设施管理处

东台市梁垛河闸管理所

阜宁县灌溉总渠堤防管理所

扬州市

扬州市防汛防旱指挥部

扬州市水利局

仪征市水利局

扬州市江都区水务局

中共扬州市广陵区李典镇委员会

镇江市

镇江市防汛防旱指挥部

镇江市水利局

句容市水利局

扬中市水利局

镇江市丹徒区江心洲生态农业园区党工委

泰州市

泰州市水利局

靖江市新桥镇人民政府

泰兴市虹桥镇人民政府

泰州市气象台

宿迁市

宿迁市水利局

宿迁市消防救援支队

沭阳县水利局

泗洪县水利局

省直单位、中直驻苏单位、工程和技术支撑单位(部门)

邳州市“王杰”民兵应急连

中国人民武装警察部队江苏省总队机动支队

江苏省公安厅治安总队海防支队

江苏省自然资源厅海洋预警监测处

江苏省地质调查研究院

江苏省住房和城乡建设厅城市建设处

江苏省住房和城乡建设厅房地产市场监管处

江苏省交通运输综合行政执法监督局水上执法监督局

苏锡常南部高速公路工程建设指挥部

江苏省水利厅办公室

江苏省水利厅工程运行管理处

江苏省水利厅生态河湖处

江苏省水利工程规划办公室

江苏省农业技术推广总站

江苏省农业农村厅渔业处

江苏省应急管理厅防汛防旱处

江苏省应急管理厅救援协调和预案管理处(区域合作处)

江苏省应急管理厅救灾和物资保障处

江苏省防灾减灾中心

江苏省气象台

江苏省突发事件预警信息发布中心

南京市气象台

无锡市气象局

淮安市气象局

南京市消防救援支队特勤大队三站

宜兴市消防救援大队

镇江市消防救援支队

徐州市消防救援支队

南京海事局指挥中心

国网淮安供电公司

中国安能集团第二工程局有限公司常州分公司

江苏广电总台融媒体新闻一部采访二部

新华日报全媒体经济新闻部

江苏省水旱灾害防御调度指挥中心

江苏省水文水资源勘测局

江苏省水文水资源勘测局南京分局

江苏省水利防汛物资储备中心镇江分中心

江苏省水利防汛物资储备中心徐州分中心

江苏省骆运水利工程管理处

江苏省淮沭新河管理处

江苏省灌溉总渠管理处

江苏省洪泽湖水利工程管理处

江苏省江都水利工程管理处

江苏省武定门闸管理所

江苏省太湖地区水利工程管理处

江苏省灌溉动力管理一处抗旱排涝管理所

江苏省防汛防旱抢险中心

江苏省河道管理局

江苏省水利科学研究院

南水北调东线江苏水源有限责任公司淮安分公司

长江水利委员会水文局长江下游水文水资源勘测局

淮河水利委员会沂沭泗水利管理局防汛抗旱办公室

太湖流域管理局苏州管理局

江苏省水利勘测设计研究院有限公司

江苏省太湖水利规划设计研究院有限公司

江苏省水利工程科技咨询股份有限公司

附件 2

2020 年全省防汛抗洪工作先进个人名单

南京市

卢婉莹(女)　南京市江北新区防汛防旱指挥部办公室三级行政主管

何绍良　南京市玄武区应急管理局科长

张锡宁　南京御河环境工程有限公司工程师

谢　昕　南京市建邺区水务设施综合养护中心工程师

王瑞荣　南京市雨花台区水务局局长

方　伟　南京西部路桥集团有限公司助理工程师

石义海　南京市六合区龙袍街道水利管理服务中心主任
丁仲平　南京市防汛抗旱指挥部办公室副主任
陈　力　南京市应急管理局一级主任科员
顾小萍(女)　南京日报社助理记者
吕　琪　南京市公安局高淳分局阳江派出所中队长
时贤龙　南京市市政工程质量安全监督站高级工程师
徐　涛　南京市城市管理综合行政执法总队一级主办
李　勇　南京供电公司运维检修部五级职员,高级工程师
李代银　南京市高淳区水务局砖墙水务站站长

无锡市

吴　晓　无锡市政府办公室秘书五处处长
朱晓燕(女)　无锡市防汛防旱指挥部办公室副主任,工程师
白宁明　无锡市防汛防旱指挥部办公室原一级主任科员,高级工程师
陶雯岩(女)　无锡市财政局农业农村处四级主任科员,会计师
付永强　无锡市市政和园林局市政管理处处长,助理工程师
张　毅　无锡市应急管理局防汛防旱处二级主任科员
蒋华平　宜兴市水利局党委书记、局长,助理农艺师
金　杰　无锡市梁溪区水利局防汛科科长,工程师
庄宝庆　无锡市锡山区防汛防旱指挥部办公室主任,工程师
钱　俊　无锡市惠山区水利局信息化办公室主任,工程师
韩洪法　无锡市滨湖区人大常委会委员、胡埭镇人大主席
张　立　无锡市经济开发区建设局科员,助理工程师

徐州市

李　峰　邳州市沂河橡胶坝管理所所长
卜祥东　邳州市人民武装部政委
李军权　邳州市应急管理局科长
蒋讯迅　新沂市马陵山镇党委书记(原水务局党委书记、局长)
庄　严　新沂市应急管理局党委书记、局长
孙作举　新沂市消防救援大队大队长
孙庆峰　新沂市人民武装部政委

赵永强　徐州市政府办公室副主任、市防汛防旱指挥部副指挥
张鹏程　徐州市消防救援支队特勤大队一站副站长
孙　瑞　江苏省水文水资源勘测局徐州分局副科长，高级工程师
刘建永　徐州市水旱灾害防御调度指挥中心副主任，工程师
胡铁辉　徐州市铜山区水务局局长，高级工程师

常州市

陈汉新　常州市城市防洪工程管理处主任，高级工程师
焦树楷　常州市武进区人民武装部军事科科长
祁伟洪　常州市应急管理局自然灾害救援处处长，高级工程师
蒋　骏　常州市气象台台长，高级工程师
王卫国　常州市金坛区水利局副局长，高级工程师
汤　劼　常州市天宁区农业农村局综合科科长
武　斌　常州市钟楼区水利局水利科科长、防办副主任
方金虎　江苏常州经济开发区农业农村工作局水利水务科科长，工程师

苏州市

陈　尉（女）　苏州市防汛防旱指挥部办公室副主任，工程师
陈　滢（女）　苏州市安全生产监察支队四级主任科员
董尚力　苏州市气象局副局长，高级工程师
闻振东　常熟市水务局副局长、市防汛防旱指挥部办公室主任，高级工程师
许仁康　江苏省水文水资源勘测局苏州分局局长，高级工程师
程　诚　苏州军分区参谋
于君尧　苏州市吴江区水务局水政监察大队大队长、四级主任科员
史杨峰　昆山市张浦水利（水务）站站长，工程师
崔庆华　苏州市消防救援支队作战训练处副处长
杨忠星　苏州市吴中区东山镇副镇长，高级农艺师
张　暋（女）　苏州市姑苏区住房和建设委员会副主任
密术晓　苏州市应急管理局应急指挥处四级主任科员

南通市

周兴余　南通市水利局局长助理、市防办主任、市应急管理局党委委员
张长银　海安市水旱灾害防御中心主任，高级工程师

邵亚洲　如东县水务局一级主任科员，经济师

张美娟（女）　南通市崇川区堤防涵闸管理所所长，工程师

王林源　南通市通州区水利局党组成员、区防办主任

曹建清　南通经济技术开发区防办副主任

姜留兵　江苏省通州湾江海联动开发示范区堤防涵闸管理所所长

李长群　南通市市政和园林局处长

连云港市

张立贤　灌南县水利局局长、四级调研员

谭华业　连云港市海州区水利局防办副主任，高级工程师

齐振龙　连云港市经济技术开发区社会事业局农业农村处副处长，助理工程师

安　刚　连云港市临洪东站管理所所长，高级工程师

张道春　连云港市通榆河北延送水工程管理处科长，高级工程师

杨耀武　连云港市公路事业发展中心副主任，高级政工师

王桂臣　连云港市气象局观测与预报处处长，高级工程师

邵润泽　连云港市水旱灾害防御调度指挥中心主任，工程师

贾玉山　连云港市石梁河水库管理处科长，高级工程师

单兴东　连云港市消防救援支队作战训练科科长

金　鑫　连云港市市区水工程管理处工管科科长，高级工程师

淮安市

肖进方　淮安市人大常委会副主任、党组成员

汤同岩　淮安市水利局四级主任科员，助理工程师

刘益志　淮安市防汛防旱指挥部办公室一级科员，助理工程师

禹继华　淮安市气象台台长，高级工程师

陈新宽　淮安市淮安区翔宇消防救援站站长助理

孙志标　盱眙县委副书记、县长

高中光　盱眙县水务局设计室主任、规建科负责人，高级工程师

陈　健　盱眙县官滩镇党委书记、四级调研员

满令风　盱眙县淮河镇沿河村党支部书记

孔繁星　江苏都梁矿业集团有限公司董事长

闵松山　金湖县金北街道办事处农村工作科科长，高级农经师

王海亮　淮安市洪泽区防办负责人，助理工程师

孙小军　淮安市淮安区水利局党委委员、副局长，工程师

盐城市

陈昌刚　盐城市亭湖区新兴镇党委书记、一级主任科员

陈其美　盐城市黄沙港闸管理所所长，高级工程师

江　春　响水县人民武装部参谋

金海军　盐城市大丰区堤防管理处副主任、王港闸管理所所长，工程师

陈玉龙　盐城市应急管理局风险监测和综合减灾处处长

袁文新　盐城市财政局处长、四级调研员，高级会计师

王建凤(女)　盐城市盐都区水务局大纵湖水务站站长

沈效操　滨海县滨淮水利管理服务站高级工程师

扬州市

凌国栋　扬州市水利局副局长

刘爱军　扬州市防汛防旱指挥部办公室主任，高级工程师

俞　湛　扬州市应急管理局指挥中心主任

王刘陈　扬州广播电视传媒集团(总台)制片人

路庭军　扬州市城市河道管理处润扬河管理所副所长，工程师

沈伯宏　宝应县委副书记

潘玉华　高邮市水利局党组书记、局长，经济师

田文远　仪征市副市长

汤　炜　扬州市江都区水务局工管科科长，高级工程师

曹　俊　扬州市邗江区瓜洲镇党委书记

董大军　扬州市广陵区水利局党组书记、局长

张永军　扬州经济技术开发区朴席镇农业农村局支部书记、副局长

杨政祥　扬州市生态科技新城杭集镇政府一级主任科员

镇江市

马家胜　扬中市委副书记

张俊辉　丹阳市九曲河枢纽管理处党支部书记、主任

吴荣燕　句容市下蜀镇副镇长

戴雨平　镇江市丹徒区水利局党委书记，工程师

张　跃　京杭运河江苏省邳州航道管理站站长

张劲松　江苏省水利厅副厅长兼应急管理厅副厅长、省防指秘书长、省防办主任

黄海田　江苏省水利厅二级巡视员

喻君杰　江苏省水利厅规划计划处处长

尹宏伟　江苏省水利厅河湖长制工作处二级调研员

吴卿凤（女）　江苏省水利信息中心主任，高级工程师

姚吟月（女）　江苏省水利信息中心水情教育科科长

杜永林　江苏省农业农村厅种植业管理处副处长，推广研究员

贡玉清　江苏省畜牧总站副站长，二级研究员

袁开迪（女）　江苏省文化和旅游厅文物管理处二级主任科员

周　磊　江苏省国画院行政科职工

顾帮朝　江苏省卫生健康委员会应急办主任

张永杰　江苏省疾病预防控制中心主管医师

蒋建新　江苏省应急管理厅防汛防旱处处长

陈　巍　江苏省应急管理厅防汛防旱处一级主任科员

佘　立　江苏省应急管理厅救灾和物资保障处一级主任科员

傅　亮　江苏省应急管理厅救援协调和预案管理处（区域合作处）一级主任科员

蔡　菁　江苏省应急管理厅新闻宣传处一级主任科员

徐　鹏　江苏省应急管理厅应急指挥中心干部

唐高胤（女）　江苏省粮食和物资储备局二级主任科员

毛圣建　江苏省军粮供应办公室三级主任科员

刘　梅（女）　江苏省气象台首席预报员，正高级工程师

许福根　江苏省气象服务中心科长，高级工程师

鲍婷婷（女）　江苏省气象信息中心副科长，高级工程师

钱　鹏　镇江市气象台台长，高级工程师

桑梓赫　邳州市气象台台长，助理工程师

夏　昊　江苏省通信管理局二级调研员

张传翔　常州经济开发区常戚路消防救援站站长

黄广波　泰州市姜堰区长江西路消防救援站站长

马曲侃　淮安市消防救援支队灭火救援指挥部副部长兼作战训练科科长

陶　杰　泗洪县富康路消防救援站副站长

吴越仲　江苏省消防救援总队训练与战勤保障支队政治工作科三级助理员

宗军荣　江苏省消防救援总队灭火救援指挥部特种灾害救援处副处长

袁德进　江苏省供销合作总社二级调研员

黄凯军　淮安民用机场有限责任公司副总经理

张卫星　镇江海事局副局长

蔡炳华　中国铁路上海局集团有限公司南京安监队副队长，工程师

王金山　江苏省高速公路经营管理中心职员，工程师

张　军　国网江苏省电力有限公司设备管理部副主任

张　迎　中国石化销售股份有限公司江苏镇江石油分公司经理，经济师

赵　松　中国安能集团第二工程局有限公司常州分公司副总经理

尹永殿　中国安能集团第二工程局有限公司常州分公司抢险救援大队大队长

刘小疆　中国安能集团第二工程局有限公司常州分公司职员

王德俭　江苏广电总台记者

孟　煦（女）　江苏广电总台网络传播部记者

薄云峰　扬子晚报记者

范杰逊　新华日报社交汇点首页编辑部特别报道部主任

孙洪滨　江苏省水旱灾害防御调度指挥中心主任，正高级工程师

尤迎华　江苏省水旱灾害防御调度指挥中心副主任，高级工程师

郑福寿　江苏省水旱灾害防御调度指挥中心副主任，高级工程师

周春飞　江苏省水旱灾害防御调度指挥中心一级主任科员，工程师

薛凌峰　江苏省水旱灾害防御调度指挥中心一级主任科员，工程师

何继业　江苏省水利工程建设局工务处一级主任科员，工程师

问泽杭　江苏省南水北调工程建设领导小组办公室一级调研员，正高级工程师

刘沂轩　江苏省水文水资源勘测局连云港分局党总支书记、局长，高级工程师

李明武　江苏省水文水资源勘测局淮安分局党总支书记、局长，高级工程师

洪国喜　江苏省水文水资源勘测局无锡分局党总支书记、局长，正高级工程师

仲兆林　江苏省水文水资源勘测局常州分局城区中心副主任，高级工程师

朱晓敏　江苏省水文水资源勘测局镇江分局高级工程师

唐菊明　江苏省水利防汛物资储备中心苏州分中心支部书记、主任，工程师

张　伟　镇江市京口区新民洲临港产业园党工委书记

董春永　镇江市润州区水利工程管理所所长，工程师

嵇庆才　镇江新区城乡建设局科长，高级工程师

毛　辉　镇江高新区蒋乔街道党工委副书记、区社会事业局副局长

徐锦红　镇江市应急管理局应急救援指挥中心主任

张俊忠　镇江市消防救援支队一级督导员、二级调研员

陈　勇　镇江军分区战备建设处处长

陈　隽（女）　镇江市财政局农业农村处处长，高级会计师

聂永平　镇江市丹徒区世业镇副镇长

泰州市

高　宏　泰州市水利局副局长

张　剑　泰州市水利局海陵分局局长，工程师

洪　涛　泰州市水利局医药高新区分局局长，助理工程师

耿　萍（女）　靖江市水利局科长，工程师

叶文荣　泰州市高港区水利局副局长，工程师

褚新华　泰兴市水务局局长，农艺师

沈向明　泰州市姜堰区淤溪镇靳潭村党总支第一书记，农艺师

朱荣慧　兴化市河道管理所工程师

陶拥政　泰州市城区河道管理处副主任，工程师

宿迁市

张先彦　宿迁市水利局党组书记、局长

周　军　宿迁市防汛防旱办公室主任，高级工程师

张　雷　宿迁市水利局河湖长制工作处处长

朱延国　宿迁市消防救援支队湖滨新区大队骆马湖站站长，三级指挥员

宋延飞　沭阳县水利局党委书记、局长

杨新宇　沭阳县防汛防旱指挥部办公室副主任

徐　娟（女）　泗洪县水利局党委书记、局长，高级工程师

张　毅　泗洪县水旱灾害防御调度中心主任，高级工程师

王乃生　泗阳县水利局新袁水利站站长，助理工程师

朱凤莲（女）　宿迁市宿豫区来龙镇副镇长

金　军　宿迁市宿城区水利局党委委员、区灌溉服务中心主任，工程师

丁汉波　宿迁市湖滨新区农村工作局防办副主任

李　雷　宿迁市防汛物资储备管理中心工程师

省直单位、中直驻苏单位、工程和技术支撑单位(部门)

王　斌　盱眙县人民武装部政委

蒋育洋　仪征市人民武装部部长

张　俊　江阴市人民武装部副部长

王乐平　武警江苏总队连云港支队支队长

曹文虎　武警江苏总队执勤支队参谋长

张玉柱　武警江苏总队参谋部作战勤务处副处长

宋　燕(女)　江苏省委宣传部新闻处副处长

史新明　江苏省政府办公厅秘书四处二级调研员

孙　鹏　江苏省发展和改革委员会农村经济处一级主任科员

戴　群　江苏省发展和改革委员会农村经济处一级主任科员

宋和才　南京农业大学工程师

孟　杨　江苏警官学院后勤管理处副处长

夏仕保　江苏省工业和信息化厅运行监测协调局四级调研员

唐云峰　江苏省工业和信息化厅无线电管理处一级主任科员

李昊璞　江苏省公安厅情报指挥中心总值班长

端　杰　江苏省公安厅治安总队维稳处置支队科长

金　东　江苏省公安厅治安总队海防支队借调民警(盐城市公安局水警支队)、四级警长

熊志飞　江苏省财政厅预算处支出科科长、一级主任科员

王云(女)　江苏省财政厅农业农村处二级调研员，高级会计师

陈汉永　江苏省自然资源厅地质勘查管理处副处长

喻永祥　江苏省自然资源厅地质灾害应急技术指导中心高级工程师

王晨波　江苏省环境监测中心水质部部长，高级工程师

姚　健　江苏省生态环境厅水生态环境处四级调研员

王华成　江苏省工程建设标准站副站长，高级工程师

李玉华　江苏省住房和城乡建设厅城市建设处三级调研员

张晏华　江苏省交通运输综合行政执法监督局副科级干部

长江南通五山段

扬州三湾公园

力　刚　江苏省骆运水利工程管理处副主任、抗排队队长，高级工程师
陆卫东　江苏省骆运水利工程管理处抗排队股长，技师
张玉林　江苏省淮沭新河管理处副主任，高级政工师
丁　跃　江苏省淮沭新河管理处新沂河海口控制工程管理所所长，高级工程师
华学坤　江苏省灌溉总渠管理处副主任，高级工程师
孙　猛　江苏省灌溉总渠管理处科长，高级工程师
陈昌仁　江苏省洪泽湖水利工程管理处党委书记、主任，高级工程师
徐　铭　江苏省洪泽湖水利工程管理处科长，高级工程师
魏强林　江苏省江都水利工程管理处党委副书记、纪委书记，正高级工程师
张　晖　江苏省江都水利工程管理处接待中心主任(原万福闸管理所所长)，高级工程师
张加雪　江苏省秦淮河水利工程管理处党委书记、主任，正高级工程师
张宜亮　江苏省秦淮河水利工程管理处秦淮新河闸管理所所长，高级工程师
陈卫冲　江苏省太湖地区水利工程管理处党委书记、主任，工程师
张　瑾　江苏省太湖地区水利工程管理处江阴水利枢纽管理所副所长，高级工程师
樊锦川　江苏省泰州引江河管理处高港泵站管理所所长，高级工程师
张　强　江苏省灌溉动力管理一处抗旱排涝管理所所长，高级工程师
刘俭和　江苏省防汛防旱抢险中心副主任，高级工程师
徐金彪　江苏省防汛防旱抢险中心抗排队职工，技师
王亦斌(女)　南水北调东线江苏水源有限责任公司工会副主席、调度运行部主任，高级工程师
曾　瑞(女)　长江水利委水文局长江下游水文水资源勘测局工程师
张宇亮　淮河水利委沂沭泗局骆马湖水利管理局嶂山闸管理局局长，高级工程师
石亚东　太湖局太湖流域水文水资源监测中心副主任，正高级工程师
陈　亮　河海大学岩土所副所长，教授
柯敏勇　南京水利科学研究院勘测设计有限公司副总经理
张亚中　江苏省水利勘测设计研究院有限公司总经理，正高级工程师
陈宝华　江苏省太湖水利规划设计研究院有限公司董事长，正高级工程师
任玉彬　江苏省水利工程科技咨询股份有限公司副总经理，高级工程师

江都水利枢纽

《江苏水利年鉴》编辑委员会

《江苏水利年鉴》编辑部

主　编： 黄海田

副主编： 吉玉高　　钱　钧　　黄林霞

编　辑： 季　平　　许　芬　　楼　锋

程　瀛

序

“卅三春秋承年鉴，水利历程载其间”。《江苏水利年鉴》的出版发行，见证了江苏水利所经历的风雨，所前进的脚步和所创造的瞩目业绩。

《江苏水利年鉴》是历史的真实记载。她以其鲜明的特点、详实的事例、朴实的语言，客观反映了这一时期江苏水利改革、开拓、创新的发展历程和崭新风貌，为我们鉴往知来，开阔视野，提高科学决策水平，更好地推动江苏水利事业发展，提供了有益的帮助。

《江苏水利年鉴》是凝炼的史鉴。积极实践新时期治水新思路，努力把握水的自然规律和经济规律，需要以史为鉴而“正衣冠”；改革水利工作，创新水利发展，努力开创经济社会与水资源环境协调发展的新局面，需要传承和发展。《江苏水利年鉴》正是更好地认知水利，参悟水利的经验大成。

《江苏水利年鉴》是知兴替的平台。新的时期，江苏工业化、城市化快速发展对水利工作提出新要求、新圭臬；保障水资源可持续利用，统筹规划、综合治理水环境是我们面临的新课题；全面提高水利工程的防洪保安能力、水资源保障能力、水环境保护能力和水利行业的公共服务社会管理能力是民生对水利提出的新任务；为促进科学发展、建设和谐社会提供更好的基础支撑和保障，是全社会对水利提出的新使命。而《江苏水利年鉴》可以让我们明得失、知兴替、察未来，她是推动江苏水利现代化不断前进的科学记录、文脉载体。

《江苏水利年鉴》已历时 33 载春秋，她生动地记录了每一年的“风雨扬帆路”“沧桑与辉煌”。希望《江苏水利年鉴》不断与时俱进，求真唯实，不断提高编辑水平和刊物质量，更好地体现水利特色和时代特色，进一步强化信息功能、资政功能和服务功能。

让治水之志在年鉴的记载中春意盎然，让水利之史在年鉴的著述中根深叶茂！

是为序。

目　录

综　述

重要文献

水利法治

水利建设

水利管理

防汛防旱

水文工作

南水北调

水利科技

行业发展能力建设

地方水利

厅直工管单位

大　事　记

水利统计资料

综　　述

2020 年水利发展综述

2020 年，江苏水利坚持以习近平新时代中国特色社会主义思想为指引，认真贯彻党的十九大和十九届四中、五中全会精神，全面落实习近平总书记视察江苏重要讲话指示精神，深入践行新时代“十六字”治水方针，紧紧围绕“强富美高”新江苏建设大局，以高质量发展为主线，以河湖长制为统领，以系统治水为导向，以生态河湖行动为抓手，全力打造“六大水利”，水利事业快速发展，实现“十三五”规划圆满收官。

（一）围绕重要讲话指示，全面部署水利发展。2020 年 11 月，习近平总书记亲临江都水利枢纽视察，察看了南水北调东线工程和江都水利枢纽运行管理情况，并作出重要指示、提出明确要求，这是对水利工作的巨大关怀和永久激励。11 月 16 日，省水利厅党组召开扩大会议，专题传达学习习近平总书记视察江苏重要指示和全面推动长江经济带发展座谈会重要讲话精神，按照省委省政府部署要求，研究水利系统贯彻落实工作。11 月 28 日，省水利厅在江都水利枢纽举办深入学习贯彻习近平总书记视察江苏重要讲话指示精神“都江堰·江都站世纪工程交相辉映共建仪式”，苏川两地水利人在江都真情携手，开展合作共建，全面开启水利基本现代化新征程。12 月 5 日，省水利厅党组在江都水利枢纽召开全省水利系统贯彻落实习近平总书记视察江苏重要讲话指示精神学习交流会，谋划推进好水利现代化、建设好幸福河湖、管理好南水北调，切实把总书记的重要讲话指示精神转化为水利改革发展的强大动力。

（二）围绕保障安全发展，打赢防汛抗旱硬仗。面对去冬今春的持续干旱，入梅以来的长江、太湖流域性大洪水，淮河流域性较大洪水，沂沭河 1960 年以来最大洪水，我省依托较为完备的工程体系和周密的组织指挥体系，夺取防汛抗旱全面胜利，实现减灾免灾效益 1 207亿元，为全省粮食丰收和经济社会正常运行提供了坚实保障。超前准备，组织多轮次度汛安全隐患排查整治，主汛期全面完成水毁修复工程，及时调整省市县三级防指组成人员，报请省政府办公厅印发《江苏省防汛抗旱应急预案》，组织开展防汛抗旱业务培训和演练。针对淮河流域持续干旱，提前采取综合措施，实施多水源统一调配，充分利用洪泽湖、骆马湖拦蓄 20 多亿方洪水资源。用水高峰期启用江水北调工程和沿江闸站调水引水，启用通榆河北延和里下河水源调整工程等措施，满足用水需求，保障供水水源。抗旱期间，累计抽引长江水 92 亿方。南水北调圆满完成调水出省 7.03 亿方任务。针对超标洪水，加强水文监测和分析研判，在洪水入境前全力泄洪腾出库容，洪水入境后合理使用分洪通道，7 000 多亿方洪水安全入海，全省无大面积受淹受涝，城镇设施运行安然，工农业生产未受影响。

（三）围绕稳投资促经济，实现水利建设突破。完成重点水利工程建设投资 130 亿元，农村水利投资 59.8 亿元，实现全社会水利投资 380 亿元。长江干流崩岸应急治理、黄墩湖滞洪区建设等一批重点工程全面完成,新孟河延伸拓浚工程实现应急通水,新沟河延伸拓浚工程完成竣工验收,淮河流域平原洼地治理、病险水利工程除险加固等加快推进,南水北调完成5个单项年度竣工验收。8个大型灌区、22个中型灌区节水配套改造项目全面完成,农村河道疏浚土方1.65亿方,建成306条农村生态河道,综合治理水土流失面积200余平方公里,建成生态清洁小流域17个。积极融入国家"一带一路"建设,水利海外建设项目涉及沿线十多个国家,江苏水利海外服务范围扩大。

(四)围绕小康社会建设,推进民生条件改善。农村饮水安全6月底前全面完成,铺设农村供水管网4 200公里,农村区域供水入户率达到98%以上,在全国率先基本实现城乡供水一体化。牵头做好丰县湖西片区整体帮扶,在五年任务提前一年完成的基础上,今年再完成投资13.95亿元。完成20个移民村"美丽库区,幸福家园"居住环境综合整治项目和10个产业扶持项目,巩固移民村脱贫攻坚成效。水库移民后期扶持工作获全国考核优秀等次。洪泽湖住家船餐饮船整治实现两年任务一年基本完成,船民签约率99.6%,船只拆解率83%。淮干滩区居民迁建1 000户,完成年度计划140%。

(五)围绕美丽江苏建设,延展河湖治理成效。完成掩山岛生态清淤试点,退圩还湖恢复水面50平方公里,"两违三乱"整治基本完成,解决河湖突出问题3.8万个,省级领导担任河湖长的重点河湖1 250个"三乱"问题全面完成,70%重点河湖生态状况评估达到优良水平,全省河湖面貌显著改观。长江干流全面完成生态警示片涉水12个问题、596个长江岸线清理整治项目、省级自排100个整治项目等任务,退出岸线47公里,复绿8 592亩①,在沿江省市中整治数量最多、退出岸线最多、整治效果最好,得到水利部充分肯定。严格河湖采砂管理,基本实现长江禁采秩序平稳可控,洪泽湖、骆马湖禁采成果进一步巩固。

(六)围绕强监管补短板,提高水利管理水平。在全国率先全面完成我省范围内的取水许可核查登记和整改提升,全国首例地下水取水权交易在宿迁签约,全省国内生产总值用水量实现较2015年下降25%的目标。最严格水资源管理制度考核连续三次全国第一,"三条红线"5项指标多年持续超额完成国家下达目标任务。以县域为单元确定可用水量,省市县同步推进河湖分水,完成6河3湖跨省、3河1湖跨市水量分配,省级28个重点河湖生态水位全部确定,6市发布生态水位。全面完成城市水源地达标和应急水源地建设,完成苏中、苏北8市封井压采任务,实现苏、锡、常全面禁采地下水,全省超地下水位红线区域消除。工程精细化管理强力推进,国家级水管单位达22家,安全生产标准化单位277家,率先建立病险水库除险加固常态化机制,规范化小水库建设"江苏样板"在全国推广,溧阳、宜兴成为全国推广的小水库管护示范县。《江苏省农村水利条例》《江苏省水域保护办法》出台,《江苏省洪泽湖保护条例》《江苏省长江岸线保护条例》立法前期工作有序推进,制定7件厅级规范性文件,废止12件,宣布失效2件。263件河湖陈年积案全部清零,长江经济带生态警示片整治、扫黑除恶专项斗争、重点河湖库违建别墅清查整治全面完成。全省法治水利建设年度计划圆满完成,厅机关年度法治水利建设任务全面落实。

(七)围绕生命至上理念,打造水利本质安全。深入学习贯彻习近平总书记在防范化解重大风险专题研讨班上的重要讲话精神,压实国家安全责任制,建立风险防控"四项机

① 1亩≈666.7平方米

制”。科学防控超历史大洪水，平稳推进水利工程建设，加强重大水利工程立项前风险评估审查，信访、三峡库区移民维稳工作平稳有序，制定了《江苏省防汛抗旱期间人员转移安置疫情防控工作指导意见》。主动对接省政务办出台《全省12345防汛诉求处置规程》，82件服务工单处办规范。厅党组会议和厅长办公会议8次专题研究水利安全生产工作，定期召开厅安委会会议，制定厅领导班子成员安全生产职责任务清单和2020年重点工作清单，修订厅安全生产委员会工作规则。开展落实安全生产主体责任集中宣讲“春风行动”，将安全生产专项巡查纳入厅系统巡察工作，作为厅年度综合考核重要指标。印发《全省水利行业安全生产专项整治三年行动实施方案》，将安全生产专项整治“一年小灶”与“三年大灶”有机衔接。组织开展安全生产专项督查8项，对全省952座水库进行全覆盖安全督查。2020年新增标准化一级单位16家，审定通过13家标准化二级单位，在全国率先出台水文监测单位和水利防汛物资储备单位安全生产标准化评价标准。组织开展“一把手谈安全”“安全生产每日一题”等形式多样的安全生产月活动，参加全国水利安全生产网络竞赛，成绩优异。广泛推行“安全监管＋信息化”监管模式，常态化开展以危险源、隐患和事故风险为主要指标的安全风险度评价。

（八）围绕治理能力提升，深化水利改革创新。持续推进“放管服”改革，行政许可由7项调整为16项，服务事项新增37项，扩大厅公共服务事项的覆盖面。编制上报自贸区赋权清单、省本级行政审批中介服务清单。进一步优化营商环境，积极推进开发区水资源论证区域评估，推行乙级水利工程质量检测单位资质延续许可告知承诺制改革。高效构建审批服务体系，受理、办结行政许可事项70余件，满意率达到100％。加强政府信息公开，办理人大代表建议和政协委员提案74件，满意率100％。出台强监管指导意见、水利监督规定、水资源管理监督实施办法，形成了综合监督、专业监管和上下联动的监管网络。认真落实省总河长令，全省五级河湖长6.3万余人履职尽责，河湖长制工作从“高强度”向“高质量”迈进。强化农村河道长效管护，部署跨界河湖协同共治，全面完成河湖划界，启动9个省管湖泊退圩还湖工程，完成生态清淤聚泥成岛10个。深入实施国家节水行动，发布新一轮行业用水定额标准，节水标准体系不断健全，累计创建省级节水示范区76个、国家级县域节水型社会达标县32个、各类载体3 600多个，完成73个节水机关单位建设，树立29个省级水效领跑者，推出30多亿元“节水贷”。推进水权水价改革，制定推进水权改革工作的指导意见，已经省政府同意，开展典型地区水权交易试点。农业水价综合改革在全国率先完成试点任务，完成“应改”面积5 437万亩，水利部充分肯定我省做法并在全国推广。大力推进智慧水利建设，建成水利数据中心一期工程，实现了数据资源行业内、行业间共享。加强标准化建设，9项水利地方标准获批颁布。完成太湖清淤筑岛、长江河道演变规律及综合治理关键技术、苏南运河沿线流域区域城市防汛排涝联合调度等重点课题研究。

重 要 文 献

重要文件

中华人民共和国长江保护法

（2020 年 12 月 26 日第十三届全国人民代表大会常务委员会第二十四次会议通过）

目　　录

第一章　总　则

第一条　为了加强长江流域生态环境保护和修复，促进资源合理高效利用，保障生态安全，实现人与自然和谐共生、中华民族永续发展，制定本法。

第二条　在长江流域开展生态环境保护和修复以及长江流域各类生产生活、开发建设活动，应当遵守本法。

本法所称长江流域，是指由长江干流、支流和湖泊形成的集水区域所涉及的青海省、四川省、西藏自治区、云南省、重庆市、湖北省、湖南省、江西省、安徽省、江苏省、上海市，以及甘肃省、陕西省、河南省、贵州省、广西壮族自治区、广东省、浙江省、福建省的相关县级行政区域。

第三条　长江流域经济社会发展，应当坚持生态优先、绿色发展，共抓大保护、不搞大开发；长江保护应当坚持统筹协调、科学规划、创新驱动、系统治理。

第四条　国家建立长江流域协调机制，统一指导、统筹协调长江保护工作，审议长江保护重大政策、重大规划，协调跨地区跨部门重大事项，督促检查长江保护重要工作的落实情况。

第五条　国务院有关部门和长江流域省级人民政府负责落实国家长江流域协调机制的决策，按照职责分工负责长江保护相关工作。

长江流域地方各级人民政府应当落实本行政区域的生态环境保护和修复、促进资源合理高效利用、优化产业结构和布局、维护长江流域生态安全的责任。

长江流域各级河湖长负责长江保护相关工作。

第六条 长江流域相关地方根据需要在地方性法规和政府规章制定、规划编制、监督执法等方面建立协作机制，协同推进长江流域生态环境保护和修复。

第七条 国务院生态环境、自然资源、水行政、农业农村和标准化等有关主管部门按照职责分工，建立健全长江流域水环境质量和污染物排放、生态环境修复、水资源节约集约利用、生态流量、生物多样性保护、水产养殖、防灾减灾等标准体系。

第八条 国务院自然资源主管部门会同国务院有关部门定期组织长江流域土地、矿产、水流、森林、草原、湿地等自然资源状况调查，建立资源基础数据库，开展资源环境承载能力评价，并向社会公布长江流域自然资源状况。

国务院野生动物保护主管部门应当每十年组织一次野生动物及其栖息地状况普查，或者根据需要组织开展专项调查，建立野生动物资源档案，并向社会公布长江流域野生动物资源状况。

长江流域县级以上地方人民政府农业农村主管部门会同本级人民政府有关部门对水生生物产卵场、索饵场、越冬场和洄游通道等重要栖息地开展生物多样性调查。

第九条 国家长江流域协调机制应当统筹协调国务院有关部门在已经建立的台站和监测项目基础上，健全长江流域生态环境、资源、水文、气象、航运、自然灾害等监测网络体系和监测信息共享机制。

国务院有关部门和长江流域县级以上地方人民政府及其有关部门按照职责分工，组织完善生态环境风险报告和预警机制。

第十条 国务院生态环境主管部门会同国务院有关部门和长江流域省级人民政府建立健全长江流域突发生态环境事件应急联动工作机制，与国家突发事件应急体系相衔接，加强对长江流域船舶、港口、矿山、化工厂、尾矿库等发生的突发生态环境事件的应急管理。

第十一条 国家加强长江流域洪涝干旱、森林草原火灾、地质灾害、地震等灾害的监测预报预警、防御、应急处置与恢复重建体系建设，提高防灾、减灾、抗灾、救灾能力。

第十二条 国家长江流域协调机制设立专家咨询委员会，组织专业机构和人员对长江流域重大发展战略、政策、规划等开展科学技术等专业咨询。

国务院有关部门和长江流域省级人民政府及其有关部门按照职责分工，组织开展长江流域建设项目、重要基础设施和产业布局相关规划等对长江流域生态系统影响的第三方评估、分析、论证等工作。

第十三条 国家长江流域协调机制统筹协调国务院有关部门和长江流域省级人民政府建立健全长江流域信息共享系统。国务院有关部门和长江流域省级人民政府及其有关部门应当按照规定，共享长江流域生态环境、自然资源以及管理执法等信息。

第十四条 国务院有关部门和长江流域县级以上地方人民政府及其有关部门应当加强长江流域生态环境保护和绿色发展的宣传教育。

新闻媒体应当采取多种形式开展长江流域生态环境保护和绿色发展的宣传教育，并依法对违法行为进行舆论监督。

第十五条 国务院有关部门和长江流域县级以上地方人民政府及其有关部门应当采取措施，保护长江流域历史文化名城名镇名村，加强长江流域文化遗产保护工作，继承和弘扬长江流域优秀特色文化。

第十六条 国家鼓励、支持单位和个人参与长江流域生态环境保护和修复、资源合理利用、促进绿色发展的活动。

对在长江保护工作中做出突出贡献的单位和个人，县级以上人民政府及其有关部门应当按照国家有关规定予以表彰和奖励。

第二章 规划与管控

第十七条 国家建立以国家发展规划为统领，以空间规划为基础，以专项规划、区域规划为支撑的长江流域规划体系，充分发挥规划对推进长江流域生态环境保护和绿色发展的引领、指导和约束作用。

第十八条 国务院和长江流域县级以上地方人民政府应当将长江保护工作纳入国民经济和社会发展规划。

国务院发展改革部门会同国务院有关部门编制长江流域发展规划，科学统筹长江流域上下游、左右岸、干支流生态环境保护和绿色发展，报国务院批准后实施。

长江流域水资源规划、生态环境保护规划等依照有关法律、行政法规的规定编制。

第十九条 国务院自然资源主管部门会同国务院有关部门组织编制长江流域国土空间规划，科学有序统筹安排长江流域生态、农业、城镇等功能空间，划定生态保护红线、永久基本农田、城镇开发边界，优化国土空间结构和布局，统领长江流域国土空间利用任务，报国务院批准后实施。涉及长江流域国土空间利用的专项规划应当与长江流域国土空间规划相衔接。

长江流域县级以上地方人民政府组织编制本行政区域的国土空间规划，按照规定的程序报经批准后实施。

第二十条 国家对长江流域国土空间实施用途管制。长江流域县级以上地方人民政府自然资源主管部门依照国土空间规划，对所辖长江流域国土空间实施分区、分类用途管制。

长江流域国土空间开发利用活动应当符合国土空间用途管制要求，并依法取得规划许可。对不符合国土空间用途管制要求的，县级以上人民政府自然资源主管部门不得办理规划许可。

第二十一条 国务院水行政主管部门统筹长江流域水资源合理配置、统一调度和高效利用，组织实施取用水总量控制和消耗强度控制管理制度。

国务院生态环境主管部门根据水环境质量改善目标和水污染防治要求，确定长江流域各省级行政区域重点污染物排放总量控制指标。长江流域水质超标的水功能区，应当实施更严格的污染物排放总量削减要求。企业事业单位应当按照要求，采取污染物排放总量控制措施。

国务院自然资源主管部门负责统筹长江流域新增建设用地总量控制和计划安排。

第二十二条 长江流域省级人民政府根据本行政区域的生态环境和资源利用状况，制定生态环境分区管控方案和生态环境准入清单，报国务院生态环境主管部门备案后实施。生态环境分区管控方案和生态环境准入清单应当与国土空间规划相衔接。

长江流域产业结构和布局应当与长江流域生态系统和资源环境承载能力相适应。禁止在长江流域重点生态功能区布局对生态系统有严重影响的产业。禁止重污染企业和项目向长江中上游转移。

第二十三条 国家加强对长江流域水能资源开发利用的管理。因国家发展战略和国计民生需要，在长江流域新建大中型水电工程，应当经科学论证，并报国务院或者国务院授权的部门批准。

对长江流域已建小水电工程，不符合生态保护要求的，县级以上地方人民政府应当组织分类整改或者采取措施逐步退出。

第二十四条 国家对长江干流和重要支流源头实行严格保护，设立国家公园等自然保护地，保护国家生态安全屏障。

第二十五条 国务院水行政主管部门加强长江流域河道、湖泊保护工作。长江流域县级以上地方人民政府负责划定河道、湖泊管理范围，并向社会公告，实行严格的河湖保护，禁止非法侵占河湖水域。

第二十六条 国家对长江流域河湖岸线实施特殊管制。国家长江流域协调机制统筹协调国务院自然资源、水行政、生态环境、住房和城乡建设、农业农村、交通运输、林业和草原等部门和长江流域省级人民政府划定河湖岸线保护范围，制定河湖岸线保护规划，严格控制岸线开发建设，促进岸线合理高效利用。

禁止在长江干支流岸线一公里范围内新建、扩建化工园区和化工项目。

禁止在长江干流岸线三公里范围内和重要支流岸线一公里范围内新建、改建、扩建尾矿库；但是以提升安全、生态环境保护水平为目的的改建除外。

第二十七条 国务院交通运输主管部门会同国务院自然资源、水行政、生态环境、农业农村、林业和草原主管部门在长江流域水生生物重要栖息地科学划定禁止航行区域和限制航行区域。

禁止船舶在划定的禁止航行区域内航行。因国家发展战略和国计民生需要，在水生生物重要栖息地禁止航行区域内航行的，应当由国务院交通运输主管部门商国务院农业农村主管部门同意，并应当采取必要措施，减少对重要水生生物的干扰。

严格限制在长江流域生态保护红线、自然保护地、水生生物重要栖息地水域实施航道整治工程；确需整治的，应当经科学论证，并依法办理相关手续。

第二十八条 国家建立长江流域河道采砂规划和许可制度。长江流域河道采砂应当依法取得国务院水行政主管部门有关流域管理机构或者县级以上地方人民政府水行政主管部门的许可。

国务院水行政主管部门有关流域管理机构和长江流域县级以上地方人民政府依法划定禁止采砂区和禁止采砂期，严格控制采砂区域、采砂总量和采砂区域内的采砂船舶数量。禁止在长江流域禁止采砂区和禁止采砂期从事采砂活动。

国务院水行政主管部门会同国务院有关部门组织长江流域有关地方人民政府及其有关部门开展长江流域河道非法采砂联合执法工作。

第三章 资源保护

第二十九条 长江流域水资源保护与利用，应当根据流域综合规划，优先满足城乡居民生活用水，保障基本生态用水，并统筹农业、工业用水以及航运等需要。

第三十条 国务院水行政主管部门有关流域管理机构商长江流域省级人民政府依法制定跨省河流水量分配方案，报国务院或者国务院授权的部门批准后实施。制定长江流域跨省河流水量分配方案应当征求国务院有关部门的意见。长江流域省级人民政府水行政主管部门制定本行政区域的长江流域水量分配方案，报本级人民政府批准后实施。

国务院水行政主管部门有关流域管理机构或者长江流域县级以上地方人民政府水行政主管部门依据批准的水量分配方案，编制年度水量分配方案和调度计划，明确相关河段和控制断面流量水量、水位管控要求。

第三十一条 国家加强长江流域生态用水保障。国务院水行政主管部门会同国务院有关部门提出长江干流、重要支流和重要湖泊控制断面的生态流量管控指标。其他河湖生态流量管控指标由长江流域县级以上地方人民政府水行政主管部门会同本级人民政府有关部门确定。

国务院水行政主管部门有关流域管理机构应当将生态水量纳入年度水量调度计划，保证河湖基本生态用水需求，保障枯水期和鱼类产卵期生态流量、重要湖泊的水量和水位，保障长江河口咸淡水平衡。

长江干流、重要支流和重要湖泊上游的水利水电、航运枢纽等工程应当将生态用水调度纳入日常运行调度规程，建立常规生态调度机制，保证河湖生态流量；其下泄流量不符合生态流量泄放要求的，由县级以上人民政府水行政主管部门提出整改措施并监督实施。

第三十二条 国务院有关部门和长江流域地方各级人民政府应当采取措施，加快病险水库除险加固，推进堤防和蓄滞洪区建设，提升洪涝灾害防御工程标准，加强水工程联合调度，开展河道泥沙观测和河势调查，建立与经济社会发展相适应的防洪减灾工程和非工程体系，提高防御水旱灾害的整体能力。

第三十三条 国家对跨长江流域调水实行科学论证，加强控制和管理。实施跨长江流域调水应当优先保障调出区域及其下游区域的用水安全和生态安全，统筹调出区域和调入区域用水需求。

第三十四条 国家加强长江流域饮用水水源地保护。国务院水行政主管部门会同国务院有关部门制定长江流域饮用水水源地名录。长江流域省级人民政府水行政主管部门会同本级人民政府有关部门制定本行政区域的其他饮用水水源地名录。

长江流域省级人民政府组织划定饮用水水源保护区，加强饮用水水源保护，保障饮用水安全。

第三十五条 长江流域县级以上地方人民政府及其有关部门应当合理布局饮用水水源取水口，制定饮用水安全突发事件应急预案，加强饮用水备用应急水源建设，对饮用水水源的水环境质量进行实时监测。

第三十六条 丹江口库区及其上游所在地县级以上地方人民政府应当按照饮用水水源地安全保障区、水质影响控制区、水源涵养生态建设区管理要求，加强山水林田湖草整体保护，增强水源涵养能力，保障水质稳定达标。

第三十七条 国家加强长江流域地下水资源保护。长江流域县级以上地方人民政府及其有关部门应当定期调查评估地下水资源状况，监测地下水水量、水位、水环境质量，并采取相应风险防范措施，保障地下水资源安全。

第三十八条 国务院水行政主管部门会同国务院有关部门确定长江流域农业、工业用水效率目标，加强用水计量和监测设施建设；完善规划和建设项目水资源论证制度；加强对高耗水行业、重点用水单位的用水定额管理，严格控制高耗水项目建设。

第三十九条 国家统筹长江流域自然保护地体系建设。国务院和长江流域省级人民政府在长江流域重要典型生态系统的完整分布区、生态环境敏感区以及珍贵野生动植物天然集中分布区和重要栖息地、重要自然遗迹分布区等区域，依法设立国家公园、自然保护区、自然公园等自然保护地。

第四十条 国务院和长江流域省级人民政府应当依法在长江流域重要生态区、生态状况脆弱区划定公益林，实施严格管理。国家对长江流域天然林实施严格保护，科学划定天然林保护重点区域。

长江流域县级以上地方人民政府应当加强对长江流域草原资源的保护，对具有调节气候、涵养水源、保持水土、防风固沙等特殊作用的基本草原实施严格管理。

国务院林业和草原主管部门和长江流域省级人民政府林业和草原主管部门会同本级

人民政府有关部门，根据不同生态区位、生态系统功能和生物多样性保护的需要，发布长江流域国家重要湿地、地方重要湿地名录及保护范围，加强对长江流域湿地的保护和管理，维护湿地生态功能和生物多样性。

第四十一条 国务院农业农村主管部门会同国务院有关部门和长江流域省级人民政府建立长江流域水生生物完整性指数评价体系，组织开展长江流域水生生物完整性评价，并将结果作为评估长江流域生态系统总体状况的重要依据。长江流域水生生物完整性指数应当与长江流域水环境质量标准相衔接。

第四十二条 国务院农业农村主管部门和长江流域县级以上地方人民政府应当制定长江流域珍贵、濒危水生野生动植物保护计划，对长江流域珍贵、濒危水生野生动植物实行重点保护。

国家鼓励有条件的单位开展对长江流域江豚、白鱀豚、白鲟、中华鲟、长江鲟、鯮、鲥、四川白甲鱼、川陕哲罗鲑、胭脂鱼、鳤、圆口铜鱼、多鳞白甲鱼、华鲮、鲈鲤和葛仙米、弧形藻、眼子菜、水菜花等水生野生动植物生境特征和种群动态的研究，建设人工繁育和科普教育基地，组织开展水生生物救护。

禁止在长江流域开放水域养殖、投放外来物种或者其他非本地物种种质资源。

第四章 水污染防治

第四十三条 国务院生态环境主管部门和长江流域地方各级人民政府应当采取有效措施，加大对长江流域的水污染防治、监管力度，预防、控制和减少水环境污染。

第四十四条 国务院生态环境主管部门负责制定长江流域水环境质量标准，对国家水环境质量标准中未作规定的项目可以补充规定；对国家水环境质量标准中已经规定的项目，可以作出更加严格的规定。制定长江流域水环境质量标准应当征求国务院有关部门和有关省级人民政府的意见。长江流域省级人民政府可以制定严于长江流域水环境质量标准的地方水环境质量标准，报国务院生态环境主管部门备案。

第四十五条 长江流域省级人民政府应当对没有国家水污染物排放标准的特色产业、特有污染物，或者国家有明确要求的特定水污染源或者水污染物，补充制定地方水污染物排放标准，报国务院生态环境主管部门备案。

有下列情形之一的，长江流域省级人民政府应当制定严于国家水污染物排放标准的地方水污染物排放标准，报国务院生态环境主管部门备案：

（一）产业密集、水环境问题突出的；

（二）现有水污染物排放标准不能满足所辖长江流域水环境质量要求的；

（三）流域或者区域水环境形势复杂，无法适用统一的水污染物排放标准的。

第四十六条 长江流域省级人民政府制定本行政区域的总磷污染控制方案，并组织实施。对磷矿、磷肥生产集中的长江干支流，有关省级人民政府应当制定更加严格的总磷排放管控要求，有效控制总磷排放总量。

磷矿开采加工、磷肥和含磷农药制造等企业，应当按照排污许可要求，采取有效措施控制总磷排放浓度和排放总量；对排污口和周边环境进行总磷监测，依法公开监测信息。

第四十七条 长江流域县级以上地方人民政府应当统筹长江流域城乡污水集中处理设施及配套管网建设，并保障其正常运行，提高城乡污水收集处理能力。

长江流域县级以上地方人民政府应当组织对本行政区域的江河、湖泊排污口开展排查整治，明确责任主体，实施分类管理。

在长江流域江河、湖泊新设、改设或者扩大排污口，应当按照国家有关规定报经有管辖权的生态环境主管部门或者长江流域生态环境监督管理机构同意。对未达到水质目标的水功能区，除污水集中处理设施排污口外，应当严格控制新设、改设或者扩大排污口。

第四十八条 国家加强长江流域农业面源污染防治。长江流域农业生产应当科学使用农业投入品，减少化肥、农药施用，推广有机肥使用，科学处置农用薄膜、农作物秸秆等农业废弃物。

第四十九条 禁止在长江流域河湖管理范围内倾倒、填埋、堆放、弃置、处理固体废物。长江流域县级以上地方人民政府应当加强对固体废物非法转移和倾倒的联防联控。

第五十条 长江流域县级以上地方人民政府应当组织对沿河湖垃圾填埋场、加油站、矿山、尾矿库、危险废物处置场、化工园区和化工项目等地下水重点污染源及周边地下水环境风险隐患开展调查评估，并采取相应风险防范和整治措施。

第五十一条 国家建立长江流域危险货物运输船舶污染责任保险与财务担保相结合机制。具体办法由国务院交通运输主管部门会同国务院有关部门制定。

禁止在长江流域水上运输剧毒化学品和国家规定禁止通过内河运输的其他危险化学品。长江流域县级以上地方人民政府交通运输主管部门会同本级人民政府有关部门加强对长江流域危险化学品运输的管控。

第五章 生态环境修复

第五十二条 国家对长江流域生态系统实行自然恢复为主、自然恢复与人工修复相结合的系统治理。国务院自然资源主管部门会同国务院有关部门编制长江流域生态环境修复规划，组织实施重大生态环境修复工程，统筹推进长江流域各项生态环境修复工作。

第五十三条 国家对长江流域重点水域实行严格捕捞管理。在长江流域水生生物保护区全面禁止生产性捕捞；在国家规定的期限内，长江干流和重要支流、大型通江湖泊、长江河口规定区域等重点水域全面禁止天然渔业资源的生产性捕捞。具体办法由国务院农业农村主管部门会同国务院有关部门制定。

国务院农业农村主管部门会同国务院有关部门和长江流域省级人民政府加强长江流域禁捕执法工作，严厉查处电鱼、毒鱼、炸鱼等破坏渔业资源和生态环境的捕捞行为。

长江流域县级以上地方人民政府应当按照国家有关规定做好长江流域重点水域退捕渔民的补偿、转产和社会保障工作。

长江流域其他水域禁捕、限捕管理办法由县级以上地方人民政府制定。

第五十四条 国务院水行政主管部门会同国务院有关部门制定并组织实施长江干流和重要支流的河湖水系连通修复方案，长江流域省级人民政府制定并组织实施本行政区域的长江流域河湖水系连通修复方案，逐步改善长江流域河湖连通状况，恢复河湖生态流量，维护河湖水系生态功能。

第五十五条 国家长江流域协调机制统筹协调国务院自然资源、水行政、生态环境、住房和城乡建设、农业农村、交通运输、林业和草原等部门和长江流域省级人民政府制定长江流域河湖岸线修复规范，确定岸线修复指标。

长江流域县级以上地方人民政府按照长江流域河湖岸线保护规划、修复规范和指标要求，制定并组织实施河湖岸线修复计划，保障自然岸线比例，恢复河湖岸线生态功能。

禁止违法利用、占用长江流域河湖岸线。

第五十六条 国务院有关部门会同长江流域有关省级人民政府加强对三峡库区、丹江口库区等重点库区消落区的生态环境保护和修复，因地制宜实施退耕还林还草还湿，禁止施用化肥、农药，科学调控水库水位，加强库区水土保持和地质灾害防治工作，保障消落区良好生态功能。

第五十七条 长江流域县级以上地方人民政府林业和草原主管部门负责组织实施长江流域森林、草原、湿地修复计划，科学推进森林、草原、湿地修复工作，加大退化天然林、草原和受损湿地修复力度。

第五十八条 国家加大对太湖、鄱阳湖、洞庭湖、巢湖、滇池等重点湖泊实施生态环境修复的支持力度。

长江流域县级以上地方人民政府应当组织开展富营养化湖泊的生态环境修复，采取调整产业布局规模、实施控制性水工程统一调度、生态补水、河湖连通等综合措施，改善和恢复湖泊生态系统的质量和功能；对氮磷浓度严重超标的湖泊，应当在影响湖泊水质的汇水区，采取措施削减化肥用量，禁止使用含磷洗涤剂，全面清理投饵、投肥养殖。

第五十九条 国务院林业和草原、农业农村主管部门应当对长江流域数量急剧下降或者极度濒危的野生动植物和受到严重破坏的栖息地、天然集中分布区、破碎化的典型生态系统制定修复方案和行动计划，修建迁地保护设施，建立野生动植物遗传资源基因库，进行抢救性修复。

在长江流域水生生物产卵场、索饵场、越冬场和洄游通道等重要栖息地应当实施生态环境修复和其他保护措施。对鱼类等水生生物洄游产生阻隔的涉水工程应当结合实际采取建设过鱼设施、河湖连通、生态调度、灌江纳苗、基因保存、增殖放流、人工繁育等多种措施，充分满足水生生物的生态需求。

第六十条 国务院水行政主管部门会同国务院有关部门和长江河口所在地人民政府按照陆海统筹、河海联动的要求，制定实施长江河口生态环境修复和其他保护措施方案，加强对水、沙、盐、潮滩、生物种群的综合监测，采取有效措施防止海水入侵和倒灌，维护长江河口良好生态功能。

第六十一条 长江流域水土流失重点预防区和重点治理区的县级以上地方人民政府应当采取措施，防治水土流失。生态保护红线范围内的水土流失地块，以自然恢复为主，按照规定有计划地实施退耕还林还草还湿；划入自然保护地核心保护区的永久基本农田，依法有序退出并予以补划。

禁止在长江流域水土流失严重、生态脆弱的区域开展可能造成水土流失的生产建设活动。确因国家发展战略和国计民生需要建设的，应当经科学论证，并依法办理审批手续。

长江流域县级以上地方人民政府应当对石漠化的土地因地制宜采取综合治理措施，修复生态系统，防止土地石漠化蔓延。

第六十二条 长江流域县级以上地方人民政府应当因地制宜采取消除地质灾害隐患、土地复垦、恢复植被、防治污染等措施，加快历史遗留矿山生态环境修复工作，并加强对在建和运行中矿山的监督管理，督促采矿权人切实履行矿山污染防治和生态环境修复责任。

第六十三条 长江流域中下游地区县级以上地方人民政府应当因地制宜在项目、资金、人才、管理等方面，对长江流域江河源头和上游地区实施生态环境修复和其他保护措施给予支持，提升长江流域生态脆弱区实施生态环境修复和其他保护措施的能力。

国家按照政策支持、企业和社会参与、市场化运作的原则，鼓励社会资本投入长江流域生态环境修复。

第六章 绿色发展

第六十四条 国务院有关部门和长江流域地方各级人民政府应当按照长江流域发展规划、国土空间规划的要求，调整产业结构，优化产业布局，推进长江流域绿色发展。

第六十五条 国务院和长江流域地方各级人民政府及其有关部门应当协同推进乡村振兴战略和新型城镇化战略的实施，统筹城乡基础设施建设和产业发展，建立健全全民覆盖、普惠共享、城乡一体的基本公共服务体系，促进长江流域城乡融合发展。

第六十六条 长江流域县级以上地方人民政府应当推动钢铁、石油、化工、有色金属、建材、船舶等产业升级改造，提升技术装备水平；推动造纸、制革、电镀、印染、有色金属、农药、氮肥、焦化、原料药制造等企业实施清洁化改造。企业应当通过技术创新减少资源消耗和污染物排放。

长江流域县级以上地方人民政府应当采取措施加快重点地区危险化学品生产企业搬迁改造。

第六十七条 国务院有关部门会同长江流域省级人民政府建立开发区绿色发展评估机制，并组织对各类开发区的资源能源节约集约利用、生态环境保护等情况开展定期评估。

长江流域县级以上地方人民政府应当根据评估结果对开发区产业产品、节能减排措施等进行优化调整。

第六十八条 国家鼓励和支持在长江流域实施重点行业和重点用水单位节水技术改造，提高水资源利用效率。

长江流域县级以上地方人民政府应当加强节水型城市和节水型园区建设，促进节水型行业产业和企业发展，并加快建设雨水自然积存、自然渗透、自然净化的海绵城市。

第六十九条 长江流域县级以上地方人民政府应当按照绿色发展的要求，统筹规划、建设与管理，提升城乡人居环境质量，建设美丽城镇和美丽乡村。

长江流域县级以上地方人民政府应当按照生态、环保、经济、实用的原则因地制宜组织实施厕所改造。

国务院有关部门和长江流域县级以上地方人民政府及其有关部门应当加强对城市新区、各类开发区等使用建筑材料的管理，鼓励使用节能环保、性能高的建筑材料，建设地下综合管廊和管网。

长江流域县级以上地方人民政府应当建设废弃土石渣综合利用信息平台，加强对生产建设活动废弃土石渣收集、清运、集中堆放的管理，鼓励开展综合利用。

第七十条 长江流域县级以上地方人民政府应当编制并组织实施养殖水域滩涂规划，合理划定禁养区、限养区、养殖区，科学确定养殖规模和养殖密度；强化水产养殖投入品管理，指导和规范水产养殖、增殖活动。

第七十一条 国家加强长江流域综合立体交通体系建设，完善港口、航道等水运基础设施，推动交通设施互联互通，实现水陆有机衔接、江海直达联运，提升长江黄金水道功能。

第七十二条 长江流域县级以上地方人民政府应当统筹建设船舶污染物接收转运处置设施、船舶液化天然气加注站，制定港口岸电设施、船舶受电设施建设和改造计划，并组织实施。具备岸电使用条件的船舶靠港应当按照国家有关规定使用岸电，但使用清洁能源的除外。

第七十三条 国务院和长江流域县级以上地方人民政府对长江流域港口、航道和船舶升级改造，液化天然气动力船舶等清洁能源或者新能源动力船舶建造，港口绿色设计等按照规定给予资金支持或者政策扶持。

国务院和长江流域县级以上地方人民政府对长江流域港口岸电设施、船舶受电设施的改造和使用按照规定给予资金补贴、电价优惠等政策扶持。

第七十四条 长江流域地方各级人民政府加强对城乡居民绿色消费的宣传教育，并采取有效措施，支持、引导居民绿色消费。

长江流域地方各级人民政府按照系统推进、广泛参与、突出重点、分类施策的原则，采取回收押金、限制使用易污染不易降解塑料用品、绿色设计、发展公共交通等措施，提倡简约适度、绿色低碳的生活方式。

第七章 保障与监督

第七十五条 国务院和长江流域县级以上地方人民政府应当加大长江流域生态环境保护和修复的财政投入。

国务院和长江流域省级人民政府按照中央与地方财政事权和支出责任划分原则，专项安排长江流域生态环境保护资金，用于长江流域生态环境保护和修复。国务院自然资源主管部门会同国务院财政、生态环境等有关部门制定合理利用社会资金促进长江流域生态环境修复的政策措施。

国家鼓励和支持长江流域生态环境保护和修复等方面的科学技术研究开发和推广应用。

国家鼓励金融机构发展绿色信贷、绿色债券、绿色保险等金融产品，为长江流域生态环境保护和绿色发展提供金融支持。

第七十六条 国家建立长江流域生态保护补偿制度。

国家加大财政转移支付力度，对长江干流及重要支流源头和上游的水源涵养地等生态功能重要区域予以补偿。具体办法由国务院财政部门会同国务院有关部门制定。

国家鼓励长江流域上下游、左右岸、干支流地方人民政府之间开展横向生态保护补偿。

国家鼓励社会资金建立市场化运作的长江流域生态保护补偿基金；鼓励相关主体之间采取自愿协商等方式开展生态保护补偿。

第七十七条 国家加强长江流域司法保障建设，鼓励有关单位为长江流域生态环境保护提供法律服务。

长江流域各级行政执法机关、人民法院、人民检察院在依法查处长江保护违法行为或者办理相关案件过程中，发现存在涉嫌犯罪行为的，应当将犯罪线索移送具有侦查、调查职权的机关。

第七十八条 国家实行长江流域生态环境保护责任制和考核评价制度。上级人民政府应当对下级人民政府生态环境保护和修复目标完成情况等进行考核。

第七十九条 国务院有关部门和长江流域县级以上地方人民政府有关部门应当依照本法规定和职责分工，对长江流域各类保护、开发、建设活动进行监督检查，依法查处破坏长江流域自然资源、污染长江流域环境、损害长江流域生态系统等违法行为。

公民、法人和非法人组织有权依法获取长江流域生态环境保护相关信息，举报和控告破坏长江流域自然资源、污染长江流域环境、损害长江流域生态系统等违法行为。

国务院有关部门和长江流域地方各级人民政府及其有关部门应当依法公开长江流域生态环境保护相关信息，完善公众参与程序，为公民、法人和非法人组织参与和监督长江流域生态环境保护提供便利。

第八十条 国务院有关部门和长江流域地方各级人民政府及其有关部门对长江流域跨行政区域、生态敏感区域和生态环境违法案件高发区域以及重大违法案件，依法开展联合执法。

第八十一条 国务院有关部门和长江流域省级人民政府对长江保护工作不力、问题突出、群众反映集中的地区，可以约谈所在地区县级以上地方人民政府及其有关部门主要负责人，要求其采取措施及时整改。

第八十二条 国务院应当定期向全国人民代表大会常务委员会报告长江流域生态环境状况及保护和修复工作等情况。

长江流域县级以上地方人民政府应当定期向本级人民代表大会或者其常务委员会报告本级人民政府长江流域生态环境保护和修复工作等情况。

第八章 法律责任

第八十三条 国务院有关部门和长江流域地方各级人民政府及其有关部门违反本法规定，有下列行为之一的，对直接负责的主管人员和其他直接责任人员依法给予警告、记过、记大过或者降级处分；造成严重后果的，给予撤职或者开除处分，其主要负责人应当引咎辞职：

（一）不符合行政许可条件准予行政许可的；

（二）依法应当作出责令停业、关闭等决定而未作出的；

（三）发现违法行为或者接到举报不依法查处的；

（四）有其他玩忽职守、滥用职权、徇私舞弊行为的。

第八十四条 违反本法规定，有下列行为之一的，由有关主管部门按照职责分工，责令停止违法行为，给予警告，并处一万元以上十万元以下罚款；情节严重的，并处十万元以上五十万元以下罚款：

（一）船舶在禁止航行区域内航行的；

（二）经同意在水生生物重要栖息地禁止航行区域内航行，未采取必要措施减少对重要水生生物干扰的；

（三）水利水电、航运枢纽等工程未将生态用水调度纳入日常运行调度规程的；

（四）具备岸电使用条件的船舶未按照国家有关规定使用岸电的。

第八十五条 违反本法规定，在长江流域开放水域养殖、投放外来物种或者其他非本地物种种质资源的，由县级以上人民政府农业农村主管部门责令限期捕回，处十万元以下罚款；造成严重后果的，处十万元以上一百万元以下罚款；逾期不捕回的，由有关人民政府农业农村主管部门代为捕回或者采取降低负面影响的措施，所需费用由违法者承担。

第八十六条 违反本法规定，在长江流域水生生物保护区内从事生产性捕捞，或者在长江干流和重要支流、大型通江湖泊、长江河口规定区域等重点水域禁捕期间从事天然渔业资源的生产性捕捞的，由县级以上人民政府农业农村主管部门没收渔获物、违法所得以及用于违法活动的渔船、渔具和其他工具，并处一万元以上五万元以下罚款；采取电鱼、毒鱼、炸鱼等方式捕捞，或者有其他严重情节的，并处五万元以上五十万元以下罚款。

收购、加工、销售前款规定的渔获物的，由县级以上人民政府农业农村、市场监督管理等部门按照职责分工，没收渔获物及其制品和违法所得，并处货值金额十倍以上二十倍以下罚款；情节严重的，吊销相关生产经营许可证或者责令关闭。

第八十七条 违反本法规定，非法侵占长江流域河湖水域，或者违法利用、占用河湖岸线的，由县级以上人民政府水行政、自然资源等主管部门按照职责分工，责令停止违法行为，限期拆除并恢复原状，所需费用由违法者承担，没收违法所得，并处五万元以上五十万元以下罚款。

第八十八条 违反本法规定，有下列行为之一的，由县级以上人民政府生态环境、自然资源等主管部门按照职责分工，责令停止违法行为，限期拆除并恢复原状，所需费用由违法者承担，没收违法所得，并处五十万元以上五百万元以下罚款，对直接负责的主管人员和其他直接责任人员处五万元以上十万元以下罚款；情节严重的，报经有批准权的人民政府批准，责令关闭：

（一）在长江干支流岸线一公里范围内新建、扩建化工园区和化工项目的；

（二）在长江干流岸线三公里范围内和重要支流岸线一公里范围内新建、改建、扩建尾矿库的；

（三）违反生态环境准入清单的规定进行

生产建设活动的。

第八十九条 长江流域磷矿开采加工、磷肥和含磷农药制造等企业违反本法规定，超过排放标准或者总量控制指标排放含磷水污染物的，由县级以上人民政府生态环境主管部门责令停止违法行为，并处二十万元以上二百万元以下罚款，对直接负责的主管人员和其他直接责任人员处五万元以上十万元以下罚款；情节严重的，责令停产整顿，或者报经有批准权的人民政府批准，责令关闭。

第九十条 违反本法规定，在长江流域水上运输剧毒化学品和国家规定禁止通过内河运输的其他危险化学品的，由县级以上人民政府交通运输主管部门或者海事管理机构责令改正，没收违法所得，并处二十万元以上二百万元以下罚款，对直接负责的主管人员和其他直接责任人员处五万元以上十万元以下罚款；情节严重的，责令停业整顿，或者吊销相关许可证。

第九十一条 违反本法规定，在长江流域未依法取得许可从事采砂活动，或者在禁止采砂区和禁止采砂期从事采砂活动的，由国务院水行政主管部门有关流域管理机构或者县级以上地方人民政府水行政主管部门责令停止违法行为，没收违法所得以及用于违法活动的船舶、设备、工具，并处货值金额二倍以上二十倍以下罚款；货值金额不足十万元的，并处二十万元以上二百万元以下罚款；已经取得河道采砂许可证的，吊销河道采砂许可证。

第九十二条 对破坏长江流域自然资源、污染长江流域环境、损害长江流域生态系统等违法行为，本法未作行政处罚规定的，适用有关法律、行政法规的规定。

第九十三条 因污染长江流域环境、破坏长江流域生态造成他人损害的，侵权人应当承担侵权责任。

违反国家规定造成长江流域生态环境损害的，国家规定的机关或者法律规定的组织有权请求侵权人承担修复责任、赔偿损失和有关费用。

第九十四条 违反本法规定，构成犯罪的，依法追究刑事责任。

第九章 附 则

第九十五条 本法下列用语的含义：

（一）本法所称长江干流，是指长江源头至长江河口，流经青海省、四川省、西藏自治区、云南省、重庆市、湖北省、湖南省、江西省、安徽省、江苏省、上海市的长江主河段；

（二）本法所称长江支流，是指直接或者间接流入长江干流的河流，支流可以分为一级支流、二级支流等；

（三）本法所称长江重要支流，是指流域面积一万平方公里以上的支流，其中流域面积八万平方公里以上的一级支流包括雅砻江、岷江、嘉陵江、乌江、湘江、沅江、汉江和赣江等。

第九十六条 本法自2021年3月1日起施行。

江苏省农村水利条例

（2020 年 11 月 27 日江苏省第十三届人民代表大会常务委员会第十九次会议通过）

目　录

第一章　总　则

第一条　为了加快农村水利发展，服务乡村振兴，促进农业农村现代化，根据《中华人民共和国水法》和《中华人民共和国河道管理条例》、国务院《农田水利条例》等法律、行政法规，结合本省实际，制定本条例。

第二条　本省行政区域内农村水利的规划和建设、工程设施管理和运行维护等活动，适用本条例。

本条例所称农村水利，是指为了加强农村河道管理和保护，防治农村旱涝灾害，提高农田灌溉排涝能力，保障农村居民饮用水安全，改善农村水生态环境等采取的工程措施和其他相关措施。

第三条　发展农村水利，应当坚持政府主导、科学规划、节水高效、建管并重、改善生态、保障民生的原则。

第四条　县级以上地方人民政府应当加强农村水利工作，健全工作协调机制，将农村水利发展纳入国民经济和社会发展规划，加大财政投入，完善农村水利治理体系，促进农村水利事业协调可持续发展。

县(市、区)人民政府应当履行本行政区域内农村水利工作主体责任，将农村水利工作纳入政府工作目标，组织协调有关部门和乡镇人民政府做好农村水利工作。

乡镇人民政府应当按照规定职责做好本行政区域内农村水利工作，协调基层水利服务机构、村民委员会、农村集体经济组织、农民用水合作组织等做好农村水利相关工作。

第五条　省和设区的市人民政府水行政主管部门负责指导、监督本行政区域内农村水利工作，县(市、区)人民政府水行政主管部门负责本行政区域内农村水利工作。县级以上地方人民政府农业农村主管部门按照职责分工，负责本行政区域内农田水利建设有关工作。

县级以上地方人民政府发展改革、自然资源、生态环境、住房城乡建设等有关部门根据各自职责，做好农村水利的相关工作。

第六条　任何单位和个人有权对侵占、损毁农村水利工程设施的行为进行制止和举报。对保护农村水利工程设施有显著贡献的单位和个人，按照规定给予奖励。

对农村水利工作成绩显著的单位和个人，按照国家和省有关规定给予表彰。

第二章　规划和建设

第七条　农村河道、农田水利、农村供水等农村水利专项规划，按照有关法律、法规的规定编制。

编制农村水利专项规划，应当统筹考虑经济社会发展水平、水土资源承载能力、水旱灾害防治、农业生产需要、农民生活需求、灌溉排水发展需求、生态环境保护等因素，符合国民经济和社会发展规划、乡村振兴战略规划、国土空间规划、农业农村发展规划等规划，并与本地流域、区域水利规划等规划相衔接。

有关部门编制土地整治、农田建设、生态环境保护等规划涉及农村水利的，应当与农村水利专项规划相衔接，并征求本级人民政府水行政主管部门的意见。

第八条 编制农村水利专项规划，应当符合国家、行业有关标准。省人民政府标准化行政主管部门、水行政主管部门可以依照法定程序和权限组织制定农村水利设计标准、建设标准、运行维护与管理技术规范等地方标准。

第九条 编制农村水利专项规划前，应当组织开展农村水利调查。农村水利调查内容应当包括农村河道、农田水利、农村供水以及基层水利服务体系等。农村水利调查结果是编制本行政区域农村水利专项规划的依据。

第十条 县(市、区)人民政府水行政主管部门以及其他有关部门编制农村水利专项规划时，应当征求乡镇人民政府、村民委员会、农村集体经济组织、农民用水合作组织、新型农业经营主体、农村居民代表的意见。

第十一条 水行政主管部门和其他有关部门按照职责分工负责农村水利专项规划的实施，根据农村水利专项规划制定年度实施计划；对农村水利专项规划实施情况进行评估，并将评估结果向本级人民政府报告。

第十二条 农村水利工程建设应当符合农村水利专项规划，履行相关审批程序，执行国家和省工程建设管理有关规定。

推行农村水利工程建设项目公示制度，引导公众参与、监督农村水利工程建设项目方案的制定和建设实施全过程。

第十三条 农村水利工程建设单位应当建立健全工程质量安全管理体系，对工程质量安全负责，并向社会公示工程建设情况。鼓励推行农村水利工程建设项目第三方检测制度。

水行政主管部门和有关部门应当按照职责分工，依法对农村水利工程质量和施工安全进行监督管理。

第十四条 农村水利工程建设项目应当按照有关技术标准设置计量、监测、信息控制等管理设施和巡检道路、管理用房等附属设施，并与主体工程同时设计、同时施工、同时投入使用。

第十五条 对验收合格的农村水利工程设施，县(市、区)人民政府水行政、农业农村等主管部门应当组织造册存档、移交相关工程资料，落实管护责任主体。

第三章 农村河道和水生态保护

第十六条 县(市、区)人民政府应当加强对农村河道管护工作的组织领导和监督检查，建立健全农村河道管护机制，完善管护责任体系。

乡镇人民政府应当按照规定职责做好农村河道的日常巡查、维修养护、清淤疏浚、保洁等工作；指导和支持村民会议将农村河道维护管理等相关事项纳入村规民约，引导村民自觉维护河道整洁，协助做好河道维护管理。

第十七条 农村河道全面实行河长制。农村河道河长名单的确定及其公布、河长的工作职责，按照国家和省有关规定执行。

第十八条 县(市、区)人民政府应当组织开展农村河道划界工作，依据《江苏省水利工程管理条例》《江苏省河道管理条例》划定本行政区域内农村河道管理范围和保护范围，设置管理标识，并向社会公布。

第十九条 县(市、区)人民政府水行政主管部门负责列入县级河道管理名录的河道的管理，乡镇人民政府负责其他农村河道的管理。

县(市、区)人民政府财政、生态环境、自然资源、交通运输、住房城乡建设、农业农村等有关部门根据各自职责做好农村河道管理和水生态保护的相关工作。

县(市、区)人民政府水行政主管部门以及其他有关部门应当对乡镇人民政府农村河道管理工作进行业务指导和监督检查。

第二十条 鼓励推行农村河道与道路、绿化、保洁、公共设施综合维修养护模式，推进农村河道管理与维修养护分离，逐步实现农村河道综合维修养护及社会化维修养护全覆盖。

县(市、区)人民政府水行政主管部门应当培育河道维修养护市场，规范市场秩序，提高农村河道维修养护效能。

第二十一条 县级以上地方人民政府应当统筹本行政区域内山水林田湖草系统治理，保护农村河道的自然属性和生物多样性，改善水生态环境，维持自然生态功能。

第二十二条 地方各级人民政府应当对承担景观、生态、调蓄功能的农村河道实施水面率控制措施，保持本行政区域内生产建设前后的水面率动态平衡。

第二十三条 农村河道形成的河网水系不得擅自调整。

因项目建设需要调整农村河网水系的，有关人民政府应当组织科学论证，按照不降低调整区域灌排能力的要求，提出河网水系调整方案，对替代工程建设作出安排。

项目建设单位应当按照有关人民政府的安排先行建设替代工程，所需费用纳入项目总投资。

第二十四条 县(市、区)人民政府水行政主管部门、乡镇人民政府应当按照管理权限，有计划地对淤积、堵塞等影响输水排涝和水生态功能的农村河道进行疏浚整治、水系连通，促进河道畅通和水体流动。村民委员会可以依法通过筹资筹劳等方式组织开展村庄河塘清淤。

水行政主管部门应当按照规范要求采取水利工程调度、生态河道建设等措施，推动保障农村河道生态流量，促进水生生物恢复和水生态环境改善。

第二十五条 县级以上地方人民政府应当组织有关部门采取措施，控制农业面源污染，实施农作物秸秆综合利用，开展农村黑臭水体整治，推进农村污水处理，防止污染水生态环境。

第四章 农田水利

第二十六条 县(市、区)人民政府应当按照节约利用土地、符合农村水利工程管理与保护实际的原则，组织划定农田水利工程管理范围，具体标准由设区的市人民政府根据本地实际情况确定。

第二十七条 干渠、支渠级建筑物等农田水利骨干工程可以由乡镇水利(务)站等基层水利服务机构或者灌区管理单位运行维护和管理，其他农田水利工程可以由村民委员会、农村集体经济组织、农民用水合作组织、受益农户等负责运行维护和管理。

鼓励通过政府购买服务、管养分离等运行维护方式，确定运行维护主体。

第二十八条 省人民政府水行政主管部门应当按照国家规定制订本省灌溉用水定额，经同级市场监督管理部门同意后，由省人民政府公布，并依法备案。

第二十九条 农田灌溉应当优先使用地表水，限制使用地下水。地下水超采区，禁止农田灌溉新增取用地下水。县级以上地方人民政府及其有关部门应当采取地表水源替代、节水等措施，逐步削减地下水超采区地下水灌溉取水量。

水行政主管部门应当开展灌区节水配套设施改造。鼓励推广应用喷灌、微灌、管道输水灌溉等高效节水灌溉技术，配套用水计量和智能控制技术，提高灌溉用水效率。

第三十条 农田灌溉用水实行有偿使用、分类定价和计量收费制度。

农田灌溉用水价格按照价格管理权限实行分级管理，供水价格应当达到运行维护成本水平。大中型灌区骨干工程农田灌溉用水价格实行政府定价；大中型灌区末级渠系和小型灌区农田灌溉用水价格实行政府定价或者由供需双方协商定价。

第三十一条 在农田盐碱和渍害易发地区，县级以上地方人民政府应当组织有关部门，采取先进适用的农田灌溉、排水技术和措施，排除田间地表积水，降低田间地下水位，促进盐碱地改良和排涝降渍。

第三十二条 任何单位和个人不得擅自占用农田水利工程设施。确需占用农田水利工程设施的，应当与农田水利工程所有权人和取用水的单位、个人协商，并经有管辖权的县级以上地方人民政府有关主管部门同意。

占用单位或者个人应当先行建设与被占用的农田水利工程设施效益和功能相当的替代工程。不具备建设替代工程条件的，应当按照替代工程建设总投资额支付占用补偿费。增加运行成本或者造成其他损失的，应当依法给予补偿。补偿标准由省人民政府组织水行政等有关部门制定。

第五章 农村供水

第三十三条 县级以上地方人民政府应当履行农村供水工作的主体责任，落实主管部门的行业监管责任、供水单位的运行管理责任，健全完善县级农村供水工程运行管理机构、运行管理办法和运行经费管理等制度。

省人民政府水行政主管部门负责指导本省行政区域内农村供水工作，生态环境部门负责指导本省行政区域内农村饮用水水源地生态环境保护工作。设区的市、县（市、区）人民政府确定的农村供水主管部门负责本行政区域内农村供水的监督管理工作，其他有关部门根据各自职责做好农村供水的有关工作。

第三十四条 供水规划和建设、水源保护和水质管理、设施管理和维护、经营服务和节水管理，按照《江苏省城乡供水管理条例》执行。

第三十五条 农村供水工程设施可以按照所有权和经营权分离原则确定运营单位（以下统称供水单位）。

供水单位应当按照国家有关标准和规范的要求，负责最终用水户结算水表前供水设施的维护和管理，保证农村供水设施安全正常运行和二十四小时不间断供水。

第三十六条 供水单位应当定期对供水管网进行巡检，发现供水管道水压异常、漏损率偏高等情形的，应当查明原因，及时处置。需要更新改造的，应当纳入年度计划。

第三十七条 农村供水价格实行政府定价，按照补偿成本、合理收益、促进节水、公平负担的原则确定，实行农村居民生活用水和农村非生活用水分类计价。

价格主管部门制定和调整农村居民生活用水价格，应当依法组织听证，并向社会公布水价构成。

农村供水价格低于工程运行成本的，县（市、区）人民政府应当通过财政补贴等方式，支持和保证农村供水工程持续运行。

第三十八条 县（市、区）人民政府应当组织有关部门根据本地不同水域特点和供水防护要求，合理设置农村供水饮用水水源地，提出农村供水饮用水水源地保护区的划定方案，依法报经批准后实施，并设立地理界标和警示标志。

任何单位和个人不得擅自移动、损毁地理界标或者警示标志。

第三十九条 县级以上地方人民政府应当按照饮用水水源保护的相关规定，严格控制影响饮用水水源安全的各类项目建设。

县(市、区)人民政府应当组织生态环境等部门，对农村水源地周边区域的环境状况和污染风险进行排查，筛选可能存在的风险因素，并采取相应的风险防范措施；对农村供水饮用水水源保护区内村庄产生的生活污水采取治污措施处置，生活垃圾应当全部收集外运。

第四十条 因应急供水保障需要，乡镇村水厂的水源地转为应急备用水源地的，应当按照应急备用水源地的有关要求进行管理；不作为应急备用水源地的，应当按照有关规定予以核销。

保留深水井作为应急备用水源的，县(市、区)人民政府农村供水主管部门应当加强管理和监督，落实运行维护单位，确保设备安全、水质安全、供水安全。

第六章 服务体系

第四十一条 县(市、区)人民政府应当建立以乡镇水利(务)站等基层水利服务机构和灌区管理单位等为主体，灌溉试验站、农民用水合作组织、农村水利专业化管护单位、村级水管员等为补充的农村水利服务体系，培育农村水利公共服务队伍和市场，提升农村水利服务专业化水平。

鼓励有条件的农村集体经济组织通过购买服务等方式，委托专业水利服务队伍对农村水利工程设施进行日常运行维护。

第四十二条 乡镇水利(务)站等基层水利服务机构履行农村水利工程建设管理、技术指导、科技推广等公益性职能，协助开展农村防汛抗旱、落实河长制等工作。

灌区管理单位负责灌区日常运行和维护，推行标准化建设和管理，工作经费纳入县(市、区)财政预算。

第四十三条 水行政主管部门应当根据灌溉试验需要，落实灌溉试验站网体系建设，配备技术力量，开展区域内灌溉试验常规观测和数据收集工作。

第四十四条 鼓励和引导农村集体经济组织、农民用水合作组织、农业龙头企业、种植养殖专业大户、农村居民以及其他社会力量参与农村水利工程建设、经营和运行维护，保护农村水利工程设施，保护水生态环境。

县(市、区)人民政府水行政等主管部门和有关灌区管理单位应当加强对前款规定工作的业务指导。

第四十五条 县(市、区)人民政府水利、农业农村、财政等部门应当培育和扶持农民用水合作组织建设，支持农民用水合作组织创新发展。

鼓励农村居民参与农民用水合作组织。

第四十六条 县(市、区)人民政府水行政主管部门应当制定农村水利培训计划，对农村水利服务人员和农村居民开展培训，对基层水利服务工作开展绩效评价。

第七章 保障措施

第四十七条 农村水利工程建设和管理实行政府投入为主，社会力量投入相结合的方式。县级以上地方人民政府应当多渠道筹措农村水利工程建设和管理资金，在国有土地出让收入中按照规定提取资金，足额用于农村水利工程建设和管理。乡镇人民政府应当安排财政资金用于农村水利工程建设和管理。

第四十八条 县(市、区)人民政府应当通过引导农民筹资筹劳、鼓励社会投资等方式，建立多主体、多渠道的农田水利建设投入机制。对农村集体经济组织、新型农业经营主体、农民等投资建设的农田水利工程，可以按照有关规定采取项目补助、以奖代补等方式予以支持。

第四十九条 县级以上地方人民政府应当建立农村水利工程运行维护经费基本保障制度。省人民政府财政部门通过以奖代补，设区的市和县（市、区）人民政府财政部门通过公共财政预算、政府性基金以及其他水利规费收入等，落实农村水利工程运行维护经费。

农村水利工程运行维护经费专款专用，任何单位和个人不得挤占、截留或者挪用。

第五十条 自然资源部门应当依法保障农村水利工程建设用地需求。农村水利工程涉及占用土地的，应当依法办理相关用地手续；依法按照农用地管理的水利设施用地涉及农村集体土地的，可以通过协商解决。

第五十一条 农村灌溉排水和农村供水的用电按照农业生产用电价格执行。

第五十二条 水行政等主管部门应当推广应用农村水利新技术、新材料、新工艺、新设备，指导农业用水户科学灌溉排水。

第五十三条 鼓励将云计算、物联网、大数据、移动互联、人工智能等现代技术，应用于农村水利工程建设和管理。

县（市、区）人民政府应当组织有关部门建立完善县域范围内的河道管护、灌区管理、农村供水工程管理等信息系统，构建重要水源地的水环境监测站网、农田灌排骨干工程自动化监控系统，管理信息网络覆盖到乡镇、大中型灌区管理单位。

第五十四条 水行政主管部门应当会同发展改革、财政、住房城乡建设、农业农村、自然资源、生态环境、卫生健康等部门建立健全农村水利工程建设、运行维护和管理信息共建共享机制。

第五十五条 水行政主管部门应当加强对农村水利工作的指导和监督检查，向社会公开举报电话及举报受理机关名称，会同有关部门开展联合执法，依法对违反农村水利管理的行为进行查处。

第八章 法律责任

第五十六条 违反本条例规定，有关法律、法规已有处罚规定的，从其规定。

第五十七条 违反本条例第二十三条第三款规定，未先行建设替代工程的，由县（市、区）人民政府水行政主管部门责令改正，处以一万元以上十万元以下的罚款。

第五十八条 违反本条例第三十八条第二款规定，擅自移动、损毁地理界标或者警示标志的，由设区的市、县（市、区）人民政府确定的农村供水主管部门责令停止违法行为，恢复原状，可以处两百元以上二千元以下的罚款。

第五十九条 违反本条例规定，地方各级人民政府、有关部门、单位及其工作人员在农村水利工作中玩忽职守、滥用职权、徇私舞弊，构成犯罪的，依法追究刑事责任；尚未构成犯罪的，依法给予处分。

第九章 附 则

第六十条 街道办事处、居民委员会履行农村水利相关职责的，分别适用本条例关于乡镇人民政府、村民委员会的规定。

第六十一条 本条例所称农村水利工程，包括农村河道、农田水利、农村供水等工程以及为改善农村水环境所修建的工程。

农村河道工程是指灌排控制面积三十至五百平方公里、平均底宽在五米以上的县级河道，灌排控制面积五至五十平方公里、平均底宽在三米以上的乡级河道，村庄河塘、塘坝、湿地，以及配套的涵闸、泵站、圩堤等工程，农村居民家前屋后水面一千平方米以下河塘除外。

农田水利工程是指灌溉水源工程（塘坝

等蓄水设施，以及闸、涵、站、坝等引提水、壅水建筑物）、骨干灌排沟渠与配套建筑物、田间工程、排水承泄区等。

农村供水工程是指为解决农村居民饮用水而兴建的各类供水工程，包括取水工程、水厂、输配水管网系统、入户设施及其相关附属设施。

第六十二条 本条例自 2021 年 2 月 1 日起施行。

江苏省水域保护办法

（省政府令第 135 号）

第一条 为了加强水域保护，发挥水域的综合功能，改善水生态环境，保障和促进经济社会可持续发展，根据《中华人民共和国水法》《江苏省河道管理条例》等法律、法规，结合本省实际，制定本办法。

第二条 本省行政区域内水域的保护，适用本办法。在水域内涉及文物等其他保护内容的，按照有关法律、法规、规章执行。

本办法所称水域，是指江河（含入海水域）、湖泊、水库、塘坝、沟渠及其管理范围，不包括海域和在耕地上开挖的鱼塘及农田沟渠。入海水域范围为入海河道全部进入大海至河床已无明显的河槽之处。

第三条 水域保护实行保护优先、综合利用、严格控制、等效替代的原则。

第四条 县级以上地方人民政府应当加强水域保护工作，推动建立水域保护部门协作和区域协作机制，将水域保护所需经费纳入年度财政预算，并采取有效措施，确保本行政区域水域面积不减少、水域功能不衰退。因水环境治理等特殊情形确需调整本行政区域内水域面积的，应当报经省人民政府批准。

地方各级人民政府应当将本行政区域水域保护职责纳入各级河长履职内容。

街道办事处履行水域保护相关职责的，适用本办法关于乡镇人民政府的规定。

第五条 水行政主管部门负责本行政区域水域保护工作。

自然资源、生态环境、住房城乡建设、交通运输、农业农村、林业等有关部门按照各自职责，做好本行政区域水域保护的有关工作。

第六条 水域保护范围由县级以上地方人民政府组织有关部门根据保护需要依法划定，水域面积按照江河（含入海水域）、湖泊、水库、塘坝、沟渠的常水位、正常蓄水位确定。

第七条 下列水域应当划为重点保护水域：

（一）列入省人民政府批准的《江苏省骨干河道名录》《江苏省湖泊保护名录》中的河道、湖泊水域以及注册登记的水库水域；

（二）集中式饮用水水源地饮用水水源一级保护区、二级保护区和准保护区范围内的水域；

（三）水产种质资源保护区水域和自然保护区水域；

（四）清水通道维护区和重要湿地的水域；

（五）法律、法规、规章规定的其他重点保护水域。

水行政主管部门应当根据前款规定和河道分级管理权限，会同自然资源、生态环境、交通运输、农业农村、林业等有关部门确定本行政区域重点保护水域，报本级人民政府批准并向社会公布。公布的重点保护水域名录应当明确水域名称、位置、类型、面积、主要功能等内容，涉及水功能区内容应当符合《江苏省地表水(环境)功能区划》。

水域分级管理权限按照《江苏省河道管理条例》《江苏省水利工程管理条例》关于河道管理权限划分的规定执行。

第八条 水行政主管部门应当建立重点保护水域空间管控网络体系,建立网格化管理机制。

第九条 水行政主管部门应当会同自然资源、生态环境、交通运输、农业农村、林业等有关部门编制本行政区域水域保护专项规划,报本级人民政府批准后实施。水域保护专项规划应当包括水域保护范围、生态保护目标、水系连通措施及方案、水域内重要生态资源和基础设施保护措施、资源开发利用控制指标、水域占用清退方案、生态修复措施等内容。

水域保护专项规划应当以发展规划为依据,符合国土空间规划、流域综合规划等要求,与有关专项规划相协调,统筹推进水域功能管理、资源管控和生态保护。

有关部门编制涉及水域的其他规划,应当与水域保护专项规划相衔接。

第十条 设区的市、县(市、区)人民政府应当组织有关部门按照水生态环境保护规划和水域保护专项规划,制定本行政区域水域生态修复实施方案。实施方案应当包含生态补偿内容。

实施水域生态修复过程中,对公民、法人或者其他组织造成财产损失的,应当依法给予补偿。

第十一条 水行政主管部门应当会同有关部门对本行政区域的水域面积、水文、利用状况等进行动态监测,建立健全水域监测体系,每两年开展一次水域调查评价,评估水域保护状况,向社会公布。相关调查监测成果按照有关规定实行部门共享。

省水行政主管部门负责组织流域性河道、省管湖泊及大中型水库的水域调查评价;其他河湖水库的水域调查评价按照管理权限,由设区的市、县(市、区)水行政主管部门负责。

第十二条 省水行政主管部门应当建立统一的水域信息管理系统,完善水域档案资料,提高水域保护科学水平。水行政主管部门应当组织开展水域开发利用项目普查登记,实行量化管理。水域相关信息发生变化的,应当及时进行调整。

第十三条 水行政主管部门和生态环境等有关部门应当定期组织实施水域生态清淤、水生植被构造等措施,削减内源污染,降低富营养化,提升水域自净能力。

第十四条 退圩还湖、退田(渔)还湖涉及耕地调整的,应当按照面积不减少、质量有提高的要求,在本县(市、区)范围内做好统筹安排;涉及永久基本农田的,按照有关要求报批,并在本县(市、区)范围内调整补划。

退圩还湖、退田(渔)还湖需要堆放弃土的,应当符合湖泊保护规划中退圩还湖、退田(渔)还湖方案的要求,并可以根据实际情况重新划定管理范围。

第十五条 水行政主管部门应当会同发展改革、自然资源、生态环境、交通运输、农业农村、林业等有关部门,根据国土空间规划和水域保护等专项规划加强水域及其岸线管理,明确水域开发利用相关要求,开展水域分区管理。水域分区方案报本级人民政府批准后实施。

第十六条 水行政主管部门应当会同发展改革、工业和信息化、交通运输等有关部门建立水域及其岸线资源总量管理、全面节约集约利用和违规退出制度,严格占用补偿和节约集约利用机制,限制高消耗低产出的水域岸线资源利用项目。

第十七条 建设项目占用水域,需要兴建等效替代水域工程的,应当在不降低原有水域汇水、排水、蓄水等标准的基础上,在原汇水、排水区域内或者根据实际情况在本县(市、区)范围内建设,具体按照《中华人民共和国水法》《江苏省河道管理条例》《江苏省建设项目占用水域管理办法》等法律、法规、规章规定执行。在水域内新建、改建、扩建建设项目,应当符合经批准的水域保护专项规划和相关河道保护要求。

第十八条 县级人民政府应当组织公安、生态环境、交通运输、水利、农业农村等有关部门对本行政区域水域内餐饮船、住家船、堆场等进行排查,对不符合水域保护规定的,应当制定水域占用清退方案,逐步将其清理出水域。已经取得养殖等相关许可手续的,依法予以补偿。

第十九条 各类开发区进行旧城区的改建、城市新区的开发和建设,确需填堵原有河道的沟叉、贮水湖塘洼淀和废除原有防洪围堤等水域的,有关管理机构应当根据水域开发利用相关要求编制区域水域调整方案,按照等效等量原则进行补偿。区域水域调整方案应当进行科学论证,符合本行政区域国土空间规划和水域保护专项规划要求,并依法报城市人民政府批准。因区域水域调整需要修改水域保护专项规划的,应当按照有关程序修改规划。

第二十条 县级以上地方人民政府及其有关部门应当做好水域保护的宣传工作,增强公民的水域保护意识,鼓励水域保护的科学研究。

第二十一条 县级以上地方人民政府应当将水域保护工作纳入河长制工作进行监测评价,并纳入领导干部自然资源资产离任审计范围。监测评价内容包括河长履职情况、管理成效、水域水质以及水域面积、水域功能变化等。

第二十二条 设区的市、县(市、区)人民政府应当对本行政区域水域保护情况进行检查,每年年底前向上一级人民政府报告。

第二十三条 公民、法人或者其他组织发现违法占用水域或者其他危害水域生态安全、水域功能等行为,有权向有关部门举报。对保护水域作出突出贡献的单位和个人,由地方各级人民政府或者水行政主管部门给予奖励。

第二十四条 省、设区的市水行政主管部门对水域保护工作不力的下级人民政府和有关部门,可以约谈其负责人,要求其说明情况、提出整改措施,督促落实,并向本行政区域内县级以上地方人民政府通报。

水行政主管部门遇到重大问题应当及时向本级人民政府和上级水行政主管部门报告。

第二十五条 水行政主管部门等有关部门在查处涉水行政违法案件过程中,发现涉嫌犯罪的,应当向公安机关移送。公安机关对于有关部门移送的涉嫌犯罪案件,应当按照国家和省相关规定接受、审查。

第二十六条 县级以上地方人民政府应当健全和完善水域保护联合执法机制,组织自然资源、生态环境、交通运输、水利、农业农村、林业等有关部门查处水域违法行为。

乡镇人民政府应当根据本地实际情况协助有关部门开展水域保护联合执法。有条件的地方经依法批准,可以相对集中水域保护行政处罚权,开展乡镇综合执法。

第二十七条 省水行政主管部门应当建立与长江三角洲区域相关省、市水行政主管部门的沟通协调机制,加强水域保护协作,构建长江三角洲区域信息共享、联勤联动的水域保护体系。

第二十八条 地方各级人民政府、有关部门和单位的工作人员在水域保护工作中玩忽职守、滥用职权、徇私舞弊,涉嫌犯罪的,提请有权机关依法追究刑事责任;尚未构成犯罪的,依法给予处分。

第二十九条 本办法下列用语的含义:

(一) 清水通道维护区,指具有重要水源

输送和水质保护功能的河流、运河及其两侧一定范围内予以保护的区域。

（二）重要湿地，指列入国家、省级、市级重要湿地名录，在调节气候、降解污染、涵养水源、调蓄洪水、保护生物多样性等方面具有重要生态功能的河流、湖泊、沼泽、沿海滩涂和水库等湿地生态系统。

（三）常水位，指在江河等的某一地点，经过长时期对水位的观测后得出的，在一年或者若干年中，有 50％的水位等于或者超过该水位的高程值。正常蓄水位，指水库等在正常运用情况下，为满足兴利要求，在开始供水时应当达到的蓄水位。

第三十条 本办法自 2020 年 8 月 1 日起施行。

江苏省水利厅文件

苏水规〔2020〕1 号

省水利厅关于废止《江苏省河道堤防工程占用补偿费征收使用管理办法》等 12 件规范性文件、宣布失效《江苏省小型农田水利重点县工程建设管理细则》等 2 件规范性文件的通知

各市水利(务)局,厅直各有关单位:

为了保证省水利厅规范性文件与法律法规规章和国家、省有关最新政策相一致,确保规范性文件合法性、合理性和有效性,根据《江苏省规范性文件制定和备案规定》(省政府令第 54 号)第三十三条的规定以及法治政府建设的要求,厅对现行有效规范性文件进行了全面清理,并经厅长办公会议研究通过,决定废止《江苏省河道堤防工程占用补偿费征收使用管理办法》等 12 件规范性文件、宣布失效《江苏省小型农田水利重点县工程建设管理细则》等 2 件规范性文件。

一、废止 12 件规范文件

1.《关于转发〈水文专业有偿服务收费管理试行办法〉的通知》(1994 年 11 月 20 日江苏省物价局、江苏省财政厅、江苏省水利厅苏价费〔1994〕379 号、苏财综〔1994〕237 号、苏水计〔1994〕216 号文件印发)

2.《江苏省河道堤防工程占用补偿费征收使用管理办法》(1999 年 11 月 22 日江苏省水利厅、江苏省财政厅、江苏省物价局苏水政〔1999〕31 号、苏财综〔1999〕265 号、苏价费〔1999〕461 号文件印发)

3.《关于贯彻执行〈建设项目水资源论证管理办法〉的通知》(2002 年 7 月 29 日江苏省水利厅、江苏省发展计划委员会苏水资〔2002〕31 号文件印发)

4.《江苏省河道管理范围内建设项目管理规定》(2002 年 8 月 21 日江苏省水利厅苏水政〔2002〕34 号文件印发　根据 2004 年 7 月 5 日江苏省水利厅苏水政〔2004〕20 号文件修订)

5.《江苏省水利科技优秀成果奖励办法》(2004 年 2 月 16 日江苏省水利厅苏水科〔2004〕1 号文件印发)

6.《关于转发水利部〈关于进一步加强水资源论证工作的通知〉的通知》(2006 年 5 月 11 日江苏省水利厅苏水资〔2006〕24 号文件印发)

7.《关于调整水资源费的通知》(2006 年 5 月 25 日江苏省物价局、江苏省财政厅、江苏省水利厅苏价工〔2006〕182 号、苏财综〔2006〕36 号、苏水资〔2006〕28 号文件印发)

8.《关于〈江苏省河道堤防工程占用补偿费征收使用管理办法〉补充规定》(2006 年 8 月 30 日江苏省物价局、江苏省财政厅、江苏省水利厅苏价农〔2006〕292 号、苏财综〔2006〕55 号、苏水政〔2006〕15 号文件印发)

9.《关于进一步加强建设项目水资源论证工作的补充通知》(2007 年 2 月 9 日江苏省水利厅苏水资〔2007〕7 号文件印发)

10.《江苏省水利厅政府信息公开实施办法》(2008 年 5 月 1 日江苏省水利厅苏水办〔2008〕17 号文件印发)

11.《江苏省大中型水库移民后期扶持项目管理办法(暂行)》(2013 年 8 月 30 日江苏省水利厅、江苏省财政厅苏水规〔2013〕4 号文件发布)

12.《省水利厅关于对洪泽湖骆马湖内非法采砂实施行政处罚有关问题的通知》(2016 年 4 月 25 日江苏省水利厅苏水规〔2016〕1 号文件发布)

二、宣布失效 2 件规范性文件

1.《江苏省小型农田水利重点县工程建设管理细则》(2011 年 1 月 4 日江苏省水利厅苏水规〔2011〕1 号文件发布)

2.《江苏省中小河流治理工程建设管理办法》(2011 年 9 月 21 日江苏省水利厅苏水规〔2011〕4 号文件发布)

本通知自发布之日起执行。

江苏省水利厅

2020 年 4 月 7 日

江苏省水利厅文件

苏水规〔2020〕2号

江苏省水利厅关于印发《江苏省水利科技项目管理办法》的通知

各市、县水利(务)局,省各有关单位:

为贯彻落实《关于深化科技体制机制改革推动高质量发展若干政策》(苏发〔2018〕18号)、《江苏省农业(水利)科技创新与推广补助专项资金管理办法》(苏财规〔2020〕3号)和《江苏省省级财政科研项目经费管理办法》(苏财规〔2020〕9号)有关要求,进一步规范水利科技项目管理,充分发挥科技对水利高质量发展的引领和支撑作用,经商省财政厅,省水利厅对《江苏省水利科技项目管理办法》(苏水规〔2015〕5号)进行了修订。现将修订后的《江苏省水利科技项目管理办法》印发给你们,请遵照执行。

江苏省水利厅

2020年11月2日

江苏省水利科技项目管理办法

第一章 总 则

第一条 （制订依据）为进一步规范水利科技项目管理，充分发挥科技对水利高质量发展的引领和支撑作用，根据省委、省人民政府《关于深化科技体制机制改革推动高质量发展若干政策》（苏发〔2018〕18 号）、《江苏省农业（水利）科技创新与推广补助专项资金管理办法》（苏财规〔2020〕3 号）和《江苏省省级财政科研项目经费管理办法》（苏财规〔2020〕9 号）等有关规定，结合我省实际情况，制定本办法。

第二条 （适用范围）江苏省水利科技项目（以下简称“项目”），是指由省水利厅、省财政厅批准立项，省级水利科技专项资金资助而开展的水利科技研究和推广应用等活动，包括重大科技攻关、技术推广应用、示范基地建设、发展战略等课题研究、地方标准研究制定等。

第三条 （经费筹集）项目经费应当多渠道筹集。项目经费除省财政补助经费安排外，也可以在单位配套筹集经费中安排。

第四条 （管理职责）省水利厅负责编制申报指南、组织立项评审、实施考核、验收评价、成果登记、信用档案的全过程管理。省财政厅负责组织专项资金预算编制、项目资金下达、经费使用监管。项目承担单位及项目负责人具体负责项目的实施。各相关单位和部门要切实加强项目管理过程中的廉政风险防控。列入国家或者省部级科技计划的项目，按照相应的科技项目管理办法执行。省水利厅直属单位（部门）使用专项经费开展的课题参照本办法执行。

第二章 项目申报

第五条 （申报指南）省水利厅根据省有关水利发展规划和年度重点工作部署，采取需求征集、座谈调研、专家论证等形式，广泛征求科研单位、地方、行业协会、企业等有关方面的意见及建议，研究制定年度项目申报指南和招标投标计划，经商省财政厅同意后，于每年 11 月底前发布次年申报指南，每年 12 月集中受理项目申报。

第六条 （申报主体）项目实行法人单位申报制，申报主体为全省各级水利单位或高校、科研院所，同时鼓励水利系统内外企事业单位联合申报，支持产学研联合创新。

第七条 （申报材料）项目申报单位应当根据年度项目申报指南，结合工作实际确定研究课题和共同承担单位，填写《江苏省水利科技项目申报书》（附件 1），需对课题立项的意义、工作基础、研究方法、技术路线、关键技术和推广前景等作出详细说明，并同步编制项目预算，按照规定程序经归口管理单位审核后上报。

第八条 （申报条件）项目申报单位必须具有较强的科研基础，包括：项目实施的人才、设备条件及技术储备等，有健全的科技管理制度、财务管理制度、资产管理制度和会计核算制度等条件，并具有完成科研项目的良好信誉度。

第九条 （项目负责）项目负责人是项目的实际主持人，应具有相应的学术水平和完成项目所需的组织、管理及协调能力，并应当具有足够的时间投入科研工作。原则上同期只能主持1项，最多不超过2项。退休人员及外籍人员不得作为项目负责人，公务员不得作为重大科技攻关和技术推广应用项目负责人。

第十条 （研究团队）项目参加人员按照项目研究过程中所起的作用以及承担任务的轻重确定排名顺序。其中，35岁以下的主要参与人员应占有一定比例。对全省水利系统的“333高层次人才培养工程”“111人才工程”等培养对象和35岁以下具有博士学位或高级职称的青年人才开展前瞻性和培育性研究给予倾斜资助。

第三章　项目立项

第十一条 （立项原则）项目立项坚持“计划指导、公平竞争、专家评审、择优确定”的原则。

第十二条 （遴选机制）建立健全公平竞争的项目遴选机制。对通过形式和可行性审查的项目，省水利厅组织同行专家进行分专业组评审，提出拟立项的课题。评审专家主要由高校、科研院所及管理部门相关专家组成。专家评审严格执行回避制度、保密制度和轮换制度。

第十三条 （评审方式）对采用会议评审的，以适当方式公布专家名单，强化专家自律，接受同行质询和社会监督；对采用通讯、网络方式评审的，评审前专家名单严格保密，保证评审的公正性。

第十四条 （公示下达）省水利厅商省财政厅根据专家评审意见，研究确定项目及其承担单位和项目负责人，并在省水利厅网站进行公示，公示期限为5个工作日。公示结束后，由省财政厅会同省水利厅按照预算管理办法要求，下达立项意见、项目经费额度和分年度拨款计划。

第十五条 （约定内容）项目申报单位应按照《江苏省水利科技项目合同书》格式填写有关内容，省水利厅与项目申报单位约定合同内容。合同书中的考核指标和目标任务等关键内容应与项目申报书中保持一致。如因特殊情况确需进行调整的，由项目申报单位提出申请，按程序报省水利厅审核。

第十六条 （签订合同）省水利厅与项目第一申报单位、项目保证单位（即项目第一申报单位的主管单位）和归口管理单位四方共同签订《江苏省水利科技项目合同书》。厅直单位及高校、科研院所等单位的项目，由省水利厅与项目第一申报单位直接签订《江苏省水利科技项目合同书》。项目申报单位在计划下达后1月内未能签订合同或提出无法落实合同约定的条款，省水利厅按规定予以取消立项处理。

第四章　项目经费

第十七条 （财务制度）项目经费实行专账核算，专款专用。项目承担单位应当按照国家和省相关法规及财务管理规定，制定内部财务、资产、政府采购等方面财务制度。明确本单位科研经费预算调剂、间接费用统筹、劳务费和人员费开支管理、绩效支出分配、结题财务审计、结余资金使用、急需科研设备耗材采购等管理权限和审核流程。

第十八条 （预算管理）项目经费实行预算管理。项目承担单位应按规定科学合理、实事求是地编制项目经费预算，预算支出符合专项资金管理相关规定，申报单位承诺的自筹资金须足额到位。水利科技项目经费分为直接费用和间接费用。严格控制设备购置费支出，预算中不允许编列购置实验室必备的常规通用设备和办公设备。劳务开支需明确在项目研究中承担的工作任务和时间，经项目负责人书面同意。开支标准参照当地科学研究、技术服务业从业人员平均工资水平，根据其在项目中承担的工作任务确定。

第十九条 （学术会议）项目承担单位因科研活动需要，邀请国内外专家、学者和有关人员参加由其主办与项目相关的学术会议，对确需负担的城市间交通费、国际旅费，可在会议费等费用中列支。

第二十条 （绩效支出）间接费用不超过项目资助经费的30%。其中，绩效支出原则上不超过间接费用的50%。绩效支出不计入项目承担单位绩效工资基数，纳入项目承担单位绩效工资总量管理，并按规定履行手续。

第二十一条 （经费分配）有多个单位共同承担一个项目的，项目申报单位在编制项目资金预算时，应当注明各单位的主要任务，通过合同或者协议明确协作单位的工作目标、内容、进度及费用等。根据工作量，原则上项目第一申报单位承担费用不得低于总经费除以共同承担单位数。部分科研任务确需外包的，须签署外包次级合同，经承担单位审核批准后生效。

第二十二条 （经费拨付）项目经费下达项目第一申报单位，由其根据承担任务完成情况分期拨付其他单位。项目第一申报单位是省级预算单位的，可一次性申请当年全部用款计划并自行选择支付方式随时支付，也可经省财政厅同意后，将科研经费直接拨付省级预算单位的基本户。项目第一申报单位是省级非预算单位的，由省水利厅直接拨付至单位账户。

第二十三条 （财务验收）项目承担单位按合同要求完成任务后应及时清理账目、盘点资产，如实编制财务决算。省财政补助经费30万元及以上的项目应在项目实施期末自主选择具有资质的第三方中介机构进行结项财务审计。申请验收同时需将财务资料报同级主管部门审核。财务资料包括项目财务决算表、项目支出财务明细账、审计报告（省财政补助经费30万元及以上）等资料。项目承担单位应主动接受审计和监察部门监督。

第二十四条 （结余资金）项目完成任务目标并通过验收后，结余资金可留归项目组用于后续省水利科技项目直接费用支出，或由省水利厅统筹用于水利科技项目。

第五章 项目实施

第二十五条 （实施期限）项目承担单位是项目实施和资金管理使用的责任主体，应严格按照项目合同要求，制定实施计划，安排项目研究和推广经费，组织开展项目研究，确保项目按计划执行。项目实施期限为：重大科技攻关项目不超过3年，技术推广应用和示范基地建设不超过2年，发展战略等课题研究和地方标准研究制定不超过1年。

第二十六条 （过程管理）省水利厅组织对重大科技攻关项目进行中期检查，对推广应用项目承担单位开展综合检查，并对其项目的执行情况进行评估和通报。对在检查中发现存在严重问题、但未违反法律法规规定的，应当按照合同的约定予以处理。

第二十七条 （年度报告）项目实施实行年度报告制度，在研项目的承担单位应按要求编制年度计划执行情况报告和有关信息报表，由项目归口管理单位汇总审核后，于每年12月份向省水利厅提交项目执行情况年度报告。

第二十八条 （自主调整）在项目总预算不变的情况下，项目负责人可根据科研实际需要自主调整直接费用全部科目的经费支出，由项目承担单位办理调剂手续；在不降低研究目标的前提下，可自主调整优化研究方案和技术路线，报项目承担单位备案。上述调整安排均可作为项目验收（结题）、评估评审或审计检查等依据。

第二十九条 （重大变更）项目实施过程中，涉及项目研究内容、考核目标、计划进度、承担单位、项目负责人等重大事项需要变更的，项目承担单位应提出申请，按程序报省水利厅审批后方可执行。不能按期结题的项目，承担单位应在合同规定结束时间前3个月，通过归口管理单位正式行文，向省水利厅提交延期申请，经审批同意后，按调整计划执行。项目延期时间一般不超过6个月，最长不超过12个月。

第三十条 （因故终止）项目无法继续实施的，由承担单位提出终止或撤销项目的申请，并附已做工作的书面总结，按规定对项目经费进行审计，退回财政资金，经项目主管单位审核同意后报省水利厅。对因客观原因导致的项目终止或撤销，不记入信用档案。

第六章 项目验收

第三十一条 （验收申请）项目完成后，项目承担单位应当及时完成技术报告和工作总结，在合同规定结束时间后3个月内将经本单位业务主管部门审核同意后的验收申请表、科技项目财务决算表、工作总结、技术报告等有关资料按程序经归口管理单位审核后上报。

第三十二条 （组织验收）省水利厅负责组织项目验收或委托地方水利（务）局组织验收。省水利厅在收到验收申请后10个工作日内，对其申报材料审核后作出答复，具备验收条件的组织专家依据合同进行审查，决定是否同意项目验收结题，并形成验收结论意见。项目验收可采取会议、函审、网络、实地考核等多种方式进行。验收专家组一般由技术专家、财务专家等共同组成，专家组人数一般不少于5人，财务专家一般不少于1人。委托地方水利（务）局验收的项目，最终验收材料报省水利厅备案。

第三十三条 （验收结论）项目验收结论分为通过、不通过。

验收专家组从项目计划完成情况、研究成果质量、应用推广效果、人才培养、经费使用等方面进行评价，突出其在解决水利改革与发展关键问题、支撑水利行业高质量发展中发挥的作用，达到以下条件的项目为通过验收，由省水利厅颁发相应的验收证书。

（一）提供的验收材料真实完整；

（二）完成合同约定的全部考核目标，或完成合同约定的主要考核目标且在关键创新目标上形成高水平代表性成果；

（三）经费使用合规。

第三十四条 （验收复议）验收意见需要复议的项目，应在首次验收后的半年内，针对存在问题作出改进或补充材料后，再次组织验收或委托上次验收组组长确认，否则视同不通过验收。

第三十五条 （尽职免责）未达到验收条件，但开展了实质性研发活动并取得了一定研究进展和成果，且经费使用基本合规的项目，由项目承担单位向主管部门提出结题申请，经主管部门审核并报省水利厅同意后，予以结题处理，不记入信用档案。

第三十六条 （绩效评价）项目承担单位应按省财政厅有关绩效评价的要求，做好科研项目的绩效评价工作，并在验收后6个月内将绩效评价材料经归口管理单位审核后报省水利厅和省财政厅。

第三十七条 （验收监督）省财政厅可采取验收中现场督察、验收后抽查等形式对项目验收情况开展监督检查，监督检查结果作为下年度专项资金预算安排的重要依据。

第七章 成果管理

第三十八条 （知识产权）项目实施中所取得的科学理论成果、应用技术成果和软科学研究成果，包括并不限于新技术、新产品、新工艺、新材料、新设计、新装置、计算机软件以及专利、论文和专著等，其知识产权管理按照《江苏省科学技术进步条例》等有关规定执行。

第三十九条 （成果登记）项目取得的水利科技成果由省水利厅统一办理成果登记。项目实施过程中发表的科技论文、出版专著、授权专利、研究报告、软件著作权等均应注明“江苏省水利科技项目资助”及其项目编号。

第八章 信用管理

第四十条 （诚信承诺）实行科研诚信承诺制度，项目承担单位以及参与实施的人员应签署科研诚信承诺书，对科研过程、科研成果等的真实性、完整性承担主体责任。

有下列情形之一的，应当依法予以惩戒：

（一）不严格履行合同约定内容的；

（二）擅自超范围调整项目财政资金预算科目或改变资金用途的；

（三）未按要求提交重大事项变更报告、执行情况年度报告、延期申请报告等；

（四）提供虚假、不符合实际或不完整资料的；

（五）项目整改措施不力的。

省水利厅每年对项目实施情况进行通报，并对有严重失信情况的项目承担单位进行约谈。

第四十一条 （信用档案）项目管理实行信用档案制度，对项目承担单位、项目负责人、归口管理单位、绩效评价等在项目实施中的信用情况进行客观记录，并作为其后续水利科技计划项目推荐、立项的重要条件之一。在财政或其他部门绩效评价中被评定为差等级或不及格的单位将暂停下一年度项目申报。

第四十二条 （处罚追责）对严重违背科研诚信要求的单位或个人实行终身追责，并记入科研诚信档案，纳入科研活动黑名单，相关人员 3 年内不得申报省水利科技项目。对监督检查中发现有虚假科研骗取财政资金、挤占挪用专项资金行为的，视程度取消项目承担单位 1—3 年内申报省水利科技项目的资格。情节严重的，将线索移送有关执纪执法机关、单位依纪依法追究责任。

第九章 附 则

第四十三条 （生效时间）本办法自 2020 年 12 月 3 日起执行。省水利厅 2015 年颁布的《江苏省水利科技项目管理办法》（苏水规〔2015〕5 号）同时废止。

第四十四条 （解释责任）本办法由江苏省水利厅负责解释。

江苏省水利厅文件

苏水规〔2020〕3号

江苏省水利厅关于修订印发《江苏省水闸安全鉴定管理办法》的通知

各设区市水利(务)局,厅属各水利工程管理处:

为加强我省水闸工程安全运行管理,进一步规范水闸安全鉴定工作,结合本省实际,省水利厅对《江苏省水闸安全鉴定管理办法》进行了修订,现予印发,请认真贯彻执行。原《江苏省水闸安全鉴定管理办法》(苏水管〔2008〕98号)同时废止。

江苏省水利厅

2020年11月10日

江苏省水闸安全鉴定管理办法

第一章 总 则

第一条 为加强水闸安全管理，规范水闸安全鉴定工作，保障工程安全运行，根据水利部《水闸安全鉴定管理办法》（水建管〔2008〕214 号）和《水闸安全评价导则》（SL 214—2015）的有关规定，制定本办法。

第二条 本办法适用于本省水利部门管理的大、中型水闸，水利部门管理的小型水闸、船闸和其它部门管理的水闸可参照执行。

第三条 水闸工程实行定期安全鉴定制度。首次安全鉴定应在新建工程、除险加固工程竣工验收或投入使用后 5 年内进行，以后每隔 10 年进行一次全面安全鉴定。运行中遭遇超标准洪水、强烈地震、增水高度超过校核潮位的风暴潮、发生重大工程事故后，应及时进行安全检查，如出现影响工程安全的异常现象，应及时进行安全鉴定。闸门、启闭机等单项工程达到折旧年限时，应及时进行单项工程安全鉴定。

第四条 江苏省水利厅负责指导全省水闸安全鉴定工作，县级以上地方人民政府水行政主管部门负责本行政区域内所管辖水闸安全鉴定管理工作。

第五条 水闸管理单位负责组织所管水闸的安全鉴定工作。上级主管部门应督促水闸安全鉴定组织单位（以下简称鉴定组织单位）及时进行安全鉴定工作。

第六条 县级以上地方人民政府水行政主管部门（以下简称鉴定审定部门）按照分级管理原则对水闸安全鉴定报告书进行审定。其中，省水利厅负责审定大型水闸和省水利厅直属单位管理水闸的安全鉴定报告书，市水行政主管部门负责审定中型水闸的安全鉴定报告书。

第七条 水闸安全类别划分为四类：

一类闸：运用指标能达到设计标准，无影响正常运行的缺陷，按常规维修养护即可保证正常运行。

二类闸：运用指标基本达到设计标准，工程存在一定损坏，经大修后，可达到正常运行。

三类闸：运用指标达不到设计标准，工程存在严重损坏，经除险加固后，才能达到正常运行。

四类闸：运用指标无法达到设计标准，工程存在严重安全问题，需降低标准运用或报废重建。

第二章 基本程序及组织

第八条 水闸安全鉴定包括水闸安全评价、水闸安全评价成果审查和水闸安全鉴定报告书审定三个基本程序。

（一）水闸安全评价：鉴定组织单位进行水闸工程现状调查，委托符合本办法第十二条要求的有关单位开展水闸安全评价（以下称鉴定承担单位）。鉴定承担单位对水闸安全状况进行分析评价，提出水闸安全评价报告；

（二）水闸安全评价成果审查：由鉴定审定部门或其委托有关单位，主持召开水闸安全鉴定审查会，组织成立专家组，对水闸安全评价报告进行审查，形成水闸安全鉴定意见；

（三）水闸安全鉴定报告书审定：鉴定审定部门审定并印发水闸安全鉴定报告书。

第九条 鉴定组织单位的职责：

（一）制订水闸安全鉴定工作计划，并报上级主管部门；

（二）委托鉴定承担单位进行水闸安全评价；

（三）进行工程现状调查；

（四）向鉴定承担单位提供必要的基础资料；

（五）配合有关单位进行现场安全检测；

（六）其它相关职责。

第十条 鉴定承担单位的职责：

（一）在鉴定组织单位现状调查的基础上，提出现场安全检测和安全复核项目，编写工程现状调查分析报告；

（二）按有关规范进行安全检测，评价检测部位和结构的安全状态，编写安全检测报告；

（三）按有关规范进行安全复核，编写安全复核报告；

（四）对水闸安全状况进行总体评价，提出工程存在的主要问题、水闸安全类别、维修加固及控制运用等处理措施建议等，编写水闸安全综合评价报告，起草水闸安全鉴定报告书；

（五）按鉴定审定部门的审查意见，补充相关工作，修改水闸安全评价报告；

（六）其它相关职责。

第十一条 鉴定审定部门的职责：

（一）组建水闸安全鉴定专家组；

（二）组织专家现场安全检查；

（三）组织召开水闸安全鉴定审查会；

（四）审查水闸安全评价报告；

（五）审定水闸安全鉴定报告书并及时印发；

（六）其它相关职责。

第十二条 专家组职责：

（一）审查安全鉴定承担单位的资质是否符合要求；

（二）客观公正、讲究科学，按照相关规范和技术标准审查安全评价报告；必要时应进行现场重点检查；

（三）形成安全鉴定结论，评定水闸建筑物、金属结构和机电设备安全类别，以及水闸综合安全类别，提出处理意见和建议；

（四）其它相关职责。

第十三条 大型水闸的安全评价，应由具有水利行业设计甲级资质或与水闸有关的专业设计甲级资质的单位承担；中型水闸安全评价，由具有水利行业设计乙级资质或水闸有关的专业设计乙级资质的单位承担。

经水利部、省水利厅认定的水利科研院（所）、咨询审查单位，可承担水闸的安全评价任务。

鉴定承担单位如不同时具备设计和检测资质时，经鉴定组织单位同意，可委托具备相应资质的单位承担检测或复核工作。

鉴定承担单位的水闸安全评价报告质量纳入全省水利勘测设计单位履约考核信用管理等级评定。

第十四条 水闸安全鉴定审定部门组织的专家组应由相关部门的代表和从事水利水电专业技术工作的专家组成，并符合下列要求：

（一）水闸安全鉴定专家组应根据工程存在的主要问题涉及的规划、水工、地质、金属结构、机电和管理等相关专业的专家组成。

（二）大型水闸安全鉴定专家组由不应少于9名专家组成，中型水闸安全鉴定专家组由不应少于7名专家组成，其中具有高级技术职称的人数不应少于四分之三；

（三）水闸主管部门所在行政区域以外的专家人数不应少于水闸安全鉴定专家组成员的三分之一；

（四）水闸原设计、施工、监理、设备制造等单位的在职人员以及从事过本工程设计、施工、监理、设备制造的人员总数不应超过水闸安全鉴定专家组成员的三分之一。

省水利厅建立水闸安全鉴定专家库，并定期对专家进行考核。省水利厅负责审定的水闸安全鉴定专家组成员从安全鉴定专家库中随机抽取。

第十五条 各级水行政主管部门应在每年初统计所管辖水闸工程安全运行状况，上报水闸安全鉴定计划，并于年底前按年度汇总所管辖的水闸安全鉴定报告书。大中型水闸工程安全运行状况统计、安全鉴定计划和市水行政主管部门审定的中型水闸安全鉴定报告书应报省水利厅备案。

第三章 工作内容

第十六条 水闸安全鉴定工作内容应按照《水闸安全评价导则》(SL 214—2015)执行，工作内容包括现状调查、安全检测、安全复核和安全评价。

第十七条 现状调查应进行设计、施工、管理等技术资料收集，在了解工程概况、设计和施工、运行管理等基本情况基础上，对水闸工程进行现场全面检查，分析工程存在的安全问题、隐患和疑点，提出安全检测和安全复核的项目与要求，编写工程现状调查分析报告。

第十八条 安全检测包括确定检测项目、内容和方法，主要是针对地基土和回填土的工程性质，防渗导渗和消能防冲设施的完整性和有效性，砌体结构的完整性和安全性，混凝土与钢筋混凝土结构的强度、变形和耐久性，金属结构的安全性，机电设备的可靠性，监测设施的有效性等，按有关规范进行检测后，分析检测资料，评价检测部位和结构的安全状态，编写安全检测报告。

第十九条 安全复核应以最新的规划数据、检查观测资料和安全检测成果为依据，按照现行有关技术标准，进行防洪标准（闸顶高程与水闸过流能力）、渗流安全、结构安全（包括闸室、岸墙、翼墙的整体稳定性，消能防冲设施及主要结构强度等）、抗震安全、金属结构和机电设备安全等复核计算，编写安全复核报告。

第二十条 安全评价应在现状调查、安全检测和安全复核的基础上，充分论证数据资料可靠性和安全检测、安全复核方法及其结果的合理性，提出工程存在的主要问题、水闸安全类别评定结果、维修加固及控制运行等处理措施建议，并编制水闸安全综合评价报告。

第二十一条 经安全鉴定为二类水闸的，管理单位应编制维修方案，报上级主管部门批准，必要时进行大修。

经安全鉴定为三类水闸的，管理单位应及时组织编制除险加固计划，报上级主管部门批准。

经安全鉴定为四类水闸的，管理单位应报上级主管部门申请降低标准运用或报废、重建。

水闸主管部门应限期完成所辖三、四类水闸工程除险加固或拆除重建。在三、四类水闸未处理前，管理单位应组织编制水闸安全应急预案，并采取限制运用措施。

第二十二条 经安全鉴定，水闸安全类别发生改变的，水闸管理单位应在接到水闸安全鉴定报告书之日起3个月内，向水闸注册登记机构申请变更注册登记。

第二十三条 鉴定组织单位应当按照档案管理的有关规定，及时将水闸安全评价报告和安全鉴定报告书等资料进行归档，妥善保管。

第四章 附 则

第二十四条 在报送水闸除险加固、拆除重建前期工作成果时，应同时报送水闸安全鉴定材料，否则不予立项。

第二十五条 水闸安全鉴定工作所需经费，按照工程性质，分渠道安排。公益性工程在各级财政性资金中安排专项经费解决；经营性工程可列入生产开支，计入成本核算；准公益性工程按上述渠道和比例解决。在批准进行除险加固或拆除重建时，可在相应工程经费中列支。

第二十六条 本办法由江苏省水利厅负责解释。

第二十七条 本办法自 2020 年 12 月 20 日起施行。

江苏省水利厅文件

苏水规〔2020〕4 号

江苏省水利厅关于修订印发《江苏省泵站安全鉴定管理办法》的通知

各设区市水利(务)局,厅属各水利工程管理处:

为加强我省泵站工程安全运行管理,进一步规范泵站安全鉴定工作,结合本省实际,省水利厅对《江苏省泵站安全鉴定管理办法》进行了修订,现予印发,请认真贯彻执行。原《江苏省泵站安全鉴定管理办法》(苏水管〔2009〕165)同时废止。

江苏省水利厅

2020 年 11 月 10 日

江苏省泵站安全鉴定管理办法

第一章　总　则

第一条　为加强泵站安全管理，规范泵站安全鉴定工作，保障工程安全运行，根据《泵站安全鉴定规程》(SL 316—2015)和《泵站技术管理规程》(GB/T 30948—2014)等有关规定，制定本办法。

第二条　本办法适用于本省水利部门管理的大中型泵站，其他泵站可参照执行。

第三条　泵站安全鉴定分为全面安全鉴定和专项安全鉴定。全面安全鉴定范围应包括建筑物、机电设备、金属结构等；专项安全鉴定范围宜为全面安全鉴定中的一项或多项。

第四条　泵站有下列情况之一的，应进行全面安全鉴定：

（一）建成投入运行达到20～25年；

（二）全面更新改造后投入运行达到15～20年；

（三）本条前两项规定的时间之后运行达到5—10年。

第五条　泵站出现下列条件之一的，应进行全面安全鉴定或专项安全鉴定：

（一）拟列入更新改造计划；

（二）需要扩建增容；

（三）建筑物发生较大险情；

（四）主机组及其他主要设备状态恶化；

（五）规划的水情、工情发生较大变化，而影响安全运行；

（六）遭遇超标准设计洪水、地震等自然灾害；

（七）按《灌排泵站机电设备报废标准》(SL 510—2011)的规定，设备需要报废的；

（八）有其他需要的。

第六条　省水利厅负责指导全省泵站安全鉴定工作，县级以上地方人民政府水行政主管部门负责本行政区域内所管辖泵站安全鉴定管理工作。

第七条　泵站管理单位（以下称鉴定组织单位）负责组织所管泵站的安全鉴定工作。上级主管部门应督促鉴定组织单位根据本办法第四条、第五条规定及时进行安全鉴定工作。

第八条　县级以上地方人民政府水行政主管部门（以下称鉴定审定单位）按照分级管理原则对泵站安全鉴定成果进行审定。省水利厅负责审定大型泵站、省直接管理的泵站和省指定泵站的安全鉴定报告书，市水行政主管部门负责审定其他中型泵站的安全鉴定报告书。

第九条　泵站安全类别划分为四类，分类指标按照《泵站安全鉴定规程》(SL 316—2015)中条款执行。

一类泵站：符合一类建筑物和一类设备的条件，运用指标能达到设计标准，无影响安全运行的缺陷。

二类泵站：符合二类建筑物和二类设备

的条件，运用指标基本达到设计标准，建筑物和设备存在一定损坏或缺陷，经维修养护即可保证安全运行。

三类泵站：符合三类建筑物或三、四类设备的条件，运用指标达不到设计标准，建筑物或设备存在较大的损坏，经对建筑物加固改造或对主要设备进行大修、更换元器件、更新改造后，能保证安全运行。

四类泵站：符合四类建筑物的条件，运用指标无法达到设计标准，建筑物存在严重安全问题，可降低标准运用或报废重建。

第二章　基本程序及组织

第十条　泵站安全鉴定工作，应包括现状调查分析、现场安全检测、工程复核计算分析、安全类别评定、安全鉴定总结等。

（一）现状调查分析：鉴定组织单位应在分析泵站设计、施工、更新改造、运行管理资料的基础上开展现状调查工作，形成《泵站现状调查分析报告》；

（二）现场安全检测：鉴定组织单位可委托符合本办法第十五条要求的有关单位（以下称鉴定承担单位）开展泵站安全检测。鉴定承担单位对泵站安全状况进行分析评价，形成《现场安全检测报告》；

（三）工程复核分析计算：鉴定承担单位应根据对泵站工程规模、建筑物、机电设备、金属结构等复核计算分析成果，对泵站建筑物、机电设备、金属结构分别进行评价，并对泵站安全类别进行综合评价，形成《泵站工程复核计算分析报告》；

（四）安全类别评定：由鉴定审定单位或其委托有关单位，组织泵站安全鉴定审查，成立审查专家组，采取现场检查、召开审查会议等形式，对泵站安全鉴定报告成果进行审查，形成泵站安全鉴定报告书；

（五）泵站安全鉴定报告书审定：鉴定审定单位审定并印发泵站安全鉴定报告书。

第十一条　鉴定组织单位的职责：

（一）制订泵站安全鉴定工作计划，向上级主管部门提出泵站安全鉴定的申请；

（二）委托鉴定承担单位进行泵站安全检测和复核分析计算工作；

（三）进行工程现状调查，编写或委托鉴定承担单位编写《泵站现状调查分析报告》；

（四）向鉴定承担单位提供必要的基础资料；

（五）配合鉴定承担单位进行现场安全检测和复核计算分析；

（六）配合安全鉴定专家组工作；

（七）编写安全鉴定工作总结，进行安全鉴定资料归档，并长期保管；

（八）其它相关职责。

第十二条　鉴定承担单位的职责：

（一）受鉴定组织单位的委托，在鉴定组织单位现状调查的基础上，提出现场安全检测和工程复核计算项目的建议，编写工程现状调查分析报告；

（二）按有关规范对水工建筑物、机电设备和金属结构等进行现场安全检测和试验，评价检测部位和设备的安全状态，编写现场安全检测报告；

（三）按有关规范进行工程复核计算，编写工程复核计算分析报告；

（四）进行安全评价，提出工程存在主要问题、泵站安全类别鉴定结果和处理措施建议等，编写泵站安全评价报告；起草泵站安全鉴定报告书；

（五）按鉴定审定单位和专家的审查意见，补充进行必要的检测、分析和计算等工作，根据工作职责修改完善安全鉴定报告成果；

（六）其它相关职责。

第十三条　鉴定审定单位的职责：

（一）组建泵站安全鉴定专家组；

（二）组织专家现场安全检查；

（三）组织召开泵站安全鉴定审查会；

（四）审查泵站安全鉴定报告成果；

（五）审定泵站安全鉴定报告书并及时印发；

（六）其它相关职责。

第十四条 专家组职责：

（一）审查安全鉴定承担单位的资质是否符合要求；

（二）客观公正、讲究科学，按照相关规范和技术标准审查安全鉴定报告；必要时应进行现场重点检查；

（三）形成安全鉴定结论，评定泵站建筑物、机电设备和金属结构安全类别，以及泵站综合安全类别，提出处理意见和建议；

（四）其它相关职责。

第十五条 大型泵站的安全评价，应由具有水利行业设计甲级资质或与泵站有关的专业设计甲级资质的单位承担；中型泵站安全评价，由具有水利行业设计乙级资质或泵站有关的专业设计乙级资质的单位承担。

鉴定承担单位如不同时具备检测和复核计算资质时，经鉴定组织单位同意，可委托具备相应资质的单位承担检测或复核计算工作。

鉴定承担单位的泵站安全评价报告质量纳入全省水利勘测设计单位履约考核信用管理等级评定。

第十六条 泵站安全鉴定审定部门组织的专家组应由相关部门的代表和从事水利水电专业技术工作的专家组成，并符合下列要求：

（一）专家组应根据泵站规模和鉴定内容确定，宜由工程存在的主要问题方面涉及的规划、水文地质、水工、水机、电气、金属结构和工程管理等相关专业的专家组成。

（二）大型泵站安全鉴定专家组人数不应少于9名，中型泵站安全鉴定专家组人数不应少于7名，其中高级职称人数不应少于四分之三。

（三）泵站主管部门所在行政区域以外的专家人数不应少于泵站安全鉴定专家组成员的三分之一。

（四）泵站原设计、施工、监理、设备制造等单位的在职人员以及从事过本工程设计、施工、监理、设备制造的人员总数不应超过泵站安全鉴定专家组成员的三分之一。

省水利厅建立泵站安全鉴定专家库，并定期对专家进行考核。省水利厅负责审定的泵站安全鉴定专家组成员从安全鉴定专家库中随机抽取。

第十七条 各级水行政主管部门应在每年初统计所管辖泵站工程安全运行状况，上报泵站安全鉴定计划，并于年底前按年度汇总所管辖的泵站安全鉴定报告书。大中型泵站工程安全运行状况统计、安全鉴定计划和安全鉴定报告书应报省水利厅备案。

第三章 工作内容

第十八条 泵站安全鉴定工作内容应按照《泵站安全鉴定规程》(SL 316—2015)执行，工作内容主要包括现状调查、现场安全检测、工程复核计算、安全评价和工作总结等。

第十九条 现状调查应进行原设计、施工、安装、运行与技术管理、水文水情、规划、更新改造等资料收集，在了解工程概况、设计和施工、运行管理等基本情况基础上，对工程安全状态进行初步分析，提出现场安全检测和工程复核计算项目的建议，编写工程现状调查分析报告。

第二十条 现场安全检测包括确定检测项目、内容和方法，以泵房、主机组为检测重点，针对建筑物、机电设备和金属结构等的安全性、有效性和高效性等，按有关规程进行检测后，分析检测资料，评价检测部位和设备的安全状态，编写现场安全检测报告。现场检测主机组的抽样检测比例应符合《泵站安全鉴定规程》(SL 316—2015)抽样要求，项目及内容应达到一定的深度和广度，并作出相应评价，确保泵站现场安全检测的全面性和定量定性分析的准确性。

第二十一条　工程复核计算应以泵站现状为基础，以最新的规划数据、检查观测资料和安全检测成果为依据，按照现行有关技术标准，区别不同情况，对泵站建筑物、机电设备、金属结构等分别进行复核，复核内容要求应符合《泵站安全鉴定规程》(SL 316—2015)要求，并根据复核计算分析成果，对泵站建筑物、机电设备、金属结构等分别进行评价以及泵站安全类别综合评价，编写工程复核计算分析报告。

第二十二条　安全评价应在现状调查、现场安全检测和工程复核计算基础上，充分论证数据资料可靠性和安全检测、复核计算方法及其结果的合理性，提出工程存在的主要问题、泵站安全类别评定结果和维修加固、控制运用等处理措施建议，并编制泵站安全评价报告。其中泵站安全类别评定结果应根据《泵站安全鉴定规程》(SL 316—2015)要求进行量化分析后得出。

第二十三条　经安全鉴定为二类泵站的，管理单位应编制维修方案，报上级主管部门批准，必要时进行大修。

经安全鉴定为三类泵站的，管理单位应及时组织编制除险加固实施方案和计划，报上级主管部门批准。

经安全鉴定为四类泵站的，管理单位应报上级主管部门申请降低标准运用或报废重建。

泵站主管部门应限期完成所辖三、四类泵站工程除险加固或拆除重建。在三、四类泵站未处理前，管理单位应制定和落实泵站安全应急预案，并采取限制运用措施。

第二十四条　现场安全检测报告、工程复核计算分析报告、安全评价报告等均应附相应的承担单位资质证书复印件。

第二十五条　鉴定组织单位应当按照档案管理的有关规定，及时对泵站安全鉴定成果和泵站安全鉴定报告书等资料进行归档，并妥善保管。

第四章　附　则

第二十六条　在报送泵站除险加固或拆除重建前期工作成果时，必须同时报送泵站安全鉴定成果，否则不予立项。

第二十七条　泵站安全鉴定工作所需经费，按照工程性质，分渠道安排。公益性工程在各级财政性资金中安排专项经费解决；经营性工程可列入生产开支，计入成本核算；准公益性工程按上述渠道和比例解决。在批准除险加固或拆除重建时，可在相应工程经费中列支。

第二十八条　本办法由江苏省水利厅负责解释。

第二十九条　本办法自 2020 年 12 月 20 日起施行。

江苏省水利厅文件

苏水规〔2020〕5号

江苏省水利厅关于印发《江苏省水平衡测试管理办法》的通知

各设区市、县(市、区)水利(务)局:

为贯彻落实国家节水行动和最严格水资源管理制度,规范我省水平衡测试工作,提高节约用水管理水平,根据《江苏省水资源管理条例》《江苏省节约用水条例》以及有关规定,我厅制定了《江苏省水平衡测试管理办法》,现印发给你们,请遵照执行。

江苏省水利厅

2020年12月3日

江苏省水平衡测试管理办法

第一条 为贯彻落实国家节水行动和最严格水资源管理制度，规范本省水平衡测试工作，提高节约用水管理水平，根据《江苏省水资源管理条例》《江苏省节约用水条例》以及有关规定，制定本办法。

第二条 本办法适用于本省行政区域内非居民用水单位（以下简称用水单位）开展水平衡测试相关管理活动。

第三条 本办法所称水平衡，是指以用水单位为对象的水量平衡，即该单位各用水单元或系统的输入水量之和应等于输出水量之和。

本办法所称水平衡测试是指对用水单元和用水系统的水量进行系统的测试、统计、分析得出水量平衡关系的过程。

第四条 省节约用水办公室负责全省水平衡测试工作的统一指导，市、县级水行政主管部门负责本辖区用水单位水平衡测试的监督管理。市、县级水行政主管部门所属的节水管理的机构（以下简称节水管理机构）负责水平衡测试的具体管理工作。

第五条 纳入计划用水管理的用水单位应当定期进行水平衡测试，重点计划用水户应当每三年开展一次水平衡测试，其他计划用水户应当每五年开展一次水平衡测试；创建节水型载体的用水单位，应当提供有效的水平衡测试或者水平衡分析报告。

第六条 用水单位开展水平衡测试，应当编写水平衡测试报告或者水平衡测试报告表。对于以下两种情况，可以编写水平衡测试报告表：

（一）用水结构简单，年取用水量满足：地表水 10 万立方米以下、浅层地下水 1 万立方米以下或者公共供水 20 万立方米以下；

（二）水平衡测试有效期内未出现生产规模、工艺变化，用水情况变化不大。

其他用水单位，应当编写水平衡测试报告书。

第七条 有下列情形之一，应当及时进行水平衡测试，制定节约用水方案和措施：

（一）用水户因新建、改建、扩建工程或者产品结构、生产工艺、水处理及循环水设施发生变化导致用水量变化的；

（二）超计划用水 30%以上的；

（三）其他依法需及时进行测试的情况。

第八条 节水管理机构应当根据管理权限，以及用水单位水平衡测试的有效期和及时测试的要求，制定水平衡测试年度计划，并及时通知用水单位，限期开展测试。每年 12 月底前，节水管理机构将本年度开展水平衡测试情况和下年度水平衡测试计划报省节约用水办公室备案。

第九条 被列入测试年度计划的用水单位，应在接到测试通知之日起三十日内将测试工作方案书面报送节水管理机构备案。用水单位因客观原因，确需调整水平衡测试计划的，应当自收到测试通知书之日起十五日内将调整的原因书面告知所在地节水管理机构，经节水管理机构同意后可延期开展水平衡测试工作。

工作方案主要包括测试工作组织形式，实施单位及其实施水平衡测试具备条件，测试计划实施时间等内容。

第十条 水平衡测试实施可以由用水单位自行组织测试或者委托测试服务机构进行。开展水平衡测试应当配备必要的并经市场监督管理部门检定合格的计量检测仪器设备，直接从事水平衡测试的人员应当具备节水管理、给排水和专业测试、分析技能，熟练掌握相关法律法规和规范标准。

第十一条 用水单位应当按照国家规范要求完善用水计量设施，满足日常用水节水管理和水平衡测试要求。

第十二条 用水单位或测试服务机构应当按照《用水单位水计量器具配备和管理通则》(GB 24789—2009)、《企业水平衡测试通则》(GB/T 12452—2008)、《节水型企业评价导则》(GB/T 7119—2018)以及相关标准和规范对水表计量率、用水环节、用水工艺、用水设备和用水量等开展测试工作，并进行用水合理化分析，按规范格式编写水平衡测试报告书或报告表。

第十三条 用水单位在水平衡测试完成后，应当按照分级管理的要求向节水管理机构报送水平衡测试报告书或者报告表，节水管理机构应当对水平衡测试报告书和报告表进行备案与审核，反馈必要的修改意见。

水平衡测试报告书或者报告表涉及弄虚造假的，或者有用水单元测试漏项、用水单元划分有误、测试时段选取不当、数据采集错误等原则性问题的需要重测。连续两次审核不通过的，节水管理机构应当要求用水单位及时修改工作方案。

第十四条 经测试，用水单位有不符合节约用水要求的，节水管理机构应当要求用水单位限期整改。通过审核的水平衡测试结果，可作为年度用水计划和用水定额修订的依据。

第十五条 节水管理机构应当加强对水平衡测试的技术指导，开展水平衡测试业务培训，指导用水单位和测试服务机构开展水平衡测试。

第十六条 用水单位未按规定开展水平衡测试，或未对存在问题进行整改的，水行政主管部门在核定用水计划时应当适当核减其用水计划，并依照《江苏省节约用水条例》第三十九条规定追究法律责任。

第十七条 设区市可根据实际需要，制定本地区水平衡测试管理实施细则。

第十八条 本办法由江苏省水利厅负责解释。

第十九条 本办法自2021年1月5日起开始施行。

江苏省水利厅文件

苏水规〔2020〕6 号

江苏省水利厅关于印发《江苏省水利工程建设安全生产管理规定》的通知

各设区市水利(务)局,厅直各有关单位,省各重点水利工程建设管理局:

《江苏省水利工程建设安全生产管理规定》已经厅党组扩大会议(厅长办公会议)审议通过,现予印发,请贯彻执行。原《江苏省水利工程建设安全生产管理规定》(苏水规〔2013〕5 号)同时废止。

附件:江苏省水利工程建设安全生产管理规定

江苏省水利厅

2020 年 12 月 18 日

江苏省水利工程建设安全生产管理规定

第一章 总 则

第一条 为加强全省水利工程建设安全生产管理，明确水行政主管部门和各参建单位安全生产责任，切实防止和减少生产安全事故，根据《中华人民共和国安全生产法》《建设工程安全生产管理条例》《江苏省安全生产条例》《水利工程建设安全生产管理规定》等有关规定，结合本省实际，制定本规定。

第二条 本规定适用于本省县级以上人民政府作为投资主体的水利基本建设项目的安全生产及监督管理，包括新建、扩建、改建、加固和拆除等水利工程，其他水利建设项目可参照执行。

第三条 水利工程建设安全生产管理坚持"安全第一，预防为主，综合治理"的方针，实行行业指导、分级管理、分级负责。

水利工程建设安全生产实行项目法人(建设单位，下同)负责、监理单位监控、施工和设计单位保证与政府监督相结合的管理体制。

第四条 水利工程各参建单位〔包括项目法人、代建、勘(察)测、设计、施工、监理等单位，下同〕是安全生产的责任主体，必须遵守安全生产法律、法规、技术标准和本规定，开展水利安全生产标准化建设，实行安全生产目标管理，建立健全安全生产责任制和安全生产规章制度，明确各项目负责人〔勘(察)测单位项目负责人、设计单位项目负责人、施工单位项目经理、监理单位总监理工程师〕的责任范围和考核标准，形成包括全体人员和全部生产经营活动的责任体系，加强对项目负责人及其他人员安全生产责任制落实情况的监督考核，依法承担水利工程建设安全生产责任，保证安全生产责任制的落实。

生产经营单位的主要负责人对本单位的安全生产工作全面负责，分管安全生产的负责人直接监督管理安全生产工作，其他负责人在各自分管业务范围内履行安全生产工作职责。

第五条 水利工程建设项目应当由项目法人牵头设立由各参建单位项目主要负责人组成的安全生产领导小组。安全生产领导小组负责制定项目安全生产目标、制订具体安全生产管理办法，落实安全生产责任，组织安全生产检查和安全评价，协调解决安全生产工作中的重大问题。

第六条 参建单位应当按规定建立健全安全生产管理机构，明确专人负责安全生产管理工作。各参建单位应当根据本单位实际，建立安全生产投入保障、宣传教育培训、风险分级管控、隐患排查治理、应急管理、发包(出租)管理等安全生产规章制度，开展安全生产教育培训及安全技术交底，保证安全生产投入，加强应急管理和安全生产能力评估，将安全生产工作落实到工程建设的各个环节。

第七条 水利工程建设项目应当实行安全设施与主体工程同时设计、同时施工、同时投入生产和使用制度。

各参建单位应当将安全台帐收集整理与安全生产工作、工程建设档案同步进行，做到完整、准确、系统、安全。

第二章 参建单位的安全责任

第八条 项目法人对工程建设全过程的安全生产负总责。项目法人在招标文件中应当明确安全生产条件、保障措施、安全生产管理人员配备及安全生产费用等要求，并与中标单位签订安全生产合同，明确双方安全生产权利和义务。

项目法人应当在招标文件中明确施工投标单位及其主要负责人、项目负责人和专职安全生产管理人员的安全资格要求，凡不符合条件的，不能取得投标资格。

水利工程建设项目安全文明措施费应当按照规范列支、合理计划、计量支付、专款专用、保障需要的原则进行使用和管理。项目法人应当将安全文明措施费作为不可竞争费，具体费用数额应明确并列入招标文件，同时确定安全文明措施费清单、计量支付(含预付款)和调整方式等内容。

第九条 项目法人向施工单位提供的设计文件及有关资料中应包括相关气象和水文资料，以及施工影响范围内的地下管线、相邻建筑物和构筑物、地下工程的相关资料。

第十条 项目法人应当设置专门的安全生产管理机构，配备专职的安全生产管理人员。项目法人应当在工程开工前向有管辖权的水利工程建设安全生产监督机构(以下简称安全监督机构)办理安全监督手续，经批准后方可开工建设。

项目法人应当组织编制保证安全生产的措施方案，并自工程开工之日起 15 个工作日内报安全监督机构备案。

项目法人应当自觉接受和配合安全监督机构开展安全监督检查，并及时按照安全监督检查意见要求，将检查整改情况报送安全监督机构。

危险性较大的工程施工前，项目法人应当按照规定向安全监督机构报送备案资料。

第十一条 项目法人应根据工程情况和工程度汛要求，成立由参建单位主要项目负责人组成的防汛度汛指挥机构，组织制订工程导流、度汛方案和超标准洪水应急预案，报有管辖权的防汛指挥机构批准或者备案，并在汛前组织各参建单位对施工导流、围堰等重点防洪度汛临时工程进行全面检查。

第十二条 勘(察)测单位对其勘(察)测成果负责，对可能影响施工安全的因素事先进行勘察，提供的勘(察)测成果必须真实、准确，具有代表性，满足工程建设的安全需要。

勘(察)测单位在勘(察)测作业时，应当采取措施保证各类管线、设施、周边建筑物、构筑物和相关人员的安全。

第十三条 设计单位对其设计成果负责，并承担因设计不当导致的生产安全事故的责任。

设计单位应当在设计文件中设置安全专章，注明涉及安全的重点部位和环节，提出防范生产安全事故的指导意见。

设计单位应当考虑项目周边环境对施工安全的影响，并将相应的工程措施列入工程设计范围，防止因设计不合理导致生产安全事故发生。

对采用新结构、新材料、新工艺以及特殊结构的工程，应当提出保障作业人员安全和预防生产安全事故的措施建议。

设计单位应当按合同要求派驻设计代表，及时发现和解决工程实施过程中与设计相关的安全问题。

第十四条 监理单位对工程建设安全生

产承担监理责任。监理单位应当对工程施工安全生产实施监理，明确专人负责安全监理工作，完善配备必要的用于安全管理、检测检验的仪器设备，按规定独立开展安全检测检验工作。

第十五条 监理单位应当编制包括安全监理内容的监理规划，明确安全监理的范围、内容、工作程序和制度措施。对危险性较大的工程应当编制监理实施细则，明确安全监理的方法、措施和控制要点，以及对施工单位安全技术措施的检查方案。

第十六条 监理单位应当审核施工单位安全生产技术文件资料，人员资质，施工设备、设施等验收合格记录，核查安全生产费用使用管理情况。

监理单位应当对施工现场安全生产情况进行巡视检查，对危险性较大的工程实施旁站监理。对在检查中发现的事故隐患，应当书面通知施工单位立即整改；情况严重的应当下达暂停令，隐患消除后方可复工。

第十七条 工程实行施工总承包的，由总承包单位对施工现场的安全生产负总责。施工单位主要负责人、项目负责人依法对承建工程的安全施工负责；依法将工程分包给其他单位的，分包合同中应当明确各自的安全生产方面的权利和义务。总承包单位和分包单位对分包工程的安全生产承担连带责任。

第十八条 施工单位应当设立安全生产管理机构，按照国家规定和合同文件要求，配备专职安全生产管理人员和用于安全管理、检测检验的仪器设备。

施工单位主要负责人、项目负责人、专职安全生产管理人员必须持有安全生产考核合格证书；特种作业人员必须持有特种作业操作证。

施工作业人员必须按规定经过培训，考核合格后方可上岗。

第十九条 施工单位安全生产投入应当满足安全生产需要。施工单位应当建立健全安全生产费用管理制度，明确安全生产费用提取、使用、管理的程序、职责和权限。安全生产费用应当规范使用。

第二十条 对危险性较大的工程，施工单位应当编制专项施工方案；勘(察)测、设计单位应当提出防范生产安全事故指导意见，监理单位应当将危险性较大的工程列为专项内容并制定安全监理实施细则；对超过一定规模的，应当组织专家论证、审查。施工单位应当严格按照专项施工方案组织施工，不得擅自修改、调整专项施工方案。危险性较大的工程施工前，施工单位应当进行安全技术交底。危险性较大的工程实施过程中，施工单位应当有专兼职安全生产管理人员现场监督，项目总监理工程师应指定专人对实施情况进行检查。

第二十一条 施工单位对现场使用的设备、设施安全性能负责。主要设备以及施工围堰、施工便桥、施工脚手架、安全防护等设施投入使用前，应当验收合格。特种设备验收前，应当经有相应资质的检验检测机构检验合格。

第二十二条 施工现场总体布局与分区应当合理。施工单位应当加强现场安全管理。消防安全、施工用电、危险场所及危险部位管理、职业健康、环境保护、安全保卫等工作应当符合国家有关规定，满足安全生产需要。

作业人员应当遵守安全施工的有关规定，有权拒绝违章指挥和冒险作业指令、对施工现场安全隐患举报，情况紧急时有权采取避险措施。

第二十三条 施工单位应当根据项目法人编制的导流、度汛方案和超标准洪水应急预案细化和落实度汛及应急抢险措施，经项目法人同意后实施。

第二十四条 其他相关单位承担本单位

职责范围内安全生产责任。进入施工现场的人员应当遵守安全管理规定,服从现场管理。

水利工程安全设施鉴定、安全评价、技术咨询等单位应当对其成果负责。

第三章　监督管理

第二十五条　省水利厅指导和负责全省水利工程建设安全生产监督管理工作,各内设部门和下属单位按照职责分工指导和负责各领域水利工程建设的安全生产监督管理工作,省水利工程建设局负责组织、指导全省水利重点工程建设的安全监管工作。主要职责是:

(一) 贯彻、执行有关安全生产的法律、法规、规章、政策和技术标准,组织拟定本省水利工程建设安全生产的规范性文件;

(二) 监督、指导全省水利工程建设安全生产工作,组织开展水利工程建设安全生产监督检查;

(三) 组织、指导全省水利工程建设安全生产监督机构的建设工作,组织水利工程建设项目及水利工程建设安全监督管理人员培训工作;

(四) 受理由省水利厅及厅属单位组建项目法人的建设项目安全监督申请,承办安全监督审批及监督管理,出具安全监督报告,参与工程竣工验收。

第二十六条　市、县(市、区,下同)水行政主管部门负责本行政区域内所管辖的水利工程建设安全生产的监督管理工作。

(一) 贯彻、执行有关安全生产的法律、法规、规章、政策和技术标准,制定地方有关水利工程建设安全生产的规范性文件;

(二) 监督、指导本行政区域内所管辖的水利工程建设安全生产工作,组织开展水利工程建设安全生产监督检查;

(三) 受理由市、县水行政主管部门(或人民政府)组建项目法人的建设项目安全监督申请,承办安全监督审批及监督管理,出具安全监督报告,参与工程竣工验收。

第二十七条　市、县水行政主管部门应当成立安全生产监督管理机构,明确安全监督管理职责,配备安全监督管理人员。

第二十八条　水行政主管部门或其安全监督机构依法履行安全监督检查职责,有权采取以下措施:

(一) 要求被检查单位提供有关安全生产的文件和资料;

(二) 进入被检查单位的施工现场及办公、生活区进行检查,纠正施工中违反安全生产要求的行为;

(三) 对检查中发现的事故隐患,责令立即排除;重大事故隐患排除前或者排除过程中无法保证安全的,责令从危险区域内撤出作业人员或者暂时停止施工;

(四) 公布被检查单位不良安全生产记录及有关责任人名单;

(五) 向有关单位和部门提出暂扣施工企业安全生产许可证及施工单位的主要负责人、项目负责人和专职安全生产管理人员安全生产考核合格证建议。

第二十九条　水利工程建设发生生产安全事故的,应当按照国务院《生产安全事故报告和调查处理条例》、水利部《水利工程建设重大质量与安全事故应急预案》、省水利厅《江苏省水利工程建设重大质量与安全事故应急预案》规定上报、调查和处理。

事故月报实行“零报告”制度,当月无生产安全事故也要按时报告。

第三十条　水行政主管部门应当及时受理对水利工程建设生产安全事故及事故隐患的检举、控告和投诉;对超出管理权限的,应当及时转送有管理权限的部门。

第三十一条　水行政主管部门应当将水利工程参建单位安全生产状况进行通报,并纳入省水利工程建设项目诚信体系管理。

第四章 附 则

第三十二条 危险性较大的工程及超过一定规模的危险性较大的工程范围的划分，按照国家有关规定执行。

生产安全事故应急救援，按照水利部《水利工程建设安全生产管理规定》执行。

第三十三条 违反本规定，应当追究法律责任的，由水行政主管部门按照国家有关法律、法规执行。

第三十四条 本规定由省水利厅负责解释。

第三十五条 本规定自2021年1月20日起施行。

江苏省水利厅文件

苏水规〔2020〕7号

江苏省水利厅关于印发《江苏省水利安全生产标准化建设管理办法》的通知

各设区市水利(务)局,厅直有关单位,省各重点水利工程建设(管)局:

新修订的《江苏省水利安全生产标准化建设管理办法》已经省水利厅党组会议审议通过,现予印发,请认真贯彻执行。

江苏省水利厅

2020年12月28日

江苏省水利安全生产标准化建设管理办法

第一章 总 则

第一条 为进一步落实全省水利生产经营单位安全生产主体责任，规范本省水利安全生产标准化建设管理工作，根据《中华人民共和国安全生产法》(中华人民共和国主席令第十三号)、《国务院安委会关于深入开展企业安全生产标准化建设的指导意见》(安委〔2011〕4号)、水利部《水利安全生产标准化评审管理暂行办法》(水安监〔2013〕189号)、《企业安全生产标准化基本规范》(GB/T33000—2016)等，制定本办法。

第二条 本办法所称水利安全生产标准化是指水利生产经营单位通过落实安全生产主体责任，全员全过程参与，建立并保持安全生产管理体系，全面管控生产经营活动各环节的安全生产与职业卫生工作，实现安全健康管理系统化、岗位操作行为规范化、设备设施本质安全化、作业环境器具定置化，并持续改进。

第三条 水利安全生产标准化等级分为一级、二级、三级，一级为最高。本办法适用于江苏省水利厅厅属水利生产经营单位安全生产标准化二、三级，非厅属水利生产经营单位安全生产标准化二级的建设管理工作，以及向水利部申报安全生产标准化一级的审核。

非厅属水利生产经营单位安全生产标准化三级的建设管理工作，由所在设区市水行政主管部门负责。

第四条 本省范围内所有水利生产经营单位，应当按照安全生产标准化评价标准开展安全生产标准化建设工作。其中初步设计批复工期2年以上的大中型水利工程项目法人、资质注册地在江苏省行政区域内的具有水利水电资质施工企业、江苏省各级水利工程管理单位(包括河湖管理单位，下同)、水电站企事业单位、水文监测单位和水利防汛物资储备单位(上述单位以下统称申请单位)，应当按照本办法申请安全生产标准化等级。

第五条 水利安全生产标准化等级是体现水利生产经营单位安全生产管理水平的重要标志，可作为业绩考核、行业表彰、信用评级以及评估水利生产经营单位参与水利市场竞争能力的重要参考依据。

第六条 水利安全生产标准化评价工作应当客观、公正地开展。省水利厅将按照《江苏省水利厅社会法人和自然人失信惩戒办法(试行)》的有关规定，对申请单位、咨询机构、专家和相关人员在评价过程中的从业行为纳入信用体系进行管理。

第二章 组织管理与评价标准

第七条 水利生产经营单位按照水利安全生产标准化相关评价标准开展建设，根据建设情况自愿申请达标评价，水行政主管部门进行审查。

第八条 水利工程项目法人、水利水电施工企业和水利工程管理单位评价执行《省水利厅关于修订江苏省水利安全生产标准化评价标准的通知》(苏水规〔2018〕5号);水电站企事业单位评价执行《水利部办公厅关于印发农村水电站安全生产标准化评审标准的通知》(办水电〔2019〕16号);水文监测单位和水利防汛物资储备单位评价执行《省水利厅关于印发〈江苏省水文监测单位安全生产标准化评价标准〉〈江苏省水利防汛物资储备单位安全生产标准化评价标准〉的通知》(苏水督〔2020〕5号)。上述标准以下统称《评价标准》。

第九条 水利安全生产标准化等级依据评价得分确定,评价满分为100分。具体标准为:

(一)二级:得分80分(水电站得分75分)及以上,且各一级评价项目得分不低于应得分的70%;

(二)三级:得分70分(水电站得分65分)及以上,且各一级评价项目得分不低于应得分的60%。

申报水利部安全生产标准化一级的,得分90分及以上,且各一级评价项目得分不低于应得分的70%。

第十条 省水利厅负责全省水利安全生产标准化评价工作的组织、管理、指导和监督,具体工作由厅监督处承担,省水利安全管理服务中心承办评价日常工作。

第三章 申请和审查

第十一条 申请单位应当具备以下基本条件:

(一)申请水利安全生产标准化一、二级的,应当通过低一等级水利安全生产标准化评价且不少于1个年度绩效评定结果均符合要求。

(二)水利水电施工企业依法取得安全生产许可证,且在申请等级评价之日前3年内未发生等级生产安全事故,无违法生产经营建设行为,无重大事故隐患;水利水电施工企业应当有一定规模和数量的在建工程供现场检查:其中申报二级的,应当不少于2个1 000万元(合同金额,下同)或1个2 000万元以上规模的省内工程现场,河道等线性工程应当含造价不少于300万元的单体建筑物;申报三级的,应当不少于2个400万元或1个800万元以上规模的工程现场,河道等线性工程应当含造价不少于200万的单体建筑物。以上在建工程不含单体建筑物分散且较小的打捆招标的工程。

(三)水利工程项目法人所管辖的建设项目已按规定办理安全监督申请,且工程开工以来未发生等级生产安全事故(企事业法人在申请等级评价之日前3年内未发生等级生产安全事故),无违法生产经营建设行为,重大事故隐患已治理达到安全生产要求。

(四)水利工程管理单位、水电站企事业单位、水文监测单位、水利防汛物资储备单位在申请等级评价之日前3年内未发生等级生产安全事故,无违法生产经营建设行为,重大事故隐患已治理达到安全生产要求。

第十二条 水利安全生产标准化评价按以下程序开展:

(一)申请单位对照本办法及《评价标准》进行自评后提交申请材料。厅属申请单位直接向省水利厅提出申请;非厅属申请单位,经所在设区市水行政主管部门审核后向省水利厅推荐。

申请材料包括申请表和自评报告。自评报告内容应当包括:承诺书,单位概况及安全生产管理状况,基本条件的符合情况,自评工作开展情况,发现的主要问题、整改计划及措施、整改完成情况,自评赋分及结论,支撑性材料等。支撑性材料应当按附件2清单要求提供,排列顺序同清单顺序,单独成册,内容较多的可分册装订。

（二）省水利厅自收到申请材料之日起，5个工作日内完成形式审查。对存在不符合申请条件、弄虚作假等的申请单位，不予受理并书面反馈。

（三）通过形式审查的申请单位，省水利厅组织开展申请材料技术审查。技术审查的主要内容包括：自评报告内容是否符合要求，能否充分反映安全生产标准化管理体系建设和实施运行情况，自评中发现的主要问题整改及措施落实情况；支撑性材料内容完整性和有效性；是否存在其他否决条件。对未通过技术审查的申请单位，书面反馈说明原因，整改期限一般不少于6个月。

（四）通过技术审查的申请单位，省水利厅组织现场核查。现场核查依据《评价标准》，采用查阅资料、现场抽样检查、人员询问、复核自评工作开展情况等方法，检查申请单位安全生产标准化建设和实施运行情况并赋分，对检查发现的问题，出具整改通知书，要求限期整改并提交整改报告。对水利工程项目法人须现场抽样检查开工3个月后的在建工程项目，对水利水电施工企业须现场抽样检查作业量相对较大时段的工程项目。对通过现场核查的申请单位，整改期限一般不少于2周。对未通过现场核查的申请单位，整改期限一般不少于1年，整改符合要求后，方可申请。

（五）省水利厅在年中和年底集中听取审查情况汇报，做出审定结论。

（六）通过审定的申请单位，予以公示，公示期为7个工作日。公示期有异议的，由省水利厅组织核查处理；公示期无异议的，由省水利厅颁发证书、标牌。

第四章　动态监管

第十三条　通过水利安全生产标准化评价的单位，每年应当至少进行一次自查，形成自查报告，于次年1月31日前报省水利厅。

省水利厅根据自查报告情况，对存在问题较多的单位进行现场核查，并对其他单位随机抽取不少于10%进行现场核查。

第十四条　水利安全生产标准化等级证书有效期为3年。有效期满需要延期的，在有效期内，须满足第十一条规定的基本条件，完成年度自查，保持绩效，持续改进安全生产标准化工作，并于等级证书有效期届满3个月前，向省水利厅提出延期申请。

延期申请材料包括申请表；营业执照、法人证书、项目核准批复、机构设立文件复印件；资质证书、安全生产许可证复印件；在建水利工程项目清单；水库、水闸的注册登记证和安全鉴定报告复印件；江苏省水利安全生产标准化等级证书复印件；延期申请材料真实性和延期基本条件符合性承诺书。

第十五条　省水利厅对延期申请材料进行审查，对存在问题较多的单位进行现场核查，并对其他单位随机抽取不少于30%进行现场核查，做出审定结论。审定通过的予以公示，公示期为7个工作日。公示期有异议的，由省水利厅组织核查处理；公示期无异议的，由省水利厅换发证书。

第十六条　通过水利安全生产标准化评价的单位，在证书有效期内出现下列情形之一的，由发证单位撤销其水利安全生产标准化等级，并予以公告，收回证书、标牌：

（一）在评价过程中弄虚作假、申请材料不真实的；

（二）不接受监督检查的；

（三）在省级以上水行政主管部门监督检查中，因安全生产管理问题，受到通报批评及以上责任追究的；

（四）逾期一个月以上未上报年度自查报告的；

（五）年度或延期现场核查未通过的；

（六）发生等级生产安全事故的；

（七）迟报、漏报、谎报、瞒报生产安全事故的；

（八）被列入水利建设市场“黑名单”的。

第十七条 被撤销水利安全生产标准化等级的单位，自撤销之日起满 1 年后，方可申请。

第五章 附 则

第十八条 本办法规定之外的其他水利生产经营单位可参照本办法及相应的评价标准或其它行业评价标准开展安全生产标准化建设。

第十九条 各设区市水行政主管部门可参照本办法，结合本地区实际制定相关细则或补充规定，开展本地区三级水利安全生产标准化评价工作。

第二十条 本办法由省水利厅负责解释。

第二十一条 本办法自 2021 年 2 月 1 日起施行。原《江苏省水利安全生产标准化建设管理办法（试行）》（苏水规〔2016〕2 号）同时废止。

重要讲话

深入践行水利改革发展总基调 在新的历史起点上谱写治水新篇章
——在2021年全国水利工作会议上的讲话

鄂竟平
（2021年1月25日）

同志们：

这次会议的主要任务是：以习近平新时代中国特色社会主义思想为指导，认真贯彻党的十九大和十九届二中、三中、四中、五中全会以及中央经济工作会议、中央农村工作会议精神，深入落实"节水优先、空间均衡、系统治理、两手发力"的治水思路，总结2020年和"十三五"水利工作，分析当前水利改革发展形势，谋划"十四五"发展蓝图，部署2021年重点任务，进一步统一思想、坚定信心、明确目标、落实责任，深入践行"水利工程补短板、水利行业强监管"水利改革发展总基调，为经济社会高质量发展提供坚实的水利支撑和保障。

国务院对这次会议高度重视，李克强总理专门作出重要批示。我们要认真学习领会，抓好贯彻落实。

一、2020年水利工作成效显著，"十三五"水利改革发展目标任务圆满完成

2020年是党和国家历史进程中极不平凡的一年，也是水利工作肩负重大任务、经受重大考验、取得重大进展的一年。党中央、国务院高度重视水利工作。习近平总书记主持召开中央财经委员会第六次会议研究黄河流域生态保护和高质量发展问题，主持召开中央政治局会议审议《黄河流域生态保护和高质量发展规划纲要》，主持召开全面推动长江经济带发展座谈会部署长江经济带高质量发展工作，亲临黄河、淮河、长江和南水北调工程考察，就治水工作作出系列重要指示。李克强总理多次主持召开会议，研究部署防汛救灾、重大水利工程建设、病险水库除险加固、南水北调等工作，深入一线考察防汛救灾和灾后恢复重建。韩正副总理就黄河流域生态保护和高质量发展、长江经济带高质量发展等多次作出指示批示。胡春华副总理多次实地考察水利工作，推动解决重大水利问题。王勇国务委员多次研究部署并赴一线指导防汛抗旱工作。

一年来，各级水利部门坚决贯彻党中央、国务院决策部署，深入落实“十六字”治水思路，积极践行水利改革发展总基调，面对决胜全面建成小康社会和“十三五”规划收官重任、新冠肺炎疫情与罕见汛情大考，攻坚克难、真抓实干，在多重挑战下推动水利工作取得显著成效。其中，强抓了三件大事。一是全力打好水利脱贫攻坚战。大力实施农村饮水安全巩固提升工程，挂牌督战贫困地区农村供水工程建设，现行标准下贫困人口饮水安全问题全面解决。完成 975 万人饮水型氟超标改水，解决 120 万人饮用苦咸水问题，提升了 4233 万农村人口供水保障水平。加大投资支持力度，落实 832 个贫困县水利投资 1863 亿元，加快完善贫困地区防洪、供水、灌溉等水利基础设施。水利工程建设管护岗位吸纳 24 万贫困人口就业，农村水电扶贫工程累计帮扶 9.6 万贫困户。继续推进水利定点扶贫工作，各项任务全部超额完成。加大消费扶贫力度，部属系统干部职工购买贫困地区农产品 564 万元，帮助销售 1356 万元。认真履行滇桂黔石漠化片区联系单位职责，推动片区区域发展与脱贫攻坚规划实施。支持移民美丽家园建设和产业扶持，贫困移民收入持续提升。加强贫困地区人才和技术帮扶，“订单式”人才培养被世界银行、联合国粮农组织等 7 家组织评为“全球最佳减贫案例”。二是奋力夺取水旱灾害防御重大胜利。2020 年，我国出现 1998 年以来最严重汛情，全国共发生 21 次编号洪水，长江、淮河、松花江、太湖洪水齐发，836 条河流发生超警戒水位以上洪水，较多年平均偏多 80%。西南、华北、东北地区相继发生旱情，部分地区旱涝急转。各级水利部门深入贯彻“两个坚持、三个转变”理念，牢记防汛抗旱是义不容辞的责任，聚焦三大突出风险，实施全面监管，完善预案体系，提高监测预报预警能力，科学调度骨干水工程，严格汛限水位监管，水旱灾害防御取得重大胜利。全国大中型水库和小(1)型水库无一垮坝，大江大河和重要圩垸堤防无一决口，洪涝灾害伤亡人数大幅低于近 20 年平均值，旱区群众饮水安全得到有效保障，最大程度减轻了洪涝干旱损失。三是统筹推进疫情防控和水利改革发展。新冠肺炎疫情发生后，按照“不添乱、多出力、作贡献”的要求，全力做好水利系统疫情防控工作。同时，强化疫情期间水安全保障，精细调度疫情防控和水利工程安全运行、农村饮水安全、保春灌保供水等重点工作。指导各地“一项一策”制定复工计划，打通用工、运输、原材料供应等堵点，在建重大水利工程 5 月份全部实现复工复产。对拟开工的重点水利项目逐项摸排，开展项目地点、设计单位、项目法人、疫情分区“四图”叠加分析，分区分类精准推进。各级水利部门努力克服疫情影响，全年落实水利建设投资 7695 亿元，同比增长 6%，再创历史新高，在做好“六稳”工作、落实“六保”任务中发挥了重要作用。

在坚决打赢这三场硬仗的同时，经过一年艰苦奋斗，其他各项水利工作也迈上新的台阶。

(一) 持续发力补短板，水利基础设施体系进一步完善

一是水利基础设施建设全面提速。提出重点推进的 150 项重大水利工程清单，加快推进前期工作，开工重大水利工程 45 项。狠抓投资计划执行，安徽、广东、湖北、浙江、河南等 14 个省份投资完成率超过 95%。南水北调东、中线后续工程前期工作取得重大突破，大藤峡水利枢纽建设如期实现蓄水、通航和发电三大节点目标。治理中小河流 1.7 万余

公里，实施病险水库除险加固 3200 多座。大中型灌区节水改造进展顺利，新增或恢复、改善灌溉面积 3000 多万亩，新增年节水能力 18 亿立方米。

二是水生态治理保护扎实推进。加强重点区域水土流失治理，完成水土保持规划评估和工程建设以奖代补试点，完成水土流失治理 6 万平方公里。推进华北地区地下水超采综合治理，补水河道有水河长 1958 公里，形成水面面积 554 平方公里，京津冀浅层地下水水位有所回升。持续推进南水北调东、中线受水区地下水压采工作，受水区城区累计压采 23.56 亿立方米，超额实现压采目标。永定河综合治理和生态修复稳步实施，北京段 25 年来首次全线通水。创建 278 座绿色小水电示范电站。开展农村水系综合整治试点县建设，水美乡村建设积极推进。

三是水利网络安全与信息化水平进一步提升。构建网络安全整体联防、局部防控、重点防护的三级防控体系，实战防守能力显著提高。开展智慧水利先行先试工作，建立水利工程基础信息共享机制，开发移动版"全国水利一张图"应用。加速水文基础设施建设，完成 300 余处水文监测站和水文监测中心提档升级，建成近 800 处水文水资源监测体系。完成国家水资源监控能力建设项目终验，建成约 4.3 万个取用水在线监测点，全国 82% 的许可取水量、55% 的用水量得到有效监测。国家地下水监测工程竣工验收，建成国家、流域、省级、地市四级中心及 1 万多个自动监测站。国家防汛抗旱指挥系统二期工程建设任务全部完成。

（二）坚定不移强监管，水利治理能力进一步增强

一是水资源节约管理更加严格。实施水资源管理全过程监管。大力推进国家节水行动，国家用水定额体系基本建成，节水评价制度深入实施，叫停 118 个节水不达标项目。建立重点监控用水单位名录。完成第三批 350 个县区节水型社会达标建设，建成 1790 家节水机关、298 所节水型高校。江苏探索打造丰水区节水标杆，基本形成省、市、县节水协作推动机制。全国制定 215 条跨省和省区重点河湖生态流量保障目标，完成 235 条江河水量分配任务。严格取用水监督管理，长江、太湖流域取水工程整改提升完成率 99.8%，其他流域核查登记取水口数量超过 500 万。福建对全省重要取用水单位全部实行水量在线监控。完成国家年度最严格水资源管理制度考核，严格水资源论证工作，推进区域水资源论证评估。在黄河流域 7 个省区实行超载地区暂停新增取水许可。全面开展地下水管控指标确定工作，建立地下水水位变化通报督导机制，加强地下水保护和动态监管，河北实行了通报约谈制度。对全国调水工程开展摸底调查，有序推进 26 条跨省重要江河水资源统一调度。

二是江河湖泊监管力度加大。制定河湖长履职规范，压紧压实责任，强化正向激励，推动河湖长"有名""有实""有能"。经党中央批准，组织开展全面推行河长制湖长制先进集体、先进工作者和优秀河湖长评选工作。推动河湖"清四乱"常态化规范化，加强日常巡查监管和进驻式暗访督查，累计清理整治"四乱"问题 16.4 万个。黑龙江签发总河长令，清理整治一批河湖"四乱"硬骨头问题。公布全国河道采砂管理 2455 个重点河段、敏感水域相关责任人名单，规范涉河建设项目和采砂管理。开展黄河岸线利用项目、河道采砂等专项整治，完成长江干流岸线利用项目清理整治，腾退长江岸线 158 公里。长江经济带小水电清理整治任务基本完成，退出电站 3528 座，2.1 万多座电站落实生态流量目标。基本完成规模以上河湖划界工作，建立河湖健康评价体系，建成 18 条示范河湖。水利风景区生态质量和文化内涵稳步提升。

三是水土保持监管持续强化。制定水土保持监测、信用监管、问题认定及责任追究等制度，基本形成水土保持强监管制度体系和监管督查常态化机制。完成水土流失动态监测全覆盖，首次实现人为水土流失遥感监管全覆盖，认定并查处违法违规项目 3.8 万个，遥感监管范围较上年增加 60%，违法违规项目数量减少 28%。首次开展水土保持信用监管，黄委、太湖局和重庆、贵州、广东等省份实行“重点关注名单”和“黑名单”管理，形成强大震慑。进一步完善水土保持技术标准体系，创新性地提出水土保持率概念并研究确定计算方法，已纳入美丽中国建设评估指标及黄河流域生态保护和高质量发展的约束性指标体系。

四是工程建设和运行管理安全规范。三峡工程完成整体竣工验收，建设任务全部完成，拦蓄洪水 254 亿立方米，全年发电量 1118 亿千瓦时，创世界纪录。南水北调东、中线一期工程年度调水 94.63 亿立方米，中线首次实现按 420 立方米/秒加大设计流量输水，年度供水首次超过规划多年平均供水量。全面实施水利建设市场主体信用分级管理，严格资质资格管理，工程质量监管水平不断提升。强力推进农村供水工程水费收缴工作，全国农村集中供水工程全面定价，千人以上工程收费比例超过 95%、水费收缴率达 90%以上。加大农村供水工程维修养护资金补助力度。河南开展农村供水规模化、市场化、水源地表化、城乡一体化建设试点，供水保障水平明显提升。严格落实水库大坝安全责任人，强化安全鉴定和降等报废，加强堤防水闸安全管理，评选全国小型水库管理体制改革样板县。加强水库移民工作监督管理，推进水库移民安置和后期扶持政策落实。

五是水利专项监管行动有力有效。组织各流域管理机构派出检查组 1.36 万人次，检查项目 6.13 万个，发现各类问题 7.29 万个，实施责任追究 818 家次，全面完成年度督查任务。各省级水利部门共派出 1.74 万组次、7.86 万人次开展监督检查。强化水利行业安全生产监管，未发生重大以上安全事故。开展水利工程质量稽察，建立稽察成果共享和移送机制。检查 6820 座小型水库、4213 座水闸安全运行情况，单座水库发现问题数持续下降。对规模以上河湖实现全覆盖检查，开展取用水管理专项整治、华北地下水超采治理、水资源管理、节约用水和水土保持等监督检查。开展水利扶贫监督检查、大规模农村饮水安全暗访、农田水利“最后一公里”暗访调研。做好预算管理、绩效管理及审计工作，对部分地区开展水利资金专项检查，严格水利资金监管。12314 监督举报服务平台上线运行，累计转办核查问题 1464 个，充分发挥了强监管“千里眼”和服务群众“直通车”作用。

六是水利行业发展能力稳步提升。加强水法规制度建设，印发《水法规建设规划（2020—2025 年）》《水利部制度建设三年行动方案（2020—2022 年）》，黄河立法启动，《长江保护法》出台，《地下水管理条例》《河道采砂管理条例》等立法进程进一步加快。规范水行政执法，开展河湖执法三年行动和水事违法陈年积案“清零”行动，各级水政监察队伍查处水事违法案件 2.1 万件，4267 件水事违法陈年积案全部清零。围绕国家重大战略实施，编制落实京津冀协同发展、长江经济带发展、粤港澳大湾区、长三角区域一体化、黄河流域生态保护和高质量发展等相关水利规划。加强科技创新基地建设，设立长江、黄河水科学研究联合基金，重大水利科技问题研究取得一批管用成果，发布水利技术标准 45 项，推广运用科技成果 94 项。开通澜湄水资源合作信息共享平台网站，有序推进水利涉外交流合作。深化“放管服”改革，建成“互联网＋监管”系统，探索实行告知承诺制，推行水利部及流域管理机构政务服务事项网上办理。推广应用取水许可电子证照，扎实推进水资源税改革。累计实施农业水价综合改革面积达4亿亩，北京、上海、浙江基本实现改革目标。巩固机构改革成果，推动组建南水北调集团公司并正式挂牌运营。疫情防控、政务督办、新闻宣传等综合政务工作有力有序，离退休干部、工青妇、社团管理、后勤保障等工作取得新成效。

（三）旗帜鲜明讲政治，全面从严治党责任进一步压实

一是党的政治建设全面加强。深入学习贯彻习近平新时代中国特色社会主义思想和党的十九届五中全会精神，进一步强化思想理论武装，引导广大党员干部职工增强“四个意识”、坚定“四个自信”、做到“两个维护”。健全习近平总书记重要指示批示贯彻落实工作台账，完善贯彻落实“3·14”重要讲话精神提档升级任务清单，明确“9·18”“1·03”重要讲话精神贯彻落实任务分工，跟踪督办、定期调度，确保件件有着落。深入开展强化政治机关意识教育，巩固深化“不忘初心、牢记使命”主题教育成果，创建“让党中央放心、让人民群众满意的模范机关”。认真抓好意识形态工作。积极配合中央巡视工作，严肃认真抓好中央脱贫攻坚专项巡视“回头看”发现问题整改。充分发挥政治巡视“利剑”作用，对8家部属单位组织开展巡视监督，发现各类问题121个。

二是党建工作质量不断提升。制定部党组落实全面从严治党主体责任清单，全面推进各级党组织标准化规范化建设，创建首届“水利先锋党支部”，扎实推进“黄河水利基层党建示范带”建设，全覆盖开展党建督查和年度党建考核，实现党的建设工作有标准、创建有载体、过程有督查、成效有考核。推进党建与业务深度融合，开展水利青年“深研总基调·建功新时代”竞赛活动，兴起学习践行水利改革发展总基调的热潮。深入开展“灯下黑”问题专项整治，推动党的建设质量明显提升。

三是干部人才队伍建设持续加强。制定《2019—2023年全国党政领导班子建设规划纲要》实施意见，加大年轻干部选拔培养力度。出台水利部领导干部政治素质考察办法，严把政治关口，注重在疫情防控、脱贫攻坚等工作中考察干部。严格干部日常监督管理，抓好个人事项报告及专项整治工作，开展选人用人巡视检查。推进水利企业工资决定机制和负责人薪酬制度改革，规范事业单位绩效工资管理。试点组建3个部级人才创新团队和2个部级人才培养基地，开展人才梯队建设，实施国际化人才培养项目。

四是党风行风建设深入推进。针对基层反映强烈的会议、文件简报、教育培训、调查研究、督查检查考核、干部担当作为等6方面的问题，出台整治形式主义官僚主义突出问题的若干措施。严格执行中央八项规定精神，起草部属企业贯彻执行中央八项规定精神的指导意见，开展出差人员交纳伙食费和市内交通费情况核查。印发加强水利行风建设促进全面从严治党的指导意见，召开部属系统警示教育大会，持续抓好廉政风险防控手册贯彻执行，坚持有腐必反、有贪必肃，严肃查处一批违纪违法案件。广泛开展向郑守仁同志学习活动，深入宣传“历史治水名人”和第二届“最美水利人”，38家单位被授予“全国文明单位”称号，水利出版、水情教育和文博工作成果丰硕。广大水利干部职工担当作为、务实奉献，充分彰显了新时代水利精神。

2020年为“十三五”水利改革发展划上了圆满句号。在全国水利系统共同努力下，“十三五”规划纲要确定的水利重要指标全部实现，水利发展“十三五”规划目标指标如期完成，水利改革发展跃上了新的台阶。“十三五”时期是水旱灾害防御成效最好的五年。科学抗御长江、淮河、太湖流域等多次大洪水、特大洪水，成功处置多次堰塞湖险情，有

效应对多次大范围干旱，有力保障了人民群众生命安全和供水安全，年均因洪涝灾害死亡人数降至历史最低。“十三五”时期是水利工程效益发挥最大的五年。累计落实水利建设投资 3.58 万亿元，比“十二五”增长 57%，大江大河治理和西江大藤峡、淮河出山店等一批控制性枢纽建设步伐加快，三峡工程持续发挥巨大综合效益，南水北调东、中线一期工程累计调水 367.42 亿立方米，重点流域区域水安全保障能力明显增强。“十三五”时期是水资源监管最严的五年。国家节水行动方案全面落实，最严格水资源管理制度考核的内容指标、方式方法发生深刻变化，从宏观到微观的水资源管控体系初步建立，跨省江河水量分配、生态流量管控、水资源统一调度取得实质性进展，叫停了一批节水不达标项目和水资源超载地区新增取水许可，水资源刚性约束作用明显增强。“十三五”时期是河湖生态改善最大的五年。河长制湖长制全面建立，长年积累形成的乱占、乱采、乱堆、乱建问题基本解决，河湖面貌发生历史性变化。水土流失动态监测和遥感监管实现全覆盖，新增水土流失综合治理面积 30 万平方公里，巩固了水土流失面积和强度“双下降”趋势。小水电生态流量逐步落实。华北地区地下水超采综合治理取得重大突破，部分地区地下水水位止跌回升。“十三五”时期是农村水利支撑保障最实的五年。巩固提升 2.7 亿农村人口供水保障水平，解决 1710 万建档立卡贫困人口饮水安全问题，83%以上农村人口用上自来水。完成一大批大中型灌区和大型灌排泵站改造，新增恢复改善灌溉面积 2 亿多亩，为夺取农业连年丰收、保障国家粮食安全提供了坚实保障。“十三五”时期是全面从严治党力度最大的五年。深入贯彻新时代党的建设总要求，把严的主基调贯穿党的建设全过程，监督执纪问责持续走向严紧硬，水利廉政风险防控体系更加完善，整治形式主义官僚主义取得阶段性成效，水利系统政风行风持续向好，干部职工的工作作风和精神状态发生了深刻转变。

这些成绩的取得，是习近平新时代中国特色社会主义思想正确指引的结果，是党中央、国务院坚强领导的结果，是各有关部门以及地方各级党委和政府大力支持的结果，也是水利系统广大干部职工努力拼搏的结果。在此，我代表水利部，向各有关部门以及地方各级党委和政府表示衷心的感谢！向广大水利干部职工表示诚挚的问候！

五年的实践，深化了我们对水利改革发展规律性的认识。一是必须坚决做到“两个维护”。党和国家事业不断发展壮大、战胜重大挑战、抵御重大风险最根本在于有习近平总书记和党中央的领航掌舵。做好水利工作必须坚持把党的政治建设摆在首位，全面加强党的建设和党对水利工作的领导，进一步提高政治判断力、政治领悟力、政治执行力，坚定自觉从政治和全局高度，思考、谋划、推动水利工作，真抓实干把习近平总书记和党中央决策部署贯彻好、落实好，始终在思想上政治上行动上同以习近平同志为核心的党中央保持高度一致。二是必须深入落实“十六字”治水思路。“节水优先、空间均衡、系统治理、两手发力”的治水思路是习近平总书记深刻洞察我国国情水情，科学把握自然规律、经济规律、社会发展规律提出的水安全治本之策。水利改革发展取得的显著成就，充分彰显了这一治水思路的科学之光和实践伟力。做好水利工作必须不断深入领会“十六字”治水思路的深刻内涵，始终把“十六字”治水思路作为我们水利各方面各领域工作的根本遵循，作为我们认识、分析、解决我国复杂水问题的强大思想武器。三是必须准确把握治水主要矛盾。治水主要矛盾反映了水利发展的历史方位，揭示了水利发展的内在规律，决定了水利工作的中心任务。当前治水主要矛盾已经从人民群众对除水害兴水利的需求与水利工程能力不足的矛盾，转变为人民群众对水资源水生态水环境的需求与水利行业监管能力不足的矛盾。做好水利工作必须准确认识和把握治水主要矛盾，制定符合发展阶段要求和实际的理念、战略、举措，推动新时代水利改革发展更好地满足人民日益增长的美好生活需要。四是必须深入践行水利改革发展总基调。水利改革发展总基调是贯彻“十六字”治水思路、围绕解决治水主要矛盾应运而生的。近年来，通过践行总基调，水利工作发生了全方位和深层次变革，解决了一大批长期想解决而没有解决的难题，水利建设管理面貌发生系统性、历史性变化。实践充分证明，解决我国新老水问题，不仅要靠工程措施提高治河理水的能力，更要靠监管手段调整人的行为、纠正人的错误行为，水利改革发展总基调符合中央要求、群众期盼、治水需要，必须坚定不移深入践行。五是必须坚持以问题为导向的工作方法。问题是时代的声音、实践的起点。做好水利工作，必须奔着问题去、对着问题干，正确认识问题、认真查找问题、深入研究问题，把谋划解决问题的思路和措施作为工作的着力点，把真正解决问题作为衡量工作成效的标尺，不断防范化解各种风险挑战，在解决问题中推动水利事业不断向前发展。六是必须大力弘扬新时代水利精神。水利工作涉及领域广，矛盾复杂、挑战艰巨、任务繁重。做好水利工作必须发挥好新时代水利精神引导人、鼓舞人、激励人的重要作用，打造忠诚干净担当的干部队伍，弘扬科学求实创新的优良作风，迎难而上、敢于斗争、动真碰硬，为水利改革发展提供坚强保障。这些规律性认识，是在波澜壮阔的水利实践中积累的宝贵经验，我们一定要倍加珍惜并一以贯之运用到水利改革发展各项工作中。

二、全面落实党的十九届五中全会精神，科学谋划“十四五”水利改革发展战略布局

“十四五”时期是开启全面建设社会主义现代化国家新征程的第一个五年。党的十九届五中全会通过的《中共中央关于制定国民经济和社会发展第十四个五年规划和二　三五年远景目标的建议》（以下简称《建议》），为未来五年经济社会发展指明了方向、提供了遵循。《建议》对水利作出一系列重要部署，涵盖重大工程建设、国家节水行动、优化水资源配置、水资源刚性约束制度、水旱灾害防御、河长制湖长制、长江经济带发展、黄河流域生态保护和高质量发展、河湖休养生息、水土流失综合治理、农业水利设施建设、病险水库除险加固、堤防和蓄滞洪区建设、用水权交易等方方面面。我们要全面理解、准确把握、深入贯彻党的十九届五中全会精神，把学习贯彻五中全会精神与学习贯彻“十六字”治水思路结合起来，与学习贯彻习近平总书记关于黄河流域生态保护和高质量发展、长江经济带发展等重要讲话精神结合起来，深入践行水利改革发展总基调，努力实现水利事业更高质量、更可持续、更为安全的发展。

（一）深刻认识“十四五”水利改革发展面临的新形势

“十四五”时期是我国发展的重要战略机遇期，也是加快水利改革发展的关键期。必须自觉立足党和国家工作大局，准确把握水利改革发展面临的新形势新要求。

从适应新发展阶段看，新发展阶段是中华民族伟大复兴历史进程的大跨越。水利工作必须在全面建设社会主义现代化国家全局中明确发展方位，在把握“两个大局”中明晰发展环境，准确识变、科学应变、主动求变。进入新发展阶段意味着对水利工作提出新的需求。新发展阶段是全面建设社会主义现代化国家的新征程，也是我们党带领人民迎来

从站起来、富起来到强起来历史性跨越的阶段。要深刻认识人民对美好生活的向往已呈现出多样化、多层次、多方面的特点，把握好从“有没有”转向“好不好”这个关键，正确认识治水主要矛盾变化，在更好解决水灾害问题的同时，下大气力解决水资源短缺、水生态损害、水环境污染等问题，更好地满足人民对美好生活的向往。进入新发展阶段意味着水利工作需要全面提升标准。满足新需求，就要对照新标准。面对阶梯式递进、不断发展进步的历史进程，无论是支撑社会主义现代化国家建设，还是满足人民的美好生活向往，都要求水利工作全面提升标准。具体地讲，就是在持久水安全、优质水资源、健康水生态、宜居水环境、先进水文化等五个方面提高标准，实现升级。在持久水安全方面，提升防洪工程建设和管护标准，实现防洪减灾能力与现代化国家灾害承受能力相匹配。在优质水资源方面，提高供水保障标准、水资源集约安全利用标准，实现水资源供给水平与现代化国家经济社会发展水平相匹配。在健康水生态方面，提高水土保持率等水生态安全标准，实现水生态系统质量与现代化国家绿色发展相匹配。在宜居水环境方面，提高江河湖泊管护标准，实现水环境状态与现代化国家人民美好生活需求相匹配。在先进水文化方面，保护传承弘扬以黄河文化、长江文化、大运河文化为代表的优秀治水文化，实现水文化创造性转化、创新性发展。

从贯彻新发展理念看，新发展理念是我们党深入探索经济社会发展规律的理论结晶。当前我国发展中的矛盾和问题集中体现在发展质量上，新时代新阶段的发展必须贯彻新发展理念，实现高质量发展。水是经济社会发展的基础性、先导性、控制性要素，水的承载空间决定了高质量发展的成长空间。要把新发展理念贯穿到补短板、强监管的各项工作中，特别是要通过水利行业强监管调整人的行为、纠正人的错误行为，重塑人与水的关系，实现人水和谐。要从根本宗旨上把握，为人民谋幸福、为民族谋复兴是新发展理念的“根”和“魂”，也是一切水利工作的出发点和落脚点。贯彻新发展理念、实现高质量发展，必须着眼满足人民日益增长的美好生活需要，着力解决人民群众最关心最直接最现实的利益问题。既要通过补短板，完善普惠共享的水利基础设施体系，更要通过强监管，提高水安全、水资源、水生态、水环境、水文化等领域公共产品的供给质量，不断提高人民生活品质，给人民带来更多实实在在的获得感、幸福感、安全感。要从问题导向上把握，贯彻新发展理念的过程是不断解决问题的过程。当前，我国水利发展不平衡不充分问题仍然突出。比如，经济社会发展布局与水资源承载力不匹配，水资源超载区或临界超载区面积约占全国国土面积的 53%，资源性、工程性、水质性缺水问题在不同地区不同程度存在，水资源供需失衡已成为区域协调发展的重大制约。比如，水生态水环境长期积累性问题突出，一些地区水生态水环境承载力已经达到或接近上限，有的地区甚至面临“旧账”未还、又欠“新账”的问题。贯彻新发展理念，必须坚持问题导向，既要加快补短板，解决水利工程体系方面不平衡不充分的问题，更要通过强监管，发现具体问题、分析具体问题、解决具体问题，并以此建立概念，从而在标准、手段、对策与布局方面采取更加精准务实的举措，更好地解决水利不平衡不充分的问题。要从忧患意识上把握，安全是发展的基础，基础不牢、地动山摇。贯彻新发展理念，必须把安全发展贯穿到国家发展的各领域和全过程。水安全是国家安全的重要组成部分，水利既面临着洪涝干旱、工程失事等直接风险，也会影响到粮食供应、能源供给、生态环境等领域的安全保障。比如，防洪减灾体系还存在突出短板，全国重要江河 78

万平方公里防洪保护区不达标比例32%，近2万座存量病险水库亟待除险加固，中小河流、山洪灾害影响范围广，洪水风险依然是中华民族心腹大患。如果不能有效控制水安全风险，可能威胁到社会安全稳定，甚至对我国社会主义现代化建设进程造成重大影响。因此，我们必须围绕统筹发展与安全，树牢底线思维，增强风险意识，真正摸清水利风险底数，警惕水安全中的"黑天鹅""灰犀牛"，既要通过加快补短板，夯实水利风险防控的物质基础，更要加强各领域各环节监管，以严格的水利监管规范各类涉水行为，堵漏洞、强弱项，下好风险防控的先手棋，夯实高质量发展的水安全基础。

从构建新发展格局看，构建以国内大循环为主体、国内国际双循环相互促进的新发展格局，关键在于经济循环的畅通无阻。水资源格局关系着发展格局，加快水利工程补短板，完善我国水利基础设施体系，既能拉动内需，也能增加有效供给，是畅通经济循环、构建新发展格局的重要举措。在创造需求方面，要牢牢把握扩大内需这个战略基点，充分发挥水利工程建设吸纳投资多、覆盖范围大、产业链条长的优势，建设一批强基础、增功能、利长远的重大水利项目，拓展投资空间，优化投资结构，更好发挥水利投资对经济增长的拉动作用。在提升供给方面，要紧紧围绕供给侧结构性改革，以全国江河湖泊水系为基础、输排水工程为通道、控制性调蓄工程为节点、智慧化调控为手段，加快构建循环畅通、功能协同、安全可靠、调控自如的水利基础设施网络，进一步提高水资源供给的质量、效率和水平，增强水资源要素与其他经济要素的适配性，为增强供给体系的韧性提供有力支撑。在促进协调发展方面，要主动衔接区域重大战略、区域协调发展战略、主体功能区战略和全面推进乡村振兴、加快农业农村现代化、推进新型城镇化等，科学布局、加快建设一批支撑性、保障性水利工程，同步推进传统水利工程智能升级，提高水利基础设施通达程度和公共服务均等化水平，促进经济社会发展更加协调。

（二）准确把握"十四五"水利改革发展的总体要求和目标原则

做好"十四五"时期水利工作，要认真贯彻党的十九届五中全会明确提出的经济社会发展指导方针，深入落实"节水优先、空间均衡、系统治理、两手发力"的治水思路，围绕国家重大发展战略，把水安全风险防控作为守护底线，把水资源承载力作为刚性约束上限，把水生态环境保护作为控制红线，加快建设现代水利基础设施网络，不断完善江河湖泊保护监管体系，全面提升水安全保障能力，建设造福人民的幸福河湖，为全面建设社会主义现代化国家提供坚实支撑。

做好"十四五"时期水利工作要把握以下原则：要坚持人民至上。牢固树立以人民为中心的发展思想，把满足人民日益增长的美好生活需要作为奋斗目标，把人民满意不满意、高兴不高兴、答应不答应、赞成不赞成作为评判标准，切实解决人民关心的水忧水患水盼问题，建设造福人民的幸福河湖。要坚持底线思维。强化风险意识，注重从事后处置向事前预防转变，从减少损失向降低风险转变，以防为主、防控结合，注重从源头上压缩风险发生空间，牢牢守住国家水安全底线。要坚持系统观念。树立全局观、流域观，算清整体账、长远账，统筹上下游、干支流、左右岸、地表地下、城乡区域，统筹山水林田湖草各要素，统筹水安全、水资源、水生态、水环境、水文化，加强前瞻性思考、全局性谋划、战略性布局、整体性推进。要坚持改革创新。以推进政府市场"两手发力"为切入点，以促进涉水各方责权利相统一为关键点，全面深化水利改革，破除体制性障碍、打通机制性梗阻、推进政策性创新。

“十四五”时期水利改革发展主要目标是:到 2025 年,水旱灾害风险防控能力明显提升,防洪突出薄弱环节全面解决,江河堤防达标率明显提高,流域控制性工程有序建设,现有病险水库安全隐患全面消除,洪水干旱监测预报预警调度体系不断完善,在充分论证基础上,科学提高防御标准,重大水安全风险防控能力进一步提升;水资源配置格局明显优化,水资源刚性约束制度基本建立,节水型生产生活方式基本形成,全国用水总量控制在 6700 亿立方米以内,万元国内生产总值用水量、万元工业增加值用水量较 2020 年下降 16%,跨省重要江河流域和主要跨市县河流水量分配基本完成,国家水资源配置工程体系更加完善,农村规模化供水人口覆盖比例达到 55%;河湖生态环境明显改善,涉水空间管控制度基本建立,江河湖库及水源涵养保护能力明显提升,重点河湖生态流量保障目标满足程度达 90%以上,人为水土流失得到基本控制,重点地区水土流失得到有效治理,全国水土保持率提高到 73%以上,地下水监控管理体系基本建立,全国地下水超采状况得到有效遏制;涉水事务监管效能明显增强,水利法律法规政策制度体系更加完善,覆盖各领域、各层级的水利监管体系基本形成,水文、水资源、河湖生态、水土流失、水灾害等监测预警体系基本建立,水资源节约、保护、开发、利用、配置、调度各环节监管全面加强,水工程运行管理安全规范,重点领域改革取得重要进展,水利信息化智能化水平显著提升。

(三)以国家水网建设为核心系统实施水利工程补短板

“十四五”时期是水利工程补短板的集中攻坚期,要以建设水灾害防控、水资源调配、水生态保护功能一体化的国家水网为核心,通过强弱项、提标准,加快完善系统完备、科学合理的水利基础设施体系,解决发展不平衡不充分的问题,提升国家水安全保障能力。与过去相比,新形势下的补短板更加体现系统化,根据顶层设计通盘考虑、统筹谋划工程体系建设,精准定位短板弱项;更加体现协同化,充分统筹协调水资源与经济社会发展关系,因地制宜优化水网布局结构和功能配置;更加体现生态化,在水利基础设施建设、运行、管理等各环节充分融入生态优先、绿色发展理念;更加体现智能化,通过采用数字化、人工智能、物联网等技术,推动水利基础设施升级改造。

实施防洪能力提升工程。坚持蓄泄兼筹、以泄为主,适度提升防洪标准,进一步优化完善防洪体系布局。一是扩大泄洪通道能力。对北方河流,恢复河道行洪能力,减轻河道淤积萎缩,确保行洪畅通;对南方河流,维护河势稳定,协调好干支流关系,减轻干流防洪压力。新建一批骨干排洪通道,解决平原河网地区外排通道不足、淮河洪水出路不畅等问题。实施河口综合治理,稳定入海流路,保持河口稳定畅通。二是增强洪水调蓄能力。加快防洪控制性枢纽建设,提高江河洪水调控能力。优化调整长江、淮河、海河蓄滞洪区布局,推进蓄滞洪区安全建设,保证正常分洪运用。在有条件的地方,推进退田退圩还湖,提升湖泊调蓄洪水能力。通过洲滩民垸和滩区治理,恢复行洪滞洪功能和生态保护功能。加快消除存量病险水库风险,恢复和提高防洪库容,完善水库群防洪联合调度。三是提高洪水风险防控能力。充分考虑气候变化引发的极端天气影响,科学提高洪水防御工程标准,有效应对超标洪水威胁。做好大江大河中下游地区洪水风险评估,加强土地利用和建设项目洪水影响评价和风险管控,降低洪涝灾害损失。

实施水资源配置工程。优化水资源配置格局,加强供水安全风险应对,逐步建成丰枯调剂、联合调配的国家水资源配置和城乡供水安全保障体系。一是推进重大引调水工程建设。抓紧推进南水北调东、中线后续工程建设,开展西线工程前期工作,建设一批跨流域跨区域骨干输水通道,逐步完善国家骨干供水基础设施网络。二是推动综合性水利枢纽和调蓄工程建设。加快控制性枢纽建设,充分发挥其综合功能和效益。重点在西南地区建设一批大型水库,提高重点区域和城乡供水保障能力。多措并举建设应急备用水源,加强战略储备水源建设,提高应对特大干旱、突发水安全事件的能力。三是推进农村规模化供水。围绕乡村建设行动,完善灌排工程体系,提高保障粮食安全能力。以县域为单元,在有条件的地方推进城市管网向农村延伸和农村供水工程与城市管网互联互通,统一标准、统一管理、统一维护,建设规模化供水工程,实施小型农村供水工程标准化建设改造,畅通供水网络的毛细血管。

实施河湖健康保障工程。从生态系统整体性和流域系统性出发,因地制宜,分类施策,实施重大水生态保护与修复工程,维持河湖生态廊道功能,扩大优质水生态产品供给。一是加强水土保持生态建设。科学治理水土流失,提升水土保持率,强化黄河中游、长江上游、东北黑土区等重点区域治理。加强生态功能区和江河源头区保护修复,因地制宜推进生态小流域建设。二是加大饮用水水源保护力度。以保护和提升饮用水水源地安全为重点,开展南水北调东、中线等重大跨流域调水工程的水源区、输水渠道(河道)水质保护。制定饮用水水源地名录,科学确定取水口布局,加强水源、水位管控和生态防护治理,强化地下水集中饮用水水源保护。三是推进河湖水系综合整治。以水资源超载区、水生态脆弱区、水生态退化区为重点,推进河湖生态环境治理修复。分区分类确定河湖生态流量目标,科学开展生态补水和河湖水系连通,切实保障河湖生态流量(水位)。四是推进地下水超采综合治理。分区确定地下水取用水量水位控制指标,通过节水、农业结构调整等压减地下水超采量,严控地下水开发强度,多渠道增加水源补给,持续推进地下水超采综合治理。

推进国家水网智能化改造。充分运用物联网、大数据、人工智能、区块链等新一代信息技术,加快智慧水利建设。一是加强水安全监测体系建设。优化水文等监测站网体系布局,完善大江大河及其重要支流、200 至 3000 平方公里中小河流、中小型水库等监测体系,补充水量、水位、流量、水质等要素缺项,提升地下水、行政区界断面、取退水口等监测能力,对国家基本水文站全面提档升级,推广自动监测手段,扩大实时在线监测范围,提升水安全智能监测感知能力。二是完善水利信息化基础设施。推进水利工程和新型基础设施建设相融合,加快水利工程智慧化、国家水网智能化,建设国家水网大数据中心和调度中心,加强数字流域建设。三是推进涉水业务智能应用。基于信息融合共享、工作模式创新、业务流程优化、应用敏捷智能等思路,推进涉水业务智能应用,提升信息整合共享和业务智能管理水平。

(四)以完善监管体系为支撑纵深推进水利行业强监管

“十四五”时期是水利行业强监管的全面强化期,要推动行业监管体系从平稳起步向全面完善转变,专项监管行动从“被动迎战”向“主动出击”转变,专业领域监管从重点突破向纵深发展转变,坚持以问题为导向,以全面解决涉水各领域中因人的行为不当而造成的水安全水资源水生态水环境问题为目标,建立一整套法制体制机制,全面提升涉水事务监管水平,努力实现水利治理体系和治理能力现代化。

完善行业监管体系。按照“全面覆盖、上下贯通、保障到位”的要求,完善部本级和流域管理机构监管体系,指导推动省级水利监管体系向市县一级延伸。聚焦水利工程建设和运行、水资源管理、河湖管理、水灾害防御、水土保持、水库移民、水利资金等重点领域，进一步明晰综合监管、专业监管、专职监管、日常监管四个层次的职责定位和任务分工，加强各级水利部门监管制度建设、队伍建设、信息化建设，到2022年基本建立覆盖全行业的监管体系，各层级各领域监管工作全面展开，监管效能逐步提升。

推进常态化监管。以统筹优化年度监管计划为抓手，着力改变监管任务“一布置一落实”的状态，促进监管工作成为各级水利部门部署安排、推进工作、总结评价中不可或缺的内容。优化监管信息平台，拓展完善功能，推广省级应用，通过信息化技术手段开展实时、高效、精准监管，助推监管工作计划、组织实施、考核评价等常态化运作。

推进规范化监管。不断总结监管工作经验，编制各监管领域的“作业指导书”，细化各领域监督检查的“规定动作”和标准体系，明确查什么、怎么查；同时不断梳理、修正、补充问题清单，全面列举实体问题、行为问题，通过一正一反“两个清单”，减少主观因素对监管过程和监管结果的影响，确保监管队伍认真履职尽责，实现规范化监管。

推进法治化监管。以“2＋N”监管制度体系为基础，推进空白领域尽快制定监督检查办法和问题清单，对试行中的监管制度进行一致性核查修订，对问题清单进行动态完善，逐年更新版本。不断总结监管工作规律，梳理监管实践中的有效做法，固化形成制度、部门规章和法律法规，划清水利各领域监管“红线”，使法规制度长牙、带电、有威慑力，推动强监管工作在法治轨道上不断前进。

三、扎实做好2021年水利工作，以优异成绩庆祝建党100周年

2021年是实施“十四五”规划、开启全面建设社会主义现代化国家新征程的第一年，也是我们党成立100周年。要认真贯彻党中央、国务院决策部署，深入落实“十六字”治水思路，围绕开好局、起好步，突出重点、整体推进、强化落实，扎扎实实做好2021年水利工作，以优异成绩庆祝建党100周年。

（一）强化规划引领，加快补齐水利工程短板

一是完善重大水利规划体系。坚持目标导向和问题导向相结合，着眼大局、系统谋划，加强水利改革发展顶层设计。落实“十四五”发展要求，编制“十四五”水安全保障规划、国家水网工程规划纲要，科学确定目标任务、工程布局、监管重点，充分发挥规划在理念引领、战略导向和目标约束方面的作用。支撑国家重大发展战略，推进黄河流域生态保护和高质量发展、长江三角洲区域一体化发展、成渝双城经济圈、粤港澳大湾区等国家重大战略水利保障规划编制与实施。对接国土空间规划，适应“多规合一”要求，推进水利基础设施空间布局规划编制，做好水利规划与国土空间规划之间的衔接，力争将涉水空间纳入国土空间“一张图”。

二是加快重大水利工程建设。重大水利工程是“两新一重”的重要内容，要按照推进基础设施高质量发展的要求，重点做好以下工作。高质量推动重大工程前期，结合“十四五”规划编制，谋划推进一批大江大河大湖治理的基础性、战略性重大水利工程，抓好南水北调东线二期、引江补汉、中线在线调蓄以及西线一期工程前期工作。高标准推进重大工程建设，加快黄河古贤等150项重大水利工程建设，争取早开多开。重点推进南水北调东线一期北延应急供水工程及东、中线一期工程配套建设任务，加快实施大藤峡、引江济淮、滇中引水、珠江三角洲水资源配置、黄河下游“十四五”防洪工程、贵州夹岩等工程建设，协调做好雄安新区供水保障工作。多渠

道争取水利建设投资，在争取加大中央及地方水利投入力度的同时，用好用足金融政策，协调加大水利信贷支持力度，把地方政府专项债券、银行贷款作为水利建设的重要筹资渠道，鼓励和引导社会资本参与水利建设。

三是稳步推进防洪薄弱环节建设。按照“消隐患、提标准、强弱项”的思路，进一步提升洪涝灾害防御能力。着眼消隐患，加快大中型病险水库除险加固，如期完成小型水库除险加固攻坚行动年度任务目标，建立除险加固常态化机制，及时消除水库安全隐患。着眼强弱项，加强山洪灾害防治和重点涝区治理，推进中小河流治理工作，以近年来发生过洪涝灾害的中小河流作为重点防洪治理对象，确保治理一条、见效一条。着眼提标准，完善流域骨干防洪体系，加快推进大江大河及重要支流防洪达标建设和河道整治，实施一批防洪控制性枢纽工程和重点蓄滞洪区建设。

四是进一步夯实乡村振兴水利基础。按照中央关于全面推进乡村振兴、加快农业农村现代化的总体部署，全方位提升农村水利支撑保障能力。围绕巩固拓展脱贫攻坚成果，坚持“四个不摘”，保持主要帮扶政策和工作措施的总体稳定，重点推进“三区三州”、革命老区、定点扶贫和对口支援地区水利改革发展，接续改善脱贫地区生产生活条件，督促指导有关地方健全防止返贫监测和帮扶机制，实现巩固拓展脱贫攻坚成果同乡村振兴有效衔接。围绕农民富裕富足，坚决守住和巩固维护好已建农村供水工程成果，因地制宜建设一批供水水源工程，开展城乡供水一体化、规模化供水工程建设和小型工程标准化改造，遴选100座农村供水规范化水厂。农村自来水普及率达到84%。力推水费收缴，年底前实现农村集中供水工程全面收费。加强水源保护，推进千人以上工程划定水源保护区或保护范围。围绕农业高质高效，以粮食主产区为重点，筛选一批大中型灌区实施续建配套与现代化改造，持续推进灌区泵站标准化现代化管理。抓好黄河流域农业深度节水控水，发展节水农业、旱作农业，把农业用水效率提上去、总量省出来。围绕乡村宜居宜业，加快推进水系连通及农村水系综合整治项目建设，修复农村河湖功能，提升农村人居环境质量。抓好水库移民后期扶持政策实施，帮助打造一批优势特色产业。

五是全面强化水生态治理修复。坚持山水林田湖草系统治理，狠抓重点河湖生态保护修复，维护河湖健康美丽。狠抓水土流失防治，编制黄河流域水土流失治理专项规划，重点实施长江上中游、黄土高原、东北黑土区水土流失治理，推进坡耕地综合整治、小流域综合治理和淤地坝建设，全面推行水土保持工程建设以奖代补，完成年度6.2万平方公里治理任务。狠抓地下水超采治理，加快实施华北地区地下水超采综合治理，持续推进“一减、一增”综合治理，着力在“减”上下大功夫，多渠道加大华北地区河湖生态补水。做好南水北调东、中线一期工程受水区地下水压采及评估工作。推动内蒙古西辽河流域“量水而行”工作。狠抓农村水电绿色发展，完成长江经济带小水电清理整改任务，启动黄河流域小水电突出问题清理整治，实施小水电绿色改造现代化提升工程，新增50座以上绿色小水电示范电站、100座安全生产标准化电站。

六是提升智慧水利建设水平。以保安全、长智慧为发展方向，全面驱动和支撑水利治理体系和治理能力现代化。对标安全，推进网络安全等级保护定级备案、等级测评、安全建设和检查等基础工作，有效落实措施，建立关键信息基础设施安全保护制度，推动水利行业17个关键信息基础设施及水利部90%以上的等级保护三级系统通过等级保护测评，实现水利部直属单位攻防演练全覆盖，从严处理网络安全问题。对标实用，实施好水利网信水平提升三年行动，完善“全国水利一张图”，建设国家水利监管综合平台，初步建立大数据共治共享体系，强化遥感技术应用，全面支撑防汛、水资源、河湖管理等工作。加快推进水文现代化，提升水文情报预报服务能力和水平，打造多源空间信息融合洪水预报平台，推进旱情监视分析常态化，加强山洪预警等技术创新应用，做好水文水资源监测评价服务。

（二）突出标本兼治，切实强化水利行业监管

一是全力防范水旱灾害风险。牢记防汛抗旱是水利部门义不容辞的职责，以超标洪水不打乱仗、标准内洪水不出意外、水库不因工作不到位造成垮坝失事、山洪灾害不出现群死群伤为目标，全面落实水旱灾害防御各项措施。盯住“早”，完善专班预报、联合会商、滚动订正和“三个 3 天”水文情报预报模式，提高预报精度，延长预见期，拓展预警发布渠道，跟踪掌握雨情水情凌情旱情动态，为灾害防范应对提供有力支撑。盯住“控”，理顺水工程调度体制机制，制定《大中型水库汛期调度运用规定》，完善超标洪水防御预案、江河洪水调度方案和水工程联合调度方案，依法科学精细调度水工程，用好水库、堤防、蓄滞洪区“三张牌”，充分发挥水工程防洪减灾效益。盯住“防”，加强堤防和水库巡查值守，及时发现处置险情。加快山洪灾害防治项目建设，将监测站点纳入水文统一管理，拓展预警信息发布手段和技术，实施网格化清单管理，落实基层政府“包保”责任制，按照“方向对、跑得快”的要领及时转移群众。盯住“管”，突出抓好水库安全运行，加强大中型水库汛限水位线上线下监管，确保小型水库“三个责任人”履职尽责，推动“三个重点环节”逐步落实。

二是深入落实节水优先方针。推进实施国家节水行动，狠抓强基础、快突破，推动用水方式由粗放低效向节约集约转变。打好基础，编制完成 105 项国家用水定额体系，推进省级用水定额修订，加强用水定额执行管理，强化节水约束。推广滴灌、空冷等高效节水技术。突出重点，启动实施黄河流域深度节水控水行动，加强重点用水户超定额用水专项整治。以雄安新区为示范，提出指导意见，推动南水北调受水区深度节水及非常规水利用。立好标杆，推动 200 个以上县区达到节水型社会标准，推动党政机构全方位开展节水机关建设，加大节水型高校等载体建设力度。完善机制，加快建立节约用水工作部际协调机制，推动将节水作为约束性指标纳入政绩考核，严格节水目标责任制和责任追究，强化重点监控用水单位监督检查，健全节水评价制度，加大节水宣传力度。

三是强化水资源刚性约束作用。坚持以水而定、量水而行，将水资源刚性约束有关要求落到实处。围绕合理分水，加快确定全国重要河湖生态流量保障目标，推进江河流域水量分配，确定地下水取用水总量、水位管控指标，加快确定各地区可用的地表水量、地下水量、外调水量、非常规水量，建立明确具体的水资源刚性约束指标体系。围绕管住用水，推进取用水管理专项整治行动，全面摸清取水口现状，建立流域区域取用水总量管控台账。严格水资源论证和取水许可管理，对黄河流域水资源超载地区全面实行取水许可限批，探索实行取水许可承诺制。强化水资源监测计量和用水统计管理，严格水资源管理监督考核。围绕科学调水，按照空间均衡的要求，科学合理配置水资源，强化流域水资源调度管控和矛盾突出河湖的调水计划管理，加强引调水信息的统计工作，出台《水资源调度管理办法》。围绕系统治水，编制并实施重点区域地下水超采治理与保护方案，全面实施地下水取水总量与水位双控，用好地

下水水位通报机制，强化动态监管。健全生态流量监测体系，逐河确定生态流量预警等级和预警阈值，建立河湖生态流量管控责任制，强化监督考核问责。制定长江流域饮用水水源名录，实施水源安全评估。

四是加大河湖管理保护力度。紧紧围绕建成人民群众满意的幸福河湖，推动河湖面貌持续好转。抓好一个关键，完善河湖长制组织体系，发挥部际联席会议作用，推动建立黄河流域省级河长联席会议，制定河湖长制实施成效评价办法，强化河长湖长考核，深入推进河湖长“有名”“有实”“有能”。建立两项长效机制，建立河湖“清四乱”常态化规范化机制，实行台账跟踪督办，组织开展“回头看”，将清理整治进一步向中小河流、农村河湖延伸。疏堵结合建立河道采砂管理长效机制，落实河道采砂管理责任制，开展河道采砂整治专项行动。推进三大专项任务，抓好长江干流岸线利用项目清理整治扫尾工作，开展长江流域非法矮围专项整治。完成黄河岸线利用项目专项整治任务。推进大运河河道水系治理管护。做好四项基础工作，推动设立巡河员、护河员公益岗位，健全基层河湖保护队伍。加快划定河湖管理范围，强化河湖管理检查。开展河湖健康评价试点，逐步建立河湖健康档案。推进智慧河湖、示范河湖和水利风景区建设。

五是扎实推进水土保持监管。狠抓制度执行、责任落实和违法违规项目查处整治，依法管住人为水土流失。抓好水土保持率管理应用，各省份要完成水土保持率分阶段目标确定和分解落实到市县级工作，并纳入相关规划目标。开展水土流失动态监测，全面掌握水土流失状况及成效。抓好水土保持社会监管，建立部省两级遥感监管常态化机制，规范监管工作流程和标准，对人为水土流失实施动态监控。全面建立监管发现问题台账，强化信用监管，抓实黄河流域生产建设项目水土保持专项整治。抓好水土保持考核评估，完成对省级人民政府“十三五”时期实施全国水土保持规划情况的考核评估，全面建立实施省级人民政府对市县级的目标责任考核。

六是规范水利工程建设和运行管理。加强建设项目全生命周期风险管理，维护水利基础设施安全。以确保工程质量为主线，加强建设全过程监管。修订水利工程质量管理规章制度及标准，推进建设监理制改革和完善，进一步强化招投标监管。严格水利工程质量监管，全面落实工程参建各方主体的质量责任，加强水利建设质量工作考核。严格水利建设市场准入管理和行为监管，规范建设市场行为。以长期良性运行为目标，完善工程管理体制。完成年度 1.6 万座水库安全鉴定任务，推广区域集中管护、政府购买服务、“以大带小”等模式，提高小型水库管护社会化、规范化水平。出台堤防工程运行管理办法。完善农村供水管理体制机制，开展农田水利工程运行维护评估。以保障运行安全为核心，加强三峡工程运行管理。深入分析三峡工程转入正常运行期的情况变化，加强三峡枢纽工程运行安全、三峡水库运行安全、三峡工程生态安全监督管理。聚焦三峡移民安稳致富和服务长江大保护，高质量实施三峡后续工作规划。以建设“四条生命线”为遵循，加强南水北调工程运行管理。落实习近平总书记视察南水北调东线时的重要讲话精神，组织做好南水北调年度水量调度工作，强化水质保护，完成年度调水计划，做好一期工程收尾及设计单元完工验收工作。严格风险管控，强化工程建设及运行监管，确保工程安全平稳运行。

七是推进依法治水和监督工作。深入贯彻落实全面依法治国战略，强化水法规制度建设，紧盯重点领域开展执法和监督行动，不断提高治水管水水平。加快水利立法，抓好黄河立法起草工作，推进《地下水管理条例》《河道采砂管理条例》《珠江水量调度条例》等审查审议及后续工作，加快实施水法规建设规划，制修订一批水利改革发展急需的部门规章。提升执法效能，强化综合执法，健全水行政执法与刑事司法衔接机制，实施重点领域水行政执法专项行动，严厉打击水事违法行为，年度水事违法案件查处率保持在 90% 以上。抓好《长江保护法》宣传贯彻。强化重点监督，全面加强防汛督查，对水旱灾害防御重点环节进行暗访；深入开展供水安全、取用水、人为水土流失、地下水超采督查；组织做好长江流域重点项目和小水电监管，强化黄河流域水资源和水土保持监管；开展水利工程运行安全监管，强化在建工程实施和资金使用监管，保障工程安全。完善监管体系，以推进规范化、精准化、专职化、综合化建设为重点，完善部级监管体系；以推进计划制定实施、推广信息平台应用、推动市县监管工作落实为抓手，提升省级监管体系；在市县水利部门，通过明确责任、建立清单和实施考核等措施，促进强监管工作在基层水利部门落地落实。畅通社会监督渠道，推动 12314 平台做实做强。

八是深化水利重点领域改革。聚焦深层次矛盾和问题，推进水利重大基础性关键性改革，充分发挥改革的“关键一招”作用。深化水利“放管服”改革，完成水利部权责清单编制工作，实行涉企行政许可事项“证照分离”，推行行政许可事项告知承诺制，加强和规范事中事后监管。推动建立水资源刚性约束制度，明确水资源刚性约束制度的框架和重点内容，提出水资源刚性约束制度文件。深化水资源配置市场化改革，大力推进水利工程供水价格改革，继续抓好农业水价综合改革，年底实施农业水价综合改革面积达到 5 亿亩以上。开展黄河流域横向生态补偿试点，做好水资源税改革试点推广工作。发挥中国水权交易所国家级平台作用，进一步培育水权交易市场。深化水利工程产权改革，加快推进水利工程管理和保护范围确权划界，明晰所有权，落实管护权，界定收益权，健全考核管理制度和激励措施，实现水利工程安全、有效、良性运行。

九是进一步提升行业发展支撑能力。立足水利事业发展需求，全面做好强基础、利长远的工作。提升科技创新能力，加强水利重大科技问题研究与成果应用，推动水利科技创新平台建设，组织开展 100 项左右水利技术成果推广应用。完善水利技术标准体系，发布 30 项左右水利技术标准。提升人才培养质量，深入实施人才发展创新行动，加强人才梯队建设，培养选拔水利领军人才和青年拔尖人才，推广“订单式”培养模式，建强脱贫地区和基层水利人才队伍。提升国际合作水平，深化澜湄水资源务实合作，统筹谋划“一带一路”、中欧等水利多双边交流合作，全面提升跨界河流涉外管理水平。提升政务服务效能，常态化抓好疫情防控，加强政务督办、宣传、信访、保密、档案、离退休、后勤等工作，推动政务服务标准化、规范化建设。

（三）坚持从严从实，切实加强党的全面领导

一是提高政治能力，坚决做到“两个维护”。牢固树立政治机关意识，教育引导各级领导干部旗帜鲜明讲政治，进一步提高政治判断力、政治领悟力、政治执行力，把握两个大局，心怀国之大者，主动担当作为，全面深入落实习近平总书记关于治水工作的重要讲话和指示批示精神，以实际行动增强“四个意识”、坚定“四个自信”、做到“两个维护”。严明党的政治纪律政治规矩，严格执行党内政治生活、重大事项请示报告等制度，抓好意识形态工作，深化模范机关创建，切实做到党中央提倡的坚决响应、党中央决定的坚决执行、党中央禁止的坚决不做。

二是加强理论武装，不断巩固思想基础。坚持用习近平新时代中国特色社会主义思想武装头脑、指导实践、推动工作，深入学习习近平总书记关于治水工作的重要论述精神，准确把握中央的大精神、大思路、大政策，做到常学常新、常悟常进。抓细抓实建党100周年学习教育，加强对党员干部的党史教育，进一步激发党员干部践行初心使命的责任意识和担当精神。

三是落实组织路线，加强干部队伍建设。坚持党管干部原则和好干部标准，贯彻实施全国党政领导班子建设规划纲要，优化干部队伍年龄结构和专业结构。严把选人用人关，突出政治标准，注重工作实绩和一贯表现，坚持“凡提四必”，严防“带病提拔”。探索开展公务员平时考核工作，严格日常教育监督管理，发挥激励约束作用。深化事业单位分类改革，规范水利事业单位人事管理和人才调配，指导水利企业做好工资薪酬等改革实施工作。

四是层层压实责任，打牢基层党建基础。认真执行《党组（党委）落实全面从严治党主体责任规定》，完善落实既符合中央要求、又结合水利实际的党建制度体系，防止和克服“上热、中温、下凉”现象及“灯下黑”问题。推进党支部标准化规范化建设，开展“水利先锋党支部”表彰宣传，抓好“黄河水利基层党建示范带”创建，带动水利系统党建质量全面提升。进一步加强基层党组织建设和分类指导，严格党内组织生活制度，针对党建全覆盖督查发现的问题，抓好整改、固强补弱。发挥好工青妇和社团组织作用。

五是持续正风肃纪，营造良好政治生态。全面贯彻中央纪委五次全会精神，不断深化党风廉政建设和反腐败工作。持之以恒抓好形式主义官僚主义突出问题整治，对纠正“四风”和贯彻落实中央八项规定精神情况进行抽查，坚决防止“四风”反弹。认真落实加强水利行风建设促进全面从严治党的指导意见，持续强化行业廉政监管，把监督纳入水利基层治理、行业治理之中。落实水利廉政风险防控各项措施，加大对重点领域违纪违法问题的查处力度，一体推进不敢腐、不能腐、不想腐。持续抓好经常性纪律教育和廉政教育，加强廉政文化建设，教育引导党员干部树立良好家风，抓好规范领导干部配偶、子女及其配偶经商办企业行为工作。大力弘扬新时代水利精神，开展“争做最美水利人”主题实践活动，营造忠诚、干净、担当，科学、求实、创新的良好氛围。深入挖掘黄河、长江、大运河等文化内涵，推出一批水文化精品力作，加强水情教育，为水利改革发展凝聚强大正能量。

六是狠抓问题整改，发挥巡视利剑作用。把十九届中央巡视整改作为严肃的政治任务和政治责任，高度负责尽责、抓紧抓实抓好，确保中央巡视反馈意见全面整改落到实处。深入推进部党组巡视工作，对8家部属单位开展常规巡视，提前一年完成五年巡视“全覆盖”。组织开展巡视“回头看”和巡视整改后评估，推进巡视与其他监督有效贯通融合，确保巡视取得实实在在效果。

同志们，宏伟蓝图已绘就，砥砺奋进正当时。让我们更加紧密地团结在以习近平同志为核心的党中央周围，认真落实“节水优先、空间均衡、系统治理、两手发力”的治水思路，深入践行“水利工程补短板、水利行业强监管”总基调，勠力同心、真抓实干，在新的历史起点上谱写治水新篇章！

牢记习近平总书记谆谆教导
在推进水利现代化进程中当表率做示范走在前

——在全省水利系统贯彻落实习近平总书记视察江苏重要讲话指示精神学习交流会上的讲话

陈　杰

（2020 年 12 月 5 日）

同志们：

11 月 12 日至 13 日，习近平总书记在江苏视察，这是五中全会之后，总书记的首次国内考察。总书记的江苏之行，“水”是主线，总书记看长江、看运河、看南水北调，擘画“水”的大文章。

视察期间，总书记亲临江都水利枢纽，了解南水北调东线工程规划建设和江都站运行情况，肯定了工作成效，提出了殷切期望。我有幸参加了总书记在江都水利枢纽的视察活动，20 多天过去，一切都像刚刚发生。

在总书记 1 小时视察过程中，我亲身感受到总书记的平易近人、领袖风采；我亲身感受到总书记的爱民情怀、科学精神，感受到总书记对治水大业的深切关心、殷殷嘱托，感受到总书记对国家发展的统筹考虑、高瞻远瞩。

总书记的江苏视察，把江都水利枢纽作为重要内容，并给予充分肯定，这是江苏水利的至高荣耀。这离不开我们几代人的接续奋斗，离不开我们近几年的担当作为，离不开我们管理处的不断进取。

总书记的视察检阅，为我们注入了强大动力，总书记的重要指示，为我们发展领了航、定了向。学习好、贯彻好、落实好总书记的重要讲话指示精神，是头等大事和重大政治任务。按照省委省政府要求，省厅及时召开党组会专题进行了传达学习，并对贯彻落实总书记重要讲话指示精神作了具体安排。组织工作专班，集中起草幸福河湖建设和南水北调管理两个文件，得到省政府的认可，正在征求意见。11 月 28 日，“都江堰・江都站世纪工程交相辉映共建仪式”在这里举行，取得了良好反响。

今天，我们召开全省水利系统学习交流会，就是为了进一步贯彻落实好总书记的重要讲话指示精神，动员全系统统一思想、振奋精神、锐意进取、开拓创新，做好水利现代化大文章，用好幸福河湖建设大手笔，管好南水北调东线大工程，在各项工作中奋力当表率、做示范、走在前。下面，我讲 3 点意见。

一、深入贯彻总书记重要讲话指示精神，谋划好推进好水利现代化

十九届五中全会确定了到 2035 年基本实现现代化的远景目标，是我国全面建成小康社会、实现第一个百年奋斗目标之后，向第二个百年奋斗目标进军的关键一步，是“十四五”以至未来 15 年引领我国发展的总目标。总书记视察江苏期间，要求江苏着力在改革创新、推动高质量发展上争当表率，在服务全国构建新发展格局上争做示范，在率先实现社会主义现代化上走在前列。这是新发展阶

段党中央赋予江苏的新使命。

我们要担负起责任使命，对照总书记的重要讲话指示精神，按照省委省政府部署要求，与时俱进审视我们工作的目标取向、理念思路、部署举措。努力在推动水利高质量发展上争当表率，更加彻底地推进改革，更高水平地推进创新，推出更多高质量发展成果；努力在水利服务构建新发展格局上争当示范，充分发挥水利的支撑保障作用，拓宽服务领域，提高供给能力；努力在率先实现水利现代化上走在前列，立足江苏水利发展阶段特征和基础较好、探路较早的条件，走出一条江苏特色的水利现代化之路。

（一）现代化是中国人的百年梦想。近代以来，在外国列强入侵和封建腐朽统治下，我国错失了工业革命的机遇，中华民族也遭受了前所未有的苦难。鸦片战争之后，中国人民和无数仁人志士不屈不挠，苦苦寻求中国现代化之路。孙中山先生的《建国大纲》被称为近代中国谋求现代化的第一份蓝图，但在半殖民地半封建社会的条件下，中国现代化没有也不可能取得成功。新中国成立以后，我们党孜孜以求，带领人民对中国现代化建设进行了艰辛探索。1956 年，毛泽东同志提出："我国人民应该有一个远大的规划，要在几十年内，努力改变我国在经济上和科学文化上的落后状况，迅速达到世界上的先进水平。"1964 年 12 月，周恩来同志在政府工作报告中提出：我国的国民经济发展可以按两步来考虑：第一步，建立一个独立的比较完整的工业体系和国民经济体系；第二步，全面实现农业、工业、国防和科学技术的现代化，使我国经济走在世界的前列。后来由于历史原因，四个现代化建设没有完全展开。尽管如此，从 1949 年到 1978 年，我们在旧中国"一穷二白"的基础上，建立起独立的比较完整的工业体系和国民经济体系，有效维护了国家主权和安全，我国社会主义建设事业迈出了坚实步伐。改革开放以后，邓小平同志提出"三步走"战略，即到 20 世纪 80 年代末解决人民温饱问题，到 20 世纪末使人民生活达到小康水平，到 21 世纪中叶基本实现现代化，达到中等发达国家水平。进入新世纪，我们党又提出到建党 100 年时，全面建成惠及十几亿人口的更高水平的小康社会。党的十八大以来，中国特色社会主义进入新时代，中华民族迎来了从站起来、富起来到强起来的伟大飞跃。党的十九大站在新的更高的历史起点上，对实现第二个百年奋斗目标作出分两个阶段推进的战略安排，提出到 2035 年基本实现社会主义现代化，到本世纪中叶把我国建成富强民主文明和谐美丽的社会主义现代化强国。我们党对建设社会主义现代化国家在认识上不断深入、在战略上不断成熟、在实践上不断丰富，加速了我国现代化发展进程，为新发展阶段全面建设社会主义现代化国家奠定了实践基础、理论基础、制度基础。

（二）怎么理解水利现代化。水利是经济社会发展的基础性、战略性和先导性行业，对照"在率先实现社会主义现代化上走在前列"的目标定位，必须与之适应，并适度超前发展。

如何探索走出一条江苏特色的水利现代化之路，是当前必须思考的重大问题。初步考虑，总体目标是：加快建成与全省现代化进程相协调的现代水利综合保障体系，展现"水安全有效保障、水资源永续利用、水环境整洁优美、水生态系统健康、水文化传承弘扬"的水韵美景，为"强富美高"新江苏作贡献，为全国水利现代化树样板。

主要内涵是：构建可靠的水工程、可享的水环境、可感的水文明。可靠的水工程：针对防洪保安与供水保障两个老的水问题，一方面，重点实施流域防洪、供水保障、区域治理和民生保障等 4 类工程，形成标准较高、协调配套的水利基础设施体系，为经济社会高质量发展提供高标准、强有力的水安全保障；另一方面，通过建设符合江苏资源禀赋条件与经济社会发展需求，具有配置优化、利用高效、管理规范的水资源集约节约利用模式，为经济社会持续发展提供高效能、可持续的水资源保障。可享的水环境：针对水资源短缺、水生态损害、水环境污染 3 个新的水问题，建设形成空间融合、河湖健康的水生态治理保护格局，为美丽江苏建设提供高品质、多内涵的水生态保障。可感的水文明：落实“造福于民”的治水要义，通过构建法规政策完备、建设管理有序、调控运行精准、供给服务高效的现代水治理体系，形成传承优良传统、贴合文明方向、体现江苏特色的水文明，促进人水和谐，保障人民共享水利发展成果。

（三）怎么实现水利现代化。总书记强调，创新是引领发展的第一动力，是建设现代化经济体系的战略支撑。推进水利现代化建设，也要把创新作为动力之源。

总体思路是：围绕我省“在率先实现社会主义现代化上走在前列”的目标定位，立足江苏水利发展阶段特征和“造福于民”的治水目标，以水利现代化为方向，以幸福河湖建设为重点，以改革创新为动力，着力完善水利基础设施网络，着力强化河湖与水资源保护，着力提升水利管理服务效能，加快构建标准较高、功能齐全、节约高效、保障有力的现代水安全保障体系，全力保障防洪安全、供水安全、生态安全、粮食安全。

实现路径是：加强一体化发展、加速数字化革新、加快市场化进程。加强一体化发展：主要是完善以水利发展规划为引领、空间规划为基础、综合规划为核心、专业专项规划为支撑的水利规划体系，强化水利规划实施监督、评估与滚动修订，科学推进水利建设与管理。要推进一体化治理，坚持上下游、干支流、左右岸统筹谋划，统筹解决水灾害、水资源、水生态、水环境问题，实现流域与区域、城市与农村、防洪与供水均衡协调发展。要共抓大保护，实行流域一体化管理，完善省际间协商补偿机制，完善河长履职、部门协同、上下联动的一体化河湖管护格局，促进水利工程互联互通、河湖水系联保联治，提升河湖与水利工程综合管护效能。加速数字化革新：主要是加快水利信息化、智能化、智慧化建设，形成智能感知、智能运行、智慧决策的现代水利管理服务体系，以水利数字化引领水利现代化。要完善智能感知系统，建设天空地水文水资源监测体系，建成水利工程建设、运行、管理、调度、监督等感知体系，掌握实时雨情、水情、工情与灾情，提升水利信息化水平。要充分利用大数据、云计算、人工智能、现代通讯等技术，探索水利工程的智能化控制运用，实时准确掌握运行状态，提高工程运行的精准度、可靠性和综合效益。要建设以流域为单元、跨流域协同的水利工程统一运行体系，健全信息共享平台，完善智慧河网系统，构建会商联动机制，提升水利调度管理智慧化水平和综合能力。加快市场化进程：主要是围绕“两手发力”的要求，在强化政府部门高效履职的同时，着力解决市场机制和社会主体作用发挥不充分的问题。要通过水权水价改革，发挥市场配置水资源的重要作用，提高水资源配置效率，力争到 2025 年建立水资源确权、水权交易、监管等各项基本制度与措施，到 2035 年基本形成全国领先有江苏特色的丰水地区水权制度体系；要全面落实差别化水价政策，严格执行非居民用水超定额超计划累进加价政策，深入推进农业水价综合改革，落实农业用水精准补贴机制和节水奖励机制。要通过投融资机制改革，争取各级财政水利投入稳中有增，推动有收益来源的公益性项目列入地方政府专项债券优先支持范围，积极利用其他政策性金融支持水利，吸引社会资本更广泛参与水利建设。要深化水利管理市场化改革，强化水管单位运行管理经费、人员经费和工程维修养护经费落实的同时，充分利用社会化资源，推进水利工程维修养护工作的社会化和市场化，通过市场化改革，支撑形成水利工程建设、管护良性运行机制。

二、深入贯彻总书记重要讲话指示精神，谋划好建设好幸福河湖

总书记在江苏视察时强调，生态环境投入不是无谓投入、无效投入，而是关系经济社会高质量发展、可持续发展的基础性、战略性投入。总书记指出，千百年来，运河滋养两岸城市和人民，是运河两岸人民的致富河、幸福河。希望大家共同保护好大运河，使运河永远造福人民。总书记明确，要把修复长江生态环境摆在压倒性位置，构建综合治理新体系，统筹考虑水环境、水生态、水资源、水安全、水文化和岸线等多方面的有机联系，推进长江上中下游、江河湖库、左右岸、干支流协同治理，改善长江生态环境和水域生态功能，提升生态系统质量和稳定性。要推进河道综合治理和堤岸加固，建设安澜长江。

近年来，我们以河湖长制为统领，以生态河湖建设为抓手，全面推进河湖治理保护，全省河湖面貌全面改观、成效显著。全省70%重点河湖生态状况评估达到优良水平。解决河湖突出问题3.8万个，完成长江岸线清理整治项目596个、退出岸线47公里，在沿江省市中整治项目最多、整治效果最好，太湖连续13年实现“两个确保”，完成拖山岛生态清淤试点，洪泽湖住家船整治两年任务一年完成，淮河干流滩区居民迁建任务完成71.4%。最严格水资源管理制度考核连续4年全国第一，城市水源地达标建设全面完成，为全省生态文明建设提供了有力支撑。

遵循总书记对大江大河的把脉定向，按照省委省政府美丽江苏建设的总体布局，今后一个时期我省的河湖治理保护，就是要在巩固生态河湖建设成效基础上，全域开展幸福河湖建设。近期，省里正在筹备全省河湖长制工作会，省级层面将以“两办”文件或总河长令的方式，对幸福河湖建设作出部署。各地要将幸福河湖建设纳入“十四五”水利发展规划和当地经济社会发展规划，着手制定幸福河湖建设方案。总体目标是，建成“河安湖晏、水清岸绿、鱼翔浅底、文昌人和”的幸福河湖，为“强富美高”新江苏建设添活力、为美丽江苏建设增魅力。“十四五”时期幸福河湖建设的重点是，在提升防洪保安和供水保障能力的同时，在水环境、水生态、水文明3个方面率先突破。

（一）全力打造优美的水环境。良好的水环境是最切实的民生福祉，优美的水环境是美丽江苏建设的重要内容。当前，水环境仍然是我省河湖治理保护的短板。要强化水污染源头控制、过程截污和末端治理，减少入河入湖污染物总量，为水环境修复奠定基础。一要加强入河入湖污染防治。国家水污染防治法第五条、我省新修订的水污染防治条例第十七条明确，省市县乡建立河长制，分级分段组织领导本行政区域内江河、湖泊的水污染防治等工作。作为河长办的牵头部门，我们要坚决扛起水污染防治责任，推进工业、农业、生活、交通等各类污染源的治理，从源头减少污染排放，减轻水环境压力；要推进城镇绿地建设，有效截留面源污染，减轻污染转移；要清除河湖污染底泥，遏制湖库富营养化，逐步消除黑臭水体，改善滨河临湖空间环境状况，提升河湖水环境质量。二要加强城市水环境保护。要深化水生态文明城市建设成效，按照自然恢复为主、人工修复为辅的原则，优化调整城市水系格局，科学调度城市水利工程，推进城市水环境修复，提升城市水品位。三要加强农村水环境整治。要加快建设以节水灌溉和生态环境保护为重点的生态灌区，生态拦截种植业尾水、农田地表径流，有效控制污染物。要以县域为单元开展水系连通及农村水系综合整治，打造一批县域综合治水样板。

（二）全力构造灵动的水生态。良好的生态是人民生活质量的增长点，也是最普惠的公共产品。当前，水生态仍然是影响我省河湖治理保护的瓶颈。要切实加强河湖生态的整体性保护、系统性治理，推进河湖生态复苏，形成空间融合、功能协调的健康生态体系。一要强化水域保护。全面落实水域保护办法，建立重点保护水域空间管控网络体系，建立水域分区管理、违规退出制度，确保水域面积不减少、水域功能不衰退。这“两个不”如何操作，要尽快研究指标和替代方案。二要强化岸线管理。巩固提升长江岸线清理整治成效，在全省河湖开展违法违规利用岸线清理，调优生活型岸线布局，最大限度保留和恢复生态空间，提高岸线集约节约利用水平，打造临水、阅水、忆水宜居家园。三要强化系统治理。加快推进里下河湖区、洪泽湖、高邮湖等湖泊退圩还湖还湿，积极推进聚泥成岛、堆泥成山，扩大湖泊生态空间。建立重点河湖淤积状况监测和常态清淤疏浚机制，削减内源污染，改善河湖生态。探索河湖流域化管理模式，统筹各生态要素，水陆兼治、流域同治，加强水土保持，治理水土流失。

（三）全力营造精致的水文明。总书记强调，要依托大型水利枢纽设施和江都水利枢纽展览馆，积极开展国情和水情教育；要把大运河文化遗产保护同生态环境保护提升、沿线名城名镇保护修复、文化旅游融合发展、运河航运转型提升统一起来；要深入研究长江文化内涵，推动优秀传统文化创造性转化、创新性发展。这是我们建设当代水文明的根本遵循。要保护好、传承好、弘扬好河湖文化，延续历史文脉，提高文化自信，助力精神文明建设。一要全域开展水情教育。要规模化创建水情教育基地，力争每两年创建1～2家国家级水情教育基地，用好“长江经济带国家水情教育基地联盟”，每年命名10家左右省级水情教育基地。要常态化开放水利场馆设施，倡导新建工程配套建设水情教育展示场所，全域化推进县级水情教育阵地，打造一批叫得响的水情教育品牌。二要深度培育特色水文化。编制水文化建设规划，将水文化建设作为河湖治理、水利建设的重要内容，深入开展水文化研究。系统调查水文脉历史遗存，全面梳理河湖水系变迁和治理历史脉络，建设水文化遗产资源库。三要大力弘扬水利精神。传承江苏水利人咬定青山不放松、一张蓝图干到底的实干精神，凝练江苏水利人心系大众、情系江河的奉献精神，铸就江苏水利人尊重自然、系统治水的科学精神，形成正确的价值追求，讲好新时代江苏治水故事。

三、深入贯彻总书记重要讲话指示精神，谋划好管理好南水北调

总书记指出，南水北调东线工程取得的重大成就，离不开数十万建设者长期的辛勤劳动，离不开沿线40万移民的巨大奉献。南水北调东线工程要成为优化水资源配置、保障群众饮水安全、复苏河湖生态环境、畅通南北经济循环的生命线。要坚持以水定城、以水定业，节约用水，不能随意扩大用水量。党和国家实施南水北调工程建设，就是要对水资源进行科学调剂，促进南北方均衡发展、可持续发展。

总书记的重要指示，是我们的力量源泉、奋斗目标、工作方向和使命担当。当前，我省南水北调一期工程管理体制尚未理顺，二期规划正在论证，如何妥善处理这一历史遗留问题，是一项艰难的工作。我们要本着对历史和未来负责的态度，稳慎处理好。目前，省级层面正在研究出台专门的文件，对今后一个时期我省南水北调工程管理和后续工程规划，作出全面部署。我们一定要牢记总书记的殷殷嘱托，建设好、管理好南水北调工程。

（一）节约用水是工作前提。运河沿线取用水管理粗放，一直以来就是个顽症。总书记强调，要坚持调水节水两手都要硬。我们要以南水北调沿线区域为重点，以国家节水行动为牵引，全力打好节约用水攻坚战。一是严控用水总量。要全面建立区域用水总量控制制度，从严执行用水计划，对超出用水计划的，实行超计划部分加价收费，用好经济杠杆的调节作用。合理确定本地水、外调水和地下水的可用水量，科学规划沿线城市规模和产业布局，严格水资源论证区域评估、节水评价，保障合理用水需求，抑制不合理用水。二是严格用水监管。要深入落实最严格水资源管理制度，大力开展节水载体建设，力争沿线地区实现国家级节水型社会达标县全覆盖。建立覆盖全、标准高、执行严的用水定额体系，从严管控取用水过程，严查非法取用水和取用水不规范行为。强化水资源刚性约束，实行更严格节水产业准入，完善节水财税政策，发挥市场配置资源的作用。三是严抓技术节水。要推进节水技术、工艺创新与推广，提高新技术节水贡献率。要深挖农业节水潜力，开展灌区节水改造和节水灌溉技术推广；抓住工业节水核心，对高耗水行业实行超计划累进加价；抓住生活节水基础，实施阶梯水价，推广节水器具，形成节水风尚。

（二）水质达标是根本要求。调水期间，输水线路各断面水质稳定达标。但在非调水期，特别是汛期，调水沿线的河道水质波动较大。要按照总书记提出的保证水质稳定达标的要求，统筹推进南水北调沿线水质保障和生态保护，按照山水林田湖草系统治理理念，打造生态优先、绿色发展示范区。一是深度控源减排。要实行更加严格的污染排放标准，加强输水沿线水质监测监控，推进沿线地区水环境治理基础设施建设，深化产业生态化集聚改造，强化工业园区、开发区分质供水、循环用水，推进城镇污水处理厂尾水生态净化与再生利用。二是全域环境治理。要严格落实南水北调水质保护责任，细化水污染治理任务，系统推进工业、生活和农业等污染源治理，突出水源地环境保护和修复，巩固达标建设成果，健全长效管护机制。三是系统复苏河湖。要大力推进水系连通、退圩还湖、生态清淤，合理确定沿线主要河湖生态流量和水位，优化工程调度，促进水体有序流动，恢复河湖水网生态净化能力和水源涵养功能。

（三）运行调度是关键保障。当前，南水北调工程的运行管理还存在不少问题。要看到，管理好、运行好南水北调工程，是总书记对南水北调工程的明确要求，也是工程效益发挥的基础。要围绕提高省外调水保证度、省内供水保证率目标，构建“一江两系三湖多梯级”的多元化调度网络，提升管理运行水平，降低调水成本，提高配水效率。一是精细管理。要加快设备更新改造，普遍推行标准化建设，以工程设施的完好率支撑调水保证度。要加快工程自动化提档升级，构建管理全要素、管控全流程的信息平台，推行智能远程控制，以工程设施的自动化支撑调度精准化。要融汇现代科技手段，完善各类数据监测采集，提升智能感知能力，提高泵站运行效率，以工程设施的高效率支撑系统高效能。二是精准调度。要就近调水降低成本，统筹江淮沂沭泗水源和本地雨洪涝水源，提高监测预测水平，优化多水源互调互济方案。要适当蓄水增加水源，针对苏北地区上游来水变幅大、农业灌溉用水峰高量大的特点，充分挖掘湖库调蓄潜力，调和省内农灌高峰用水与调水出省的时序矛盾。要优化配水提高效率，针对江苏境内工程体系复杂、用水需求多元、安全风险多样等特点，统筹区域水网，构建灵活运行、高效协同的水资源优化配置、水工程优化调度体系，实现多目标、最优的水量水质调度保障机制。三是精心规划。要在加强一期配套工程建设的同时，扎实推进二期规划工作。要完善新老工程“统一调度、联合运行”机制，兼顾公益性和经营性特点，发挥政府保障托底、公司运行高效的综合优势，调动沿线地区积极性，提高管理效能。要深化规模论证，在复核用水对象、强化节约用水基础上，深入论证用水需求和调水时序，配合国家相关部门合理确定分级增调水量。要优化工程方案，充分依托既有调水工程体系，发挥湖泊调蓄、现有输水河道和枢纽工程作用，开展线路布局、工程布置、配套设施的方案比选，降低工程成本。

同志们，总书记视察江苏时的重要讲话指示，赋予了我们新发展阶段新的使命。全省水利系统要立即开展大学习、大讨论，推动大落实，切实把总书记的重要讲话指示精神转化为水利改革发展的强大动力，时刻保持“朝受命、夕饮冰，昼无为、夜难寐”的紧迫感，用实干践行嘱托，用担当开创新局，为“强富美高”新江苏建设作出新的更大贡献！

水 利 法 治

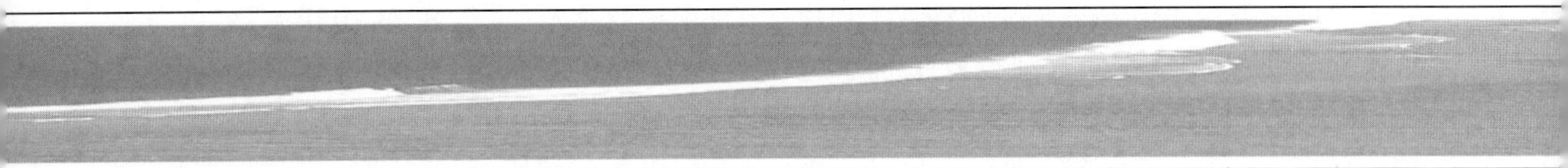

政 策 法 规

【水行政审批制度改革】 一是完善政务服务事项清单标准化建设，对4项纳入工程建设项目审批制度改革的水利行政审批事项“一张表单”四个阶段材料、办事指南进行修改完善，并通过省政务服务网对外公开。编制上报自贸区赋权清单、省本级行政审批中介服务清单，自贸区赋权清单、中介服务清单省政府已发布实施。完成省政务服务事项管理系统水利部门行政权力事项办事指南基础要素更新维护，行政许可由7项调整为16项，服务事项新增37项，并及时维护、完善实施清单和办事指南，扩大厅公共服务事项的覆盖面，极大地提升了服务能力和质量。二是进一步优化营商环境，做好区域评估有关工作，编制了开发区水资源论证区域评估工作方案和实施细则，组织对水资源处、河湖处、农水处起草的区域评估成果应用与管理办法进行修改完善，配合厅基建处推行乙级水利工程质量检测单位资质延续告知承诺制改革，并向社会公告，于10月1日起实施。三是高效构建审批服务体系，努力提升窗口服务质量，共受理、办结行政许可事项70余件，满意率达到100%；各类行政审批事项均无超期，提前办结率达90%以上。加强审批监督管理，所有行政审批事项的受理、承办、批准、办结和告知等环节均实行全程网上审批、网络全程监控。加强业务指导和督查，举办一期全省市县水行政审批业务培训班，对河道管理范围内建设项目审批、取水许可、水土保持方案审批等有关内容进行了培训。组织开展各市行政审批情况调研，全面了解各市行政审批、事中事后监管以及承接省厅下放审批事项情况，了解存在的问题并提出建议。

【水法规制订及政策研究】 坚持将立法制规作为引领水利改革发展的关键措施，聚焦立法重点领域，提高立法质量。一是突出重点领域立法。完成《江苏省农村水利条例》《江苏省水域保护办法》立法，对《江苏省防洪条例》《江苏省人大常委会关于加强饮用水源地保护的决定》进行修改，组织开展《江苏省洪泽湖保护条例》《江苏省长江岸线保护条例》立法前期工作，修改完善两个条例初稿，并组织相关调研。二是做好立法后评估，开展《江苏省建设项目占用水域管理办法》立法后评估，全面评价该规章实施以来水域管理和保护取得成效以及存在问题，为制定《江苏省水域保护办法》提供了技术支撑。三是加强规范性文件管理，废止了12件规范性文件、宣布失效2件规范性文件，制定出台了《江苏省水利科技项目管理办法》《江苏省水平衡测试管理办法》等7件规范性文件，合法性审查率、报备率、报备及时率、规范率均达100%。开展了《江苏省水行政处罚自由裁量权参照执行标准》规范性文件后评估工作。

聚焦水利改革发展重点难点，把脉研究方向，提出研究课题，为谋全局助改革提供有力的政策支撑。一是开展幸福河湖建设研究。参与研究起草省委办公厅、省政府办公厅《关于全力打造幸福河湖保障美丽江苏建设的意见》代拟稿，提出幸福河湖建设的目标，从确保河湖防洪安全、全力保障用水需求，打造优美河湖环境，加强生态修复，充分利用河湖资源，大力传承河湖文化等6个方面对幸福河湖建设提出明确要求。二是开展水治理体系和治理能力现代化研究，深入研究水治理体系的理论基础、总体目标、制度体系和体制机制，对推进水利治理能力现代化建设提出实践建议。三是聚焦水公共安全风险，回顾总结江苏历史上的水公共安全事件，深入分析各类灾害产生的特点和规律，提出构建风险应对体系和防灾减灾能力建设的措施建议。四是配合相关处室开展洪泽湖住家船整治研究，参与起草《关于推进洪泽湖住家船整治渔民上岸安居工作指导意见》。

【水利普法与法制宣传教育】 结合依法治水工作要求，指导全省水利系统开展形式多样的普法宣传活动。开展纪念“世界水日”“中国水周”集中宣传，包括表彰2019年“河湖卫士”、志愿者骑行宣传、在各大新闻媒体和中国江苏门户网站以及自媒体上开展了形式多样、内容丰富的专题宣传等活动。开展学习宣传《中华人民共和国民法典》系列活动。组织拍摄《水之域》公益广告片和《法治新时代之美丽水域・法律守护》动漫短视频，在商业人流密集区进行投放。开展网络普法知识答题活动，运用水利手机报、厅政务微博和《扬子晚报》微信等新媒体，推进“互联网＋法制宣传”行动。举办水法治培训班，对各设区市、县水利局、厅直水利工程管理处分管政策法规工作负责人或政策法规工作部门负责人以及厅各处室单位法治水利建设联络员进行了培训。

【水行政复议】 办理行政复议申请3件，应对行政诉讼3件次，应对民事诉讼1件次。

【法治水利建设】 一是完善依法行政部署推动机制，制定下达了全省法治水利建设年度计划和厅机关法治水利建设任务分解落实方案，并按时间节点督促。二是规范重大行政决策管理，修订《江苏省水利厅重大行政决策程序规定》，将起草制定《江苏省“十四五”水利发展规划》列为厅年度重大行政决策事项，履行公众参与、专家咨询、风险评估、合法性审查、集体讨论决定等法定程序。三是做好法治监督，开展全省水利系统行政许可案卷评查，继续推进行政执法公示、全过程记录和重大行政执法法制审核三项制度的落实，推动厅法律顾问委员会和公职律师履行法律审核监督职责，参与查处江宁城建公司在秦淮河堤防(护堤地)违法建房行为。

(供稿：陈文)

水 政 监 察

【水利综合执法】 加强流域联动，促进部门联合，开展区域合作，不断完善联动综合执法机制，提高水行政执法整体效能。一是完善流域联动执法机制。与长江委、淮委、太湖局等流域机构联合巡查、联合检查、联合督查，有效推动重点疑难案件查处。二是完善部门联动执法机制。积极落实水利、公安、交通运输三部合作机制要求，充分运用长江河道采砂管理联席会席平台，重点加强“一江两湖”禁采执法的联合联动。联合省公安厅对典型案件进行专题会商、督导。对发现的职务犯罪线索，及时移送纪检监察部门。三是完善区域联动执法机制。全面建成市际边界水域联合监管、共同执法、定期会商的工作模式，形成共管采砂船、采砂点、采砂人等强大监管合力。省际合作机制进一步得到加强，多次实施交叉巡查、跨境执法、联合执法。

部署开展全省河湖“三乱”(乱占、乱建、乱排)专项整治行动。到2020年底，1 250个省级重点河湖“三乱”问题项目全部完成整治，21 404个市级河湖“三乱”问题项目基本达到时序进度要求。各地结合“两违”整治、河湖“清四乱”、长江岸线开发利用项目整治等行动，进一步强化整治责任，落实整治措施。南通市率先实现省、市两级河湖问题清单项目100％整治完成；南京市清退长江生产型岸线长度约18公里，复绿面积超3 000亩；宿迁市推进骆马湖皂河船闸连片违法建设房屋和光伏项目整治。通过整治，解决了一批“老大难”的历史遗留问题，河湖面貌明显改善。

2020年，省水利厅还重点开展了水利系

统扫黑除恶专项斗争、违建别墅清理、河湖违法陈年积案“清零”行动、长江岸线利用项目整治等工作。一是扫黑除恶斗争纵深推进。与“一江两湖”禁采、“两违三乱”整治等相结合，建立机制，摸排线索，移交案件，确保实效。全省水利系统共向公安机关移送涉黑涉恶线索151条，配合公安司法机关以非法采矿罪受理或者审理了140起采砂刑事案件，335人被判处缓刑、拘役和有期徒刑并处罚金。二是全面完成违建别墅治理。对部际调研反馈的涉水问题项目、国家专办推送的疑似图斑，分别就管理范围线、法律适用、处置意见进行研究答复，妥善处理了仑山水库、常熟枢纽管理范围项目。完成涉水违建问题别墅整治，共105个项目，计1 010栋、1 264套，占地面积2 002.68亩，总建筑面积46.10万平方米。三是陈年积案按期实现“清零”。在册的265个案件，全部在规定期限内结案，组织自查和逐级复核，复核率100%。四是长江岸线利用项目整治全面完成。国家长江办下达我省596个清理整治项目中，68个取缔拆除项目全部通过省级验收销号，528个整改规范项目全部通过市县验收、省级全面复核和长江委抽查复核。五是疏浚砂综合利用试点进展顺利。推动镇江、泰州等地开展长江航道疏浚砂综合利用试点工作，细化实施方案，加强过程监管，试点工作进展顺利。此外，还结合岸线整治、港口码头疏浚等共计许可采砂项目9项，采砂量132.33万方。

部署开展全省水利工程建设安全生产专项执法行动，重点查处和纠正违反安全生产法律法规行为，通过案件查处倒逼安全生产措施落实。省水政监察总队联合省水利工程建设局对在建水利工程项目联合开展安全生产执法检查。选定南京、徐州、苏州、淮安、盐城、扬州等6市作为水利安全生产执法试点市。指导徐州市集中处理11起水利安全生产违法案件，填补了我省在水利安全生产执法方面的空白。

（供稿：李广林）

【河湖采砂管理】 以长江、洪泽湖、骆马湖为非法采砂活动管控重点，开展专项整治，长江禁采秩序平稳可控，长江水域未发现聚集性、规模性非法采砂，洪泽湖、骆马湖非法采砂活动基本清零，未发现一起非法采砂活动。全国“两会”、主汛期间，省水利厅会同公安、海事等部门，开展“统一清江”等13次全省性集中执法行动。2020年，全省共出动8万人次，执法船艇8 000艘次，实施各层级打击行动400次，查获实施非法采砂的采砂船14艘，查处非法移动采砂船50艘，查处无合法砂石来源证明的运砂船22艘。全省共取缔“三无”采砂船115条，对抓获的非法采砂船拆除采砂机具197台套，对20条采砂船采取长期指定停泊管理措施，从源头上控制非法采砂活动发生。

（供稿：李广林）

【边界水事纠纷调处】 调处水事矛盾纠纷1件，对政府信息公开事项进行合法性审查20余件次，信访事项答复合法性审查2件次。

（供稿：陈文）

【执法队伍建设】 一是强化执法装备配置。截至2020年底，全省建成运行36座标准化基地，配备专用执法船艇87艘，配置无人机40余台、执法记录仪330多台、移动执法箱100多套。推进移动执法巡查系统建设，重点河湖水域实现“天上看、地上查、水上巡、网上管”全方位监控。二是强化执法队伍管理。制定《江苏省水行政执法工作规范》《江苏省水行政执法人员行为规范》，会同省总工会、省人社厅举办全省水行政执法技能竞赛，培养了一批执法和办案能手；开展示范性执法队伍创建活动，张家港市水政监察大队被评为全国文明单位；苏州、常州作为水利部试点顺利通过考核验收，在全国具有示范引领作用。

（供稿：李广林）

水 利 建 设

省重点水利工程

【淮河治理工程】 年度建设任务 195 600 万元，实际完成投资 214 529 万元。

江苏省淮河流域重点平原洼地近期治理工程，2019 年 8 月 19 日，省发改委以苏发改农经发〔2019〕740 号文批复工程初步设计，批复概算投资 673 199 万元。主要建设内容包括拓浚干河河道 364.58 km、排涝支河（干沟）47.25 km，新建、退建、加固堤防 198.73 km，新建防汛道路 21.40 km；新建护岸 40.07 km；新建、拆建、扩建、加固各类建筑物 582 座，其中涵闸 272 座、泵（闸）站 222 座、桥梁 87 座、船坞 1 座。截至 2019 年底完成投资 150 500 万元，占总投资的 22%。2020 年建设任务 18 亿元，实际完成 19.3 亿元，完成比例 107%。①南四湖湖西洼地：铜山区境内工程全部完成。丰县、沛县境内 2019 年度工程基本完成，2020 年度工程开工建设，正在进行河道清淤，部分建筑物完成底板浇筑，正在进行主体施工。②里下河洼地：海安县境内工程全部完成。淮安市境内工程完成白马湖下游引河下段、马家荡南青沟河拓浚 10.2 km；完成白马湖下游引河通水验收；完成大施河涵施工，完成 4 座桥梁、3 座建筑物主体部分施工，其余建筑物正在进行主体部分施工。盐城市境内工程完成 121 个影响建筑物和 10 km 河道疏浚，其中盐都、滨海、射阳县境内所有工程和建湖、阜宁 2019 年度工程基本完成；建湖、阜宁 2020 年度工程已进场，正在进行征迁和临时工程施工。江都区境内工程完成大寨闸水下工程建设，正在进行工程扫尾。兴化市境内 2019 年度工程已完成杨家河河道疏浚、德洪大桥建设；2020 年度工程，巾荡大桥正在进行承台立柱施工，盐沙大桥正在进行东西侧接线路面拆除、西侧接线土方挖除等工作，黑高大桥、催垛大桥施工单位已进场。③黄墩湖洼地：睢宁县、邳州市境内 2019 年度工程基本完成；2020 年度工程开工建设，正在进行河道清淤，部分建筑物完成底板浇筑，正在进行主体施工。宿迁市境内工程完成河道疏浚 15.26 km，生态护岸 2.0 km，完成 18 座涵闸泵站建设，正在进行袁宅桥灌注桩基础施工。

淮河入海水道二期工程 工程可研审批前置已办理，可研批复的各项技术条件已经具备，正在向国家相关部委沟通汇报，请示解决中央投资补助及耕地跨省域占补平衡问题，等待国家发改委批复。截至 2019 年底完成投资 18 000 万元。2020 年建设任务 2 600 万元，实际完成 2 600 万元，完成比例 100%。

江苏省淮河行蓄洪区和淮河干流滩区居民迁建工程 2019 年 5 月 24 日，省发改委以苏发改农经发〔2019〕493 号文批复实施方案。中央补助 3.3 万元每户、省级补助 1.32 万元每户，省级以上共补助 30 746 万元，整体实施方案投资约 1 20484 万元。主要建设内容为对鲍集圩行（滞）洪区团结河以南、淮河以北堤之间区域内不安全人口，以及淮干滩区腰滩和蚂滩的全部人口、居住在城根滩现状圩堤外侧的人口进行搬迁，共计 6 655 户、26 940 人。截至 2019 年底完成投资 47 000 万元，占总投资的 39%。2020 年建设任务 13 000 万元，实际完成 19 000 万元，完成比例 146%。工程进展：三镇共签约 4 702 户，占总户数 71%。其中淮河镇签订协议 1 937 户，签订意向协议共计 2195 户（腰滩圩破口处浸水户 452 户已全部完成签约）；管仲镇签约 472 户；鲍集镇签约 2 035 户。第一期“枕水人家”项目 1＃—12＃楼工程桩基、地下室车库桩及基坑支护建设已全部完成，两栋楼完成封顶，1＃、2＃、3＃、11＃、12＃正在进行外墙保温施工，7＃、8＃正在进行外墙挂网喷浆，9＃、

10＃正在进行五层构造柱混凝土浇筑，4＃、5＃正在进行四层墙板钢筋绑扎，社区服务中心正在进行内外墙挂网喷浆。第二期“枕水人家”项目1＃—12＃号楼桩基已施工完成，桩基鉴定全部完成。

【太湖治理工程】 2020年度建设任务246 769万元，实际完成投资247 784万元。

新沟河延伸拓浚工程 该工程是《总体方案》安排的水环境综合治理近期引排工程项目之一和《防洪规划》确定的流域洪水北排长江的骨干工程之一，对改善太湖水环境和提高流域、区域防洪除涝能力有重要作用。国家发改委核定工程概算总投资52.33亿元，省发改委批复概算总投资56.47亿元。新沟河全线97.47 km河道主体工程全部完成。枢纽建筑物中，江边枢纽工程泵站通过机组启动验收，船闸、闸站工程通过投入使用验收并移交管理单位，工程完成竣工验收；无锡市西直湖港南枢纽、北枢纽、闸站枢纽等3座工程通过合同完工验收；常州市武进区遥观南枢纽工程通过投入使用验收并移交管理单位，遥观北枢纽工程、马杭枢纽完成机组启动验收；常州市石堰闸工程通过合同完工验收。跨河桥梁工程中，江阴市于门桥、新沟口大桥工程完成投入使用验收，无锡市境内15座跨河桥梁全部完成并通过合同完工验收，常州市境内11座跨河桥梁全部完成，武进区境内14座跨河桥梁全部完成。新沟河延伸拓浚工程水保、环保、档案各专项验收均已完成，并于12月21日通过省水利厅组织的移民安置终验。12月23日，新沟河江边枢纽工程通过省水利厅组织的竣工验收。

新孟河延伸拓浚工程 该工程是《太湖流域水环境综合治理总体方案》《太湖流域防洪规划》和《水资源综合规划》等规划的流域骨干工程，也是2014年国务院明确的172项节水供水重大工程之一。工程任务为改善太湖和湖西地区的水环境，提高流域和区域防洪排涝标准，增强流域和区域水资源配置能力，同时兼顾地区航运。2015年9月25日，省发展改革委正式批复2015年度实施方案；11月23日，先导段工程正式开工建设。2016年4月11日，省发改委以苏发改农经发〔2016〕322号文批复工程初步设计，批复概算1 346 219万元。工程主要建设内容为河道拓浚延伸长116.47 km，新建堤顶防汛道路198.85 km、上堤路10.35 km，新(拆)建支河桥梁91座、桥涵5座，新建支河涵洞45座；建设干河控制界牌水利枢纽、奔牛水利枢纽；新建支河口门控制前黄水利枢纽、牛塘水利枢纽，新(改)建和维修加固口门控制建筑物28座，其中新建2座，新(拆)建22座，加固3座，拆除1座；建设跨河桥梁110座，其中高速公路桥8座，一般跨河桥梁97座，铁路桥梁5座；实施沿线水系调整及影响处理工程。截至2019年底完成投资1 085 000万元，占总投资的81%。2020年建设任务174 000万元，实际完成174 350万元，完成比例100.2%。①征迁移民：工程计划拆除民房3 894户，已签约3 862户，占总数的99%；计划拆迁企事业单位388家，已签约381家，占总数的98%；文物保护等专项工作全部完成，专项设施迁改建工作正在扫尾。②枢纽工程：界牌枢纽工程泵站、节制闸、船闸水下部分全部完成，并于2020年6月初通过省水利厅组织的新孟河界牌水利枢纽工程通水验收，正在进行枢纽建筑物房屋部分施工和电气设备安装。奔牛水利枢纽船闸节制闸工程通过水下工程阶段验收，新孟河与京杭运河通水；孟九桥工程已移交地方管理并通车。立交地涵主体工程通过水下阶段验收，京杭运河河道已恢复，航道改回。立交地涵引河工程通过水下阶段验收，新孟河运南、运北段实现贯通通水，临时设施和地涵、船闸节制闸启闭机房及管理用房桩基处理全部完成；立交地涵启闭机房立柱及屋面梁板混凝土浇筑全部完成，

地涵及船闸东西桥头堡、调度塔正在进行一层立模及钢筋绑扎；管理用房正进行独立基础及梁施工。前黄枢纽工程土建标正在进行改建 3 号桥、北岸靠船段和引航道施工，电气标和 2 个房建标正在实施。③常州市境内工程：新北区境内河道工程共有 11 个标段，其中运南段河道Ⅰ标基本完成并通过水下阶段验收，其余标段正在实施，7 座桥已完成投入使用验收，5 座桥正在施工，土方开挖总计完成 83%。钟楼区境内共有 2 个河道工程标、1 个桥梁工程标，均已基本完成，土方开挖总计完成 100%。武进区境内 12 个河道工程标和 6 个桥梁工程标正在实施，其中南延段河道工程标基本完成，高速公路桥和 S239 省道桥主桥已完成投入使用验收，牛塘枢纽已进场进行清表工作，其余标段正在实施，土方开挖总计完成 71%。金坛区河道工程共有 4 个标段，其中先导段工程全部完成，其余标段土方开挖均达 100%；桥梁工程共有 2 个标段，其中金武路桥建成通车，剩余 1 个标正在实施，土方开挖总计完成 100%。④无锡市宜兴市境内工程：河道整治工程共有 7 个标段，其中 2 个标段基本完成，5 个标段正在实施；桥梁工程共有 3 个标，其中一标、二标基本完成，四标（新长铁路桥）正在施工，土方开挖总计完成 59%。⑤镇江市丹阳市境内工程：河道工程共有 4 个标段，土方开挖均已基本完成。水系调整工程共有 2 个标段，其中Ⅰ标全部完成，永红河泵站通过完工验收，Ⅱ标基本完成。桥梁工程共有 1 个标段，其中皇蒋线公路桥、蒋奔公路桥、312 国道桥已完成并通车，土方开挖总计完成 100%。

望虞河西岸控制工程　2016 年 11 月 2 日，省发改委以苏发改农经发〔2016〕1232 号文批复工程初步设计，批复概算 73 114 万元。主要建设内容为新建伯渎港杨安港、九里河卫浜、锡北运河、羊尖塘等 4 座枢纽工程，新建伯渎港坊桥港、中泾塘、道林河 3 座套闸工程，新建古市桥港、丰泾河、黄塘河 3 座闸站工程，新建节制闸 18 座、涵闸 4 座，拆除重建老节制闸 1 座，对因望虞河西岸控制影响的区域排涝水系进行调整。截至 2019 年底完成投资 61 646 万元，占总投资的 84%。2020 年建设任务 11 468 万元，实际完成 11 468 万元，完成比例 100%。工程进展：苏州市相城区境内共有 1 个施工标，丰泾河泵闸工程已通过完工验收；常熟市境内工程共有 6 个施工标、2 个水系调整标，其中 5 个施工标通过合同完工验收，1 个施工标完工待验收，水系调整标已完成；无锡市锡山区境内工程共有 6 个施工标，其中 4 个标通过合同完工验收，卫浜枢纽工程通过水下阶段验收，杨安港枢纽工程正在施工；新吴区境内工程共有 2 个施工标，施工Ⅰ标通过合同工程完工验收，Ⅱ标已完工。

江苏省环太湖大堤剩余工程　2019 年 11 月 6 日，省发改委以苏发改农经发〔2019〕1012 号文批复工程初步设计，批复概算 129 471 万元。主要建设内容为环太湖大堤加固长度 58.93 km，包括堤防加高培厚长度 23.96 km，护岸加固长度 50.56 km，新建挡浪板长度 37.98 km，加高挡浪板长度 13.32 km，防渗处理长度 0.70 km，堤脚排水沟长度 29.52 km；修改建堤顶道路长度 48.97 km；新建跨港渎桥梁 11 座；处理口门建筑物 9 座，其中新建 1 座，扩建 4 座，拆除重建 1 座，加固 3 座；岸线防护加固长度 10.29 km。宜兴段包港堤护岸加固长度 4.36 km，新建长度 3.01 km。湖西滨湖地区影响处理工程内容包括入湖河道整治 2 条及圩区达标建设 37 个。截至 2019 年底完成投资 6 013 万元，占总投资的 5%。2020 年建设任务 32 335 万元，实际完成 33 000 万元，完成比例 102.1%。工程进展：①无锡市：宜兴段新庄、周铁、丁蜀、芳桥等乡镇的标段陆续开工，新庄 200 米与周铁 100 米拆建段已完成，大堤堤身加固其他部位、包港堤防加固及 4 座跨渎港桥梁正在实施；滨湖地区影响处理工程 15 座闸站、9 座节制闸及 5 座排涝站全面开工。滨湖段马圩四号排涝站正在进行墩墙浇筑；马圩二号排涝站、马圩北船闸、闾江口节制闸及渔港套闸，七里堤、耿湾段护岸加固，渔港大堤加固，马圩南大堤、西大堤、闾江口护岸加固全面开工。经开区段小溪港枢纽完成套闸主体、闸室，完成太湖侧翼墙、导流墩，内河侧翼墙、空箱，闸门、启闭机吊装；正在实施节制闸内河侧格堤剩余 3 节挡墙，回填土及护底护坡。②常州市：正在进行木桩施打，水下混凝土、贴面挡墙浇筑。③苏州市：朱家村港闸内外河侧围堰已完成，正在实施堤防加固工程。

东太湖综合整治后续工程（环太湖大堤七都至大缺港段） 2017 年 5 月 3 日，省发改委以苏发改农经发〔2017〕489 号文批复工程初步设计，概算总投资 142 965.52 万元。主要建设内容为环湖大堤堤防加培 24.43 km、改建 3.77 km，堤防新建护坡 8.99 km、拆除重建 13.79 km，新建堤顶道路 22.01 km、上堤路（腾飞中路）1.62 km，拆除重建穿堤口门建筑物 27 座、新建 2 座、恢复 1 座，新建避风港 4 座；疏挖贯通行洪供水通道 12.20 km；疏挖入湖河道（20 条）38.54 km、护岸整修 46.90 km。截至 2019 年底完成投资 114 000 万元，占总投资的 80%。2020 年度建设任务 28 966 万元，实际完成投资 28 966 万元，完成比例 100%。①吴江区完成 9.60km 大堤达标加固、口门建筑物和大浦口避风港建设；行洪通道及入湖河道整治基本完工；剩余戗港段、草港段堤防正在实施。②吴中区完成环湖大堤、入湖河道天鹅港工程、横泾 4 条入湖河道及东山 4 条入湖河道整治；行洪通道工程结合湖滨湿地带建设项目基本完工。

【长江治理工程】 2020 年度建设任务 17 562 万元，实际完成投资 17 562 万元。

长江南京河段八卦洲汊道河道整治工程 2018 年 11 月 9 日，省发展改革委以苏发改农经发〔2018〕1087 号文批复工程初步设计，批复投资 47 562 万元。工程主要建设内容为加固八卦洲洲头水下鱼嘴 310 m；实施洲头右缘深槽防护工程 16.91 万 m^2；右汊护底工程顺水流向长 450 m，面积 36.9 万 m^2；加固洲头左右缘、上坝、燕子矶、天河口等原有护岸工程长 7 270 m。截至 2019 年底完成投资 30 000 万元，占总投资的 63%。2020 年度建设任务 17 562 万元，实际完成 17 562 万元，完成比例 100%。工程分为两个年度实施，第一年度工程包括八卦洲头鱼嘴加固和左缘护岸加固工程、八卦洲右汊进口护底和燕子矶段护岸加固工程、上坝段护岸加固工程及天河口段护岸加固工程，第二年度工程包括八卦洲右缘深槽防护工程上段、八卦洲右缘深槽防护工程下段及八卦洲头右缘护岸加固工程。工程已全面完工。

长江干流江苏段崩岸应急治理工程 2017 年 12 月 15 日，省发改委以苏发改农经发〔2017〕1515 号文批复工程初步设计，批复概算 127 393 万元。工程主要建设内容包括应急治理护岸长 72.28 km。工程涉及南京、常州、苏州、南通、扬州、镇江、泰州等 7 市。截至 2020 年 3 月，初步设计批复内容全部完成，11 月底完成投入使用验收或完工验收，其中南京市境内工程于 12 月 29 日完成竣工验收，其余 6 市正在开展竣工验收前各项准备工作。

【中小河流治理】 2020 年度建设任务 69 409 万元，实际完成 69 707 万元，完成比例 100.4%。2017 年 5 月 4 日，水利部、国家发改委、财政部联文印发了《加快灾后水利薄弱环节建设实施方案》。我省纳入实施方案的主要建设项目包括中小河流治理、小型病险水库除险加固、重点区域排涝能力建设和农村基层防汛预报预警体系建设等 4 项内容。其中流域面积 200～3 000 平方 km 的中小河流治理项目共 96 项，规划投资 49 亿元，总体要求“十三五”末基本完成各项建设任务。经报水利部备案，有 8 项批复调整为 5 项(苏水计〔2019〕57 号)，调整后合计为 93 项，其中 41 项为上轮中小河流规划项目，工程投资 11.2 亿元，已完成；另 52 项为本轮新增项目(含 6 项上轮规划调整项目)，规划投资 38.26 亿元(6 项为上轮规划调整项目 1.8 亿元)，完工 46 项，正在实施 6 项(通济南河、南淮泗河、鲁兰河、古马干河、古山河、西民便河)。

【江河支流治理】 2020 年度建设任务 38 064 万元，实际完成投资 41 064 万元，完成比例 107.9%。

滁河近期防洪治理完善工程(六合区段) 2018 年 12 月 10 日，省发改委以苏发改农经发〔2018〕1223 号文批复工程初步设计，批复概算 52 564 万元。主要建设内容为堤防加固 46.17 km，其中保江圩滁河干流堤防长 5.87 km、红山窑闸下左右岸滁河干流堤防长 26.04 km、霸王圩老滁河堤防长 3.51 km、陶庄大坝至杨河口老滁河左右岸堤防工程长 9.92 km、划子口河左岸堤防长 0.83 km；改造穿堤涵洞 7 座，新建、拆建泵站 13 座；新建桥梁 1 座；滁河入江口切滩 5 km；征地拆迁。截至 2019 年底完成投资 30 000 万元，占总投资的 57%。2020 年建设任务 22 564 万元，实际完成 22 564 万元，完成比例 100%。工程进展：施工一标、二标，堤防加固 26.87 km、大河口切滩 5 km、5 座泵站、1 座桥梁、2 座穿堤涵洞已完成。施工三标、四标，老滁河左右岸 9.92 km堤防加固、4 座泵站、2 座涵洞改造、霸王圩 3.51 km 堤顶道路已完成。施工五标，保江圩 5.87 km 堤防整治，4 座泵站、2 座涵洞改造工程基本完成。

滁河近期防洪治理完善工程(浦口区段) 2018 年 12 月 10 日，省发改委以苏发改农经发〔2018〕1224 号文批复工程初步设计，批复概算 33 238 万元。主要建设内容为堤防加固 7.22 km，其中三合圩 3.97 km，北城圩 3.25 km，拆建改造建筑物 3 座，包括接长朱家斗门涵，改造五四涵，拆建余家湾泵站。堤防加固主要包括堤身加高培厚、堤防护坡、新建堤顶道路、抛石护岸、堤防防渗处理、填塘固基等。截至 2019 年底完成投资 27 738 万元，占总投资的 83%。2020 年建设任务 5 500 万元，实际完成 5 500 万元，完成比例 100%。工程全部完成。

南京市高淳区水阳江干流左岸(小茉河—乌溪河段)堤防加固工程 2020 年 5 月 25 日，省发改委以苏发改农经发〔2020〕504 号文批复工程初步设计，批复概算 23 927 万元。主要建设内容为堤防加固 8.87 km，砼预制块护坡 8.2 km，抛石护岸 0.57 km，新建沥青砼道路 7.75 km，加铺沥青砼面层 1.13 km，锥探灌浆堤段长度 8.2 km，朱家涵拆建并增设沉螺池及简易抗旱设施，泗港陡门堤内增设沉螺池和简易抗旱设施，南埂高涵堤内增设沉螺池等。2020 年建设任务 10 000 万元，实际完成 13 000 万元，完成比例 130%。工程进展：房屋征收工作基本完成；正在开展杆线迁移、土地征收及附着物补偿等工作。完成清基清表、格埂浇筑、可作业面锥探灌浆等工作，正在进行土方开挖与填筑、预制块铺砌、构筑物施工。

【重点易涝区排涝能力建设工程】 2020 年度建设任务 31 199 万元，实际完成投资 35 204 万元，完成比例 112.8%。

南京市溧水区三丫圩、章西圩、凌庄圩排涝站工程 2019 年 7 月 31 日，省发改委以苏发改农经发〔2019〕667 号文批复工程初步设计，批复概算 7 556 万元。主要建设内容为拆除老站，新建 3 座排涝站，其中三丫圩排涝站设计流量 13 m³/s、章西圩排涝站设计流量 10 m³/s、凌庄圩排涝站设计流量 7 m³/s。截至 2019 年底完成投资 2 100 万元，占总投资的 28%。2020 年建设任务 5 456 万元，实际完成 5 456 万元，完成比例 100%。工程已完成。

南京市鼓楼区大陡门、金陵乡泵站扩容改造工程　2019年10月16日，省发改委以苏发改农经发〔2019〕935号文批复工程初步设计，批复概算1 680万元。主要建设内容为大陡门泵站排涝流量由3.0 m^3/s扩容至3.7 m^3/s，更换水泵机组、电气设备等，改造管理及生产用房；金陵乡泵站排涝流量由6 m^3/s扩容至10 m^3/s，新增2孔泵室、改造自排涵，并配套2台水泵机组，更换原现状水泵及电气设备等，改造管理及生产用房。截至2019年底完成投资600万元，占总投资的36%。2020年建设任务1 080万元，实际完成1 080万元，完成比例100%。工程已完成。

锡澄运河(黄昌河—长江段)整治工程江边枢纽(定波水利枢纽)　2019年7月5日，省发改委以苏发改农经发〔2019〕602号文批复工程初步设计，批复概算43 486万元。主要建设内容为新建定波水利枢纽，包括节制闸和双向泵站各一座；节制闸设计流量385 m^3/s，总净宽48 m，共5孔；泵站设计流量120 m^3/s，选用4台套竖井贯流泵(双向)，单机设计流量30 m^3/s，配套总装机容量7 200 kW。截至2019年底完成投资10 000万元，占总投资的23%。2020年建设任务20 000万元，实际完成24 005万元，完成比例120%。工程完成水下工程验收，正在进行上部结构建设。

张家港常沙河闸站改建工程　2019年6月24日，省发改委以苏发改农经发〔2019〕579号文批复工程初步设计，批复概算4 663万元。主要建设内容为拆除老闸，采用闸站结合方式改建节制闸和泵站；节制闸为单孔闸，净宽12 m，设计排泄流量39.06 m^3/s；泵站设计流量20 m^3/s。2020年建设任务3 663万元，实际完成3 663万元，完成比例100%。工程完成水下工程验收，正在进行上部结构建设。

镇江扬中市何家大港闸站工程　2020年9月30日，省发改委以苏发改农经发〔2020〕1085号文批复工程初步设计，批复概算5 077万元，主要建设内容为拆除原何家大港闸，移址新建何家大港闸站。闸站分侧布置，其中节制闸闸孔净宽6 m，设计排涝流量69 m^3/s、引水流量71 m^3/s；泵站设计排涝流量18 m^3/s，引水流量为9 m^3/s，安装4台立式轴流泵(2台双向、2台单向)，总装机容量1 120 kW。2020年建设任务1 000万元，实际完成1 000万元，完成比例100%。工程11月15日正式进场，正在开展地基工程施工。

【病险水闸加固工程】　2020年度建设任务21 632万元，实际完成21 632元，完成比例100%。我省列入《专项规划》的病险水闸114座，其中三类闸33座，四类闸81座，分布长江、淮河、太湖流域10市37县(区)境内。已批复113座，批复投资29 1690万元，至2019年底累计完成投资242 731万元。2020年全省大中型水闸除险加固项目建设进展情况如表：

序号	单位	列入规划项目(项)	已批复项目(项)	开工建设(项)	完工(项)	
					主体工程完工或全部完工(项)	其中竣工验收(项)
1	南京市	6	6	6	6	6
2	徐州市	50	50	50	45	39
3	南通市	3	3	3	3	3
4	连云港	19	19	15	11	11
5	淮安市	8	8	8	7	7
6	盐城市	4	4	4	3	3
7	扬州市	8	7	7	6	4
8	镇江市	3	3	3	3	2
9	泰州市	2	2	2	2	2
10	宿迁市	1	1	1	1	1
11	省　属	10	10	10	10	8
	合　计	114	113	109	100	86

【沿海水利工程】　2020年度建设任务

25 671 万元，实际完成投资 27 180 万元。完成比例 105.9%。

盐城市大丰区四卯酉闸下移工程 2018 年 2 月 24 日，省发改委以苏发改农经发〔2018〕180 号文批复工程初步设计，概算总投资 32 206 万元，其中四卯酉新闸及堤防工程投资 19 819 万元，河道等工程投资 12 387 万元。工程主要建设内容包括拆除老闸，在现状四卯酉闸下游约 4.0 km 处新建挡潮闸 1 座；疏浚、开挖新老闸之间引河 3.9 km，新筑堤防 7.8 km 等。工程新闸基本完成，新老闸间港道疏浚和老闸拆除正在实施。截至 2019 年底完成投资 30 250 万元，完成比例 94%。2020 年建设任务 1 956 万元，实际完成投资 1 956 万元，完成比例 100%。工程全部完成。

东台市梁垛河整治工程 2019 年 12 月 17 号，省发改委以苏发改农经发〔2019〕1159 号文批复工程初步设计，批复概算 22 053 万元。主要建设内容为疏浚自梁垛河新长铁路东侧输水河至梁垛河大桥段（桩号 1＋400—52＋400）河道，总长 51 km；对河道两岸 63 条大、中沟河底与干河底按 1∶10 的纵坡进行连接，对 39 条底高程较高的小沟级河道采取跌水方案处理；新建河道护岸长 5 km，河坡防护长度 10.67 km；对 20 座跨河桥梁上下游河道两侧河坡及河底进行防护；对 2 处 3 户房屋进行安全防护。2020 年建设任务 15 000 万元，实际完成投资 17 500 万元，完成比例 117%。工程进展：征地拆迁工作全部完成；11 道支河坝和 4 道主河围堰全部完成，所有排泥仓围堰全部完成；西潘堡河到东潘堡河之间全面施工，完成土方 25 万方，实施桥梁防护 1 座。

射阳县夸套南北匡一线海堤新建防汛道路工程 2020 年 4 月 24 日，省水利厅以苏水建〔2020〕16 号文批复工程初步设计，批复概算 3 489 万元。主要建设内容为新建沥青砼堤顶防汛道路 21.42 km，路面净宽 4.5 m。2020 年建设任务 3 415 万元，实际完成投资 3 000 万元，完成比例 88%。工程进展：北匡道路完成 75%，南匡道路正在进行清表工作。

滨海县振东闸段以北段（桩号 41＋000—43＋000）主海堤水毁工程修复工程 2020 年 7 月 8 日，省水利厅以苏水建〔2020〕37 号文批复工程初步设计，批复概算 4 775 万元。主要建设内容为修复 0.44 km 主海堤护坡破坏部分；新建抛石丁坝 1 座；加固抛石顺坝 0.51 km。2020 年建设任务 3 000 万元，实际完成投资 3 500 万元，完成比例 117%。工程正在预制扭王块、栏栅板，抛填块石。

射阳县双洋闸北侧（21＋000—21＋840）段海堤防护及保滩加固工程 2020 年 7 月 8 日，省水利厅以苏水建〔2020〕36 号文批复工程初步设计，批复概算 1 224 万元。主要建设内容为修复海堤平台以下护坡 2.65 km，海堤堤脚扭王块及抛石防护 2 km，新建抛石丁坝 2 座。2020 年建设任务 1 224 万元，实际完成投资 1 224 万元，完成比例 100%。工程基本完工。

【区域重点项目】 2020 年建设任务 360 200 万元，实际完成 364 049 万元，完成比例 101.1%。

南京市高淳区固城湖永联圩新建堤防工程 2019 年 9 月 27 日，南京市高淳区行政审批局以高行审投资〔2019〕308 号文批复工程初步设计，批复概算 37 809 万元。主要建设内容为新建堤防 6.2 km，拓宽老堤 0.2 km，拆除老堤 3.7 km，新建堤顶防汛道路 6.4 km。2020 年建设任务 9 000 万元，实际完成 12 500 万元，完成比例 139%。工程进展：堤防主体清表累计完成 18 万方；DN60 mm水泥搅拌桩累计完成 64.2 万米；堤防一期主体填筑土方累计完成 121 万方。

锡澄运河（黄昌河—长江段）整治工程河道工程 2019 年 6 月 18 日，省发改委以苏发改农经发〔2020〕628 号文批复工程初步设计，批复概算 141 244 万元。主要建设内容为拓浚河道 11.22 km(不包括定波水利枢纽段 0.66 km),拆建(加固)护岸 24.58 km,拆建(加固)地方长 21.38 km,拆除重建跨河桥梁 3 座、加固 1 座、利用 3 座,新建支河桥梁 9 座,新建防汛道路 9.03 km 和附属建筑物工程等。2020 年建设任务 40 000 万元,实际完成 40 349 万元,完成比例 101%。工程进展:2020 年 11 月 13 日,河道工程(枢纽段—芙蓉大道)开工建设,已填筑顺河围堰、开挖基坑、浇筑底板,完成形象进度 30%。

郑集河输水扩大工程 2018 年 9 月 25 日,省发改委以苏发改农经发〔2018〕910 号文批复初步设计,批复概算 83 194 万元。主要建设内容为拓浚郑集河 13.3 km、郑集南支河 11.0 km、郑集北支河 6.5 km、徐沛河 0.5 km,疏浚沛敬大沟、崔孟大沟、徐丰公路沟、阎六字中沟、石楼中沟总长 30.9 km;加固堤防 25.1 km、新建堤顶防汛道路 23.4 km;增容改造郑集东站($55\ m^3/s$)、梁寨闸站($37\ m^3/s$),拆建侯阁闸站($14\ m^3/s$),新建吴河站($3\ m^3/s$),拆建郑集河口坝,结合泵站增容改造拆建梁寨闸、侯阁闸;新建朱新楼闸等。截至 2019 年底累计完成投资 70 000 万元,占总投资的 96%。2020 年建设任务 13 194万元,实际完成 13 194 万元,完成比例 100%。工程基本完成,正在扫尾。

京杭大运河苏州段堤防加固工程 2017 年 12 月 14 日,省发改委以苏发改农经发〔2017〕1518 号文批复初步设计,批复概算 482 513万元。主要建设内容为加固堤防长 155.26 km;新建防汛道路 65.88 km、上堤道路 9.4 km;支河口堤防整治 12.69 km。新、拆建口门建筑物 36 座;新建跨运河人行桥 4 座、跨支河桥梁 23 座。截至 2019 年底累计完成投资 96 000 万元,占总投资的 20%。2020 年建设任务 160 000 万元,实际完成 160 000 万元,完成比例 100%。工程进展:已完成堤防 147 km(单侧),同步完成 141.53 km 的绿化景观工程;累计拆除民房 245 户,企业 185 家。

东海龙门翻水站拆建工程 2019 年 10 月 9 日,省发改委以苏发改农经发〔2019〕909 号文批复初步设计,批复概算总投资 1 951 万元。主要建设内容为原址拆建龙门站,设计流量 $5.7\ m^3/s$,选用 6 台单机双吸离心泵,总装机功率 1 680 kW。截至 2019 年底累计完成投资 860 万元,占总投资的 44%。2020 年建设任务 1 091 万元,实际完成 1 091 万元,完成比例 100%。工程全部完工。

长江镇扬河段世业洲左汊仪征市幸福河口段应急治理工程 2020 年 2 月 7 日,省发改委以苏发改农经发〔2020〕77 号文批复工程初步设计,批复概算 4 173 万元。主要建设内容为平顺抛石护岸长 1 150 m,护岸总面积 16 万 m^2,抛石 15.5 万方;新建陡坡守护工程 154.64 m。2020 年建设任务 4 173 万元,实际完成 4 173 万元,完成比例 100%。工程全部完工。

扬州市长江防洪能力提升堤防加固一期工程 2018 年 7 月 7 日,扬州市发改委以扬发改许发〔2018〕260 号文批复工程初步设计,批复概算 101 921 万元。主要建设内容为堤防加固 29.2 km,除险加固建筑物 40 座。2020 年建设任务 101 921 万元,实际完成 101 921 万元,完成比例 100%。工程全部完工。

镇江新区大路姚桥长江干流堤防提升工程 2016 年 11 月 2 日,镇江新区经济开发局以镇新经发〔2016〕319 号文批复工程初步设计,批复概算 10.5 亿元,主要建设内容为加固长江主堤长度 25.4 km、港堤 1.7 km;翻建排水低涵 13 座,排水高涵 2 座,小型排水泵站 7 座,中型闸站 6 座;新建护岸长度 5.1 km,加固护岸长度 2.6 km,新建护坎长度 8.3 km。截至 2019 年底累计完成投资87 000万元,占总投资的 93%。2020 年建设任务6 390万元,实际完成 6 390 万元,完成比例 100%。工程全部完工。

溧河洼灾后重建应急治理工程实施方案 2019年5月5日，省发改委以苏发改农经发〔2019〕434号文批复初步设计，批复概算21 495万元。主要建设内容为拓浚溧河洼七里沟一付圩河段河道6.2 km，新建大寨河闸站、拆建青阳西闸上闸首。截至2019年底累计完成投资15 000万元，占总投资的70%。2020年建设任务6 495万元，实际完成6 495万元，完成比例100%。工程全部完工。

宿迁市黄河故道后续工程 2018年11月21日，省发改委以苏发改农经发〔2018〕1090号文批复工程初步设计，批复概算77 936万元。主要建设内容为拓浚整治五河分洪道15.05 km；疏浚西条堆河12.12 km；新建堤顶防汛道路192.75 km，上堤道路14.5 km；配套沿线建筑物及管理设施等。截至2019年底累计完成投资60 000万元，占总投资的77%。2020年建设任务17 936万元，实际完成17 936万元，完成比例100%。工程全部完工。

【区域骨干引排竞争立项项目】 2020年建设任务21 681万元，实际完成21 931万元，完成比例101.2%。

苏北灌溉总渠右堤堤防除险加固工程 2020年7月2日，淮安市发改委以淮发改办〔2020〕127号文批复工程初步设计，批复概算3 179万元。工程主要建设内容为堤防土方达标建设1.82 km，堤身防渗处理1.82 km，新(拆)建护坡2.17 km，新建、加固堤顶防汛道路16.84 km等。2020年建设任务2 000万元，实际完成2 050万元，完成比例103%。工程进展：正在进行复堤、围堰搭设、格埂立模浇筑、坡面砌石修整等工作，城区段堤身复堤完成81%，护坡工程完成33%，农区段防汛道路完成21%，防渗工程完成50%。

盐城市川东港影响处理工程 2018年9月18日，盐城市发改委以盐发改〔2018〕184号文批复工程初步设计，批复概算14 999万元。主要建设内容为新(拆)建节制闸18座。截至2019年底累计完成投资13 400万元，占总投资的89%。2020年建设任务1 599万元，实际完成1 599万元，完成比例100%。工程全部完工。

扬中市万福桥站工程 2019年7月11日，镇江市发改委以镇发改农经发〔2019〕300号文批复工程初步设计，批复概算4 678万元。主要建设内容为节制闸闸孔净宽6 m，设计自排流量65 m^3/s；泵站设计排涝流量18 m^3/s，安装4台机组(2台双向、2台单项)，单机流量4.5 m^3/s，总装机容量1 120 kW；新建厂房及管理用房1 356.4m^2。截至2019年底累计完成投资2 050万元，占总投资的44%。2020年建设任务2 628万元，实际完成2 628万元，完成比例100%。工程全部完工。

蚌蜒河(渭水河—西塘港段)整治工程 2019年6月13日，泰州市发改委以泰发改发〔2019〕182号文批复工程初步设计，批复概算5 954万元。主要建设内容为疏浚蚌蜒河中段(渭水河～西塘港)10.63 km；堤防加固17.57 km；拆建袁庄闸，拆除沈二庄前闸、建设沈二庄前闸站；移址新建沈二桥、沈三桥，更换安塘桥栏杆、加固安塘桥接线，拆除危废桥一座。截至2019年底累计完成投资2 500万元，占总投资的42%。2020年建设任务3 454万元，实际完成3 454万元，完成比例100%。工程全部完工。

泗阳县总六塘河整治工程 2019年9月2日，宿迁市发改委以宿发改农经发〔2019〕196号文批复工程初步设计，批复投资14 560万元。主要建设内容为疏浚河道32.15 km；拆建、新建排水涵25座，配套路涵6座、顺堤桥1座；新建防汛道路8.14 km。截至2019年底累计完成投资3 200万元，占总投资的22%。2020年建设任务9 000万元，实际完成9 400万元，完成比例104%。工程进展：施工

2 标、3 标已完工，施工 1 标完成干河排水，开挖土方 35 万方，完成 6 座穿堤涵洞。

宿迁市中运河宿迁闸至刘老涧闸段整治工程　2020 年 11 月 18 日，宿迁市发改委宿发改农经发〔2020〕252 号文批复工程初步设计，批复投资 6 601 万元。主要建设内容为堤防整治 13.09 km、堤身防渗处理 2.6 km、岸坡防护 7.17 km，新建防汛道路 13.98 km，赔建堤顶道路 1.7 km。2020 年建设任务 3 000 万元，实际完成 2 800 万元，完成比例 93%。工程进展：完成工程征地拆迁；堤防整治完成挡浪墙施工 5 km，土堤加宽加高 4.99 km；防汛道路完成路基开槽及石灰土回填 4.29 km；堤身防渗处理完成 1.5 km。

【省属水利工程】　2020 年度建设任务 7 637 万元，实际完成投资 7 745 万元，完成比例 101.4%。

刘老涧泵站加固改造工程　2018 年 12 月 18 日，省发改委以苏发改农经发〔2018〕1273 号文批复工程初步设计，批复概算 8 937 万元。主要建设内容为更换 4 台主机泵，新建 35 kV 室内变电所、更新主变、站变、所变、自动化设备以及其他高低压机电设施；新建下游清污机桥、安装回转式清污机；出水侧清污机增设起吊便桥；泵站水泵基础改造、上下游护坡整修及引河清淤、厂房外墙改造；完善部分管理设施、管理区绿化及水土保持等。截至 2019 年底累计完成投资 4 600 万元，占总投资的 51%。2020 年建设任务 4 337 万元，实际完成投资 4 337 万元，完成比例 100%。工程进展：工程于 2019 年 7 月底开工建设，2020 年 4 月 24 日通过水下验收，9 月 28 日通过机组启动验收。正在进行自动化等保手续办理、完工结算等工作。

淮阴抽水站加固改造工程　2019 年 12 月 17 日，省发改委以苏发改农经发〔2019〕1160 号文批复工程初步设计，批复概算 7 848 万元。主要建设内容为更换主水泵及主电机；更换站变及闸变，更换高压开关柜、低压开关柜、辅机控制柜和励磁装置及高低压和控制电缆，增设自动化控制系统、视频监视系统及信息管理系统；维修进水侧检修闸门和起吊设备；清污机更换；进水口增设安全格栅；新建下游清污机桥及上、下游部分护坡，砼结构改造，改扩建控制室，完善消防设施等。截至 2019 年底完成投资 200 万元，占总投资的 3%。2020 年建设任务 1 800 万元，实际完成 2 400 万元，完成比例 133%。工程进展：完成控制楼基础和电梯井浇筑、电梯井土方回填，清污机桥底板钢筋加工以及北侧下坡道铺设，水泵顶盖、弯管等拆除，机组及辅助设备拆除进度 70%，泵站北墙▽23.8 以下凿除，上下游围堰内侧底岸填土，下游新增降水井 4 口，及围堰内抽水工作。

阮桥闸拆建工程　2019 年 12 月 17 日，省发改委以苏发改农经发〔2019〕1161 号文批复工程初步设计，批复概算 944 万元。主要建设内容为拆除老闸，在上游 1.4 km 处按原规模设计进行重建，共 1 孔，净宽 12 米，设计过闸流量 69.3 m^3/s。截至 2019 年底累计完成投资 100 万元，占总投资的 11%。2020 年建设任务 500 万元。工程涉及移址变更，暂停施工。

沭新闸拆建工程　2019 年 11 月 5 日，省发改委以苏发改农经发〔2019〕1013 号文批复工程初步设计，批复概算 4 411 万元。主要建设内容为拆除重建沭新闸。截至 2019 年底累计完成投资 100 万元，占总投资的 2%。2020 年建设任务 1 000 万元，实际完成 1 008 万元，完成比例 101%。工程进展：完成土建施工项目部配套设施、进场道路施工、钢筋和木工加工场搭建、施工临时用电架设、上下游围堰土方填筑、下游左侧搅拌桩截渗墙施工，完成老闸拆除、通信杆线拆除、闸底板钢筋安装和砼浇筑。正在进行上游左右侧第一、二节翼墙搅拌桩压顶。

（供稿：陆雪琴）

农村水利建设

【农业水价综合改革】 全省79个有农业水价综合改革任务的县(市、区)均通过了省级验收,至2020年底,累计完成应改面积5 437万亩,实现了改革面积、计量措施、工程产权、管护组织“四个全覆盖”,在全国率先完成了改革任务。全省182.6万处农村水利工程全部明晰了工程产权,确立了管护主体和责任。全省共配备计量设施137 235台套,实现了应改面积计量设施全覆盖,灌溉水有效利用系数从2016年的0.605提升至2019年的0.614。组建农田水利工程管护组织5 675个。

【农村饮水安全工程】 组织开展农村饮水安全“百日攻坚”,全力推进农村饮水安全巩固提升工程建设。截至2020年6月底,完成投资22.6亿元,铺设农村供水管网4 200公里,提前半年完成2020年度任务,全省基本实现了城乡区域供水一体化,农村区域供水入户率达98%以上,供水保证率达95%以上。

【农村河道疏浚治理】 2020年,紧紧围绕生态河湖三年行动计划,全面加快农村生态河道建设,建成农村生态河道306条,顺利完成10个中小河流重点县13个项目区建设任务,疏浚农村河道土方1.65亿立方米。以河长制为抓手,积极推行河道、交通、绿化、垃圾、公共设施“五位一体”以及政府购买服务管护模式行。

【灌区节水改造】 2020年,进一步坚持规范项目前期工作,强化建设管理,严格监督检查,加快推进大中型灌区节水配套改造和标准化建设,截至2020年底,如皋如海灌区、东海沭南灌区等8个大型灌区项目共完成投资2.82亿元,占计划投资的100%;浦口侯家坝灌区、溧水方便灌区等22个重点中型灌区项目已全部完工,完成投资6.44亿元,占计划投资的100%。新增粮食产能8.4万吨,为全省粮食总产创新高提供有力支撑。

【水土保持】 2020年继续实施水土保持重点工程小流域综合治理项目,涉及高淳、六合、雨花台等17个项目县,完成投资19 173万元。实施多种模式的生态清洁小流域综合治理,共建成省级生态清洁小流域17条,省级下达奖补资金1 566万元。全省综合治理丘陵山区及平原沙土区水土流失面积253平方公里,其中丘陵山区水土流失治理面积103平方公里。切实加强水土保持监测监管,实现区域监管、项目监管、动态监测三个全覆盖。2020年,全省各级共审批生产建设项目水土保持方案3 607个(其中省级8个、市级530个、县级3 069个),生产建设项目水土流失防治责任范围4.3万公顷;组织相关部门对生产建设项目开展检查3 234次,检查项目3 869个,下达检查意见项目数1 834个;完成248个生产建设项目水土保持设施专项验收备案工作;全省共征收水土保持补偿费3.2亿元,下达责停、限期补办手续、限期缴纳项目数2 531个。

【水利扶贫】 “十三五”期间,累计实施整体帮扶项目333个,总投资76.79亿元,完成规划投资的129.7%;片区建档立卡低收入农户19 838户、51 080人年收入全部达到6 000元省定标准,24个省定经济薄弱村集体经济收入全部达到18万元以上,平均达26.28万元,片区整体面貌得到了显著改观。①累计实施基础设施类帮扶项目112个,总投资42.74亿元,完成规划投资的107%。全面推进以水利、交通、电力、通信等为重点的基础设施建设,为贫困群众脱贫致富创造良好条件。建成高效节水灌溉示范方16个,新增高效节水面积3万亩,疏浚河道372条,治理村庄水塘201座,治理小流域水土流失面积

12.8平方公里，新建公益桥梁200座，维修养护小型灌排泵站133座、排水涵闸81座，片区农田水利基础设施建设得到提高，水生态环境显著改善。改善国省道47.6公里，建设县道65.8公里、修铺村内道路300公里，提档升级农村公路350.8公里，改造危桥63座，四级公路通达率100%，片区六镇出行更加便捷。新建高标准农田8万亩，新增高效节水灌溉面积0.9万亩、农桥383个、过路涵632个，农田灌排条件显著改善，农业综合生产能力全面提升。改造架空线路2 267千米、低压电缆线路13千米，接户线1605千米、接户电缆2.449千米；自然村实现FTTH光网全覆盖，新增4G基站212处，基本实现室外信号无缝全覆盖、热点区域精确覆盖；实施残疾人光伏帮扶项目1 000个，特殊群体收入有效提升。②累计实施产业发展类项目70个，总投资11.69亿元，大力扶持特色优势产业，有效带动片区群众增收致富。实施苏交控光伏及食用菌种植、湖西片区六镇交易市场、奶牛高效养殖技术推广、特色果品新品种引进及示范、特色蔬菜高效种植及示范基地建设等项目建设；77兆瓦菌光互补项目竣工达产，吸纳带动劳动力8 300余人；高标准建设洋葱、大蒜、猕猴桃等特色产业基地，带动特色果蔬高效种植65万亩；建成立华牧业100万头商品猪生产项目，推广奶牛高效养殖技术，畜禽饲养量达1 592万只，君乐宝乳业日产能1 200吨、全省第一。大力发展生态和旅游经济，建设金刘古寨、红色张后屯等乡村旅游景点和精品自摘园100个；培育农业产业化国家级龙头企业2家、省级6家，发展新型农业经营主体1 105家。③累计实施民生改善类项目151个，总投资23.49亿元，加快推动基本公共服务向优质公共服务转变、保障民生向幸福民生转变，持续增强片区群众的幸福感。新建校舍6.2万平方米、幼儿园7所、改扩建成人教育中心校5所、改造运动场地6万平方米，购置多媒体设备661套、电脑1 853台、图书2.8万册及必备的教学仪器和设备，56所中小学教学设施设备达到省教育现代化标准；开展农村劳动力技能培训2 000余场次，片区农民就业能力明显增强。完成8所镇级卫生院基础设施升级改造及医疗设备装备建设、29个村卫生室省标准化建设，群众就医环境显著改善。高标准改造6镇综合文化站，新建农家书屋108家、村级篮球场56个，群众精神文化生活更加丰富。新建付庄水厂1座，新建清水管网增压泵站6座，铺设供水管网1 353公里，解决了区域内供水压力不足的问题，片区百姓吃上安全、稳定、优质、卫生的地表水，实现了"同水源、同管网、同水质、同服务"的城乡一体化供水目标。铺设污水管网38公里，接入镇级污水厂6个，新建村级污水处理站13个，铺设农村污水管网39.1公里；建设生态河道两条，治理顺河小流域水土流失面积12.8平方公里，确权划界和常态化保洁骨干河道9条，县镇村三级河长制管护体系全面建立，创成省级"水美乡村"3个。

（供稿：蒲永伟）

城市水利建设

2020年城市水利建设紧紧围绕"保障城市防洪安全、供水安全和改善人居水环境，加快城市水系综合整治，引导建立与城镇规模、功能和地位相适应的现代城市水利工程体系"的规划思路，突出补强城市防洪工程短板，完成新一轮城市防洪规划修编，持续推进城市防洪排涝骨干工程建设，城市防洪排涝减灾能力进一步提升。

（1）新一轮城市防洪规划编制工作完成。南京、扬州、连云港、徐州、镇江、泰州等12市城市防洪规划获政府批准实施，苏州市城市防洪排涝专项规划市政府即将批复。县级城市防洪规划编制(修编)工作已基本完成。

(2) 省辖市城市防洪工程建设持续推进。各市根据城市防洪规划,持续开展城市防洪排涝骨干工程建设。建设内容和主要措施包括:通过新建或加固防洪堤,构建城市外围防洪屏障或形成城市防洪保护圈;拓浚城区及其周边河道,增设排涝泵站,合理布置排水管网,提高城市排水能力;加快低洼地区改造,控制城区适宜水面率;对地处丘陵地区受山洪威胁的城市,采取蓄洪、撇洪、挡洪相结合的措施;防洪建设与改善城市水环境和城市景观有机结合,并加强非工程措施建设。经过全面城市防洪工程建设,各地城市防洪排涝减灾能力进一步提升。

(3) 省级通过竞争立项激励奖补市县城市防洪建设。对通过竞争立项的市县城市防洪排涝项目,经核查取得省级补助资格后,实行"先建后补、以奖代补",激励引导各地加快防洪排涝工程建设。2020 年,各市共 9 项防洪除涝项目获奖补资格,省级奖补资金约 4 000万元;省补助范围内的城市防洪排涝工程完成投资约 4.1 亿元。

(供稿:诸晓华)

信息化建设

【建设项目】 省水利数据中心一期工程具备竣工验收条件,江苏省水土保持监测与管理信息系统工程进入扫尾阶段,工程整体形象进度为 90%;江苏省河湖资源与水利工程管理信息系统已完成省管河流湖泊数据资料的收集整理、全部的外业测量工作、实地调查工作、地形图编辑工作,数据入库及资料检查工作基本完成;河湖资源、巡查管理正在进行系统研发;省级河长制平台已经基本完成数据库的建设,基本完成了"一张图"展示功能的初步开发,实现了河段、河长、监测站点、河长公示牌、巡河记录、事件处理、河湖支流、水域岸线等信息在一张图上的全面展示;水政执法及河湖采砂管理信息系统可研报告等待审查。信创工程按计划实施,已完成三年计划的 30%,共计 175 台终端替换任务及办公软件整合升级正在有序开展。

【资源整合】 各部门建设的新旧系统数据定期更新汇集到数据中心,出版 2020 年《江苏省省级政务信息资源目录》;按省大数据中心要求,复核确认《江苏省基础数据库数据清单(第一批)》中水利相关数据,填报信用、电子证照、空间地理等 5 项基础数据库标准内容,挂载我厅监管对象、行政检查等 6 项共享资源目录信息。

【网络安全】 开展"2020 护网"行动,有效保障了两会期间和汛期水利网络安全。组织在全系统开展系列网络安全检查,推进使用正版软件,开展意识形态领域网信方面风险防控及化解。每月对厅水利系统互联网应用进行安全扫描,今年共发布了 37 期互联网资源漏洞整改通报、查出安全漏洞 37 个;开展为期两周的水利网络安全实战应急演练,在不通知的情况下模拟黑客攻击,对全省水利系统的 102 个互联网 IP 应用、10 个水利信息网的 C 段 IP 资产及应用进行全覆盖实战攻击,发现互联网安全漏洞 15 个;开展全省水利系统 27 家单位网络安全检查;问题一经发现,立即督促整改,并跟踪整改到位。同时加强对省委网信办、省"2020 网安行动"通报我厅的网络安全事件、互联网应用漏洞风险的及时整改落实。全年厅系统网络安全平稳可控。

(供稿:陆明)

水 利 管 理

水 利 管 理 103～124 页

规 划 管 理

【水利规划概述】

① 基本完成“十四五”水利发展规划编制，开展了征求公众意见和专家咨询，初稿报送省发改委。提出“美丽江苏建设”水利工作建议与美丽江苏建设水利专题研究报告。会同江苏省发改委开展江苏省水安全战略规划研究，成果已通过验收。②形成水利基础设施空间布局规划主要成果。完成江苏省省级骨干水利工程国土空间规划研究，编制完成江苏省水利基础设施空间布局规划，报告初稿已提交水利部。③配合完成国家重大专项规划。配合水利部完成《南水北调东线二期工程规划》编制。配合流域机构完成《长江三角洲区域一体化发展水安全保障规划》《长三角生态绿色发展示范区水利规划》《太湖流域支撑保障长三角一体化发展协同治水行动方案》，修编《长江口综合整治规划》。④组织完成省重点水利专项规划。《江苏省区域水利治理规划》经江苏省水利厅与发改委联文印发。《江苏省长江堤防防洪能力提升工程规划》经水利部水规总院审查。组织编制完成《大运河江苏段河道水系治理管护专项规划》。编制完成《江苏省长江岸线保护利用规划》《全省地下水利用与保护规划》。组织完成省管 12 个湖泊和 20 条重点流域性河道保护规划初步成果，指导完成全省 8 座大中型水库管理和保护规划编制工作。⑤开展重大专题研究工作。浅水型湖泊生态修复及功能提升规划研究完成验收。沂沭泗河洪水东调南下提标工程规划方案研究取得重要成果。完成江苏省治淮 70 年效益分析。启动防洪标准复核和防洪体系布局、国家水网（江苏片）布局研究工作。提出长江干流洲滩圩区规划处置方案。启动变化环境下长江江苏段水文趋势与影响关键技术研究。

（供稿：赵立梅）

【部分规划成果简介】

（1）基本完成《江苏省“十四五”水利发展规划》编制。2019 年 4 月，省水利厅部署启动全省“十四五”水利发展规划编制工作。5 月，编制并印发《江苏省“十四五”水利发展规划编制工作意见》，明确了规划编制目标任务、组织分工与进度安排。2020 年完成了“十四五”水利发展规划思路报告、10 个重大问题研究和 19 个专题规划（意见），基本完成“十三五”规划评估报告与“十四五”规划风险评估报告。在此基础上，经市县调研座谈、集中编制、专家论证、社会公众征求意见、厅内部意见征求，已形成《江苏省“十四五”水利发展规划》（征求意见稿）。

《规划》系统评估了“十三五”水利发展状况，分析了水利发展现状问题与面临形势，明确了“十四五”水利发展的指导思想、基本原则，围绕“强富美高”新江苏建设大局，制定了 2035 年战略目标和 2025 年发展目标，谋划了“统筹推进三大建设，切实强化三项管理，系统提升三个能力”的发展布局，提出了骨干工程建设、农村水利建设、幸福河湖建设、水资源节约保护、河湖管理保护、水利工程建设与运行、水旱灾害防御、智慧水利建设等“十四五”水利发展任务，以及依法治水、创新引领、深化改革、规划实施等有关实施保障，为“十四五”期间全省水利改革发展提供了重要依据。

（2）基本完成《江苏省水利基础设施空间布局规划》编制。水利基础设施空间布局规划是全省水利基础设施网络建设和管理的基础，并为各级国土空间规划提供水利专项内容支撑和协调依据。省水利厅先后以《省水利厅关于开展全省水利基础设施空间布局规划编制工作的通知》《省水利厅办公室关于进一步推进全省水利基础设施空间布局规划编制工作的通知》部署全省各级开展水利基础设施规划编制。经过一年的努力，省级规划已形成初步成果，市县级规划正在推进。

《规划》围绕“护好　条基准线，划定　条保留线，协调一条生态线”的总体思路，开展了水资源承载能力评价与水安全保障需求分析，明确了涉水空间保护利用的目标指标，核定了河湖与水利工程管理范围，确定了全省防洪除涝、水资源配置、水生态修复等重要水利基础设施网络布局及规划项目用地需求，提出了水利空间管控意见与措施。针对水利空间规划成果，与其它国土空间规划进行对接分析，查清各类空间的划定不实问题。通过协调自然资源等部门，已将水利基础设施空间规划成果纳入本级国土空间规划，并叠加到国土空间“一张图”上，为各级国土空间规划提供水利专项支撑。

（3）省级河湖保护规划取得初步成果。2019年8月，省水利厅印发《省水利厅关于开展全省河湖保护规划编制的通知》（苏水河湖〔2019〕10号），组织开展全省河湖保护规划编制工作。2020年12月，省管12个湖泊和20条重点流域性河道保护规划形成初步成果并经初步审查，市县规划同步开展。按照规划进度安排，2021年全面完成全省河湖保护规划编制。

《规划》围绕水安全有效保障、河湖资源永续利用、水环境整洁优美、水生态系统健康、水文化传承弘扬的总体目标，在分析河湖保护面临的形势与需求，研究河湖功能定位的基础上，明确河湖空间管控范围、划定水域岸线功能分区，制定河湖保护方案与措施。规划基准年为2019年，近期规划水平年2025年，远期规划水平年2035年。

（4）完成《江苏省“十三五”水利发展规划评估》。对照“十三五”规划目标与任务，对“十三五”规划实施情况进行全面评估，为“十四五”水利发展规划编制工作提供支撑。2020年7月，汇总形成《江苏省水利改革发展“十三五”规划实施总结评估报告》（以下简称《报部稿》），上报水利部。年底形成《江苏省“十二五”水利发展规划评估报告》（以下简称《报省稿》），报送省发展改革委汇总。

《报部稿》评估了“十三五”目标指标完成情况、规划实施情况、重大项目落实情况及投资完成情况，特别是“十三五”以来围绕补短板、强监管主要领域取得的成效，并总结规划实施中的典型经验和有益探索，提出了水利发展有关建议。《报省稿》在《报部稿》的基础上，对照《江苏省“十三五”水利发展规划》，评估了我省“十三五”规划目标指标及任务措施完成情况、规划实施效果，分析了当前水利发展面临形势与存在问题，复核了“十三五”规划指标及投资计划完成情况，提出了“十四五”主要发展建议，梳理了“十三五”期间出台的水利重要政策文件，为开展“十四五”水利发展规划编制提供了基础和支撑。

（5）完成《江苏省水安全战略规划研究》。2020年3月，省发改委会同省水利厅组织开展《江苏省水安全战略规划研究》工作，经资料收集、座谈交流、大纲审查、专家论证，12月形成《研究》并通过省发改委和水利厅联合审查。

《研究》分析了江苏水安全发展现状及面临形势，评价了江苏水安全现状保障水平，研究了江苏水安全的薄弱环节，提出了江苏2025年和2035年水安全战略的总体定位和发展目标，构建了“一江引领、两带支撑、三核驱动、四区融合”的水安全总体战略布局，提出了“五大安全、七大体系”的战略任务，明确了35项战略重点方向和23项战略技术。《研究》还提出了实施机制、投入渠道、科技支撑、社会参与等4个方面的保障措施，为做好江苏水安全保障战略的顶层设计提供了重要技术支撑。

（供稿：毛媛媛　杨根林　兰　林　蒋燕华）

建 设 管 理

【前期工作】 ①围绕支撑国家重大战略,加快流域骨干工程建设。治淮方面,淮河入海水道二期工程可研报告已经国家发展改革委技术评估;洪泽湖周边滞洪区建设工程可研已报省发改委待批。长江治理,启动长江堤防防洪能力提升近期工程、扬中河段整治二期工程可研编制。太湖治理,吴淞江整治、望虞河拓浚工程可研已经水利部审查;配合太湖局开展太浦河治理方案研究。②围绕防范化解重大风险,加快防洪薄弱环节建设。按照省政府确定的加快水利工程建设"力争两年应急修复、五年消除隐患、十年全面达标"的目标任务,加快灾后应急治理工程建设,推进病险水利工程常态化消险,进一步提升洪涝灾害防御能力。③围绕补齐区域短板弱项,加快中小河流治理。按照《江苏省区域水利治理规划》,积极争取国家支持,以整条河为单元系统推进98项中小河流治理前期工作,巩固扩大区域河网引排能力。

(供稿:赵一晗)

【水利建设管理改革】 2020年,全省在智慧水利建设、疫情防控下的建设管理、网上虚拟招投标、标准招标电子文本、清单式稽察、农民工工资管理、检测单位资质审批等方面进行了改革、创新。①推动智慧水利建设。建成市场监管服务平台上线运行,推动政务公开,服务市场主体。施工现场视频管理平台投入使用,接入53个工地视频,全天候监控现场。启动实施建设管理系统,推动全省水利建设信息化。②服务疫情防控和复工复产。及时出台政策文件,明确施工现场防疫费用纳入工程成本,允许疫情影响工期适当延长,减轻企业负担,开发"网上虚拟开标大厅",采用"线上不见面"开标,减少人员聚集,促进复工复产。③规范电子标准招标文件。编制10个类型的标准电子招标文件,在省水利交易平台部署使用,统一招标文本,规范招标行为。④提升稽察效率和效能。编制《稽察问题清单(江苏版)》,方便企业整改,提高工作效率,提升稽察效能。⑤优化农民工工资管理。出台农民工工资管理细则,优化专用账户拨付比例,设置最高保证金数额,使管理工作更加科学合理。⑥创新检测资质许可方式。在年度检测资质许可公告中,首次发布"告知承诺制"实施细则,为市场主体提供选择,探索和创新许可方式。

【工程建设管理】 出台《进一步加强水利工程建设管理的指导意见》,提出9个方面30条措施,指导全省建设管理工作。省"扬子杯"名额由1个提高到3个,水利部"大禹奖"累计已获26项,排名全国第一。①在招标投标方面,完成招标投标行政监督平台升级改造并上线运行;优化电子交易平台系统模块和开评标工作方法。全年服务和监管招投标294个金额46亿元。②在验收管理方面,完成新沟河、滁河等重大项目竣工验收和新孟河应急通水部分阶段验收,全年省级组织竣工验收项目总投资达83亿元。梳理出历年来未完工程项目85个,提出3种分类处理方案,全面解决了多年的"老大难"问题。③在市场监管方面,对6家企业记录失信行为予以降等,7家C等被限制投标,4家D等被取消资格,成为重点工程"黑名单"。完成施工安全管理"三类人员"培训13批次4 000余人,继续教育32批次10 000余人。④在信用管理方面,编制创建信用监管示范行业行动方案(2020—2022)和水利行业联合奖惩措施清单。开展公平竞争审查,全年审查规范性文件6件。行业信用2019年度工作荣获省级机关二等奖。⑤在建设稽察方面,全年组织开展55个总投资27.3亿元的项目稽察,共发现和纠正问题1 129个。

【施工质量管理】 一是强化质量考核工作。编制《江苏省水利建设质量工作考核办法》和《2019—2020年度质量考核细则》，完成2019—2020年度省对市质量工作考核，组织现场项目核查39个，省市两级累计抽查项目128个。我省获得部质量工作考核A级(优秀)等次。二是加强检测管理。完成32件乙级检测单位资质许可文件办理并印发证书。发布2020乙级检测单位延续告知承诺制执行方式公告，创新开展告知承诺制审批；以"双随机一公开"形式对4家水利检测单位开展专项督查，共提出45个存在问题，在《江苏省"互联网+监管"系统》公布督查结果，并印发各检测单位要求落实整改。三是全面贯彻水利工程质量监管要求。制定了《质量监督工作清单》和《质量监督常见问题清单》，以2部工作清单为抓手，按季度通报全省质量监督APP应用情况和质量监督工作开展情况。四是加强重点水利工程质量监管。对新孟河工程开展高强度、高频次质量监督检查，及时做好界牌、奔牛以及沿线河道工程通水验收质量评价，编制完成新沟河工程质量总评工作、工程质量监督报告。以淮河流域平原洼地治理工程为重点，组织对重点水利工程开展质量巡查。认真做好刘老涧泵站更新改造、淮阴抽水站加固改造、沭新闸拆建工程等省属重点工程质量监督工作，编制完成淮涟闸除险加固工程、淮安三站改造工程、江苏省水利数据中心一期工程质量监督报告。继续做好通吕运河和大丰四卯酉闸工程质量监督工作，编制完成宜兴油车水库工程质量监督报告。强化质量监督检测工作，先后对16项工程开展省级质量监督检测，准确掌握工程质量状况。五是持续提升质量监督队伍履职能力。开展网上质量提升培训交流活动，参加培训人次数达3 000余人，培训讲义发放人次5 000余人。组织"工匠杯"质量监督技能竞赛，组织13个设区市质监机构组建了13支参赛队，分别在南京、无锡、盐城、宿迁辖区内4个工程项目现场进行，全省共有500多人次通过网络收看了竞赛实况。六是加强质量管理制度标准建设。制定《加强钢筋制作与安装质量管理的指导意见》《加强水利建设工程混凝土裂缝预控、监测和修补质量管理的意见》，会同河海大学编制完成《土工袋生态护坡技术规范》，并于2020年7月14日发布实施。七是持续开展质量监督智慧水利建设。全面推广应用质量监督APP。通过质量监督APP掌握全省质量监督APP应用情况和质量监督工作开展情况。2020年全省各级质量监督机构通过共对477个监督项目累计开展质量监督检查1 070次，累计发出质量监督检查意见998份，累计发现质量问题7 681条，质量问题整改率达到93.67%。

(供稿：车田超　王朝俊)

工程管理

【水利工程管理】

(1) 压实工程运行管理责任。公布大中型水库、闸站工程安全责任人名单，创新性地将水库安全防汛六个责任人合并为四个责任人，印发《江苏省水库"四个责任人"履职手册》，水利部印发简报推介我省做法。汛前，成立39个督查组，对全省所有水库进行全覆盖专项督查；对所有病险闸站库工程进行安全责任人、应急预案、除险加固计划、除险加固资金、时间等"五落实"督查；抽查18个工程的运行管理进行检查，抽检43家水管单位。2020年安排省级资金3.8亿元用于流域性闸站库工程维修养护。

(2) 强力推进水管单位建设。扬州市润扬河工程管理处、省通榆河蔷薇河送清水工程管理处高分通过了水利部组织的国家级水管单位验收，6家单位通过复核，到2020年年底，江苏省国家级水管单位22家，继续保持全国省区市第一名；新增省级水管单位22家，省级及以上累计328家；新增省规范化小水库31座，累计534座。我省宜兴、溧阳被水利部确定为深化小型水库管理体制改革样板县。省江都水利工程管理处等3家单位通过精细化管理验收，标志着全省精细化管理进入全面推广实施阶段。

(3) 确权划界任务圆满完成。省水利厅、财政厅、自然资源厅联合召开全省河湖和水利工程管理范围划定省级验收会，全省规模以上河湖和水利工程确权划界任务圆满完成。"部门协同化、技术标准化、流程规范化、成果数字化、互联共享化"划定工作模式，得到水利部充分肯定并在全国推广。"五化"工作模式被水利部确定为践行水利改革发展总基调40个典型案例之一。

(4) 稳步推进运行管理标准建设。修订水闸、泵站、水库工程技术管理3个办法，制定小水电站技术管理办法；修订水闸、泵站安全鉴定管理办法；出版水闸、泵站、堤防、水库精细化管理4部手册。制定并颁布《水闸泵站标志标牌规范》《河道管理评价规范》2部地标。印发《江苏省水库管理和保护规划编制工作大纲》，下达大中型水库规划编制年度任务，启动小型水库管理和保护规划编制。完成了全部大中型水库超标洪水防御预案编制和技术审查工作。

(5) 安全鉴定监测常态化。印发《江苏省大中型水利工程安全监测方案》，组织全省流域性河道堤防小型穿堤建筑物管理情况调查。完成262座水库大坝和173座闸站安全鉴定，开展232座闸站工程监测，安全鉴定监测常态化工作机制受到水利部2次通报表扬，经验在全国推广。

(供稿：罗伯明)

【省管闸站工程管理】

(1) 防汛防旱工作。根据《省防汛防旱指挥部关于开展水利工程汛前检查的通知》(苏水汛〔2020〕1号)文件要求，4月13日至29日，省河道局组织4个检查组，先后赴9个厅属管理单位的60余个基层站所，通过听取汇报，察看现场，抽检台账资料及交流提问等方式，对省管水利工程机电设施、水工建筑物、安全设施和各类预案、技术档案、观测工作及维修养护项目管理等进行全面检查，现场整理形成汛前检查表反馈被检单位。检查结束后及时总结检查情况，并拟稿相关汇报材料，向厅领导和厅有关部门提交书面汇报，印发《2020年度厅属管理单位工程安全运行和汛前准备检查情况的通报》。

2020年全省遭受长江超历史大洪水、太湖超标准大洪水、淮河较大洪水以及沂沭泗地区1960年以来最大洪水，省管闸站全面完成防汛抗旱、生态调水、江水东引、南水北调等任务，全年泄洪排涝、调水引水累计1 360.1亿立方米，其中：泵站累计引水调水98.45亿立方米、抽排涝水21.51亿立方米，涵闸引水231.29亿立方米、泄洪排涝1 008.86亿立方米，为抗御洪涝灾害、保障供水安全、促进全省经济社会发展，发挥了重要的关键性作用。

一是防汛抗旱方面。省骆运管理处在淮北抗旱、淮河、沂沭泗地区大洪水行洪期间，所管泵站共运行193天，累计抽水23.5亿立方米，涵闸泄洪35亿立方米。抢险队先后奔赴淮河入江水道金湖控制线抗旱、盱眙县王桥圩和南京高淳胜利圩排涝。金湖抗旱历时22天，抽水842万立方米。王桥圩排涝15天，抽排1 185万立方米。省淮沭新河管理处连续第二年启用通榆河、蔷薇河"双线"调水抗击淮北大旱，累计抽水4.76亿立方米。积极应对"淮沂并涨"洪水，泵站累计泄洪排涝92.8亿立方米，新沂河累计行洪45.74亿立方米，淮沭河累计泄洪44.28亿立方米，成功抵御沂沭泗地区1960年以来最大洪水和淮河洪水。省灌溉总渠管理处处管泵站累计抽水22.6亿立方米，其中淮安站安全运行134天，累计抽水15.3亿立方米；淮阴站安全运行63天，累计抽水7.26亿立方米。灌溉总渠渠首共泄水52亿立方米；六垛南闸泄洪11.44亿立方米；南、北运西闸共排涝14亿立方米，海口枢纽排涝超13亿立方米。积极响应厅党组号召和省防办指令，克服人员紧张、任务紧急和现场环境恶劣等不利因素，8月份抽调全处精兵强将30余人，全力做好盱眙县腰滩圩排涝泵站抢修工作，完成8处泵站、25台电气柜和17台机组恢复运行；11月份组织人员赴高淳区胜利圩泵站，做好水泵机组检修和恢复运行的技术指导，为全省防汛抗洪做出了重要贡献。省洪泽湖管理处三河闸安全行洪72天，其中“亮板”运行40天，累计泄洪量315亿立方米，水文测流91次、制作公布水情报表178期，最大实测流量7 970立方米每秒；石港抽水站安全运行2671台时，累计抽水2.16亿立方米；蒋坝站累计运行1 055台时，抽水190万立方米；洪泽湖大堤安全挡洪。省江都管理处泵站抽排涝水3亿方；万福闸、太平闸、金湾闸累计排泄洪水323亿方，创2008年以来泄洪量新高，大站大闸效益得到充分发挥。省秦淮河管理处全力应对长江流域超历史洪水和秦淮河流域严峻汛情，秦淮新河闸站首次联合运行，采取“高挡低排”方式，闸站全力泄洪排涝，并控制南京城区内河水位不超过6.5米，秦淮新河闸、武定门闸共泄洪13.93亿立方米，秦淮新河泵站排涝运行34天，排水量1.59亿立方米，武定门泵站排涝696万立方米，工程防灾减灾效益充分发挥。省太湖管理处全年累计排涝54.15亿立方米，防洪工程体系潜力得到全面发挥，成功抵御太湖流域性大洪水，实现了大汛之年无大灾。常熟水利枢纽科学调度，有效应对汛期降雨。常熟枢纽充分挖掘工程潜力，闸站联合运行全力排水，汛期共排水24.4亿立方米，相当于二分之一的太湖蓄水量。新沟河江边枢纽闸站经受了建成以来高水位、大流量、长时间连续运行的考验，全力抗洪运行41天，泵站排水达6.14亿立方米，承担了区域大部分涝水入江的抽排任务，有效解决了直武地区因长江高水位顶托排涝不畅的问题，为流域抗洪取得胜利做出了重大贡献。省抢险中心接受省防指6次物资调运指令、8次防汛调度指令，圆满完成入江水道金湖控制线临时泵站架设、卫星通信车保障、盱眙前置抢险、盱眙排涝、高淳胜利圩排涝等抗旱抗洪攻坚任务，累计投入人员2 750余人次，设备225台套，奋战104天，共翻排水8 980余万立方米；

二是引水调水方面。省淮沭新河管理处涵闸累计引水供水105.8亿立方米。省江都管理处抽江水北送35亿方，自流引江水38亿方。省秦淮河管理处与地方水务、环保、旅游等部门密切联系，持续高效保障秦淮河生态调水，全年累计抽引江水5.4亿立方米。省太湖管理处持续实施“引江济太”调水工程，全年累计调水7.68亿立方米，太湖连续十三年实现“两个确保”，太湖水质总体呈改善趋势。省泰州引江河管理处高港枢纽向里下河地区引水290天，累计引长江水50.8亿立方米，抽排里下河地区涝水6.32亿立方米，向通南地区送水0.56亿立方米。

三是向省外供水方面。省骆运管理处严格执行调度指令，克服机组长期运行、疲劳运行、超工况运行等困难，顺利完成南水北调向省外送水任务，向省外送水7.5亿立方米。

(2) 维修养护工作。2020年共安排厅属管理单位省级水利工程维修养护及防汛经费1.4亿元，其中：维修经费10 050万元，养护经费2 272万元，防汛项目经费1 679万元。

(3) 技术管理工作。省河道局立足省管工程安全运行管理主目标，强化服务保障指导，始终倾力协助管理处发展。一是统筹谋划厅属管理十四五规划。组织开展厅属管理单位十三五发展规划评估，思考编制十四五发展规划，相继完成厅属管理单位发展规划思路报告、厅属管理单位发展定位的调研报告。研究编制厅属管理处防汛抢险队伍建议方案，推进管理单位由阵地式防汛保障向应急式全天候保障转变。二是突出强化省管工程安全运行。4 月，抽调专家和业务骨干对省管工程汛前准备与安全运行工作进行大检查，查找出问题 500 余条，第一时间督促各管理单位尽快整改到位，取得预期效果。汛后对总渠、淮沭河、江都、太湖、泰州引江河管理处进行了检查。针对今年的特大洪水，采取“四不两直”的方式，高频次地组织业内专家直赴工程一线，开展运行管理现场巡查指导，有力促进了汛期工程高效运行。三是组织实施岗位大练兵大比武。组织厅属管理处把“守初心、大练兵、赛预案、保安全”主题活动，各管理处反事故预案得到了全面正规的修订，有效提升预案可操作性和应急处置能力。开展省属泵站工程的预案评审、知识竞赛、演练小视频、专题讲座等，有力激发各单位岗位练兵热潮。印发《厅属管理处工作动态信息》，有效地展示厅属单位亮点、经验。四是形成高质量的研究成果。《省管工程 2010—2019 年观测成果资料分析汇编》《省管工程 2010—2019 年观测成果分析工作报告》形成十年一次重大成果。“大中型水闸智能监控管理关键技术研究及应用”“大中型泵站信息管理系统技术标准研究”，《泵站反向发电技术规范》等成果纷纷落地。启动《江苏水闸》和《江苏重点水利工程》编写工作。五是圆满完成划界确权扫尾工作。完成秦淮河、太湖处部分工程管理范围划界告示牌工程量数据修正。《江苏省水利厅直属工程管理单位河湖和水利工程管理范围划定的公告》在江苏水利网站公示。六是着力推动安全警戒区划定。印发《关于进一步做好省管工程安全警戒区划定工作的提醒函》，督促各厅属管理单位加快安全警戒区划定工作进程，完成各厅属管理处上报的省管水利工程安全警戒区划定实施方案审查，会签厅运管处对划定范围予以批复。七是强力推进“两违”整治。联合厅河长制处印发《关于做好省管水利工程管理范围内“两违”整治对接工作的通知》，对接厅属各管理单位，汇总工作进展，拟定工作情况报告，并组织专题调研江都水利工程管理处和泰州引江河水利工程管理处“两违”情况。

（4）除险加固工作。2020 年，省管闸站按照现代化规划目标，除险加固工作全力推进，软件硬件建设不断强化，管水兴水能力有效提升，在建工程共计 10 项，完成基本建设投资 6 171 万元。黄墩湖滞洪区调整和建设、淮涟闸除险加固、淮安三站改造完成竣工验收，刘老涧泵站加固改造通过水下验收和机组启动验收。至 2020 年底，省管病险水利工程共有 13 座，其中，安全鉴定为三类工程的有 10 座（泵站 5 座、涵闸 5 座），需进行除险加固；安全鉴定为四类工程的有 5 座（泵站 1 座、涵闸 4 座），需降低标准运用或者报废重建。

（供稿：王震球）

【水利风景区管理】 一是加强景区创建。今年全省共有 15 家景区提出申报晋级意愿（其中 8 个县（市、区）为首次申报），南京市溧水区无想寺水库、无锡市锡山区荡口古镇、苏州市石湖、苏州市吴江区潜龙渠，盐城市盐都区大马沟、镇江市谏壁抽水站、泰兴市马甸水利枢纽、省石港抽水站等 8 家景区被评定为省级水利风景区，南京市浦口区滁河等 9 家单位积极筹备国家水利风景区创建。截至 2020 年底全省共建成省级以上水利风景区 165 家，总覆盖面积达 3 500 多平方公里，量、质继续稳居全国前列。二是夯实景区管理。在全国率先开展《江苏省水利风景区高质量发展思路》研究；编制《江苏水利文化和水利风景区建设发展规划意见》，并纳入全省水利“十四五”规划。契合新形势，立足江苏水利景区特质，出台地方标准《水利风景区评价规范》，完成水利部综合事业局《江苏淮安水利枢纽水利风景区科普建设试点研究》项目。强化景区批后管理，持续加大复核力度，通过以评促建、提优，景区建设品质和规范化管理水平得到提升。2020年复核通过南京市溧水区中山水库、徐州市潘安湖、徐州市金龙湖、常州市金坛区愚池湾、苏州市吴中区旺山、连云港市海陵湖、淮安市洪金灌区、泰兴市小南湖、沭阳县沭河等9家景区。三是做优景区宣传。在全省发起“江苏河湖故事大家讲活动”，全网曝光量超2 000万，征稿近百篇，推出10篇优秀河湖故事，活动获评江苏省委网信办2020江苏网络文化季优秀作品奖。推送“寻找大运河江苏记忆”公益宣传项目，获团中央和水利部宣传类大赛金奖、八部委青年志愿服务大赛银奖。在全国水利系统率先发起全省水利风景区向医护人员免费开放倡议，联合省人民医院等多家单位举办战“疫”英雄河湖健康行活动。多次在全国水利风景区系统会议、培训班上做交流发言，在央广网、中国水利报等多家主流媒体发表专题文章，全年推送水利风景区建管新闻信息近百篇次，宣传影响力不断扩大。四是强化人才培训。推动成立水利风景区协会，通过行业指导、宣介和自律管理，促进景区建设成果共享共赢。强化交流培训，通过自培和选培有机结合，组织全省景区从业人员分赴四川、重庆、广西等地学习交流景区建设管理经验，全年共组织、参与各类业务培训5个批次，受训人员达200余人。

（供稿：王新儒）

【水利工程移民管理】

（1）水利工程移民安置。加快重点水利工程移民安置规划审批和验收，完成水阳江干流右岸永丰圩堤防加固工程、洪泽湖周边滞洪区近期建设工程、秦淮新河水利枢纽改扩建工程、永昌泾拓浚整治工程、扬州市长江防洪能力提升堤防加固二期等移民安置规划大纲审查和规划审核。提前介入工程移民安置验收，加强验收规程的宣贯，逐环节建立标准化样板，完成溧阳抽水蓄能电站、南京市滁河近期防洪治理完善工程、油车水库、新沟河延伸拓浚工程、瓜洲泵站等工程移民安置验收。

（2）水库移民后期扶持。截至2020年底，国家核定江苏省大中型水库移民后期扶持人数255 204人，其中，大中型水库移民243 964人、三峡移民11 240人（三峡移民原迁人口10 383人、三峡净增人口706人，三峡自主外迁人口151人）。2020年下达移民扶持资金70 208万元，其中，中央大中型水库移民后期扶持资金62 033万元、国家重大水利工程建设基金（三峡工程后续工作）3 540万元、省级小型水库移民扶持资金4 635万元。核备水库移民后期扶持项目147项、核备洪泽湖骆马湖搬迁群众帮扶项目62项目。水库移民后期扶持工作纳入省政府2020年度十大主要任务百项重点工作，年度超额完成“20个移民村‘美丽库区 幸福家园’居住环境综合整治项目和10个移民村经营性产业扶持项目建设，巩固提升经济薄弱移民村脱贫攻坚成果”省政府重点工作目标。组织开展水库移民后期扶持“十四五”规划编制，会同省财政厅印发规划大纲、制定规划编制技术服务指南、组织规划编制培训，指导31个县（市、区）完成县级“十四五”规划编制上报。

（3）水利移民工作监管。进一步完善制度，制定《江苏省水利移民工作监督检查实施办法》《江苏省水库移民生产开发项目管理办法（暂行）》，下达年度水库移民后期扶持工作要点，印发《关于加强水库移民后期扶持项目前期工作的通知》《关于补充完善水库移民后期扶持政策实施工作几项措施的通知》《关于做好移民后扶工作的提醒函》。进一步细化措施，在全省水库移民后期扶持政策实施情况监测评估和后期扶持资金绩效评价全面覆盖的同时，加大“四不两直”暗查暗访力度，对27个县(市、区)水库移民后期扶持政策实施情况和扶持项目安全生产开展检查。进一步强化成果运用，升级优化水库移民后期扶持管理信息系统，依托信息系统统计分析，建立周提醒旬通报月反馈工作机制。开展“奋战五个月、实现双确保”专项行动，向年度工作完成较好、人口规模较大的县(市、区)政府发表扬信和建议函。2020年，水利部对江苏省水库移民后期扶持资金绩效考核开展复核，抽查东海县、盱眙县作为复核样本县，通报江苏省2019年度水库移民后期扶持资金绩效评价列优秀等次。2020年，通过水利部对江苏省本级和溧阳市、宜兴市2019年度水库移民后期扶持政策实施稽察整改情况复核。

(4) 水库移民信访工作。主动化解信访矛盾，完善信访接待制度，制定重要节点水库移民信访预案，做好春节、“两会”、国庆等敏感节点舆情日报制度。印发三峡移民后扶工作提醒函，加强三峡移民信访诉求研判，开展三峡移民生产困难摸底排查，召开移民信访稳定工作座谈会。水利部三峡工程管理司任骁军副司长到江苏省调研检查三峡移民信访工作。配合水利部完成2019年度三峡移民生产生活水平和融入情况动态监测。下达2020年三峡移民维稳工作经费447万元。

(供稿：唐书)

水资源管理

【最严格水资源管理制度】 (1)最严格水资源管理制度深入落实，水资源管理节约保护水平全国领先。在国务院实行最严格水资源管理制度考核中，江苏省连续3次(4个年度)蝉联全国第一。(2)省委省政府高位推动，主要领导、分管领导多次作出批示，将万元GDP水耗、水源地建设等作为高质量发展综合考核内容，省政府建立最严格水资源管理制度考核和节约用水工作联席会议制度，扎实构建党政主导、齐抓共管的最严格水资源管理制度工作格局。(3)认真落实最严格水资源管理实施意见、考核办法和考核方案，各设区市政府均成立联席会议或领导小组，建立省市县三层级考核评估体系，专项监督检查、日常监督检查和“四不两直”检查的强监管体系全面形成。(4)用水总量与强度控制体系全面建立，水资源合理配置和高效利用水平不断提高。“十三五”期间，全省用水总量持续控制在500亿立方米以内，2020年万元地区生产总值用水量、万元工业增加值用水量分别较2015年下降了28.3%、31.5%，重要水功能区达标率由65.2%提高到93.5%。

【水量分配与生态流量确定】 (1) 全力配合流域机构编制完成并批复奎濉河、新汴河水量分配方案，积极配合开展5河2湖(长江、滁河、青弋江、水阳江、白塔河和高邮湖、南四湖)跨省河湖水量分配工作，同步分解至市县。(2) 全面完成跨市河湖水量分配。完成并批复省内3河1湖(淮沭河、沭新河、苏北灌溉总渠(含淮河入海水道)、骆马湖水量)分配方案，13个设区市完成20条跨县河湖水量分配工作。(3) 全面完成重点河湖生态水位确定。省级累计制定并印发28个重点河湖生态水位，提前完成水利部下达的2020—2022年度任务。按照“一河(湖)一策”的要求，编制16个河湖生态水位保障实施方案。开展里下河腹部区、阳澄淀泖区等片区生态水位确定试点。(4) 加强生态流量(水位)保障。建立生态水位月监测、年评估制度，加强水利工程优化调度和取用水管控，有效保障河湖生态水位。水利部已批复的淮河干流、长江干流、太湖和江苏第一批16个河湖的生态水位均得到有效保障。

【取用水管理】 (1)全面完成取用水管理专项整治。率先完成全省范围的取水工程核查登记,全面完成整改提升任务,共核查登记14 499个取水项目(对应31 966个取水工程),共取缔1 333个项目,整改4 750个项目。(2)进一步规范取用水监管。规范取水许可验收、发证、延续、变更和注销等监管。组织开展全省水资源管理专项监督检查、日常监督检查和"四不两直"检查,全年累计对1 500余个取水工程进行监督检查,不断规范取水行为。(3)规范取水许可管理。严格水资源论证报告书审查和许可审批,强化审查审批质量把关,强化定期监督检查和不定期抽查,不断提高报告书质量。对非农取水用水户全面规范计划用水管理,对超计划用水户及时警示,足额征收水资源费(税)。(4)加强取用水计量监控。加强非农取水计量管理,做好定期更换、检定、校准,保障稳定运行。年取用地表水10万吨以上、地下水5万吨以上的重点用水大户建设在线监控设施,全省河道外85%以上非农取水以及60%以上总取水量实现在线监控。建立取用水计量检定校核机制,省级委托第三方开展2 000余个取水计量设施抽检。出台全省水资源管理信息系统运维办法,落实专项经费,定期通报在线率与监测率,保障系统安全稳定运行。

【饮用水水源地保护】 (1)全面完成水源地安全保障达标任务。全省22个国家重要饮用水水源地均完成安全保障达标建设任务,符合国家水源地达标建设的有关标准,按时上报自评估报告。定期开展国家重要饮用水水源地水量和水质监测,逐月按要求及时报送监测成果,实现水质在线监测,数据到报率达100%。(2)切实加强水源地长效管护。建立长效管护标准化建设机制,规范水源地名录核准和注销,建立"一地一档"。制定《集中式饮用水水源地管理与保护规范》,建成跨部门的水源地信息共享平台,每月发布水源地水文情报。中央人民广播电台报道了我省水源地建设成效。(3)全面完成应急备用水源建设。全省地级以上城市全部建有应急备用水源地或实现双源供水,满足应急条件下7天以上的供水能力。

【水资源管理能力建设】 (1)全面落实用水统计制度。按水利部规定进度、覆盖面和质量要求,全省累计录入5 780个取水户,实现自备水源应录尽录,全面完成用水统计各阶段任务。全省258个大中型灌区全部纳入名录库,选取158个典型小型灌区录入名录库,入库率达到100%。基层定报表、基层年报表填报(含审核)率达100%,综合年报表填报率为100%,审核率达100%。(2)率先实现取水许可电子证照全覆盖。在率先颁发全国首批省级取水许可电子证照的基础上,全面部署推进电子证照全面应用,2020年11月底省市县全面具备电子证照发证能力。颁发首批市县级取水许可电子证照,率先实现省市县取水许可电子证照"一网通办"。全省已累计发放取水许可电子证照292张。(3)深入推进规划水资源论证。完成连云港石化基地、滨海港工业园区、常州城市总体规划等18项规划水资源论证。制定印发开发区水资源论证区域评估方案和实施细则,对158个开发区启动实施水资源区域评估工作。(4)重点推进水资源改革创新。印发《关于推进水权改革工作的意见》,完成南京市江宁汤山地区、宿迁市洋河新区地下水水权交易试点,全国首例地下水水权交易在宿迁市签约。

【地下水管理保护】 (1)严格地下水位管控。全省地下水超采区水位呈稳定上升趋势,我省地下水监测资料表明,全省地下水水位保持稳定回升,超地下水位红线区域全部消失。(2)强化地下水管理基础。按照水利部要求完成地下水管控指标确定,并正式上报水利部和相关流域机构。组织开展全省地下水利用与保护规划、地下水监测站网规划、地下水超采区重新划定、地下水禁采压采效果评估等工作，夯实地下水管理基础。(3) 推进地下水封井压采。率先完成南水北调受水区地下水压采任务，持续加大苏中苏北实施封井压采，2014 年以来累计封井 7 883 余眼，压减地下水开采量 4.3 亿立方米，超额完成省政府批复的 2014—2020 年封井压采任务。苏锡常地下水禁采 20 年成效显著，最大水位回升幅度超过 50 米，《人民日报》等主流媒体宣传报道。(4) 强化地下水监测预警。优化全省地下水监测网络布设，定期编发地下水监测季报、年报。严格地下水取水总量和水位双控制度，探索建立地下水监测预警机制。

(供稿：李伟)

节水管理

(1) 抓好节水顶层设计 建立省级节约用水联席会议机制，全省 13 个设区市全面出台实施细则，省、市、县三级形成了节水协作推动机制。将单位 GDP 用水量指标纳入全省高质量发展综合考核体系，将节水行动年度目标任务纳入最严格水资源管理制度考核。组织开展了全省“十四五”节约用水规划编制，指导各地分级分地区开展规划编制工作。

(2) 强化节水监督管理 严格计划用水管理，健全省、市、县三级行政区域用水总量、用水强度控制指标体系，科学制定区域年度用水计划。完善定额标准体系，修订出台了新一轮行业用水定额，制订印发了《江苏省水平衡测试管理办法》。强化监督管理，以国家、省、市三级重点监控用水户和钢铁、纺织、宾馆、医院等高耗水行业为重点，加强计划用水、定额执行、计量设施安装和非常规水利用等督促检查。节水评价工作不断深入，全省已累计完成 400 余个项目的节水评价。

(3) 推进节水载体示范建设 持续开展省级节水示范区和县域节水型社会达标建设，全省已有 45 个县(市、区)完成国家级县域节水型社会达标建设，提前两年超额完成国家下达的建设目标。持续开展节水型企业、单位、学校、社区、灌区等载体创建，截至 2020 年底，全省累计创成各类省级载体逾 3 600 家。开展高校节水对标达标、提质增效工作，完成 42 家节水型高校建设，超额完成水利部目标要求。完成新签约 24 个合同节水项目，节水效益明显。开展江苏省水效领跑者评选工作，累计评选 29 家江苏省第二批水效领跑者，镇江金东纸业、苏州芬欧汇川、宿迁百威啤酒、淮安周桥灌区获评国家级水效领跑者。

(4) 打造江苏节水特色品牌 2019 年在全国率先推出“节水贷”业务。2020 年，针对新冠疫情的新情况，进一步放大“节水贷”的服务功能，有效助力企业战胜疫情，恢复生产经营和高质量发展。截至目前，已合计放贷 45 亿元，惠及 60 余家企业。省水利厅联合省交通厅，确定高速服务区用水定额、严格用水管理、完善节水设施、开展节水宣传，创新开展节水型高速公路服务区建设。延伸推广节水机关建设。将《水利行业节水机关建设标准》向全省党政机关延伸，发布了《江苏省节水型机关创建标准》，全省已累计创成 73 家节水型机关单位，“珍惜每一滴水、争当节水先锋”的意识已悄然走进机关干部职工的内心，惜水、节水、爱水的行为逐步成为自觉。

(供稿：吴以柱)

河 湖 管 理

(1) 构建河湖管理顶层设计。①立法治水。提请省政府颁布《江苏省水域保护办法》,以"水域面积不减少,水域功能不衰退"为目标,按照"保护优先、综合利用、严格控制、等效替代"的原则,强化水域公益性功能保护,严控开发性占用水域行为。常州、盐城市出台河道管理办法,《江苏省洪泽湖保护条例》《江苏省长江岸线保护条例》《徐州市河湖管理条例》启动立法程序。②规划引领。全面部署并扎实推进省骨干河道和在册湖泊的保护规划修编和编制工作,累计完成915个规划的编制。省级完成12个省管湖泊和20条流域性河道保护规划编制,推动规划成果与自然资源、生态环境等部门的横向共享。③制度建设。省级先后出台生态河湖示范建设、河湖堤防岸线巡查管控等指导意见,印发堤防工程技术管理规程,起草长江岸线巡查、涉河建设项目监督管理、河湖与水利工程划界成果调整完善等管理办法,制定并报请省政府审定长江岸线保护利用意见,盐城市印发河道日常巡查管理办法,苏州、扬州市出台市级涉河建设项目监督管理办法。

(2) 推进重点河湖综合治理。①长江岸线清理整治攻坚战圆满收官。国家下达我省的596个岸线整治项目,238个拆除取缔项目、358个整改规范项目全面完成,共腾退岸线60.3公里,新增复绿面积8 592亩,在沿江省市中整治数量最多、整治体量最大、整治效果最好,得到了水利部、长江委的充分肯定。国家和省生态环境警示片、环保督查"回头看"、省人大突出环境问题整改等133个岸线整治项目按期整改销号。②洪泽湖系统治理稳步推进。完成6 863条住家船的回收、拆解,49条餐饮船的整治,近2万住船渔民上岸安居,实现"两年任务一年基本完成";6 840条捕捞船全面退出,占全省禁捕退捕鱼船总数的31.6%;1.88万滩地居民得到妥善安置。水生态环境容量持续提升,泗阳县退圩还湖30平方公里,聚泥成岛3座,首批"十大生态修复示范工程"基本完成,恢复16.1公里生态湖岸。溧河洼、高桥河、濉河等河道基本整治完成,南淮泗河、古山河、西民便河等河道开工整治,入湖河道生态安全屏障逐步构建。

(3) 从严落实河湖空间管控措施。①拓展划界范围。新一轮划界完成606条国普河道、255座水库、258个大中型灌区的划界任务,国普河道、骨干渠道划界长度分别增加1.7万公里、2.4万公里。②扩展河湖网格化管理。河湖管理的网格划定、责任落实、巡查处置、违法查处、能力保障逐步到位,上线运行全省省管湖泊网格化巡查管理系统,有省管湖泊管理任务的33个县(市、区)348名网格员上岗履职,淮安市启动50条省骨干河道网格化管理布局工作。③建设河湖监测监控网络。常态化开展12个省管湖泊和20条流域性河道开发利用遥感监测,启动实施以水空间、水生态为重点的水域功能监测,加快建设省级河湖资源管理信息系统,逐步提高河湖信息化管控能力。④涉河项目监管。顺应"放管服"要求,强化涉河项目全过程监管,提升社会化服务效能。淮安市创新启动小微涉河项目审批制度改革,压缩审批时限近90%,徐州市规范"双随机、一公开"抽查制度,常州、盐城市重点落实涉河项目专项补偿,扬州市完成大运河沿线153家码头船厂专项整治。⑤堤防运行管理。对照水利部《堤防工程险工险段判别条件》,组织全省13个设区市排查出各类堤防工程险工隐患;汛前汛后2次组织全省6个防汛联防片区开展险工险段专项检查,厅有关部门适时组织抽查，并印发堤防巡查管理简报2期；配合水利部大坝安全管理中心做好汛期堤防运行安全专项检查，做好水利部暗访问题的整改工作。

（4）推动生态幸福河湖建设。①水生态修复。全省通过退圩还湖累计新增自由水面50平方公里，宝应广洋湖、兰亭荡新增水域10平方公里，兴化陈堡草荡、得胜湖、蜈蚣湖还湖7平方公里，大纵湖退出历史圩区5.2平方公里，高淳固城湖形象进度超过50%，新沂骆马湖、金湖宝应湖和高邮湖、武进滆湖二期工程开工建设。高淳固城湖、金坛长荡湖、泗阳洪泽湖、兴化平旺湖新增聚泥成岛11个，成岛面积1 188亩。②树立河湖生态样板。徐州市大沙河丰县段高分通过水利部示范河湖建设验收，成为全国首批17条示范河湖之一；无锡市政府组织开展美丽河湖三年行动，聚焦816个重点河湖，多部门协同，全力打造示范河道；南通市通过生态河道打造，协同乡村振兴战略、人居环境综合整治和“水美乡村”建设；徐州、常州、泰州市深入推动生态美丽河湖、五好河道、样板河道创建工作。苏州市完成387个生态美丽样板河湖建设，苏州吴中区加快打造太湖水生态涵养特区，吴江区全力推动河湖生态复苏工程，努力打造“世界级湖区”，助力长三角生态绿色一体化发展示范区建设。③提升河湖管护效能。结合生态河湖建设、美丽乡村建设，各地积极探索河湖管护新方法新措施，常州市推动骨干河道常态化生态轮浚，南通市协同扶贫和河湖管护市场化工作，淮安、镇江、宿迁市加大管护市场化的引导扶持，盐城、泰州市共同推动通榆河漂浮物边界打捞工作。

（供稿：殷鹏）

河长制湖长制

（1）聚焦责任落实，提升河湖共管效能。一是河长分级履职格局全面深化。省总河长、省委书记娄勤俭，省总河长、省长吴政隆率先垂范，巡察河湖，督查河湖长制落实情况，省级河长以上率下巡河履职，带动基层河长巡河，全省5.7万名河湖长累计巡河巡湖10万人次。二是部门协同联动机制全面强化。河长制工作领导小组19个成员单位紧密协作，各尽其责、齐抓共管；各级河长制办公室发挥组织协调作用，服务河长履职，跟踪督办河长批示交办、巡查发现和群众反映问题。三是社会广泛参与局面全面形成。“民间河长”积极参与，省级评选出第二届“十大河湖卫士”，南京、徐州、南通、宿迁等地聘任培训“乡贤河长、专家河长、参谋河长、外籍河长”，推动河长履职。

（2）聚焦重点问题，提升河湖共治力度。一是大力开展河湖违法问题整治行动。持续推进河湖“两违三乱”整治，加强河湖“清四乱”常态化、规范化，全省排查整治河湖问题4.5万个。水利部交办的200件暗访发现问题，已整改185件。二是大力开展黑臭水体治理行动。加快推进苏中苏北地区县级城市黑臭水体治理，完成年度68条黑臭河道整治任务。三是大力开展生活污水处理行动。全面开展提质增效精准攻坚“333”行动，年度新建成8个省级污水处理提质增效示范城市。四是大力开展航道码头整治行动。基本完成内河干线航道“三无两洁”、港口码头“四无六净”任务，交通干线航道沿线环境实施长效管理。

（3）聚焦关键方面，提升河湖共保能力。一是突出污染防治。省人大审议通过《江苏省水污染防治条例》，明确河长责任。开展省级以上工业园区污水处理专项整治。船舶全面安装生活污水处理设施，建成船舶垃圾、污水接收设施万余套。持续推进农药化肥减量增效，较2019年，全省化肥和农药使用量实现双降。二是突出生态治理。完成生态河湖行动计划三年目标任务，开展河湖健康评价，完成第二批12个河湖生态水位制定。省河长办出台《关于全力做好水葫芦清理处置工作的意见》，常态化打捞水面漂浮物；在全国率先出台专门文件，下达经费1 300万元，助力禁捕退捕。宿迁出台《宿迁市河湖健康生态评估大纲》。三是突出跨界协同。省河长办出台《关于充分发挥河湖长制作用 进一步加强跨界河湖协同共治的通知》，省级与浙江、上海建立了太湖淀山湖湖长协作机制，与安徽、河南等建立了淮河流域河湖长制沟通协商机制。苏州市吴江区跨界联合河长制入选中国改革2020年度典型案例。

(4) 聚焦综合施策，提升河湖共建质量一是注重法规制度建设。省人大颁布《江苏省农村水利条例》，省政府发布《江苏省水域保护办法》，省水利厅印发《关于加强河湖水域岸线管理保护工作的意见》，明确保护目标任务。编制完成河道、湖泊保护规划。二是注重大河大湖保护。加强长江保护，强力推进长江岸线清理整治任务，拆除取缔170个项目，完成2018—2020年长江经济带生态环境警示片披露问题整改；加强太湖保护，全年打捞蓝藻202万吨，实施引江济太5.68亿立方米，连续13年实现“两个确保”；出台《江苏省大运河文化保护传承利用实施规划》和《大运河国家文化公园江苏段建设规划》；启动《江苏省洪泽湖保护条例》立法和《洪泽湖保护规划》修编，完成7 066条住家船、49条餐饮船渔民上岸安居。三是注重长效机制构建。加密河湖管理范围线，完成1 495条河道管理范围划定。“五位一体”综合管护覆盖率持续提升。

(5) 聚焦创新发动，提升河湖共享水平一是社会宣传见行动。发布江苏河长制标志，举办河湖故事讲述活动，在省级以上媒体宣传河长制230多篇。张家港市、泰州市姜堰区等地建立了 批河长制主题公园。二是社会监督见落实。印发《江苏河长制热线96082工作规则》，全年受理处置群众反映问题114件。发布2019年度省河湖长制工作满意度第三方评估报告，公众知晓度、满意度、参与度不断提升。三是社会共治见成效。在全国率先制定《河长公示牌规范》标准，公示牌的窗口作用更好发挥。泰州在全国首创成立河长制研究会；连云港创新实施“流域长制＋河长制”，打造“双引擎”；淮安洪泽区推进“河长制”与“五位一体”管护深度融合。

(供稿：刘洋)

财审管理

【财务管理】

(1) 强化资金保障，支持水利重大基础设施建设和民生支出。2020年全省水利投入达到400亿元以上。一是积极争取财政投入，充分发挥政府投入主渠道作用。2020年度落实省以上财政水利投入121.8亿元，2021年新增基本建设预算9 900万元，商财政积极落实灌区改造、小水库除险加固等项目资金。二是大力推进金融与社会资本支持水利建设。围绕水利工程建设需求，突出水利建设的民生属性，密切沟通政策性金融机构，争取涉水政策性贷款支持。继续推进全省社会资本投资水利，协调地方水利PPP项目入库。三是加强税费政策研究，促进行业发展。开展全省基层排灌站用电价格调查，商省发改委、省电力公司落实基层农业排灌站执行农业用电价格，降低农民农业生产排灌成本。严格执行水利船闸降费政策，顺利完成地热水、矿泉水水资源费改税，水土保持补偿费改由税务部门征收的衔接工作。四是积极盘活存量资金。加快工程项目验收，清理历年沉淀资金。把盘活财政存量资金作为平衡预算开源节流、用足用活积极财政政策的重要抓手，对全省清理历年结余资金，商省财政部门继续用于水利建设。

(2) 服务基层，保障厅直单位正常运转和事业发展资金需求。一是单位人员机构经费财政保障水平不断提高。落实省直单位人员基本支出财政补助 12.3 亿元，落实省级财政运转经费统一压减预算 5%的任务，厅机关及事业单位正常运转经费得到保障。二是商省财政厅落实水利突发事项经费。积极调度资金解决武定门节制闸公路桥、引江河高港泵站厂房屋顶、总渠公路桥、水利大厦幕墙维修等涉及安全生产的事项，协调解决改制单位职工反映的多年未解决的职工住房危房问题，消除影响职工基本生活安全隐患。支持厅直各单位加大安全生产管理投入。督促工程项目法人单位落实施工单位安全生产措施费投入、加强措施费使用管理。三是加强内部资金统筹调度。统筹调度厅直单位经营收入，统筹安排直属单位人员机构经费，保证单位正常运转和职工队伍稳定。

(3) 加强财务管理，提高资金使用效果。一是修订完善财务制度。联合省财政厅出台《江苏省省级水利重点工程建设补助专项资金管理办法》和《江苏省省级水利发展资金绩效管理暂行办法》，编制印发了《江苏省水利厅事业(企业)单位审计问题清单与处理指南》《江苏省水利基本建设项目审计问题清单与处理指南》。二是强化绩效管理。组织开展厅直事业单位国有资产绩效自评价，实施省灌溉动力管理一处整体绩效监控，组织 13 个设区市对所辖县(市、区)部分水利发展资金绩效自评价。组织开展省部门预算单位整体绩效目标和省级专项预算绩效目标申报、评审，重点项目绩效监控，水利资金绩效成果应用和预决算信息平稳顺利公开。开展省级部门单位绩效指标体系建设试点，会同业务部门制定 250 多个专项资金三级绩效指标，通过了省财政厅评审。加强水利发展资金实施过程的跟踪监督，我省在财政部、水利部中央水利发展资金绩效评价方面继续取得优秀成绩，排名全国前三。三是稳步推进国有企业统一监管改革。成立厅企业改革领导小组，组织厅直单位所办企业资产清查，按照"一企业一方案"，完成 49 家企业统一监管改革方案上报，为事业单位发展留了空间。在资产清查、方案制定过程中加强与财政等部门对接沟通，争取政策支持。四是进一步加强资产管理。认真落实省政府关于疫情期间中小微企业减免房租政策，协调财政办理厅直单位重大资产处置及车辆报废更新，下放省本级防汛物资账管理权限，完成省级单位水利公共基础设施资产与其他固定资产划分，督促省直水利信息化无形资产移交入账 1.6 亿元，推动全省水利工程资产登记入账。强化财政一体化信息化平台及厅财政审计信息系统的应用，实现 86 个基层预算单位财政资金支付和收支核算"实时双查看"，做到发现问题即查即改，提高审计检查效率。省财政厅对我厅预算绩效高质量考核目标全部完成。我厅部门决算、资产年报等工作均获省财政厅先进表彰。

【水利审计】 2020 年，全省水利系统开展审计项目 1 620 个，其中：政策落实审计 23 个、财务收支审计 638 个、固定资产投资审计 330 个、经济责任审计 168 个、内部控制和风险管理审计 110 个、效益审计 48 个、其他审计 303 个。审计总金额为 422.80 亿元。经审计，发现金额类问题 692 个，非金额类问题 1 017 个，提出建议和意见被采纳的为 2 209 条，为单位增收节支 2.69 亿元。

2020年全省水利系统内审机构共105个，其中：专职内审机构4个，非专职内审机构101个。共有审计人员446人，其中：专职审计人员66人，兼职审计人员380人。内审人员中本科以上学历346人，具备中级职称以上300人。

（1）水利基本建设项目审计　工程竣工决算审计制度全面落实，省重点水利工程省以上投资50%以上的项目，由厅财务审计处组织审计，其他项目由市县组织审计。今年省厅组织对63项基本建设项目进行了竣工决算审计，审计资金82亿元，核减基建支出2.06亿元，促进配套资金到位1.05亿元，提出审计建议和意见281条。跟踪审计建设项目11个，提出并被采纳的审计意见73条，尽早发现问题，及时整改到位，为工程竣工验收创造了条件。

（2）党风廉政巡察审计　根据厅党组巡察工作方案要求，每年组织对部分厅属单位进行巡察审计。2020年省厅共开展了3个单位巡察审计、6个单位巡察审计回头看、3个单位专项巡察审计，审计资金7.05亿元，提出审计建议和意见21条。揭示被巡察单位在党风廉政建设方面的问题和管理上的漏洞，要求被巡察单位对财务管理方面存在的问题限期以书面形式上报整改情况，还督促单位对现有内控制度进行修订完善并有效执行。

（3）经济责任审计　离任审计做到100%，任中审计逐步推开。今年省厅共组织对9名厅管干部进行了离任经济责任审计，审计资金44.04亿元，提出审计建议和意见29条。分管厅领导参加审计意见交换会，经济责任联席会议成员单位通力协作，有力地促进了干部民主决策和勤政廉政。

（4）企事业单位预算执行、效益审计　按照厅党组提出的“对所花的每一分钱必须经过审计”的要求，以制度审计、管理审计为主要内容，组织力量对厅属所有事业和企业单位进行预算执行审计、效益审计。2020年共对12个厅直企事业单位进行了审计，审计资金35.13亿元，提出审计建议和意见61条。对审计发现的问题督促被审单位及时整改，并将整改情况书面报厅。对存在问题较多，整改不及时的，约谈单位主要领导。年中和年末对审计发现的主要问题汇总后向厅主要领导汇报，为领导决策提供依据。

（5）水利专项资金审计　继续整合系统内财务审计力量，组织设区市水利财务审计部门对县（市、区）使用中央和省下达的专项资金进行全面审计，并直接对4个县进行审计。对问题较多的县实行精准指导，帮助建立完善相关管理制度，堵塞管理漏洞。

太湖水环境应急治理

【太湖水环境综合治理】　全年引江济太5.76亿方，两次应急调水入太湖0.87亿方，年度打捞蓝藻202万吨，达历史第二高峰值；指导无锡市组织实施贡湖湾近岸水域30万方、宜兴市完成太湖二轮一期年度120万方清淤任务，有效改善了太湖水体水质，有力保障了太湖治理连续十三年实现“两个确保”目标；完成太湖拖山岛聚泥成岛试点工程，《太湖清淤固淤试点工程实施方案》通过审查并报省政府。

（供稿：殷鹏）

【太湖引流应急调度】　2019年汛后，太湖流域降雨持续偏少，2019年10月1日—12月15日流域面均降雨63.9 mm，较常年同期偏少53%，太湖水位一度降到2000年以来同期最低。根据太湖水位变化情况和流域调度方案，水利部太湖局于2019年10月17日起组织开展2019—2020年跨年度引江济太。2019年10月17日至2020年1月17日，常熟水利枢纽调引长江水 13.32 亿 m^3，望亭水利枢纽引清水入太湖 7.05 亿 m^3。

2020 年 5 月下旬，受持续高温少雨等因素影响，太湖部分湖区出现蓝藻较大面积聚集的情况，对此江苏省水利厅向太湖局提出实施引江济太的需求。为保障太湖安全度夏和流域水源地供水安全，5 月 21 日启动引江济太。5 月 21 日至 6 月 8 日，常熟水利枢纽调引长江水 2.04 亿 m^3，望亭水利枢纽引清水入太湖 0.87 亿 m^3。

2020 年 12 月 15 日，无锡市政府请求实施望虞河引江济太，以保障太湖枯水期供水安全。12 月 16 日，赵世勇副省长主持召开专题会议，研究部署“引江济太”调水有关事宜，建立“引江济太”调度工作联席会议制度，统筹协调日常调水工作。2020 年 12 月 25 日至 2021 年 2 月 10 日，常熟水利枢纽引长江水 6.26 亿 m^3，望亭水利枢纽引清水入太湖 3.29 亿 m^3。

（供稿：郑福寿　王建　沈浩）

【太湖水环境整治骨干工程】 (1) 新沟河工程：新沟河延伸拓浚工程于 2020 年 12 月 30 日通过了省水利厅组织的竣工验收。(2) 新孟河工程：界牌水利枢纽工程泵站、节制闸、船闸水下部分已经全部完成，并于 2020 年 6 月通过省水利厅组织的通水验收，正在进行枢纽建筑物房屋装饰部分、堤顶道路等施工。奔牛水利枢纽船闸、节制闸水下工程及孟九桥工程全部完成，船闸、节制闸已通过水下工程阶段验收，孟九桥工程通过交工验收。立交地涵主体工程全部完成并通过水下阶段验收，正在实施房屋建筑工程等剩余项目。前黄枢纽工程船闸主体结构已基本完成，闸门启闭机安装完成无水联调。新北区河道 1 标已基本完成，其余标段正在实施；桥梁工程 9 座基本建成，其余正在实施。钟楼区境内工程已基本完成。武进区南延段河道和 18 座桥梁已基本完成，其余标段正在实施；牛塘枢纽已进场完成导航河施工，正在进行闸室基坑土方开挖和方桩基础施工。金坛区先导段已全部完成，其余正在实施。无锡宜兴市河道工程 5 个标段基本完成，其余 2 个标段正在实施。镇江丹阳市河道工程已基本完成，桥梁、水系调整工程已全部完成并通过合同工程完工验收。(3) 望虞河西岸控制工程：望虞河西岸控制工程除锡山区杨安港枢纽尚有少量尾工正在实施外，其余工程均已完工，正在组织工程审计和各类专项验收工作。

（供稿：候立新）

安全生产工作

【综述】 2020 年，全省水利行业牢固树立安全发展理念，压实安全责任，推进专项整治，突出安全风险管控和隐患排查治理，全省水利安全生产形势保持总体稳定态势。

(1) 严格安全生产责任落实。厅党组会议和厅长办公会议 8 次专题研究水利安全生产工作，定期召开厅安委会会议，制定厅领导班子成员安全生产职责任务清单和 2020 年重点工作清单，厅领导带头开展水利安全生产专题宣讲。对省水利厅安全生产工作职责任务进行分解落实，修订厅安委会工作规则，明确各专业领域安全监管职责。开展落实安全生产主体责任集中宣讲“春风行动”，逐条对照落实《企业落实安全生产主体责任重点事项清单》，将安全生产作为厅系统巡察和年度综合考核重要内容，推动安全生产主体责任落实。

(2) 深化安全生产专项整治。对标全省 27 个重点领域，组织开展水利行业安全生产专项整治工作，印发《全省水利行业安全生产专项整治三年行动实施方案》，部署开展全省水利行业危险化学品使用安全专项治理行动。聚焦重点领域和重要时段，组织开展安全生产专项督查 8 项，部分督查由厅领导带队开展，共发现问题隐患 945 个，已整改 928 个，整改率为 98.2%。联合省公安厅、交通厅共同推进农村地区道路交通安全隐患排查整改，并开展专项督导，推动隐患整改取得实效。

(3) 推进安全生产标准化工作。严格水利安全生产标准化达标申报审查工作，2020 年新增标准化一级单位 16 家，组织 3 批次对 47 家单位申请材料进行初审，审定通过 2 批次共 38 家标准化二级单位，各设区市标准化三级单位达 149 家。出台江苏省水文监测单位和水利防汛物资储备单位安全生产标准化评价标准，不断扩大标准化建设覆盖面。

(4) 加强安全生产宣传教育。组织开展全省水利系统“安全生产月”活动，在厅网站开设活动专栏，设置 13 个专题内容，总访问数达 13.8 万次，厅监督处被省安委会评为全省“安全生产月”活动优秀单位。组织参加全国水利安全生产知识网络竞赛，省水利厅等 18 个水行政主管部门获得单位组织奖，61 人获得个人竞赛奖。组织参加全国《水安将军》安全生产知识趣味竞赛活动，省水利厅获得优秀组织奖，8 个单位获得优秀集体奖，24 人获得个人奖。举办全省水利监督和安全生产业务培训班，共 120 余人次参加培训。

(5) 强化安全生产信息化监管。广泛推行“安全监管＋信息化”监管模式，加强水利安全生产信息系统应用，强化安全风险动态管控和隐患排查治理，动态更新危险源辨识管控情况，做到隐患自查自改自报自销闭环管理。常态化开展以危险源、隐患和事故风险为主要指标的安全风险度评价，统计分析各设区市和厅属单位安全生产状况，并进行排名通报。

(6) 健全安全管理长效机制。突出问题导向，建立健全安全生产规章制度，制定《江苏省水利生产安全重大事故隐患治理挂牌督办制度》，修订《江苏省水利厅生产安全事故应急预案》和《江苏省水利安全生产标准化建设管理办法》，进一步强化安全生产长效监管。

(供稿：陆志慧)

【水利建设安全生产工作】 2020 年，全省水利重点工程建设牢固树立安全发展理念，层层压实安全生产责任，建立健全长效机制，扎实开展安全生产专项整治行动，安全监督管理工作不断加强，安全生产专项整治工作全面推进，成效明显。全省水利重点工程完成投资 130 亿元，未发生一起等级以上生产安全事故，安全生产形势稳中有进，持续向好，全省在建水利重点工程无一处失事，全部实现安全度汛，为江苏水利高质量发展提供安全保障。

(1) 进一步完善安全生产制度体系。先后制定出台《江苏省水利重点工程建设安全生产工作指导意见》《水利重点工程安全生产项目法人工作清单》《省水利重点工程建设安全生产专项整治三年行动实施细则》，进一步明确参建单位安全生产主体责任和水行政主管部门安全生产监管责任；坚持“监督检查”与“指导服务”并重，明确安全生产指导服务标准，提升指导服务质量；细化实化安全生产专项整治行动方案，扎实推进专项整治工作。同时宣贯落实各项制度要求，通过全省洼地治理工程项目法人培训班、洼地治理工程劳动竞赛现场推进会、全省水利重点工程建设安全监督管理人员培训班，以及日常指导服务、安全监督检查活动等进行宣贯培训，做到全省 13 个设区市和厅直属水利重点工程全覆盖，累计培训 200 余人次。

(2) 加强水利重点工程安全度汛监管。年初即发文要求各地各单位克服疫情防控对工期造成的影响，提前谋划安全度汛工作，督促参建单位上足人员、机械，在确保质量、安全前提下加快建设进度；4 月初在全面摸底排查基础上，制定工程防洪度汛问题清单，共计

7 大类 21 个项目;4 月中旬公布了全省在建水利重点工程安全度汛责任单位和责任人,落实度汛责任,共涉及标段 228 个,建设、设计、监理、施工等参建单位 249 个,度汛责任人 937 人次;4 月底对 13 个设区市开展全覆盖安全检查,出具安全监督检查意见 16 份,收到整改回复 16 份,所有隐患及时整改到位,做到闭环管理。5 月下旬召开专题会议,听取汛前检查情况汇报,研究解决检查中发现的问题,部署汛期安全生产工作。进入主汛期后,赴张家港常沙河闸站、江阴定波枢纽等沿江水利重点工程,开展度汛方案和超标准洪水应急预案措施落实情况检查,督促各地各单位进一步细化实化预案,确保防洪度汛责任到位,措施到位。今年江苏经历了长江超历史大洪水、太湖超标准大洪水、淮河较大洪水及沂沭泗地区 1 960 年以来最大洪水,全省水利重点工程无一处失事,全部实现安全度汛。

(3) 深入开展安全生产专项整治行动。结合水利重点工程实际,制定印发《省水利重点工程建设安全生产专项整治实施方案》,部署开展全省水利重点工程安全生产专项整治"一年小灶"工作。制定出台《省水利重点工程建设安全生产专项整治三年行动实施细则》,在"一年小灶"的基础上,启动"三年大灶"。细则出台后,在全省水利重点工程安全监督管理人员培训班上进行了集中宣贯。各地各单位均按照通知要求,研究制定专项整治行动方案,按规定开展专项整治工作。结合安全检查,对照 2 个专题和 10 个重点环节要求,对参建单位安全专项整治工作开展情况进行检查,并要求各设区市水利局和厅直属水利重点工程项目法人提交年度安全专项整治工作总结。全年对厅直属水利重点工程开展安全监督检查 10 次,对设区市水利重点工程开展安全生产飞行检查 34 次,做到检查全覆盖。累计出具安全监督意见 44 份,收到整改回复 44 份,检查发现隐患 360 条,所有隐患均已整改到位,做到闭环管理。

(4) 广泛开展安全生产月活动。活动主题为"消除事故隐患,筑牢安全防线",共组织开展六项安全生产月活动。一是深入学习贯彻习近平总书记关于安全生产重要论述,集中专题学习江苏安全生产专项整治集中督导推进会会议精神和《江苏省安全生产条例》。二是组织开展安全生产知识培训。三是推进安全宣传"五进"工作,结合"送安全、送清凉、送法律"进工地活动,选取洼地治理、新孟河等一批水利重点工程,宣贯《江苏省水利重点工程建设安全生产工作指导意见》。四是开展"排查整治进行时"专题活动,对刘老涧泵站加固改造工程、望虞河西岸控制工程等开展隐患排查活动。五是参与"安全宣传咨询日"活动,参加"安全隐患大家查""安全生产每日一题" 和"争做水利安全将军"等活动。六是组织参加水利部安全生产知识竞赛活动。

(5) 规范安全生产方案备案管理。厅直属水利重点工程"保证安全生产的措施方案备案"和"拆除爆破工程专项施工方案备案",是一项行政权力事项。2020 年两项备案首次进驻省政务服务中心窗口进行办理,实现省水利厅"其他权力事项"备案"零突破",并且做到全年新开工项目全覆盖。对安全生产监管事项目录清单进行梳理,首次通过省"互联网+监管"系统,将行政检查行为信息上传至江苏省大数据中心数据归集系统,信息上传做到 100%。全年参与厅直属水利重点工程竣工验收 3 项,出具竣工验收安全监督报告 3 份,参与率 100%。

(供稿:陆雪琴)

【省管工程安全生产工作】 2020 年,按照《江苏省水利厅安全生产委员会工作规则》《水利重大风险排查及防范化解预案》的要求,省河道局深入贯彻落实厅关于安全生产工作的各项指示精神,切实履行省属工程安全运行监督管理职责,以如履薄冰的心态,以扎实有效的措施，抓紧抓细抓实安全运行工作。

一是提高政治思想站位，夯实自身能力基础。认真学习贯彻习近平总书记关于安全生产的重要论述，落实省委省政府和厅关于安全生产的决策部署，坚持把安全生产工作摆在突出位置，逢会必讲安全，到现场必查安全，牢固树立安全生产底线、红线意识。结合日常工作，组织局干部职工开展安全生产专题学习，及时传达贯彻厅安委会会议精神，积极参与部、厅安全生产月系列主题活动，在全局上下形成浓厚的安全文化氛围。

二是强化监督检查指导，筑牢工程安全防线。围绕水利行业强监管总基调，加大省属工程安全运行情况督查力度，督促厅属管理处落实好主体责任，保障省属工程运行安全和效益发挥。全年共组织开展安全专项督查10余次，尤其针对汛情严峻的形势，在主汛期开展安全运行专项检查，检查工程54座次，以书面形式提出检查意见建议70余条。对发现问题狠抓落实，整改结果回头看，实行闭环管理。除此之外每到工程现场必查安全、必讲安全，有效推动了管理单位安全意识的提升，发现解决了一批安全生产薄弱环节和存在问题。

三是督促做好专项整治，提高安全生产水平。积极督促厅属管理处认真落实厅安排部署，以专项整治行动为抓手，持续开展危险源辨识及风险评价、隐患排查工作，落实风险管控及隐患治理措施。以水利安全生产标准化评价标准为总领，将考核标准和要求融入日常管理工作中，加强作业过程管理，强化维修养护项目安全监管，加大安全生产投入，加强各类安全硬件设施建设，进一步提升安全管控能力。

四是摸清工程安全状态，关注重点场所安全。首次组织开展了省属工程近十年观测成果回顾分析、应急预案评选工作，判断工程安全状态及变化趋势，科学编制应急预案，做到对工程家底心中有数，见微知著，对未知风险未雨绸缪，手里有招。加强对除险加固、拆除重建、维修养护项目等施工现场的安全监督管理，注意施工重大危险源的管控，强化安全生产措施的落实。做好特种设备、危险化学品的安全管理，加强人员密集场所安全、消防管理。

2020年省属闸站工程全年安全生产无生产安全事故。

（供稿：王震球）

【机关后勤保障】

（1）2020年重点工作。①做好疫情防控。坚决贯彻厅党组对疫情防控工作的部署要求，认真落实"五抓五促"专项行动，全面落实疫情防控措施，坚持疫情防控常态化，始终保持思想不松、力度不减、措施不少。②做好防汛抗洪服务保障。会议保障和车辆保障全天候待命，大厦中央空调经受住了连续14天24小时运行的考验，为防指正常有序办公、成功抗御特大洪水提供了坚强支撑。③做好大厦玻璃幕墙维修施工管理。在厅各职能部门全力配合支持下，后勤集全体力量，从安全生产、质量监督、进度控制、综合协调上抓落实，保障项目顺利完成。④做好垃圾分类工作和无烟机关建设。全面落实《南京市生活垃圾管理条例》，落实无烟机关建设要求，多形式加大宣传力度，规范设施器具的配备，强化物业督查监管，打造绿色机关建设。

（2）安全管理工作。①消防安全。做好安全月和消防日活动，开展消防培训和应急演练；加强消防检查，完善设施配备，确保消防通道畅通。②大厦安全。确保大厦空调和电梯等设备运行正常，保障饮水安全，抓好大厦安保。③行车安全。认真抓好驾驶员安全教育和车辆安全检查，车队全年安全出行30万公里。④出租房屋安全。节假日重点检查，加强安全提醒和隐患整治。⑤隐患整治。

严格落实《厅系统“六类场所”火灾防控专项整治实施方案》,对专项安全整治行动排查出的安全隐患及时进行了整改。

(3) 服务保障工作。①加强对物业的考核和监督,重点抓好制度落实和物业合同兑现,坚持每季度评分考核。②2020 年全年收发信件 7 万余封,每天分发报刊 200 余份;全年出车 1 300 多次,租车 290 次;组织 500 多人次体检;日常报修做到随叫随到。③完成水利培训中心招租和租赁房屋合同管理工作;配合厅机关做好存量住房评估工作;做好厅大院及职工住宅区公用部位的维修维护工作。④做好各单位部门预算和决算工作;配合完成相关审计和检查;做好政府采购管理、国有资产管理和非税收入征缴工作。

(供稿:贾晓红)

防 汛 防 旱

2020 年雨情、水情、旱涝灾情

【雨情】2020 年，全省面均降雨量 1 265 mm，比常年偏多 25%。其中：沿江苏南 1 389 mm，比常年偏多 29%；江淮之间 1 194 mm，比常年偏多 19%；淮北地区 1 125 mm，比常年偏多 25%。全省降雨年内分布不均，1—2 月全省面均降雨量 119 mm，是常年同期的 1.9 倍；3—5 月全省面均降雨量 163 mm，比常年同期偏少 25%；6—8 月主汛期，全省面均降雨量 801 mm，比常年同期偏多 60%；9—12 月全省面均降雨量 182 mm，比常年同期偏少 16%。

6 月 9 日，我省淮河以南地区自南向北先后入梅，比常年偏早；7 月 21 日自南向北出梅，出梅偏晚。梅雨期持续 43 天，梅期偏长，为有气象记录以来的第 2 位。梅雨期间全省平均雨日 26 天，累计雨量 543 mm，为 1951 年以来历史同期的 2 倍，是多年平均梅雨量的 2.5 倍，仅次于 1991 年，其中，淮北地区 510 mm，江淮之间 509 mm，沿江苏南 642 mm，均居历史同期前列。

【水情】2020 年，我省经历了非比寻常的苏北干旱和历史罕见的全域洪水。入梅前淮河流域时段来水量位列倒数，苏北地区发生近 20 年来最严重水文干旱。入梅后大洪水接踵而至，长江发生超历史水位大洪水，南京高潮位达 10.39 m；太湖发生超标准大洪水，太湖水位列历史第 3 位；淮河发生流域性较大洪水，入洪泽湖最大流量排历史第 3 位，沂沭河发生 1960 年以来最大洪水。

(1) 长江流域：洪峰流量大、持续时间长，洪峰与天文大潮交织，长江南京镇江段发生历史性大洪水。大通流量超过 70 000 m^3/s 持续长达 28 天，最大流量 84 600 m^3/s，列历史第 2 位；南京站潮位自 7 月 18 日超过历史最高水位 10.22 m，长达 6 天，最高达 10.39 m；镇江站潮位自 7 月 21 日超过历史最高水位 8.74 m，长达 5 天，最高达 8.82 m。此外，沿江支流也出现罕见的全面超警洪水，其中：秦淮河东山站最高水位 11.04 m，超警 2.24 m，列历史第 3 位；滁河晓桥站最高水位 12.00 m，超警 2.50 m；固城湖高淳站最高水位 12.31 m，超警 1.91 m；水阳江水碧桥站最高水位 13.27 m，石臼湖蛇山站最高水位 12.91 m，列历史第 2 位，超保时间分别长达 23 天、11 天。

(2) 太湖流域：发生流域超标大洪水，区域主要河湖站点全面超警超保。太湖平均水位自 7 月 17 日超过保证水位，最高水位 4.79 m、平历史第 3 位，超警 48 天、超保 9 天。太湖地区骨干河道 100% 超警、83% 超保，最多时有 18 条河湖 30 个站点水位超警，10 条河湖 20 个站点水位超保。

(3) 淮河流域：发生流域性较大洪水。7 月 17 日淮河第 1 号洪水生成，吴家渡最大流量达 8 250 m^3/s，入洪泽湖最大流量超过 11 000 m^3/s，7 月 25 日浮山站最高洪水位 18.35 m、超过鲍集圩行洪区运用水位 0.25 m，盱眙站最高洪水位 15.56 m、超警戒水位 0.96 m；8 月 10 日洪泽湖蒋坝站最高洪水位 13.53 m，超汛限水位 1.03 m，低于警戒水位 0.07 m；受大流量行洪影响，洪泽湖下游淮河入江水道、苏北灌溉总渠等河道水位超警。

(4) 沂沭泗地区：沂河发生 1960 年以来最大洪水，8 月 13—14 日沂沭河上游山东境内强降雨导致沂沭河发生大洪水，沂河临沂站洪峰流量 10 900 m^3/s，列历史第 3 位，港上站洪峰流量 7 460 m^3/s（接近 1960 年历史最大流量 7 800 m^3/s）；沭河重沟站洪峰流量 5 940 m^3/s，新安站洪峰流量 2 090 m^3/s；新沭河大兴镇站洪峰流量达 6 300 m^3/s(超1974 年历史最大流量 3 870 m^3/s)。南四湖、骆马湖水位超汛限,8 月 10 日骆马湖最高洪水位 23.24 m,超汛限水位 0.74 m;新沂河沭阳站最大行洪流量 4 860 m^3/s(8 月 15 日)、最高洪水位 10.39 m(8 月 16 日),超警戒水位 0.89 m。

(5) 里下河等区域:里下河等区域发生超警洪水。汛期,受强降雨影响,里下河、白马湖、宝应湖、淮北等地区先后多次发生涨水过程。里下河兴化站 3 次超过警戒水位,最高水位 2.20 m,超警戒水位 0.20 m;宝应湖大汕子闸上最高水位 7.22 m,超警戒水位0.22 m;蔷薇河临洪站最高水位涨至警戒水位 4.70 0m。

【旱涝灾情】据统计,汛期全省大部分县(市、区)出现洪涝灾情,70.38 万人受灾,紧急转移 4.03 万人;农作物受灾面积 160.60 千公顷;损坏水库 10 座,损坏堤防 283 处、54.38 km,损坏护岸 163 处,损坏水闸 161 座,损坏塘坝 385 座,损坏水文测站 15 个,损坏机电泵站 87 座。因灾直接经济损失 17.29 亿元,其中水利工程设施直接经济损失 4.07 亿元。

入梅前,全省共有 8 个设区市受到干旱影响。作物受旱面积 187.44 千公顷,受灾面积 103.83 千公顷,其中成灾面积 77.54 千公顷、绝收面积 0.23 千公顷。因旱造成直接经济总损失 6.49 亿元。

2020 年全省防汛防旱工作

省委、省政府高度重视防汛抗旱工作,娄勤俭书记、吴政隆省长多次作出指示批示。在抗御历史罕见全域大洪水期间,省委常委会、省政府常务会 4 次专题部署防汛抗灾,省委省政府主要领导多次深入一线检查,省防指强化会商研判,科学指挥调度,全面落实各项防御措施,实现无重大险情、无重大灾害、无人员伤亡、无重大损失,夺取了防汛抗旱工作全面胜利。全年防汛抗旱减免灾效益达 1 207 亿元。

坚决扛起防汛抗旱主责。针对江苏水情、工情特点,省委省政府明确全省防汛抗旱的日常工作由水利部门承担。省防汛抗旱指挥部副指挥、省水利厅厅长陈杰部署全省水利系统牢固树立以人民为中心的发展思想,践行"两个坚持、三个转变"防灾减灾救灾新理念,深刻认识防汛抗旱面临的新形势、新任务,坚决扛起防汛抗旱主责,坚持底线思维,强化风险意识,立足于防大汛、抗大旱、抢大险,超前谋划、提早布局、及早开展,全力夺取防汛抗旱工作的全面胜利。全省水利系统坚决落实省委省政府决策部署,主动担责、科学履职,依托几十年防汛抗洪工作的经验优势,充分发挥防汛抗洪主力军作用,坚决守好防汛抗洪斗争主阵地,为夺取全省防汛抗洪胜利作出了重要贡献。

大力夯实防汛基础工作。坚持疫情防控和业务工作两手抓,从严强化责任落实,从细完善应急预案,从实抓好防汛备战。

一是压实防汛责任。根据省情实际,报经省委省政府领导同意后,及时调整省防指组成人员,完善防汛抗旱协调机制;明确各类防洪工程行政和技术责任人名单,并在《新华日报》等媒体公布;汛前省政府专门召开全省防汛抗旱工作会议并与各市签订防汛抗旱工作责任状,确保责任到位、人员到位、措施到位。

二是健全预案体系。修订完善《江苏省防汛抗旱应急预案》并由省政府办公厅批准颁布、修订完善 49 座大中型水库 2020 年调度方案等,组织编制 178 个超标洪水防御预案;组织开展里下河洪涝调度演练,联合省应急厅举办2020年江苏省防汛应急抢险救援实战演练，组织各级水利部门开展防汛抗旱业务培训200多次、培训近1.4万人，演练100余次、参演人员1万余人；及时更新补充防汛物资，增储防汛物资800万元。

三是排查消除险患。坚持抓早抓细抓实，1月组织自下而上开展水利工程汛前检查，3月部署各行业开展汛前检查；4月组织对13个设区市防汛备汛情况进行视频调度，组织厅领导带队的区域联防备汛督察。汛前26项一般水毁和31项重点水毁项目全部完成。

四是开展基础研究。完成洪水风险图编制、白马湖宝应湖地区水工程调度方案研究、省级水旱灾害防御物资储备管理能力建设规划编制等，开展苏南运河排水权研究、水旱灾害防御调度方案标准研究、预报调度一体化研究等。完成主要河湖特征水位修订，开展水旱灾害风险普查前期工作。

五是提升保障能力。汛前组织各级水利部门组建抗洪抢险及巡查队伍5 424支、24.8万人，推进2020年度农村基层防汛预报预警体系建设，开发太湖地区洪涝联合调度系统，完成江苏省防汛抗旱指挥中心会商功能完善项目建设。

成功抗御非比寻常的干旱。针对苏北地区入梅前干旱形势一度重于2019年同期的严峻形势，在系统总结2019年“三抗”工作成效的基础上，多措并举、综合施策，有效抗御严重干旱。

一是提前蓄水保水。2019年汛后，即调度启用江水北调和沿江闸站引调水，满足用水需求；2月18日起，逐渐加大江水北调调水力度，满足里运河、总渠沿线用水需求；4月20日起，开始向骆马湖补水，4月23日江都站抽江流量扩大到430 m^3/s；同时，调度水利工程积极拦蓄雨洪资源，洪泽湖、骆马湖共拦蓄20多亿 m^3 洪水资源；持续实施江水东引，保障里下河和沿海地区用水。

二是统筹调水补水。优化配置长江调水水源、节约利用“三湖一库”蓄水水源、合理拦蓄雨洪资源，实现多水源的统一调度。科学配置江水北调各梯级泵站流量，适时启用南水北调部分泵站。针对洪泽湖水位低于旱限水位的情况，陈杰厅长多次主持会商，决定在淮河入江水道金湖控制线临时架设220台套抽水机组，增加向洪泽湖以上区间的调水规模；决定启用里下河水源调整工程置换运河水，启用通榆河北延工程“双线”向连云港地区供水。针对太湖蓝藻暴发态势，协调太湖局2次实施“引江济太”应急调水。江水北调各大泵站累计抗旱抽水109.5亿 m^3，江水东引累计引水90.5亿 m^3，引江济太常熟枢纽累计引水5.7亿 m^3、累计入太湖2.3亿 m^3，沿江闸站累计引水23.8亿 m^3。三是严格管水用水。在逐月下达江水北调供水调度计划的基础上，6月1日起，以5天为一个时段，滚动加密制订用水计划，从严从细安排各地用水量。强化用水监管，加强输水河道市县际断面、引水口门水量监测，派出工作组开展巡查督查，通报超计划用水的市县。通过上述措施，在罕见气象水文干旱、水稻栽插在较常年提前5至7天的情况下，没有出现“让老百姓等水栽插、无水栽插”的现象，没有出现大运河航运严重拥堵的现象，保障了城乡居民生活、工农业生产、航运等用水需求。

战胜历史罕见的全域大洪水。针对2020年超长超强梅雨、超历史超标准大洪水，加强监测预警、加密会商研判、加强精准调度、加强及早处险。

一是强化监测预警。密切跟踪天气、雨水情、台风和汛情变化，每日定期会商研判，滚动作出预报，及时发布预警信息，及时启动或调整应急响应，超前做好防范应对准备。派出32个督导组工作组、17个专家组，赴全省各地尤其是沿江、沿太湖和沿淮河现场检查指导，牢牢掌握防汛抗洪主动权。

二是强化精准调度。充分发挥水利工程体系完备、可控可调的功能优势，科学精准调度洪水，最大限度减轻可能发生的洪涝灾害。洪水来临前，提前调度太湖、洪泽湖、骆马湖等出湖口门尽量多排预泄，调度沿江涵闸适时高挡低排、泵站全力抽排，预降河湖库水位，腾出调蓄纳洪空间。洪水入境后，从容开展分洪调度，科学安排入江入海。面对长江超历史洪水，紧急排查江心洲岛人员并细化转移撤退方案，及时发布潮位预测预警报告8期，及时启动泵站抽排秦淮河洪水，秦淮河、滁河上游水库实施错峰排水。汛期，秦淮新河沿江闸站累计排水15.6亿m^3，滁河沿江泄洪约12.2亿m^3。

针对太湖超标洪水，注重统筹流域和区域，实施错峰调度、挖潜调度，调度苏锡常城市防洪大包围错峰限排、尽量北排长江，调度蠡河枢纽分泄苏南运河洪水，超常规实施望虞河东岸口门、太湖东岸口门、交通船闸（套闸）参与排水，千方百计加大太湖洪水外排力度。

针对淮河来势迅猛洪水，提前调度三河闸敞泄拉底水，腾出近8亿m^3调蓄库容，为上游河南、安徽洪水快速下泄、减轻防洪压力作出了贡献；洪水入境后在维持三河闸敞泄的基础上，用足苏北灌溉总渠、废黄河、分淮入沂等通道的安全泄量，成功将洪泽湖水位始终控制在警戒水位以下，既保证了洪水安全入江入海，又避免了鲍集圩行洪区、淮河入海水道启用和淮沭河滩地行洪。三河闸最大泄洪流量7 970 m^3/s、高良涧闸最大泄洪流量807 m^3/s、分淮入沂最大分洪流量785 m^3/s。

针对沂沭河突发大洪水，陈杰厅长赴宿迁坐镇指挥抗洪工作。与流域机构沟通，及时调整应对方案；对河道大流量行洪、骆马湖与石梁河水库高水位蓄洪、邳苍分洪道分洪准备提进行部署。及时发布新沂河、新沭河、沂河、沭河江苏段洪水黄色预警，启动我省沂沭泗地区防汛Ⅲ级应急响应。沂沭河洪峰出现之前，提前调度加大嶂山闸泄洪力度腾空骆马湖库容，由4 000 m^3/s增至5 520 m^3/s，仅次于1974年的5 760 m^3/s。洪峰入境后，全力优化调度洪水分泄，适时压缩嶂山闸流量以控制新沂河流量不超过6 000立方米每秒；新沭河闸分洪流量达6 300立方米每秒，超过1974年的4 250立方米每秒；石梁河水库泄洪流量达4 830立方米每秒，超2018年的4 080立方米每秒，为建库以来最大泄洪流量。

针对里下河雨涝，在调度沿海五大港闸全力“下排”的基础上，调度高港枢纽、江都水利枢纽“上抽”涝水，始终将里下河兴化水位控制在2.20 m以下，避免了“中滞”圩区的使用。

三是强化台风防御。针对第4号台风“黑格比”，8月4日10时30分启动防台风Ⅳ级应急响应。根据台风发展变化，及时向沿江江海等防台风重点地区发出紧急通知，要求提前组织船只回港避风和人员转移避险，落实各项防台风措施。防台风期间，全省累计召回船只9 769艘，安全转移人员2.2万人次，关闭景区17个，关停工地1 802个，出动抢险队员5 068人次，全省无人因台风伤亡或失踪。

四是强化指令执行。严格贯彻落实上级调度指令，多次专门下发通知，督促各地各部门严格执行调度方案和调度指令，严肃防汛纪律。采用线上监视、水文巡测和实地检查相结合的方式，加强调度指令执行监管，确保了小局服从大局、区域服从流域的洪水调度方案的严格执行。汛期，太湖两大出湖口门累计排水35亿m^3，洪泽湖累计泄洪377亿m^3，新沂河、新沭河累计行洪89亿m^3，里下河地区累计排水63亿m^3，保住了鲍集圩行洪区、里下河滞涝圩、淮河入海水道和淮沭河滩地 68.6 万亩耕地不受淹不受涝，为保障全省粮食安全奠定了坚实基础。

五是强化及早处险。先后 5 次发出通知，督促各地强化巡堤查险，始终保持高度警惕，组织好巡查队伍、划分好巡查区段、制定好巡查方案、落实好巡查责任；紧急制作并向巡堤查险一线人员印发《江苏省堤防巡堤查险抢险手册》，明确巡查人员查什么、怎么查、怎么做；派出由设计院、科研院校教授以及退休老同志组成的专家组、智囊团，驻守抗洪前线，指导地方做好抢护措施，确保了险情早发现、早处置，把险情化解在萌芽之时、成灾之前。防汛抗洪期间，全省累计投入巡查 261 万人次，其中水利队伍 56 万人次；前置和投入块石 25 万吨、土工布 78 万 m^2、防汛三袋 670 万只、抢险设备 3 688 台套等抢险物资。

（1）从容应对淮河 1 号洪水。受安徽淮南山区暴雨影响，淮河流域发生 1 号洪水，我省淮河盱眙段水位猛涨。7 月 22 日，淮河干流全线超警，吴家渡流量 7850 m^3/s，洪泽湖蒋坝 12.89 m，浮山水位 17.78 m。按照《淮河洪水调度方案》，当浮山水位达到 18.10 米时，我省鲍集圩开口行洪。针对预判洪水水位将超过鲍集圩行洪区启用条件的紧急情况，省防汛抗旱指挥部副指挥、省水利厅厅长陈杰提请省政府樊金龙常务副省长主持召开省防指紧急会商会，拟定“须分则分，能保尽保”的原则，并报省委、省政府主要领导同意，开展盱眙县鲍集圩行洪区启用准备工作，部署行洪区内人员撤离；由省政府副秘书长张叶飞、省水利厅陈杰厅长任组长，9 个省级部门负责同志组成的综合指导组连夜赶赴盱眙。23 日凌晨 1 时，指导组会同淮安市以及盱眙县会商，细化人员撤离方案和要求，落实薄弱堤段巡查和应急加固方案，明确工作目标和任务。23 日 8 时，正式开始撤离，老弱病妇幼先撤，高危险区内人员先撤，离安置点较远人员先撤，截至当天晚上共撤离人员 1.2 万人。23 日上午，指导组分头查看工程现场和撤离安置情况；下午，作进一步会商落实。7 月 24 日 7 时，淮河干流吴家渡流量 8 080 m^3/s，浮山站水位 18.22 m，已超过鲍集圩行洪水位 18.10 m。省防指采取了提前排水、全力畅泄、合理分流、加固圩堤等有效调度措施，加之中游地区启用多个行洪区，经与上级部门沟通，最终成功避免了鲍集圩行洪、滞洪。通过有效应对，全省滞洪区、行洪区、滞涝圩无一运用，保障了区内、圩内老百姓的安居乐业。广大基层干群和 2 000 多名省级消防、水利、应急等专业人员，对险工患段、重要位置 24 小时不间断防守，第一时间发现险情，第一时间处置到位。省防指先后派出 25 个督导工作组、7 个专家组，指导各地及时处置险情。全省共投入巡堤查险人员 198.76 万人次，共投入抢险人员、前置后备人员 44.68 万人次，安全转移撤离 5.73 万人，处置险情 181 处。

（2）妥善处置生产圩堤破口。2020 年 8 月 12 日，5:00 左右，盱眙县官滩镇的王桥渔业圩圩埂出现破口；11:50 左右，盱眙县腰滩圩埂出现破口。王桥圩为渔业生产圩，也是是洪泽湖的滞洪圩，面积 5.47 km^2，圩内无常住人口。腰滩是淮河入洪泽湖口行洪洲滩，非防洪保护区，洲滩面积 17.70 km^2。省委、省政府主要领导多次作出指示批示。省水利厅厅长陈杰连夜带领防汛抢险、水文勘察、工程设计、排水作业等方面专家，驻在现场，指导应急处置工作。经反复会商，明确了应急处置的重点，一是尽快实现圩埂闭口，二是尽快排除圩内积水，三是尽快恢复生产生活秩序。腰滩圩破口宽度约 50 m、水位差 1.2 m 以上，最大流量 200 m^3/s 以上。由于交通原因，闭口作业只能单侧进占，而由于圩埂为砂性土质，这一侧艰难的封堵进展，被对面轻而易举的冲刷所抵消。而随着圩内水位的不断上升，运输变得越发困难。对此，陈杰厅长及时进行调度：一是立即部署请专业队伍紧急驰援实施坝头抢护，查看现场后紧急会商，重新商定了水上作业和岸上作业相结合堵口方案，由淮安市分管市长任现场指挥。13 日晚 23:00，紧急征用水上打桩船到达现场，同时省防办紧急调运木桩、钢管到达盱眙，再通过船运到达现场，县人武部组织的 200 民兵同时抵达。采用水上打桩船植桩，从护住裹头开始，再逐步向里推进；先分散植桩，再加密植桩，同时填筑袋装土护桩，形成排桩。二是在预判圩内道路即将全部淹没的情况下，一方面部署对局部低洼路段进行垫高，另一方面立即部署研究开辟水上运输通道。在地面交通完全中断的情况下，立即通过水上运输通道运输物资，确保了堵口的持续进行。通过全力实施沉船、投掷石笼、加密打桩等综合封堵措施，腰滩圩破口于 8 月 15 日下午 4 时实现合拢。在最后的合拢前，龙口水位差达 0.79 m，流量 80 m^3/s 以上。合拢的成功，使得圩内进水深度减少 0.9 m 以上，总进水量减少 1 200 万 m^3 以上。同样重要的是，在 13 号就开始现场部署排水电泵，迟一天，这些设备就无法运输到现场。8 月 14 日 12 时，王桥圩破口填筑至现状圩埂高程，首批临时排水机组出水。8 月 15 日，腰滩圩开始排水，到 8 月 31 日，圩内道路露出水面，群众陆续返回。

2020 年省防指及联防指挥部成员名单

1. 2020 年省防指成员名单

指挥:樊金龙　省委常委、常务副省长

常务副指挥:赵世勇　副省长

副指挥:田厚玉　省军区副司令员
诸纪录　省政府副秘书长
赵建军　省政府副秘书长
陈　杰　省水利厅厅长
陈忠伟　省应急管理厅厅长
朱小明　武警江苏省总队副司令员

成员:王建军　东部战区联合参谋部作战局副局长
杨力群　省委宣传部副部长
汤明海　省发展和改革委员会副主任
王成斌　省教育厅副厅长
李　锋　省工业和信息化厅副厅长
尚建荣　省公安厅党委副书记、常务副厅长
倪国强　省财政厅副厅长
袁晓军　省自然资源厅副厅长
秦亚东　省生态环境厅副厅长、省太湖办主任
陈浩东　省住房和城乡建设厅副厅长
王慧廷　省交通运输厅综合执法局局长
张劲松　省水利厅副厅长兼省应急管理厅副厅长
唐明珍　省农业农村厅总农艺师
马　龙　省文化和旅游厅二级巡视员
周明浩　省卫生健康委副主任
陈　静　省应急管理厅副厅长
董淑广　省粮食和物资储备局副局长
严明良　省气象局副局长
陈夏初　省通信管理局一级巡视员
陆　军　省消防救援总队副总队长
郭乃红　省供销合作总社监事会主任
雷解来　民航江苏监管局副局长
徐　伟　江苏海事局副局长
岳建军　上海铁路局南京办事处副主任
陈金东　江苏交通控股公司副总经理
陈　庆　省电力公司副总经理
李嘉清　中石化江苏石油分公司副总经济师
谌少英　中国安能建设集团总公司第二工程局副总经理

秘书长:张劲松　省水利厅副厅长兼省应急管理厅副厅长

2. 2020 年联防指挥部成员名单

(1) 省沂沭泗地区联防指挥部

指　挥:郑在洲　省水利厅党组成员、省南水北调工程建设领导小组办公室副主任

副指挥:毕于瑞　徐州市人民政府副市长
吴海云　连云港市人民政府副市长
光　华　宿迁市人民政府副市长
郑胡根　沂沭泗水利管理局副局长

办公室主任:李太民　省骆运水利工程管理处主任

(2) 省洪泽湖联防指挥部

指　挥: 韩全林　省水利厅副厅长

副指挥: 肖进方　淮安市人民政府副市长

李逸浩　盐城市人民政府副市长

丁　一　扬州市人民政府副市长

光　华　宿迁市人民政府副市长

办公室主任: 陈昌仁　省洪泽湖水利工程管理处副主任(主持工作)

(3) 省里下河地区联防指挥部

指　挥: 叶　健　省水利厅党组成员、副厅长

副指挥: 赵闻斌　南通市人民政府副市长

肖进方　淮安市人民政府副市长

李逸浩　盐城市人民政府副市长

丁　一　扬州市人民政府副市长

陈明冠　泰州市人民政府副市长

办公室主任: 唐荣桂　省泰州引江河水利工程管理处主任

(4) 省长江干流联防指挥部

指　挥: 高圣明　省水利厅党组成员、副厅长

副指挥: 霍慧萍　南京市人民政府副市长

蒋　敏　无锡市人民政府副市长

许　峥　常州市人民政府副市长

蒋来清　苏州市人民政府副市长

赵闻斌　南通市人民政府副市长

丁　一　扬州市人民政府副市长

曹丽虹　镇江市人民政府副市长

陈明冠　泰州市人民政府副市长

办公室主任: 马晓忠　省防汛防旱抢险中心主任

(5) 省太湖地区联防指挥部

指　挥: 朱海生　省水利厅党组成员、副厅长

副指挥: 蒋　敏　无锡市人民政府副市长

许　峥　常州市人民政府副市长

蒋来清　苏州市人民政府副市长

曹丽虹　镇江市人民政府副市长

办公室主任: 陈卫冲　省太湖地区水利工程管理处主任

(6) 省秦淮河流域联防指挥部

指　挥: 周　萍　省水利厅总工程师

副指挥: 霍慧萍　南京市人民政府副市长

曹丽虹　镇江市人民政府副市长

办公室主任: 张加雪　省秦淮河水利工程管理处主任

水 文 工 作

水 文 工 作　　135～141页

水文发展规划

【规划工作】 完成十四五水文发展规划送审稿，完成《全国水文现代化建设规划》江苏部分表格填报和《关于全国水文现代化建设规划(江苏部分)建议的报告》。

【前期工作】 完成连云港水环境分中心项目的可研、初设申报，省发改委批复，工程投资3 400万元。市际断面水文监测工程项目的项目建议书暨可研报告经生态环境厅、省水利厅审查通过，匡算投资1.84亿元，转报省发改委审批。

(供稿：周瑜鄰、张玉洁、陈哲)

水 文 站 网

【站网设置】 2020年，全省共有154处水文站、138处水位站、236处雨量站、36处蒸发站、21处泥沙站以及环太湖、沿江、新通扬运河、通榆河等省级巡测线。另外，还有苏北水资源供水监测专用站34处、环境资源区域补偿专用站30处。

全省地下水基本监测站共630眼，其中：国家级基本监测站523眼，省级基本监测站107眼；另有统测站631眼。

【资料整编】

(1) 地表水资料整编

2020年地表水水文资料复审共完成水流沙595站年、降蒸476站年，共计211万字组的水文资料审查工作。其中包括154处水文站、138处水位站(352处水位项目)、440处降水量项目、36处蒸发量项目、21处泥沙项目，其中遥测数据直接参加整编的水位项目341处(97%)、雨量项目435处(99%)，采用走航式ADCP测流的站50处，采用定点式ADCP、二线能坡法等自动采集数据进行流量资料整编的站4处，其中连云港分局小许庄水文站流量自动监测数据首次参加整编。

(2) 地下水资料整编

2020年地下水水文资料复审共形成水位资料：逐日监测成果表611站年、五日监测成果表16站年、年特征值统计表627站年；埋深资料：逐日监测成果表611站年、五日监测成果表16站年、年特征值统计表627站年；水温资料：逐日监测成果表559站年、五日监测成果表10站年、年特征值统计表569站年；考证资料：地下水监测站2020年高程考证成果表617站，并形成江苏省地下水监测站基本情况考证成果一览表。

(3) 水质资料整编

2020年，全省共监测各类不重复水质站点4 827个，其中水功能区全覆盖站点1 926个，饮用水水源地站点120个，省管湖泊监测站点118个，护水控藻和引江济太监测站点47个，地下水监测站点592个，长江支流(入江河道)监测站点331个，水生态站点100个，国家重点水质站82个，国家重点水文站水质监测站点145个，市级水质站1 697个，骨干河道站点567个，洪泽湖专项监测站点68个，其他监测站点269个，全省共出具各类水质监测数据74.87万个。

(供稿：周瑜鄰、张玉洁、张晨旭、杨西月)

测 报 工 作

【雨水情监测】

一、汛前检查工作

4月下旬组织7个检查组，完成19个水

情分中心和115余处测站检查工作，梳理汛前检查整改意见40条，均在主汛期前整改到位。

二、水文测验质量专项检查评定工作

5月，水利部水文司组织2020年度水文测验质量专项检查评定，我省徐州、镇江、南京和南通分局所属的新安、港上、谏壁、前埠村(句)、前埠村(秦)、焦港闸、碾砣港闸和九圩港闸等8处水文基本测站测验质量均达到优秀等级。

三、水文测报方式改革

完成自动测验设备流量流速数据传输格式修改完善及数据入库试点联调，实现41处站点自动流量数据实时入库；举办全省自动测流设备运维技术视频培训，开展全省自动测流设备运行状况检查及年度运行维护工作；完成10处站点自动测流系统升级改造，批复2处间校测分析成果、6处新设备应用成果。

四、水情测报

(一) 雨情

2020年，全省面雨量1 227 mm，较常年偏多二点三成。其中，全省汛前降雨量208 mm，与常年相当，汛期降雨量914 mm，与常年比偏多三点三成，汛后降雨量104 mm，与常年比偏少一成。自6月9日起入梅至7月21日出梅，入梅偏早，出梅偏晚；梅雨期43天，梅期偏长，列有气象记录以来第二位。梅雨期全省梅雨量543 mm，是多年平均梅雨量的2.5倍。地理分区面雨量：淮北地区1 103 mm，较常年偏多二点五成；江淮之间1 160 mm，偏多一点六成；沿江苏南1 379 mm，偏多二点七成。行政分区面雨量：南京、常州、无锡及连云港较常年偏多三成左右，其他地区偏多一点五～二成。

(二) 水情

2020年，长江大通站径流量11 080亿 m^3，较常年偏多二点五成。汛期，大通站水位连续超警36天，洪峰水位16.24 m，超警1.84 m；大通站洪峰流量84 600 m^3/s(7月13日)，列历史第2位，于1954年达92 600 m^3/s，列历史第1位。大通站最大30天洪量1 932亿 m^3(7月8日—8月6日)，还原后洪量2 220亿 m^3，重现期超20年(2 155亿 m^3)，达大洪水标准。

受上游来水和下游潮汐顶托影响，我省长江干流潮位全线超警，最大超警幅度0.41～1.82 m，宁镇扬段超历史。其中，南京站全年超警45天，最高潮位10.39 m(7月21日)，超历史0.17 m。镇江站全年超警69天；最高潮位8.82 m(7月21日)，超历史0.08 m。扬州泗源沟闸站全年连续超警35天；最高潮位7.58 m(7月21日)，超历史0.32 m。

通江河湖中，秦淮河东山站最高水位11.04 m(7月18日)，全年超警42天。主汛期(6—8月)，秦淮新河枢纽累计排水6.898亿 m^3，其中：秦淮新河闸利用低潮抢排水量累计5.309亿 m^3，秦淮新河抽水站抽排水量累计1.589亿 m^3，武定门闸累计排水6.492亿 m^3。滁河晓桥站水位全年超警30天，最高水位12.00 m(7月20日)，超警戒水位2.50 m。固城湖高淳站水位全年超警25天，最高水位12.31 m(7月22日)，超警戒水位1.91 m。石臼湖蛇山闸站全年连续超警47天，最高水位12.91 m(7月18日)，超警戒水位2.51 m。

太湖流域发生流域性大洪水，太湖水位连续超警48天，最高水位4.79 m，列历史第3位。流域河网21条河流35站超警，超警幅度在0.47～1.12 m，25站超保。流域骨干河道100%超警，83%超保。区域最高水位均逼近历史最高，其中阳澄淀泖区苏南运河苏州站最高水位4.70 m，仅与历史最高相差0.12 m，列历史第2位。全年环太湖总入湖水量137.00亿 m^3，较常年同期偏多五点五成，列历史第2位；总出湖水量127.1亿 m^3，较常年同期偏多三点八成，列历史第3位。沿江17

个引排口门年引水总量 60.23 亿 m^3，列历史第 5 位，年排水总量 84.72 亿 m^3，列历史第 3 位。

受"淮河 2020 年第 1 号洪水"影响，洪泽湖入湖、出湖水量较常年偏多，淮河江苏段干流持续高水位，退水慢，通过水利工程精准调度，洪泽湖水位全年未超警。淮干及区间主要支流全年入洪泽湖总水量 450 亿 m^3，为 2019 年(95.0 亿 m^3)的 4.7 倍，比常年(361 亿 m^3)偏多 24.7%。其中干流吴家渡年来水量 378 亿 m^3，主要控制站出湖总水量 458 亿 m^3，比 2019 年(101 亿 m^3)偏多 3.5 倍，较常年(314 亿 m^3)偏多 45.9%。入江水道下泄水量为 311 亿 m^3。

里下河地区河网水位汛期出现 4 次明显涨落，代表站水位多次发生超警。"江水东引"向里下河地区供水量较常年显著偏多，全年合计向里下河地区供水 89.76 亿 m^3。

沿海"五大港"(射阳河、黄沙港、新洋港、斗龙港、川东港)全年合计排水 136.5 亿 m^3，较常年偏多 36%。

8 月 13—14 日，沂沭河流域出现了大暴雨到特大暴雨的强降雨过程，沂河发生 1960 年以来最大洪水，沭河发生超历史洪水，新沭河出现超历史洪水，沂沭河干支流洪水遭遇，大洪水并发，多条河流超警超保，沂河临沂站洪峰流量 10 900 m^3/s，列 1960 年以来最大；沭河重沟站洪峰流量 5 940 m^3/s，列历史第 1 位。沂河港上站 8 月 15 日出现最大洪峰流量 7 400 m^3/s，列我省沂河段 1960 年以来最大值(历史最大华沂站7 800 m^3/s，1960 年 8 月 17 日)。骆马湖全年水位未超警，年最高水位 23.24 m(8 月 22 日)。石梁河水库主汛期出现年最高水位 24.77 m(8 月 16 日)，超汛限水位0.27 m。

至 2021 年 1 月 1 日，全省 49 座大中型水库蓄水量 10.13 亿 m^3，较 2020 年 1 月 1 日增加 2.451 亿 m^3，与去年同期比偏多约 32%，与常年同期比偏多约 17%。

（三）水情气象服务

1. 水情气象服务工作

汛前，密切监视旱情动态，为江水北调工程抗旱调水全过程提供水量统计分析服务；汛期特别是 6—9 月，密切监视水雨情，提供专业分析产品，扩展日常化预报站点，全覆盖大中型水库预测，大洪水期，预报频次和精度创历史新高。

【信息报送】 全年水情科向水利部、相关流域机构、局属水文局等单位交换 2 800 余站近 2 亿条水情报汛数据；利用短信通道向省防指各成员单位发送水情短信 30 余万条；共编制水情快汛、水情分析、预报专报、抗旱应急调水专题、水库超汛限专题等报告 350 期；报送汛期作业预报常态化站点 13 个，洪水预报成果站点 16 个(解台闸、丰县闸、沛城闸、高邮未达标准)。

省级以上确定 608 个报汛站。汛期、全年实际发送站点信息分别为 817 859 份、1 893 210份；汛期、全年报送蓄水量分析统计信息分别 3 010 684 份、6 973 657 份，报送 47 个站点土壤墒情信息，汛期、全年分别为 285 753 份、592 766 份。

【洪水预报】 汛前完成 11 个流域区域性代表站点预报方案修编；组织全省洪水预报会商演练，演练制作各主要河湖站点洪水作业预报，实时分析会商确定预报结论，锻炼了全省预报队伍；组织对预报系统全面维护，改进沿海沿江风暴潮系统，在今年长江潮位预报过程中发挥巨大效益；定制日常化预报专报模板，汛期助力编制日常化预报专报；完成大中型水库抗暴雨能力建设，实现 49 座大中型水库全部在线预报。

进入汛期后，高频开展洪水预报。全省水情部门共发布 47 个站点 1 750 余站次预报，创历史新高。南京、镇江潮位站潮位趋势预判准确率均接近 100%，高潮位预报合格率均超98%。其中，南京站7月12日高潮位预报误差仅0.01 m，7月21日最高潮位预报误差0.02 m。太湖水位预报合格率达96%，提前4天预判太湖水位超保。准确预报了洪泽湖入湖洪水总量和入湖流量过程，为超前预泄降低洪泽湖水位提供了调度依据。

汛后组织制定了《江苏省洪水作业预报工作规程》并在系统内印发，规范了洪水预报作业的要求与流程。

2. 水情业务管理工作

印发《江苏省水利厅水文首席预报员管理办法》，完成了首批首席预报员的聘任工作；与省气象台签订合作协议，建立共享链路，实现实时数据和高精度预报数据的共享；除常年提供适航水位服务外，在大洪水期间滚动预报苏南运河节点水位，准确提供通航关键信息。

（供稿：周瑜粼、张玉洁、张晨旭、李凯）

【应急监测】

6月组织开展了2020年江苏省水文系统应急监测演练，规模为近年来最大。组织编制超标洪水水文测报预案，并及时启动，编发超标洪水应急监测报告14期，为积极应对超标洪水提供支撑；编制望虞河、太浦河沿线、东太湖、新沟河巡测断面流量成果专报17期，服务于太湖地区防汛调度；组织滁河、秦淮河、望虞河、大运河、淮河入江水道、沂沭泗等水文应急监测3 000余人次，有效服务防汛抗洪斗争；组织制定盱眙鲍集圩分洪水文应急监测方案，参与王桥圩等圩区破口水文应急监测，积累圩区应急监测宝贵经验。

【水资源监测】

南水北调调水输水损失测验。组织开展南水北调东线一期工程江苏境内4个河段输水损失测验和6个梯级7座泵站流量曲线率定工作，成果通过省水利厅组织的审查。

通榆河北延送水工程抗旱应急调水水文测验。配合通榆河北延送水工程抗旱应急调水工作，组织盐城、连云港分局等水文分局积极开展应急调水期间水量水质监测，共布设流量监测断面7处，水质监测断面16处，掌握调水沿线闸门、泵站、涵洞进出口水位、流量、调水进度及水质状况，为抗旱应急调水工作提供依据。

（供稿：周瑜粼、张玉洁、张晨旭）

【水环境监测】

①水功能区监测。2020年，全省共监测水功能区全覆盖站点1 926个，监测项目为《地表水环境质量标准》(GB 3838—2002)中的规定项目，全年编发《江苏省重点水功能区水质通报》12期。

②饮用水水源地水质监测，省水文局继续对全省97处县级以上城市地表集中式饮用水水源地开展监测工作。监测频次为每月两次，分别于每月的5、25日实施。监测项目为水温、溶解氧、pH、高锰酸盐指数、氨氮、总磷、氯化物、氟化物等8项，湖库水源地增加总氮、叶绿素a、透明度3项。在此基础上，补充省内主要河湖水情及各监测水源地水位流量信息，编制发布《江苏省集中式饮用水水源地水文情报》，刊期为每月一次。

③省管湖泊水质监测 。组织开展四次省管湖泊水质监测，范围包括：太湖、滆湖、长荡湖、固城湖、石臼湖、洪泽湖、骆马湖、高邮湖、邵伯湖、里下河腹部地区湖泊湖荡、白马湖、宝应湖等12个湖泊，并与厅工管处联合编制《江苏省省管湖泊管理季报》4期及《江苏省省管湖泊管理年报》。

④太湖巡查及护水控藻水质监测。自2020年1月起，继续对太湖调水引流沿线、太湖主要水源地和环太湖主要出入口门的34个断面进行护水控藻水质监测；3月1日至10月31日，对太湖水源地及湖体进行巡查，现场监测气象及水温、溶解氧、透明度、叶绿素、藻密度等水质指标，记录蓝藻生长及发展情况等。2020年护水控藻水质监测共计65天，累

计太湖巡查 245 天，投入人力 5 390 人次，出动车(船)2 940 辆(艘)次，行驶车(船)程 17.2 余万 km，巡湖面积 15.0 万 km^2，完成湖体水质监测 1.52 万站次，获得水质数据 16.9 万个，累计编发《太湖巡查简报》《太湖护水控藻水质简报》《治太水利日报》《太湖安全度夏水质周报》《太湖安全度夏工作旬报》及专题分析报告等 600 余份。

⑤调水监测。太湖局组织实施的引江济太监测工作与我省护水控藻监测工作合并执行。对通榆河沿线共 16 个站点开展水质监测，完成水质监测 300 余站次，共计获得监测数据1 600 余个，编发《通榆河北延送水工程抗旱应急调水水质监测简报》20 期。

⑥长江省界监测 。长江省界水体监测涉及 5 个站点，监测项目为水位(流量)、水温、pH、溶解氧、高锰酸盐指数、五日生化需氧量、氨氮、总磷、总氮(湖泊)、铜、锌、氟化物、砷、汞、镉、六价铬、铅、氰化物、挥发酚、石油类共 20 项。

⑦入江支流监测。组织沿江 8 市水文分局开展 102 条入江河道水质监测工作，并于年内对全省的 331 条入江河道开展了一次全覆盖监测，监测项目为水温、pH、溶解氧、高锰酸盐指数、化学需氧量、五日生化需氧量、氨氮、总磷、总氮、氟化物、挥发酚、阴离子表面活性剂、硫化物等 13 项。年内，获得监测数据 8 000 余个，共编发《长江江苏段入江河道水质监测专题报告》4 期。

⑧地下水监测。对全省 382 个地下水监测井开展监测，监测项目为 pH、总硬度、溶解性固体、硫酸盐、氯化物、铁、锰、铜、锌、挥发酚、高锰酸盐指数、氨氮、硫化物、总大肠菌群、硝酸盐氮、亚硝酸盐氮、氰化物、汞、砷、硒、镉、六价铬、铅等 24 项。监测频次为每年 2 次。

⑨水生态监测。省管湖泊、大型水库的藻类监测，包括藻类组成、数量、生物量等，根据区域内河湖状况，选择性地开展浮游动物、底栖动物、着生生物及水生大型维管束植物监测。2020 年，据水利部水文司要求，全省对洪泽湖、骆马湖两个典型湖泊开展了水生态、水环境试点监测工作，并完成专题分析报告《江苏省洪泽湖水生态水环境监测分析报告》《江苏省骆马湖水生态水环境监测分析报告》两项。

（供稿：周瑜鄰、张玉洁、杨西月）

基础建设

【建设管理】 江苏省水文基本站达标建设工程土建工程无锡、常州地方标段基本完成，淮安标段正抓紧推进决算造价审计，增补项目报经省发改委审批同意，增补项目内容基本实施完毕，支付任务顺利完成。徐州、淮安、南通水环境监测中心工程完成主体改造工程及设备采购，同步完成工程档案、质检材料报送整理准备工作，支付任务顺利完成。

【维修养护】 组织完成 2020 年度省级水文维修养护项目实施方案报批，全年共下达经费 4 500 万元。一是对全省水文测站(包括国家基本水文测站、中小河流水文监测系统等)根据定额进行常规养护，批复投资 1 047 万元；二是针对水文设施维修改造，完成审批维修改造项目 34 个，批复水文设施维修改造项目经费1 312万元；三是对水文测报系统维护批复项目经费 565 万元；四是对水质自动监测站批复经费 101 万元；五是对信息化项目运行批复经费 1 475 万元。同步组织 2021 年维修养护项目经费申报审核，完成报厅办公会审查准备。

（供稿：周瑜鄰、张玉洁、陈哲）

安 全 生 产

（1）完成一项标准。组织编制《全国水文监测单位安全生产标准化评审规程》，9 月通过水利部企业协会组织的专家审查，12 月完成报批稿，为全国水文监测安全生产监督管理探索经验。

（2）创新两个试点。大力推进泰州、镇江分局安全生产标准化建设。汇编各类管理制度共 43 项。编制作业制度 12 项，水质监测分析作业制度 98 项。编制水文、水质设施设备操作规程 48 项，安全事故应急预案与现场处置方案 20 项。统一安全警示宣传标志标牌 47 类。镇江、泰州顺利通过省厅专家审查，完成全国首批两家安全生产标准化达标试点创建工作。

（3）落实三大任务。按照省厅 2020 安全生产工作部署与要求，结合水文工作实际，制定并印发了《江苏省水文系统安全生产专项整治实施方案》《江苏省水文系统危险化学品安全“综合治理年”活动方案》《江苏省水文系统火灾防控专项整治实施方案》，对水文系统全年安全生产工作实施全面部署，重点加强火灾隐患、危化品的排查整治。年内组织 5 次专项检查行动，对全省 13 个水环境监测中心进行全覆盖安全检查，做到检查不留死角、全程不走过场，全面摸清各类常用危化品 35 种，发现各类安全问题 32 处并全面整改完成。局属各单位开展安全自查共计 106 次。

（4）健全四项制度。制定并印发《2020 年省水文局领导班子成员安全生产重点工作清单》《省水文局生产安全事故应急预案》，成立局消防安全领导小组，完善安全生产监管责任体系。编制印发《江苏省水文局系统水文监测单位危险源辨识与风险评价方法》，确定局系统危险源辨识与风险评价方法、分类，梳理水文重大危险源 6 项、一般危险源 82 项及其风险评价赋分表，进一步加强了水文安全风险分级管控机制。

（5）巡查清零整改。接受省厅检查 8 次，包括自查查出的局系统安全隐患 179 处，目前已销号整改 179 处，整改率 100%。厅挂牌隐患整改率 100%。针对厅巡察组安全专项检查提出的安全生产意见，制定 18 条整改措施，21 项具体内容按局党委时序节点全部清零整改到位。

（6）组织宣传教育。结合“安全生产月”“春风行动”等活动，开展局系统安全生产系列宣教活动，进一步强化水文职工安全生产责任意识。局系统各单位发放宣传资料 1 320 份，举办展览 1 场，现场咨询互动 56 人次。安排理论学习中心组专题学习 458 人次，主要负责人宣讲 14 场，专家举办专题讲座 15 场，宣讲团宣讲 7 场，开展网络课堂培训 4 场，组织人员集中观看警示教育片 9 场。

2020 年全省水文系统安全生产无事故。

（供稿：周瑜粼、张玉洁、陈哲）

南 水 北 调

2020 年，江苏南水北调工作在省委、省政府的正确领导下，在省有关部门和沿线政府的配合支持下，省水利厅、省南水北调办（省南水北调工程管理局）统筹谋划、攻坚克难，克服新冠肺炎疫情影响，完成年度各项工作任务。(1)调水任务圆满完成。统筹运用南水北调新老工程，完成水利部下达的调水出省 7.03 亿 m^3 任务。(2)输水水质稳定达标。协同省生态环境、住房和城乡建设、交通运输、农业农村等部门，强化调水水质监测监管和污染防治，监测数据表明调水期间水质稳定达标。(3)工程建设有序推进。完成调度运行管理系统和宿迁尾水导流工程建设投资 1.6 亿元；里下河水源调整、泗洪站枢纽和南四湖水资源监测等 3 项设计单元工程完工验收。(4)运管水平持续提升。全面完成我省南水北调泵站工程标准化建设，完成皂河二站、睢宁二站、洪泽站等 3 站 4 台套机组大修。(5)前期工作不断深入。江苏省南水北调东线二期规划及各专项研究合同项目完成验收，形成规划主报告和水量配置、线路布局、移民安置等 10 个分报告。(6)工作机制更加完善。出台南水北调水费征缴奖惩实施细则，水费征缴机制进一步夯实。

工 程 建 设

【工程建设】 截至 2020 年年底，调水工程累计完成投资 133.76 亿元，占总投资的 99.81%。治污工程分两阶段实施，第一阶段 102 项治污项目已全面建成，实际完成投资 70.2 亿元；第二阶段 205 项治污项目已经基本完成，其中由省南水北调办组织实施的 4 项尾水导流工程已完成 3 项，宿迁市尾水导流工程正在扫尾，4 项尾水导流工程累计完成投资 15.05 亿元。

2020 年，江苏南水北调工程主要建设内容为：调水工程中的调度运行管理系统专项工程和治污工程中的宿迁尾水导流工程，全年共计完成投资 16 028 万元，占年度投资计划的 100.2%，其中调水工程完成 6 528 万元，宿迁市尾水导流工程完成 9 500 万元。

具体建设进展：调度运行管理系统工程，完成水质实验室设备采购及宿迁分公司数据中心机房工程建设内容；完成洪泽站工程监控系统调试；基本完成监控安全应用软件系统一期软件开发；年度完成投资 6 528 万元，总累计完成投资 55 721 万元。宿迁市尾水导流工程，施工 06 标完工验收；完成施工 07 标 7 座泵站土建工程，完成水泵、阀门、电气、自动化设备安装，开展工程试通水运行，年度完成投资 9 500 万元，累计完成投资 54 100 万元。此外，南水北调东线一期配套工程进展有序，郑集河输水扩大工程已实施完成，累计完成投资 8.32 亿元。

【工程验收】 全年共组织里下河水源调整、泗洪站枢纽和南四湖水资源监测等 3 个设计单元工程完工验收。截至 2020 年底，南水北调东线一期江苏境内 40 个设计单元工程已有 38 个通过完工验收，其中由江苏省负责组织完工验收的 34 项设计单元工程已有 32 项通过完工验收。

【调水运行】 2020 年，省水利厅、省南水北调办按照省政府部署，提出调水水量、调水水质、调水时序、疫情防控安全“四个必保”要求，按照优化工程运行时间、优化水源配置、优化安排线路“三个优化”原则，会同省有关部门和沿线地方政府，共同做好调水出省工作。2019 年 12 月 11 日至 2020 年 5 月 14 日，分两阶段调水出省 7.03 亿 m^3。

【前期工作】 东线二期工程前期工作稳步推进。按照省政府确定的原则，准确把握自身水资源配置条件、现有工程体系能力、沿线社会经济发展等客观实际，统筹考虑国家战略目标实现和本地区水安全水权益保障，编制完成《江苏南水北调东线二期工程规划报告》，以及水量配置、线路布局、移民安置等10个分报告。在沿线各省区市配合下，规划编制单位年内汇总完成《南水北调东线二期工程可行性研究报告》（报批稿）并报水利部。

征迁安置

2020年，江苏南水北调征迁安置主要是抓好征迁安置扫尾工作，督促各地做好调水运行期沿线征迁安置群众的社会稳定工作。

【征迁安置扫尾】 完成东线一期工程征迁财务资金及合同核对，形成《南水北调工程征迁安置财务管理工作报告》；开展征迁财务档案及资金管理情况摸底，掌握相关市县及厅属管理单位财务档案和资金管理情况。推进市县征迁档案收集，年内共收集征迁档案5 548卷，基本完成市县档案收集。跟踪掌握征迁安置方面法律法规，根据东线二期工程前期工作进展，开展二期工程征迁安置工作研究。

【信访稳定】 按照“谁主管、谁负责”要求，继续发挥矛盾纠纷排查化解机制和信息员网络作用，细致排查工程建设、运行管理、水质保护等可能出现的信访风险点，超前提出防范、化解的各类措施，将矛盾化解发现在一线、解决在基层。年内协调解决金湖站抽水导致的养殖围网倒伏等矛盾，全年未接到投诉信件、未发生个体和群体上访事件。

行政监督

2020年，省南水北调办认真履行南水北调东线江苏境内工程省级层面运行监管职责，围绕“确保工程安全运行，确保水质稳定达标”总目标，强化运行监管、水质监管和招投标行政监督，确保南水北调工程安全高效平稳运行。

【运行监管】 （1）强化调水工程运行监管。年内组织开展汛前、汛中、汛后、调水前和调水期间等重点时段的监督检查10余次，及时梳理问题和缺陷隐患，督促问题整改；坚持“该修必修、该换必换”原则，全年省级财政和项目法人投入维修养护资金4 000余万元，确保工程设施设备安全。（2）加强安全监管。严格落实领导干部安全生产“一岗双责”，开展安全生产专项整治，抓好安全生产隐患排查整治和风险管控。（3）推进规范化建设。全年完成4座泵站标准化建设，完成我省南水北调新建泵站工程标准化建设全覆盖。（4）提升尾水导流工程运行水平。协调落实省级维修资金，督促各地加强人员经费保障，强化设施设备巡查检查、安全运行和水质检测等，保障工程的正常运行。（5）开展人员培训。举办南水北调工程运行管理培训班，对调水工程和尾水导流工程现场运管人员开展培训。

【水质监管】 2020年，省南水北调办协调省生态环境、住房和城乡建设、交通运输、农业农村等主管部门，按照各自工作职责，抓好水质监测、沿线城镇污水处理厂运行、航运污染治理和危化品船舶管控、渔业养殖污染防控等工作，全力保障南水北调输水干线水质。在调水期间，生态环境部门加密监测15天，水质检测数据表明：2020年度调水期间，我省南水北调调水水质持续稳定达到地表水Ⅲ类标准，部分区段达到Ⅱ类标准。

【招投标行政监督】 2020年，省南水北调办依照法律法规和监管办法的程序规定，按照“公平、公正、公开”原则，对项目法人组织的南水北调工程建设、运管项目开展招标、投标、评标全过程行政监督管理。推进符合条件的标段进入省水利招投标有形市场开展电子招标，有力保障江苏南水北调工程建设收尾。

创新创优

【运行管理创新】 (1)管理方式进一步优化。截至2020年底，江苏水源公司直接管理宝应站、洪泽站、泗洪站、解台站、蔺家坝站等5座南水北调新建泵站，直接管理大汕子枢纽工程1座；对委托管理泵站，不断完善工程委托管理合同条款和考核细则，以量化考核为手段，以过程考核为合同金额兑现依据，工程管理效果进一步提升。(2)标准化管理体系建设稳步推进。在全面完成泵站工程标准化建设的基础上，开展大汕子枢纽、金宝航道等河道标准化建设试点。(3)工程管理智能化水平不断提升。积极推进包括水量水质自动采集、泵站现地智能化控制、工程运行大数据分析及故障诊断预警、泵站群远程实时监控等模块的调度运行管理系统建设，开发的泵站智能管理机器人进入试运行阶段。

【科学技术创新】 继续开展"南水北调东线二期工程对苏北地区水资源调配格局影响分析及苏北地区供水工程体系完善对策研究"课题研究；组织申报的"南水北调调水与南四湖江苏既有水权益保障影响及协调对策研究"课题获批立项；"南水北调工程大流量泵站高性能泵装置关键技术集成及推广应用"课题成果获江苏省科学技术一等奖。

运行机制

2020年，省南水北调办根据江苏南水北调工程的省外供水与省内用水双重保障目标、事业单位和省属企业双重管理模式、调水与防洪排涝等多重综合功能等特点，继续完善体制机制研究。

【管理体制】 2020年，继续完善"省政府统一领导、省水利厅和省南水北调办统筹协调、江苏水源公司及厅属管理单位分别具体管理新老工程、省各有关部门和沿线地方政府各负其责"的江苏南水北调工程管理方式，坚持属地管理、省界计量交水原则，加强与南水北调集团有限公司的沟通联系。

【调水运行机制】 发挥部省水量调度执行会商、省际间水量水质监测监督等协作机制作用；加强与省生态环境、交通运输、农业农村、电力等部门沟通，完善定期会商、巡查检查、联合督查、应急处置、信息共享等工作机制，做好调水水质监测与预警、干线航运保障等工作；健全省与沿线各地的沟通联络、责任落实、应急处置等工作流程。

【水价政策执行】 年内出台《江苏省南水北调水费征缴奖惩实施细则(暂行)》，明确由受水区有关市县承担南水北调水费缴纳任务，省级财政依据水费缴纳情况进行奖惩；9月底，受水区6市2020年度南水北调基本水费3.51亿元及时、足额到位。

水 利 科 技

科技管理与创新

（1）部署年度水利科技项目。发布 2020 年省水利科技项目申报指南，全年共接收项目申报 297 项，经过多轮评审和厅党组审议，最终确定年度科技项目 72 项，共计安排资金 1 990 万元。

（2）组织重大科技攻关。在持续加强“一江两湖”治理与保护的同时，突出三大流域水安全保障等重大关键问题技术研究，开展变化情势下长江江苏段水文趋势与影响关键技术、长江江苏段洲滩演变及其对河势控导响应、太湖流域北部江河湖水系连通工程联合调度优化与水质提升关键技术、太湖蓝藻水华中长期情势预测关键技术研究与应用、江苏省江水北调、东引工程与南水北调东线一期工程统一调度和联合运行关键技术、高邮湖生态系统演变特性及健康生态系统构建技术研究与应用等多项重大技术攻关研究。

（3）规范科技项目管理。根据国家和省出台的一系列鼓励科技创新政策文件，修订了《江苏省水利科技项目管理办法》。会同省财政厅、省农业农村厅、省农科院制定出台了《江苏省农业（水利）科技创新与推广补助专项资金管理办法》。以项目合同完成率为重点，持续强化项目管理，定期开展在研项目年度执行情况检查、通报，全年共完成 80 多个科技项目结题验收。对项目实施中的信用情况进行客观记录，对项目执行不佳、情况严重的单位进行约谈，要求其定期整改。

（供稿：朱振荣）

科 技 成 果

（1）2020 年大禹水利科学技术奖二等奖——“近岸风暴潮浪集合预报与动态预警关键技术研究及应用”

参与单位：江苏省水文水资源勘测局。

项目简介：

研发了近岸风暴潮浪一体化、集合化预报和潮浪联合作用下海堤防洪安全风险实时评估与动态预警成套技术，构建了服务于国家和地方防汛防台风指挥决策的预报预警业务化系统平台，取得了以下创新性成果：

① 创新发展了近岸风暴潮浪一体化高时效预报模式。研发了近岸浅水区潮、流、浪过程精细化数值互馈技术，创建了“双线程运作”的风暴潮浪一体化模型，优化了潮浪耦合步长算法，突破了同步计算时效瓶颈，预报制作时间由小时级至分钟级，显著增长了沿海地区防洪、防潮的预警时间。

② 自主研发了近岸风暴潮浪集合化高精度预报方法。发展了集合“概率圆”理论，自主设计了台风路径自适应集合预报方案，独立研制了台风集合同步驱动模式，实现了近岸风暴潮浪集合概率预报，降低了台风预报偏差的影响，台风期间最高潮位预报合格率由 77.6%（乙级水平）提升至 86.5%（甲级水平）。

③ 集成创新了潮浪联合作用下海堤防洪安全动态预警技术。揭示了极端条件下波浪溢流动力特征及其对海堤的破坏机理，量化了台风期海堤防洪安全实时评估的制约性控制因子，创新了预报场景与评估场景自动甄别与匹配技术，实现了潮浪联合作用下海堤防洪安全预警由静态向动态转变。

④ 首次实现了水利防汛部门近岸风暴潮

浪常态化业务预报。创建了具有自主知识产权的我国近岸风暴潮浪集合预报与动态预警系统,智能制作发布堤前水域风暴潮浪多模式预报成果,填补了水利防汛部门近岸风暴潮浪业务预报平台的空白,实现了台风汛期风暴潮浪水情业务预报由应急性向常态化转变。

依托本项目开发的业务化预报预警系统已在国家防总、水利部和东南沿海所有省级水利防汛部门进行了业务应用,为防汛防台指挥决策提供了重要的技术支撑,取得了巨大的防灾减灾效益。

(2) 第九届江苏省农业技术推广奖三等奖——“管道输水灌溉综合技术研究与应用”

主要完成单位:江苏省水利科学研究院、河海大学、中苏科技股份有限公司、涟水县水利科学研究站、扬州市江都区机电排灌管理所。

项目简介:

成果提供了江苏省管灌工程从规划设计、施工、验收到后期运行管理的整套技术,可操作性强。一体化智能泵站通过了水利部新产品技术鉴定和国家级专业检测,并被列入水利部重点科技推广目录,入选科技部“2018 智慧农业科技成果”。

通过定额的推广应用和管道输水灌溉技术,配合考核措施,尤其是阶梯水价制度的实施,灌区的用水定额有了明显降低。一体化泵站的使用,大大加快了泵站建设速度,产品的稳定性、可靠性和信息化水平得以明显提高,社会效益明显。2017—2019 年,江苏省 75 个县(市、区)累计推广管灌建设面积 126 万亩,占全省“十三五”适宜推广面积(191.76 万亩)的 65.7%;累积节水 5.04 亿方,累计节水效益 1 588 万元,累计节地增产效益 4 876 万元,累计作物增产效益 35 759 万元;销售一体化泵站 5 440 台,产值 65 715 万元,利税 12 879万元,总经济效益 5.51 亿元。经济、社会效益显著。

(3) 第九届江苏省农业技术推广奖三等奖——“高密度聚乙烯面板闸门技术集成与推广”

主要完成单位:江苏省水利工程科技咨询股份有限公司、江苏省水利机械制造有限公司、江苏省水利建设工程有限公司。

项目简介:

高密度聚乙烯面板闸门主要适用于水利工程领域水源地工程、农田水利工程、灌区工程小型口门建筑物,该闸门采用 HDPE 面板与不锈钢框架新型组合结构,用于替代传统型铸铁闸门产品,具有高效节水、安装简单、操作便捷、节能环保、成本低、使用寿命长等特点。

2017 年以来,该产品在全省 4 个县(区)的 13 个大中型灌区更新改造项目中得到推广应用,累计推广面积 59.5 万亩,新技术普及率占县(区)适宜推广面积的 90%以上,取得总经济效益 3.4 亿元,经济、社会、生态效益显著。

(供稿:朱振荣)

技 术 标 准

《现代灌区建设规范》《农田管道输水灌溉工程技术规范》《灌溉用水定额》《泵站辅助设备系统检修技术规程》《水利工程螺杆式启闭机检修技术规程》《水闸泵站标志标牌规范》《水利风景区评价规范》《水利工程建筑信息模型设计规范》《土工袋护坡技术规范》《堤防工程技术管理规程》《河道管理评价规范》等 11 项涉水地方标准被江苏省市场监督管理局批准发布实施。《河湖长公示牌设置规范》《河流水生态监测规范》《生态清洁小流域技术规范》《农村便携式灌溉用水计量率测定装置通用技术规范》《水工船闸运营人员服务规范》《水利防汛物资储备安全生产规范》《水文自动测报系统数据传输规约》等 7 项涉水地方标准被列入江苏省市场监督管理局编制（修订）计划，目前正在编制中。

（供稿：丁亚）

省级水利科研

省水科院全年共承担各类科研项目 42 项，其中水利部技术示范项目《平原河网地区缓流河道生态过滤系统技术示范》等 13 项通过鉴定和验收，另承担自主科研项目 35 项。获得各类科技奖项 6 项，其中省部级奖 1 项，省水利科技进步奖一等奖 2 项，其中“管道输水灌溉综合技术研究与应用”获省政府第九届农业技术推广奖三等奖，“水工混凝土质量提升关键技术”“多个大型采砂工程对长江局部河段河势影响的叠加效应研究”荣获 2020 年度江苏省水利科技进步一等奖。全年发表论文 53 篇，其中 SCI、EI 10 篇；申请专利 33 项，获授权 13 项，其中发明专利 5 项；申请软件著作权 20 项；出版专著 5 部。

（1）科研成果。省水科院自主研发的“空一地一潜”一体化河湖全要素监测体系在“一江两湖”治理、防汛抢险中发挥了重要支撑作用；河湖生态监测技术、遥感监测技术、生态环境修复及河湖评估标准等系列科研成果，广泛应用于江苏省河湖管理工作中；获批 2020 年度工程建设省级工法 1 项，涉及混凝土施工、湖泊网格建设、探地雷达运用、采砂工程与堤防工程研究等 5 项。

（2）科研发展。平台建设稳步推进。江苏省水下空间探测工程研究中心通过省级评审验收，这是省水科院第四个省级工程技术中心，“一个基地四个中心”科研平台体系日趋完善；维护升级已有水利部五个类别甲级资质；全年采购仪器设备 17 台套，送检 466 余台套设备。

自主科研逐步显效。围绕全省水利中心工作，着力提升自主创新能力，省水科院自主科研基金围绕河湖生态修复、长江大保护、防洪安全、水利信息化等方向立项 7 项；院学术委员会围绕项目申报、自主科研立项、项目中期审查、人才培养等，全年组织召开 7 次全体委员会议。

交流合作逐步加强。围绕党的建设、经济社会发展、涉水科技、职工身心健康等主题，先后邀请院士、知名专家学者等做客“水苑讲堂”7 次，拉近省水科院科研团队与一流水利大师的距离；进一步拓展科研合作深度广度，在与英国诺丁汉大学、南科院等建立长期合作机制的基础上，2020 年又与水利部中科院水工程生态研究所（武汉）、南京信息工程大学等签署战略合作协议。

（3）科技服务。

① 水利遥感。完成 13 个省管湖泊、22 条流域性河道和 49 座大中型水库保护管理范围内占用遥感监测，监测到变化点 5 167 个；完成河湖“三乱”155 个违法点测量，配合省河长制办完成销号验收 153 个；开展太湖蓝藻遥感监测，汛期每天 2 次，共监测频次 490 次，监测到水华天数 109 天；完成 2018、2019 年度 723 条骨干河道、526 个湖泊和 1 080 座水库水域面积监测；抽检全省河湖和水利工程划界范围内测量界桩（牌）204 个。

② 水下检测。承担长江南京河段八卦洲汊道河道整治等长江江苏段重点岸线整治工程检测项目 3 项；完成太湖生态清淤二轮工程前期勘测和报告编制，勘测面积 10.7 km^2；开展 2020 年度应急生态清淤项目宜兴境内约 10 km^2 底泥勘测工作；利用声呐探测技术开展水利工程隐患探测项目 3 项。

③ 生态监测。完成滆湖等 10 个省管湖

泊水生态监测工作，监测成果作为省长巡湖重要参考；启动长江等9条流域性河道水生态监测并开展长江（江苏段）健康评估工作；完成2019年度285家省级节水型载体（企业、单位、社区、灌区）、2020年度131家省级节水型学校申报资料的审核工作；协助全省取水户“四不两直”检查以及全省最严水资源管理制度考核工作。

④ 农水与水土保持。协助推进全省13个市、75个县区农业水价综合改革，协助省级复验、第三方核验验收工作；技术支撑响水、江宁、溧水白马镇等区县的农业水价综合改革验收工作；完成水土保持规划编制3项，开展水保检测工作5项；完成超声波水土流失自动监测系统开发。

⑤ 水利信息化。代建“省河湖资源与水利工程管理信息系统”，完成河湖资源、水利工程、河长制等管理信息系统建设工作；建设县级监测系统和预警平台应用软件；自主开发遥感监测项目与设备管理系统、院科技项目管理系统；承担省防汛抗旱指挥中心升级改造工作；编制“省水政执法及河湖采砂管理系统项目”可研报告和6个市县防汛预警调查评价方案。

⑥ 质量检测。开展重点水利工程项目的第三方检测，包括列入国家172项节水供水重大水利工程项目6项，列入国家专项规划建设项目3项，省重点区域水利项目1项，其他区域重点项目4项，区域骨干引排竞争立项项目2项，省属水利工程1项；参与省内各地市重点工程项目第三方检测和质监检测等近20项；拓展省外水利工程质量检测任务4项。

⑦ 技术咨询。完成长江工程性采砂项目可行性论证报告7项，退圩还湖规划编制3项、实施方案2项，退圩还湖实施情况校核7项，其中3项已取得批复，1项完成报批。

（供稿：赵璐）

行业发展能力建设

行业发展能力建设　153～166页

党建及精神文明建设

【党建工作】

全面落实新时代党的建设总要求，紧紧围绕水利中心工作，强化政治引领，提高党建质量，深化党风廉政建设，为水利改革发展提供坚强保证。

一是聚力"三个表率"。坚持把政治建设放在首位，确保党的建设和中心工作始终贯彻党领导一切的正确政治方向，不断增强"四个意识"、坚定"四个自信"、做到"两个维护"，全面推进党的建设向纵深发展。大力推进"三个表率"模范机关建设，开展"忠诚核心、勇担使命"主题实践活动。面对严重的旱情汛情，及时组织传达贯彻习近平总书记关于防汛救灾重要指示和重要讲话精神，厅系统200多个党支部2 000多名党员连续奋战73天，夺取防汛抗洪斗争全面胜利。围绕中央决策和省委省政府部署，先后开展疫情防控、扶贫工作、农村饮水安全巩固提升工程、安全生产和消防安全专项督查，及时发现问题、精准校正偏差，严抓意识形态。组织巡视反馈意识形态领域问题整改"回头看"，组织专题学习研讨，重点学习中办印发的《党委(党组)意识形态工作责任制实施办法》，通报全国和全省意识形态领域情况，开展半年形势分析，排查风险、部署任务、压实责任。

二是聚力"学用新思想"。精心组织厅党组理论学习中心组学习，规范中心组进行学习计划、专题学习、集中研讨、个人自学、学习考勤、述学考学等6项制度学习，建立厅党组与市、县水利部门党委(党组)，与厅属党委、支部三级联学机制，围绕《习近平谈治国理政》(第三卷)和习近平关于水利工作重要指示等重点内容，年内组织专题学习12次，集中研讨6次。推广"六有"主题党日、开展"五个讲坛"活动，组织专门力量编制"五个讲坛"课件资料学习库，确保各党支部每月至少学习1次。狠抓青年理论学习，在厅系统组建青年理论学习小组112个，建立个人读书、集中学习、学习交流三项学习制度。在水利部组织的"深研总基调、建功新时代"知识竞赛中获得全国第一名。组织开展"学用新思想"读书竞赛，以赛代练。参加省级机关"学用新思想"竞赛，获优秀组织奖，厅系统213人受到前300名表彰。

三是聚力"三级责任"。组织制定党建工作"三级责任清单"，召开全省水利系统全面从严治党暨党风廉政建设会议。制定《2020年度党建工作评估指标体系》，建立厅领导基层党建联系点制度、厅机关党支部联建联创制度和厅机关党支部与厅属基层站所党支部结对共建活动机制。开展厅系统党员发展工作专项检查，组织提醒党委、党支部及时进行换届选举，全面建成标准化党员之家。加强离退休党支部建设，7个离退休党支部全部通过"六有一提升"达标创优评选审核验收，厅机关离退休干部党总支被表彰为全省离退休干部先进集体。两个基层党支部在省级机关党支部书记培训班上，开展了主题党日和党员发展的示范。以"党建＋中心"为创新点，在基层党委实施6大重点实践示范项目，在民主集中制实践示范中强化领导力，在党委中心组学习实践示范中强化思想力，在主题党日实践示范中强化组织力、在"党建＋中心工作"融合实践示范中强化落实力，在"服务高质量发展先锋行动队"实践示范中强化示范力，在党员队伍与技术骨干同向培养示范中强化支撑力，以党建的高质量引领水利高质量发展。举办厅系统党支部书记集中集训，组织专题辅导、问题解析和专题研讨。

四是聚力"五抓五促"。深入开展"五抓五促"专项行动，全面落实为基层减负"20

条”，省级机关作风简报和央广网多次宣传我厅典型做法。精心组织开展“五抓五促”专项行动，强化组织领导，实施五大“十”项任务，提出5大行动19项具体措施。坚决打好疫情防控阻击战，出台党员干部“四个到一线”行动方案，厅系统共有1 118名干部职工参与疫情防控志愿服务工作，编印疫情防控专报，广泛宣传党员干部的感人事迹。坚决打好开工复工突击战，在省直机关中率先开工复工，在全国水利系统中率先实现重点水利工程全部复工，为超额完成年度建设任务奠定坚实基础。全面落实持续减负工作部署，制定工作方案，着力整治担当不力、工作不实、调研不深和过度留痕等问题。深入开展调研，破解重难问题。制定《省水利厅2020年度水利重点工作检查计划》，进一步规范监督考核，把“四不两直”、暗查暗访、“双随机、一公开”、信息化平台作为检查考核的常态化方式，有效减轻基层负担。定期督查年度发文计划和会议计划执行情况，达到年度压减目标。对省委巡视反馈意见整改、“不忘初心、牢记使命”主题教育问题整改、巡察整改等重点任务，全面开展“回头看”，抓好巩固提高，防止反弹回潮，能立行立改的已全部整改到位，须长效坚持整改的，健全制度机制，跟踪问效落实。

五是聚力“一体推进”。制定党风廉政建设主体责任“三级责任清单”，明确任务、压实责任，一体推进党风廉政建设。在厅系统开展以廉政警示教育报告会、参观廉政教育基地、举办廉政文化展览等“六个一”为主要内容的党风廉政教育月，厅系统3 500余名党员参加教育活动。制订巡察工作计划，修订完善巡察清单，实现厅系统巡察全覆盖，探索巡察“回头看”和对机关处室安全生产和廉政风险防控专项巡察。开展违反财经纪律、生产经营单位风险防控不力“两个专项”整治工作，重要节日跟进开展明察暗访和贯彻中央八项规定精神专项检查，畅通信访举报渠道，拓展问题线索来源。2020年厅系统党纪政纪处分4人，函询13件，对20多人采取批评教育、谈话提醒等“第一种形态”方式处理。制定厅系统纪委深化“打铁必须自身硬”专项行动方案，建立厅机关纪委学习培训、分析研究、按期核查等10项制度，厅属水利工程管理单位纪委书记全部轮岗，开展纪检干部集训，提高纪检干部履职能力。

【精神文明建设】 全省水利系统3家单位成功创建“全国文明单位”，4家单位通过“全国文明单位”现场复审，9家单位通过“全国水利系统文明单位”复审。大力开展志愿服务活动，“青春引江、公益力量”“寻找大运河江苏记忆”“人美秦淮我先行”等志愿服务项目分获中国青年志愿服务项目大赛一、二等奖。

【工会工作】 一是活动创建。大力开展劳动竞赛和争先创优活动。今年以来，有12个单位和个人分别获得江苏省“五一劳动奖状”“工人先锋号”“五一劳动奖章”称号。1名同志荣获“江苏省文明职工”称号。淮沭河管理处创建2个厅级“劳模创新工作室”，涌现出“顾明如劳模工作室”“王翔劳模工作室”。组织开展“争做最美半边天，巾帼建功在基层”巾帼标兵岗创建活动，《劳动书写巾帼人生，奋斗激发淮沭活力》收录全省女工工作会议交流材料。

二是劳动竞赛。组织厅系统干部职工围绕水利重点建设工程、重点治理工程开展劳动竞赛。依托省总工会全力组织好全省水文勘测工和全省水行政执法技能竞赛。推动形成岗位大练兵、技能大比武热潮，2个单位获水利部长江经济带重大水利工程建设劳动和技能竞赛先进集体，2名同志获先进个人，5个单位获水利部全面推行河长制湖长制工作先进单位。

三是服务职工。厅工会奔赴盱眙、高淳抗洪一线，慰问厅系统奋战在抢险一线的广大职工，及时组织开展走访慰问困难党员、困难职工活动，发放慰问金 14 万余元。为机关工会 350 多名职工分发了端午、中秋、国庆、元旦、春节。节日福利，以及生日蛋糕券、电影票、公园年卡等，结婚、生育、生病住院、退休等常态化关怀慰问费达 1 008 857 元。

四是丰富生活。举办省水利厅迎新春联欢会，组织厅系统职工自编、自演迎新春文艺节目，充分展示了厅系统广大职工在抗台、抗洪、抗旱中表现的忠诚、干净、担当、献身、负责、求实的水利人精神。组队参加省级机关足球邀请赛、选派职工参加省总工会定向越野比赛。组织保障了厅机关篮球、足球、羽毛球、乒乓球、棋类、瑜伽、柔力球等兴趣小组活动，活跃了广大职工业余文化生活。

组 织 人 事

【人事管理】 (1)强化专业技术人才队伍建设。组织完成省"爱国奋斗"精神专题培训相关工作，加强专业技术人才队伍的思想政治建设。开展年度水利工程专业职称评审，通过正高级工程师、高级工程师评审的分别为 26 名、520 名。

(2)强化技能人才队伍建设。全省水利系统新评水利行业特有工种等级工 164 人、技师 59 人，厅系统新增高级技师 7 人、技师 33 人。厅系统 1 人获江苏省有突出贡献中青年专家称号，4 人获评水利部首席技师称号。获全国水利行业泵站运行工职业技能竞赛总成绩第一名、第二名和第十名。举办全省水利系统水行政执法技能竞赛和水文水资源勘测工技能竞赛，开展广泛岗位练兵。积极与人社厅沟通，省内增设 "堤灌维护"工种(为全国首个)，将原"内燃机"更名扩充为"防汛抢险"工，岗位等级提升为高级技师。

(3)优化职工队伍结构。2019 年度招聘事业单位工作人员 125 人，其中硕士以上学历 12 人，学历结构、专业结构得到进一步改善。

【机构编制】 贯彻落实习近平总书记视察江都水利枢纽重要指示精神，批复同意省江都水利工程管理处增设副总工 1 名(正科职)，协助负责南水北调东线源头工程的运行与管理；成立处水情教育中心，为科级建制，核定编制 12 名，核增科级职数 1 正 2 副，深入开展国情水情教育，人员编制在省江都水利工程管理处内部调剂解决。

为进一步加强水利安全生产监管和综合监督服务队伍建设，我厅于 2020 年 5 月向省委编办报送《关于江苏省水利科教中心增挂江苏省水利安全管理服务中心牌子的请示》(苏水党〔2020〕31 号)。2020 年 6 月，省委编办以苏编办复〔2020〕80 号批复，同意省水利科教中心增挂"省水利安全管理服务中心"牌子，核增差额拨款事业编制 19 名(所需编制从省防汛防旱抢险中心划转)。明确该单位职责为：承担全省水利科研成果转化和教育培训服务；为水利重点工作、安全生产等监督检查提供技术支撑和保障；负责省水利厅有关资产管理服务。据此，我厅适时调整省水利科教中心(省水利安全管理服务中心)科室机构设置，调整后设办公室、组织人事科、财务审计科、科技推广科、教育培训科、监督技术服务科、安全管理一科、安全管理二科和资产运行管理科等 9 个科室；核定正科级职数 9 名，副科级职数 8 名，按照省委编办核定的职责任务认真履职。

积极推动省水资源协会、省农业节水和农村供水技术协会脱钩，省委编办已发文确认。顺利完成厅属事业单位法人年度报告公示和信用等级评价工作。

【职工教育培训】 组织完成全省水利系统领导干部学习研讨班、防汛抗旱专业知识培训、高技能人才研修班等主体班次培训。

组织做好省管干部十九届四中全会精神网上专题班、中国干部网络学院习近平总书记在中央政治局第二十一次集体学习时的重要讲话精神专题、应急管理体系和能力现代化专题和省委组织部公务员两期大讲堂等各类学习 36 人次;组织开展好领导干部江苏干部在线学习平台学习,202 人参加学习,人均 65.85 个学时,学习完成率 100%,得到省委组织部肯定。联合河海大学、扬州大学部署开展 2020 年面对水利基层单位择优推荐入学。开展教育培训专项自查评估工作。全年受新冠肺炎疫情影响,培训班次减少,培训人员 4 000 余人次。

【表彰奖励】 联合省人力资源和社会保障厅表彰“全省水利系统先进集体”60 个、“全省水利系统先进工作者”88 人、“全省水利系统劳动模范”7 人。联合省人力资源和社会保障厅、省应急管理厅表彰“全省抗旱抗台抗洪工作先进集体”50 个、“全省抗旱抗台抗洪工作先进个人”100 人。

【江苏省水利厅领导干部名录】

(截至 2020 年 12 月底)

省水利厅

省水利厅党组书记、厅长:陈　杰

省水利厅党组成员、副厅长:张劲松

省水利厅党组成员、副厅长:朱海生

省水利厅一级巡视员:叶　健

省水利厅党组成员、省南水北调工程建设领导小组办公室副主任:郑在洲

省水利厅党组成员、驻省水利厅纪检监察组组长:徐　杰

省水利厅党组成员、副厅长:高圣明

省水利厅副厅长:韩全林

省水利厅总工程师:周　萍

省水利工程建设局党组书记、局长:蔡　勇

省水利厅二级巡视员:张春松、季红飞、黄良勇、黄海田、刘丽君

厅办公室

主任:吉玉高

副主任:栾庆明

四级调研员:刘　瑞

厅规划计划处

处长、一级调研员:喻君杰

二级调研员:陈长奇

副处长、三级调研员:徐卫东

副处长:黄　辉

厅政策法规处(行政审批处)

处长、一级调研员:陈振强

副处长:游益华

三级调研员:孙　见

厅财务审计处

处长、一级调研员:徐元亮

一级调研员:张古军

副处长、三级调研员:朱冠余

副处长:管　靖

厅水资源管理处

处长、一级调研员:李春华

副处长、三级调研员:贾永志

副处长:游　洋

省节约用水办公室

主任、一级调研员:朱庆元

四级调研员:贡丽娟、杜芙蓉

厅基本建设处

处长、一级调研员:黄章羽

二级调研员:顾文菊

副处长:杨业政

三级调研员:杨祖华

厅工程运行管理处

处长、一级调研员:陆一忠

副处长、三级调研员:郭　宁

四级调研员:罗柏明

厅生态河湖处

处长:张建华

副处长:周向华

厅农村水利与水土保持处

处长、一级调研员:沈建强

副处长、三级调研员:刘敏昊

副处长:仇　荣

四级调研员:周水生

厅工程移民处

处长:张树麟

一级调研员:朱德伦

副处长:胡其勇、李桂林

厅监督处

处长、一级调研员:黄俊友

二级调研员:张政田

三级调研员:杨志龙

厅科技与对外合作处

处长、一级调研员:施红怡

二级调研员:陈　辉

副处长:张　明

厅河湖长制工作处

处长:王　嵘

二级调研员:尹宏伟

副处长:任伟刚

厅人事处

处长:王冬生

二级调研员:卢　文

副处长、三级调研员:陈　飞

副处长:魏　来

厅机关党委

副书记(正处级)、机关纪委书记:李　慧

副书记(正处级)、工会主席、一级调研员:沈亚健

副书记(副处级)、三级调研员:周继春

机关纪委副书记:张继路

厅离退休干部处

处长:冯桂田

副处长:蒋　利

省水旱灾害防御调度指挥中心

主任、一级调研员:孙洪滨

督察专员(正处级):朱建英

二级调研员:于　涛

副主任:尤迎华、郑福寿、陈　静

四级调研员:高杏根、陶娜麒、宋　炜

省水政监察总队(省河湖采砂管理局)

总队长兼省河湖采砂管理局局长:武慧明

副总队长兼省河湖采砂管理局副局长:李玉松、沈建良、周　敏

四级调研员:董万华

省水利工程建设局

党组书记、局长:蔡　勇

党组成员、副局长:刘胜松、何　勇、樊峻江

办公室主任:钱　钧

办公室副主任:朱小飞

办公室三级调研员:吴锦旺

政治处处长:孙荣友

政治处副处长:倪　瑾

政治处四级调研员:李丰宁

项目处处长:陈　健

项目处二级调研员:郝春明

项目处副处长:张　维

项目处四级调研员:沙　菲、陈卫东、唐红艺

工务处(安全监督处)副处长(主持工作):王　蔚

工务处(安全监督处)一级调研员:刘建伟、蒋建云

工务处(安全监督处)副处长、三级调研员:王　建

工务处(安全监督处)副处长:高　山

工务处(安全监督处)三级调研员:张业林

工务处(安全监督处)四级调研员:冯小忠、邓燎、杨国平、邵　勇

财物处处长、一级调研员:潘良君

财物处二级调研员:焦爱华

财物处四级调研员:余　群

省南水北调工程建设领导小组办公室(省南水北调工程管理局)

副主任:郑在洲

处长、一级调研员:徐忠阳、葛书龙、沈　健

一级调研员:闫泽杭

副处长、三级调研员:陈国星

副处长:薛刘宇

四级调研员:陈启明

省河道管理局

局长:刘劲松

二级调研员:朱月新

副局长:王　荣

四级调研员:曹宏飞

省水利工程质量监督中心站

站长:马志华

副站长、三级调研员:吴　忠

副站长:肖志远

四级调研员:沈德忠、戴兆婷

省水文水资源勘测局(省水利网络数据中心)

党委书记、局长兼省水利网络数据中心主任:辛华荣

党委副书记、纪委书记:王文辉

副局长:马　倩、孙永远、耿建萍

省水利网络数据中心副主任:高祥涛

南京分局局长:单延功

无锡分局局长:洪国喜

徐州分局局长:李　沛

常州分局局长:陈卫东

苏州分局局长:许仁康

南通分局局长:唐春生

连云港分局局长:刘沂轩

淮安分局局长:李明武

盐城分局局长:董家根

扬州分局局长:王永东

镇江分局局长:张泉荣

泰州分局局长:钱福军

宿迁分局局长:赵建华

省水土保持生态环境监测总站站长:童　建

省水利工程规划办公室

主任:张　鹏

副主任:苏长城、常　虹、欧建锋

厅机关后勤服务中心

主任:李　民

副主任:李　政、朱友江

省水利信息中心

主任:吴卿凤

副主任:曹海明、黄林霞

省水利科教中心(省水利安全管理服务中心)

主任:蒋寿景

副主任:王　苏、刘　伟、孙明权

省农村水利科技发展中心
主任:唐荣桂
副主任:王滇红、胡　乐

省水资源服务中心
主任:李太民
副主任:王　菊、张秝湲

省水利防汛物资储备中心
党委书记、主任:周根富
副主任:韦建斌、陈国星(兼)
纪委书记:骆　勇

省水利科学研究院
党委书记、院长:王　俊
党委副书记、纪委书记:董阿忠
副院长:高士佩、赵　钢

省骆运水利工程管理处
党委书记、主任:周元斌
党委副书记、纪委书记:张合朋
副主任:王业宇、力　刚、蒋　涛

省淮沭新河管理处
党委书记、主任:许永平
党委副书记:钱邦永
副主任:张玉林、王业英、袁　聪
纪委书记:王正春

省通榆河蔷薇河送清水工程管理处
主任:钱邦永

省灌溉总渠管理处
党委书记、主任:韩成银
副主任:戴启璠、华学坤、董兆华、盛维高
纪委书记:邱大鹏

省淮河入海水道工程管理处
主任:韩成银(兼)
副主任:何光叶、华学坤

省洪泽湖水利工程管理处
党委书记、主任:陈昌仁
党委副书记、副主任:郭明珠
副主任:周和平、万　骏
纪委书记:张立师

省江都水利工程管理处
党委书记、主任:夏方坤
党委副书记、纪委书记:魏强林
副主任:孟　俊、徐惠亮、王雪芳、周灿华

省秦淮河水利工程管理处
党委书记、主任:张加雪
副主任:孙　勇、王　强、刘建龙
纪委书记:支鸣强

省太湖地区水利工程管理处
党委书记、主任:陈卫冲
党委副书记、副主任(正处级):李淮东
副主任:胡有云、张　宇
纪委书记:顾学明

省泰州引江河管理处
党委书记、主任:姚俊琪
副主任:徐　明、张桂荣、赵林章
纪委书记:马卫兵

省灌溉动力管理一处
副主任:徐　明、陈建标

省防汛防旱抢险中心
党委书记、主任:马晓忠
副主任:刘俭和、张友明、冯　俊
纪委书记:黄亚明

(供稿:张孟申)

老干部工作

2020年，水利厅离退休干部工作认真贯彻党的老干部工作路线方针政策，坚决落实中央办公厅、国务院办公厅《关于进一步加强和改进离退休干部工作的意见》和全国、全省老干部局(处)长会议的工作部署，不断强化离退休党组织建设，制定了《省水利厅机关离退休干部党总支、支部工作规则》，着力抓好两项活动，16个党支部通过“六有一提升”党支部创建达标工作。3个征文作品获得水利部一、二等奖，省水利厅获组织奖。编制《离退休干部手册》，广泛开展适合离退休老干部特点和需求的各项活动，创造了积极向上、和谐健康的养老环境，较好地完成了年度工作目标。

(1) 落实疫情防控要求。①运用“离退休干部工作”“江苏老干部”微信公众号，引导老同志深入学习贯彻习近平总书记关于疫情防控工作重要指示精神，落实中央、省委和厅党组决策部署，统一思想，提高认识，把疫情防控斗争的各项部署要求落实到位，切实把老同志的安全健康放到心中最高位置。②在疫情期间，及时下发“致离退休干部的一封信”，进行健康咨询、个人防护等服务，积极帮助老同志解决防疫用品的购买、学习、生活等方面的困难，疫情期间利用微信群打卡关注老干部的出行、身体情况，切实把常态化疫情防控下离退休干部服务管理工作做细做实。

(2) 落实离退休干部政治待遇。①在离退休党员中积极开展“不忘初心，牢记使命”学习教育和“忠诚核心，永担使命”主题教育活动，深入推进“两学一做”学习教育常态化制度化。通过集中学习、网上课堂学习习近平总书记系列讲话和党的十九大、十九届二中、三中、四中、五中全会精神，引导离退休党员干部牢记党员身份，自觉做到党的意识不弱化、党员标准不降低、党内生活不脱离。组织举办党支部书记培训和选送支部书记参加省委老干部局的培训，提高党务工作能力。开展离退休党组织“六有一提升”创优争先活动，省水利厅系统16个党支部通过省委老干部局考核验收。②组织参观考察。各支部先后组织党员赴泰州、洪泽、太湖等开展党日活动，参观泗洪大王庄新四军革命根据地旧址、周恩来故居及纪念馆等红色教育基地，缅怀革命先烈，感受时代发展。秋季参观浦口滁河水库等，分享“美丽库区、幸福家园”水库工程建设成就。③积极建立阅文制度。按规定保证离退休干部阅读、学习文件，使老同志及时了解党的路线方针政策，支持中央、省委和厅党组的决策部署。

(3) 落实离退休干部生活待遇。①及时沟通协调，保障离休干部两费的发放，与在职职工同步发放春节、端午、中秋的慰问品。②开展重阳节祝寿活动，为所有离退休干部发放生日蛋糕券，为整生日和80周岁以上离退休干部发放生日礼品，为90周岁以上离退休干部发放长寿补贴。③积极做好离休干部“三有一落实”工作，为10名离休干部签约家庭医生服务工作，及时开展健康体检和特约医疗人员疗养等工作。

(4) 引导老同志发挥自身优势。①组建“水利情”江苏省水利厅“银发生辉”志愿服务队。今年，我省前期遭遇严重干旱，入梅后遭遇6轮强降雨。不少老同志已自发地参与到抗大旱、抗大洪、抗台风一线，用自己的经历、经验、技术、责任，协助开展“三抗”工作，发挥了很好的作用，部分老领导老专家专程到太湖调研水利工程。②积极开展志愿服务。老同志主动参加社会志愿者服务，在小区宣传党和政府的防疫措施，带头并号召为一线防疫人员捐款捐物。厅机关100余名老干部踊跃捐款，展现了良好的行业形象。③开展丰富多彩的文体活动。积极参加水利部“我看脱贫攻坚新成就”主题征文活动，3 部征文作品获得水利部一、二等奖，参加省委老干部局举办的“我和我的祖国”主题书画摄影比赛，组织参加省级机关老同志掼蛋比赛、全省老年人健步走大联动活动。

（供稿：张晨晨）

政务工作

【政务保障】 ①突出以文辅政。全年起草文稿 200 余篇，印制省委省政府涉水重点任务清单、厅党组 2020 年工作要点等文件多份。②突出目标统领。针对省委省政府年度重点工作，梳理形成 38 项重点任务清单；按照全省水利工作会议安排，研究确定了厅党组 2020 年工作要点及分工方案，明确了 10 大类 40 项主要工作任务。坚持目标引领，细化形成各项任务时间表、任务书和责任图，加强跟踪检查，掌握工作进展，定期会商推进，服务各项涉水目标得到较好完成。③突出大局保障。全年筹备厅党组会议 34 次、厅长办公会议 5 次，承办全省水利系统学习研讨会、全省水利系统贯彻总书记视察江苏重要讲话精神交流会议、全省水利工作会议、江苏水文化与水韵江苏建设研讨会、都江堰·江都站世纪工程交相辉映共建仪式等多场次、高人气、大规模的重要会议。

【督查督办】 ①力推改革见成效。河湖长制、农业水价改革等 4 项任务纳入省委改革要点，制定并全程督办厅七大类 23 项改革，均顺利完成。②狠抓督查重难点。突出省委省政府涉水重大事项落实，一季一督、一月一报；聚焦厅党组年度工作要点和厅党组会、厅长办公会议定事项以及厅领导批示要求，实施常态化督查，发布督查通报 13 期，保证各项任务落实。③办理议案高质量。圆满完成了涉及我厅 74 件建议、提案办理，代表委员满意度 100%。

【信息宣传】 ①信息服务提质增效。围绕中心业务和亮点特色，强化约稿，拓宽渠道，及时收集整理、综合编报各类信息，服务上级领导决策。全年向省委省政府、水利部编报信息 1 008 条，被省委省政府和水利部采用 344 条，同比增加 14 条，其中中办国办采用 5 篇，部省领导批示 8 件次。②联动宣传亮点纷呈。强化重要水事活动的宣传策划，加强媒体沟通联系，服务厅主要领导参加省政风热线线上直播活动，保障厅领导参加《黄金时间》、省政府网站在线访谈活动，主动唱响水利好声音。紧扣水利重心同步部署宣传工作，厅门户网站编发信息 1 000 多条，报送水利部和省政府网站新闻被采用 160 余条，开设“全国科普日线上科普游”“江苏省水利工程建设招标投标监督服务”等专题专栏，立体式展示水利改革发展成果。③聚焦舆情引导有方。建立一支水利网评员队伍，组织开展专题培训，提升舆情应对能力，密切关注舆情热点，加强舆情监测分析和研判处置，牢牢把握舆论主导权。在两会、防汛抗洪、十九届五中全会等重要节点，加密监测，及时掌握处置涉水舆情，组织召开新闻发布会 7 场，引导社会舆论。

【综合服务】 ①强化制度建设。研究制定厅党组会议上会制度、厅印章使用管理办法、办理人大建议政协提案工作办法、厅直事业单位公务用车使用管理规定、无烟党政机关建设方案和管理规定、厅垃圾分类工作方案和工作制度、厅系统节能考核评价工作方案、厅系统电报格式规范等近 10 项制度，扎实推进工作规范化、制度化。②加强统筹安排。全年办理公文 6 607 件、机要文电 2 168 份，审核公文 800 余份，公文处理准确性、规范性和安全性明显提高。依法落实政务公开，主动发布信息 5 000 余件，依申请公开信息 33 件。规范档案管理，南湖科技档案室 1 万余册档案顺利搬迁，完成泰州水文分局 4 星、徐州水文分局 5 星级测评和 11 个工程档案验收。③维护系统稳定。高度重视信访稳定工作，对信访突出问题专题研究、分类施策、动态管理，部署开展信访积案专项行动，开展重要时节、敏感时期信访稳定重点防范工作，扎实推动解决信访难题。全年受理信访总量 204 件，其中人民来信 89 件，群众来访 18 批 50 人次，网上信访接待信箱 97 件。

（供稿：许芬）

水利宣传

2020 年，在新闻舆情、水情教育、期刊出版、水文化弘扬等各方面都取得了一些成绩。组织申报的“寻找大运河江苏记忆”公益宣传项目获水利部、团中央全国青年志愿服务项目大赛一等奖，《中国水利报》江苏记者站 21 年蝉联优秀记者站，《江苏水利》获评全省期刊优秀栏目、优秀策划奖。指导新增创建国家水情教育基地 2 家，累计数量全国第一，制作的《淮河洪水去哪了》新媒体作品获六厅局主办的省科普公益作品大赛二等奖，采写稿件《东方水城的嬗变》获省委宣传部江苏报道奖三等奖，组织创作的《铸梦长淮下》报告文学入选省作协重大题材文学作品创作工程。

（1）权威报道扩大声势。全年在中央媒体发表稿件 250 余篇，其中《人民日报》18 篇、央视 27 条，包括新闻联播 2 条次，省级媒体发表 1 200 余篇，坚持用主流声音占领舆论主阵地。总书记调研江苏期间，组织制作南水北调工程专题片，获中办、省委办公厅充分肯定，在《人民日报》《新华日报》及时推出成就宣传和反响报道，做好后半篇文章，形成较好的舆论声势。全国两会期间，围绕水利相关议题，积极协调中央和省级媒体采访全国人大代表，刊发报道 20 余篇，各大媒体纷纷转载，江苏水利成为全国两会高频词。防汛抗洪期间，组织新闻通气会、集中采访 30 余次，联系协调媒体记者进行现场采访直播 90 条次，向各大媒体发布防汛防台新闻通稿 200 余篇，中央媒体在网站及客户端每日推送防汛工作动态，省内主流媒体均开设专题专栏集中报道，及时将省内最新消息传递给社会公众。年初抗疫期间，聚焦“一防三保”，在新闻联播、《新华日报》、《中国水利报》头版、卫视新时空头条等连发报道。向省委组织部编报先进典型材料 15 篇，向水利部上报动态信息，向厅疫情防控领导小组编发《防疫专报》《复工复产专报》等。

（2）自办媒体联动发声。打造融合网站、微博、微信、微视频等于一体的自媒体阵营，全年在厅网站发布信息 396 条，中国水利网江苏专区发布信息 602 条，官方微博 164 条，官方微信公众号信息 415 条，江苏水利微信公众号影响力始终保持在全国水利政务新媒体矩阵前列。一是创新传播方式。汛期，策划《淮河洪水去哪了》《洪泽湖泄洪》等原创微视频，以及《巡堤查险如何做》《一图读懂堤防水位的这些名词》等原创新媒体作品；全国科普日，围绕水文化、水科技、节水护水等热点话题，以动画、图文解说等形式，开设“水宝说水”科普专栏，实现专业知识通俗化传播。二是坚持资源共享。积极向各大主流媒体进行多渠道、多平台推广，实现主流新媒体全覆盖，多条播放量破百万。在微博平台以“水韵江苏幸福河湖”活动为支点，撬动公众互动，实现引流成效，微博曝光量达 200 多万次，互动达 2 万余次；推出“河长制是什么”书话——江苏河长制主题活动，微博话题浏览量当天达 330 多万，登上全网热搜榜第三。三是制作高质量专题片。制作防汛抗旱工作专题片，在省委常委会、省政府常务会议和全省防汛工作会议播出，河长制工作专题片在全省河长工作领导小组会议上播出，获得好评。

(3) 期刊出版做精做强。编辑部不断扩大优质稿源，确保高质量出版发行，全年收稿686篇(同比增长18%)，刊用229篇，刊发12期学术正刊、2期管理版增刊、4期《江苏水利通讯》内刊，评选2019年度优秀论文18篇。在国家科协等权威组织进行的期刊评选中，《江苏水利》综合影响指数大大提高。发行量在同层次期刊中名列前茅，做到社会效益和经济效益相统一。

(供稿：楼锋)

水利社团工作

【省水利学会工作】 2020年省水利学会在省民政厅社会组织评估中，再次荣获5A等级。省水利学会开展的"全国科普日"活动，被中国科协表彰为优秀活动，省水利学会被省科协表彰为江苏省"全国科普日"优秀组织单位。

(1) 坚决抗疫斗争，推动学术交流。年初新冠肺炎疫情发生初期，秘书处第一时间向全省水利学会会员发出《倡议书》，利用网站、微信公众号、QQ工作群推送防疫科普信息，举办"科学应对新冠病毒宣传作品展"，普及疫情防控知识，提升公众自我防护意识。2020中国水博览会暨第十五届中国国际水务高峰论坛在南京顺利举办，江苏省水利学会协同有关单位共同承办，并具体承办了污染水体治理与生态修复、智慧水利两个分论坛。举办江苏省水利学会2020学术年会暨第十届江苏水论坛，主论坛和四场分论坛共计开展了25个学术报告，有效促进了水利学术交流。积极参与并认真准备2020年新中国治淮70周年(高层)研讨会，全省共计征集论文60余篇。

(2) 聚焦主题热点，开展水利科普。"世界水日""中国水周""科普周"期间，联合相关部门以"坚持节水优先，建设幸福河湖"为主题，开展各类内容丰富、形式多样的科普活动，深受欢迎。响应习近平总书记"让黄河成为造福人民的幸福河"的号召，宣传幸福河的丰富内涵，联合河海大学组织了"2020我心中的幸福河"微视频活动，此活动被中国科协表彰为"全国科普日"优秀活动，省水利学会被省科协表彰为江苏省"全国科普日"优秀组织单位，全省148家省级学会仅有3家获此表彰。

(3) 拓展服务领域，助力创业创新。积极组织青年师生参加省科协举办的线上系列培训活动，共推荐13个项目参加第五届江苏省科协青年会员创新创业大赛。2020年省水利学会正式成为有江苏省科学技术奖独立提名资格的省级专业学会，先后提名申报大禹水利科学技术奖4项，提名申报省农业技术推广奖3项，共有3项获省部级科技奖。承接职能项目有序推进，继续承担江苏省水利科技进步奖评奖工作，2020年度共授奖20项。制定了《江苏省水利学会科技成果评价办法》，先后组织完成了17项水利科技成果评价。

(4) 坚持人才优先，服务会员成长。推荐2020年度江苏省科协青年科技人才托举工程资助培养对象、第二届全国创新争先奖、第八届江苏青年科学家年会执行委员、第十七届江苏省青年科技奖、全省科协系统先进工作者候选人各1名，向教育部专家库推荐专家4名，向省科协推荐1名"最美科技工作者"。征集科技志愿者服务疫情防控工作典型案例，择优报送至省科协、中国水利学会等上级部门，并通过媒体进行宣传。协调中国知网向全省水利科技工作者提供免费水利数据库查阅服务。省水利学会事业发展工委会、青年工作委员会积极响应省水利厅抗洪抢险组织安排，组织防汛专家和青年科技人员深入一线，积极发挥对水利应急抢险工作的科技支撑作用。

（供稿：陈瑗）

【省水资源协会工作】 2020年江苏省水资源协会以服务会员为宗旨，充分发挥桥梁纽带作用，围绕水资源管理工作，加强协会内部管理，强化服务能力建设，不断助力行业新发展。本年度，协会共发展单位会员14家，主动缴纳会费单位90余家。

（1）行业协会与行政机关脱钩工作。根据《关于加快实施全面推开全省性行业协会商会与行政机关脱钩改革工作的通知》（苏社管〔2020〕5号）要求，2020年4月，向省民政厅上报了省水资源协会脱钩实施方案；7月，水利厅财务审计处委托南京均益会计师事务所对省水资源协会财务、资产等进行了脱钩专项审计，并出具了无保留意见的审计报告；12月，省水利厅办公室与省机关事务管理局协调，将水务楼701室租用给协会作为日常办公场所使用。自此基本完成了"机构、职能、资产财务、人员管理、党建外事"分离的脱钩工作任务。

（2）两水平评价单位初评工作。2020年，省水资源协会受理上报水资源论证评价单位26家，水文、水资源调查单位14家。2020年11月，中水勘协发布公告（中水协秘〔2020〕60号），上述单位符合要求，准予通过。协会秘书处于12月初完成了会员单位新、旧证书的换发工作。

（3）水资源优秀成果奖评选。7月协会秘书处通过调研、访问等形式，起草了《江苏省优秀水资源成果奖评选办法》（初稿），经过向行业专家、业务主管部门、理事会员单位征求意见，最终形成了《江苏省优秀水资源成果奖评选办法》（审议稿），并于12月经协会第四届第五次理事会（通讯方式）审议通过。协会据此组织开展优秀成果奖评选工作，进一步提升协会的行业和社会影响力。

（4）专业技术培训工作。协会于6月和10月在南京举办了两期全省水资源青年骨干专业技术能力提升培训班，累计参培人数达120余人。培训内容丰富实用，针对性强，得到了会员单位和业务主管部门的积极好评。

（供稿：卢发周）

【省水利勘测设计协会工作】 2020年，协会在做好疫情防控的基础上，组织了一系列活动，尽力培育和提高全省水利规划设计人员的专业技术水平，不断提升服务水平，推动协会各项工作取得了新的成绩。

（1）坚持协会服务宗旨。6月，协会在南京组织召开质量管理工作座谈会，通报了2019年度水利勘测设计单位信用考核情况、首届水利工程优秀设计、咨询、勘测成果奖的评定情况、水规总院来苏调研水利行业质量管理情况。8月，协会在扬州举办了水利工程勘测设计"问责办法、强制性条文"暨《水利工程建设标准强制性条文（2020）版》和《水利工程勘测设计失误问责办法（试行）》宣贯培训，来自38家单位，160余名学员参加学习。12月，协会与江苏省水利学会水利规划设计专委会联合承办了第十届江苏水论坛"十四五"水利形势与任务分论坛。协会会员单位积极参加论坛论文征集活动，有14篇录用，于会上印刊发放。协会认真落实省民政厅的工作部署，动员广大会员单位积极投身疫情防控阻击战，有24家会员单位为抗击新冠肺炎疫情捐款31.62万元。

（2）充分发挥桥梁纽带作用。配合部勘协和水规总院，及时向会员单位传递行业最新工作动态及新标准规范，转发了水利部《水利工程勘测设计失误问责办法（试行）》、中国水利水电勘测设计协会《关于举办〈水美城市建设规划编制导则〉宣贯培训班的通知》等文件；受厅规计处委托，完成了 2019 年度江苏省水利勘测设计单位履约考核工作，2019 年，参与省重点水利工程勘测设计的单位有 12 家，完成项目有 81 个，评定 AAA 级信用单位 4 家，AA 级信用单位 3 家，A 级信用单位 3 家，B 级信用单位 2 家；组织开展第二届全省优秀水利工程勘测设计奖评奖工作，本次申报项目共 98 个，入围项目 80 个，共评选出一等奖 6 项、二等奖 11 项、三等奖 20 项、表扬奖 4 项。

（3）加强协会的自身建设。一是大力发展会员。2020 年发展单位会员 2 家，目前，协会共有单位会员 53 家；二是认真开好年会和理事会。在疫情防控的要求下，以通讯方式共召开了一次会员代表大会，三次理事会，年会上审议通过了协会年度工作报告和年度财务报告，三次理事会分别审议了相关制度、报告，批准了申请入会的新会员单位，确认了优秀项目评审结果；三是加强协会制度建设。修订了优秀水利工程勘测设计奖评选办法，补充、完善了优秀水利工程勘测设计奖的评选范围、申报条件、评定标准、申报材料等内容。制定印发了协会团体标准管理办法，明确了团体标准立项与修订的工作程序、实施与监督的方法、组织机构与职责及经费管理等内容。

（供稿：陈莹）

【省水利摄影协会工作】 2020 年，摄影协会系统拍摄南水北调东线江苏境内主要工程，为习近平总书记考察江都水利枢纽工程汇报展厅提供了大量翔实的图片与视频资料。积极组织全省会员投入抗御江淮、太湖大洪水摄影报道中，征集、拍摄图片、视频数千幅（段）。积极做好“河长制”工作的专题宣传；参与全省在建水利重点工程的宣传报道；保障中央、部领导考察江苏水利、省领导“巡河”以及重大水事活动等新闻宣传任务 11 次。会员们在《中国水利报》《新华日报》等媒体上发表 200 多幅摄影作品。

2020 年春节期间，在防控疫情的紧要关头，协会想方设法购买了 1 万只 N95 口罩，及时发往武汉水利部长江委，受到水利部长江委表扬；协会赞助厅工会上缴水利部各类会费 11 万多元，受到水利部文协来函表扬。

本年度，协会负责人缪宜江受水利部文协之邀，通过线上教学，为全国水利行业摄影爱好者免费授课，受众近万名。会员唐强在水利部举办的全国水土保持摄影大赛中，两组反映连云港水保工作的摄影作品，分获一等奖和三等奖。会员王建春通过审核成为“中国摄影家协会”会员。

（供稿：缪宜江）

地 方 水 利

地 方 水 利　　167～221页

南京市

【概述】 2020年，南京市水务系统按照"补短板、强监管、提质效"的总基调，紧紧围绕"十三五"水务发展规划、国家加快灾后薄弱环节建设明确的目标任务、省市对标找差和高质量发展考核标准，坚持问题导向，突出民生需求，着力补齐防洪减灾、城乡水生态环境、污水收集处理等方面短板，重点实施了防洪减灾、防汛消险、农村生态治理、水环境整治提升、积淹水片区整治、城乡供水设施及应急水源地建设、城乡污水厂网新建改造等9大类城乡水务建设项目。年度水务建设总投资约80亿元。

【水利建设】 2020年，南京市在省对市水利建设质量工作管理考核中获A级，长江八卦洲汊道河道整治工程、滁河近期防洪治理完善等8项重大水利工程基本完工，新开工建设高淳区固城湖退圩还湖永联圩新建堤防工程，形象进度达33%，开工建设高淳区水阳江干流左岸堤防加固工程，形象进度达54%，超额完成年度建设任务。溧水区三丫圩等泵站改造项目疫情期间在全省重点水利工程中率先复工，滁河防洪治理近期工程江苏省境内工程通过省厅竣工验收，长江崩岸应急治理工程南京境内工程在全省率先竣工验收。实施14处积淹水片区（点）改造和56项防汛消险项目，城市防洪减灾工程体系不断完善。农村水利基础设施建设推进有序，高淳区农村水系连通及农村水系综合试点县年度项目已完成；2020年5月份，在省财政厅、水利厅组织的绩效考评中，南京市农村河道长效管护、农村生态河道建设、农田水利管护和生态清洁型小流域被评为全优，是全省唯一获得全优等级的城市。

【河湖长制】 2020年，全市4 000余名河湖长巡河20.2万余次，发现处置问题1 800余个，督查问题186件，交办督办事项55件。全面完成河湖"三乱"专项整治，除秦淮河1项已批准延期销号外，其他均通过省级验收销号；全力开展河湖"清四乱"工作，对新排查的39项"四乱"问题清单项目逐项现场核查，目前已全部落实整改并通过省水利厅验收销号。创新河长制管河模式，创立"六长一员制""小微水体段网格化""村级河塘五位一体""1+3+N"等管护模式，采用政府主导、社会参与、市场运转的模式，设立专职队伍、兼职人员和民间力量相结合的各级巡河员、护河员6 600余名；在全省首批创建生态示范河湖，以"省级生态样板河湖"月牙湖为样板，在创建12条河长制示范河后，新打造22条生态示范河湖，已通过机构评估，美丽河湖建设成效明显；在全国首推"都市圈"联合河长制，在全市建立35条跨界河湖联合河湖长基础上，共商共建宁镇扬、宁宣、宁马、宁滁联合河湖长，初步形成"南京都市圈"联合河湖长制工作框架。

【生态河湖建设】 2020年，南京全市22个地表水省考及以上断面水质优良比例、28条入江支流、72个重点水功能区、84个市考断面水质达标率均实现100%，其中，入江支流、重点水功能区、市考断面等3项首次全面达标，全市域基本消除劣Ⅴ类水体，全市水环境质量达历年最好水平，继续保持全省第一。长江大保护成效显著，226个列入清理整治的项目已全部完成，累计清退生产型岸线32.2 km，复绿面积超4 000亩。主江生产岸线比例从2018年的36.9%下降至目前的25.3%。整治项目数量、拆除体量、拆除率以及清退生产岸线长度均位列全省第一。制定《进一步强化入江支流常态化管理措施》，全面加强河湖管理，推进完成48条骨干河湖保护规划和南京市长江岸线保护详细规划编制。推进完成2 500多km河湖管理范围划定；推进长江、秦淮河等流域性河湖岸线利用项目调查登记；进一步规范涉河建设项目管理，2020年完成市级许可30项，实施河湖遥感监测，落实水域岸线占用补偿，实现全市河湖空间完整、功能完好和生态良好。溧水区无想寺水库成功创建省级水利风景区，溧水区中山水库通过省级水利风景区复核。全年落实市级补助1 700万元，推进建设完成15个补偿项目，进一步改善河湖水生态。

【水资源管理】 南京市全年用水总量约36.1亿m^3，万元国内生产总值用水量较2015年下降44%，万元工业增加值用水量较2015年下降27%，农田灌溉水有效利用系数约为0.68，水资源总量和效率控制圆满完成省定目标，最严格水资源管理制度考核进入省级优秀等次。深入推进节水型社会建设及载体建设，高淳区和浦口区于11月顺利通过国家级县域节水型社会建设技术复核和行政验收，积极推进节水教育基地创建工作，象山湖省级节水教育基地于11月顺利通过考评，钱家渡编制完成节水教育基地创建实施方案。按时序进度完成取水工程整改提升工作，全市共计录入494个取水项目(1 540个取水工程)信息。

【工程管理】 2020年汛前，公布了全市251座水库“四个责任人”名单，实现水库安全责任制全覆盖，小型水库责任人线上培训率达100%。常态化开展工程安全鉴定，完成1座中型水库、3座中型水闸、3座中型泵站、148座小型水库的安全鉴定。对14座存在安全隐患的小水库进行消险处理。开展大中型闸站、中型水库工程安全监测设施的普查工作，完成13座中型水库大坝安全监测资料整编分析，完成三汊河河口闸安全警戒区设置。全年创建省规范化小水库16个，达标率68.1%，完成3个省一级、18个省规范化小水库复核工作。完成171座小水库划界工作，开展水库管理和保护规划编制，赵村水库、山湖水库管理和保护规划通过省水利厅审查。

【防汛防旱】 今年汛期，受上游来水、天文潮和本地降雨“三重叠加”影响，全市主要江河湖水位全线超警戒，出现“一超历史、三超保证”，即长江南京站最高水位10.39 m，超历史最高水位(1954年10.22 m)0.17 m，列历史第一位；石臼湖蛇山闸站最高水位12.91 m，超保证(12.50 m)0.41 m，列历史第二位；水阳江水碧桥站最高水位13.36 m，超保证(12.80 m)0.56 m，列历史第三位；滁河六合站最高水位10.06 m，超保证(9.97 m)0.09 m，列历史第三位，是全省唯一启动防汛Ⅰ级应急响应的城市，应急响应持续时间达54天。受高水位长时间浸泡，部分江河湖堤防出现渗水、塌方、管涌等险情290处，受灾人口20 426人，紧急转移人口3 561人，农作物受灾面积6 042公顷，渔业养殖受灾面积2.03万亩，倒塌房屋888间，直接经济损失5.89亿元。汛期全市累计出动巡查人员120余万人次，Ⅰ级响应期间每日巡查约6万人次，防汛值守点达2 280处，722辆物资运输车等抢险力量严阵以待，16家市防指成员单位在市防办集中办公，12个抢险技术专家组奔赴最前线；汛期，科学精准调度水利工程，累计泄洪13.1亿m^3。全市上下团结协作，不畏艰险，连续奋战，迅速有效处置各类险情，及时撤离转移安置人员，全市没有出现重大险情，没有人员伤亡和重大经济损失。

【供水保障能力建设】 2020年，南京全市供水能力增加95万t/d，总供水能力达520万t/d，较2015年提升了32%；通过深度处理改造三年行动计划，南京全市自来水深度处理率从2017年的24%跃升至2020年的100%；完成供水管网新建改造100 km。杨库水库、三岔水库、新济洲凤凰湖三处应急水源主体工程均已基本完成，补齐南京市应急供水保障体系短板。供水方面，落实“欠费不停供”措施，支持和帮助全市中小企业缓解疫情影响，尽快复工复产。疫情期间，一方面加强安全防控，加强水质检测，另一方面积极做好稳定保供工作，对企业用水费用实施阶段性缓缴，对欠费用户实行免收违约金等减免优惠政策。

【水政执法】 2020年度，南京市共出动水政执法人员2.8万人次，查处水事违法行为310起，立案查处40起。出台了《水务行政执法案卷管理办法》《南京市水行政执法格式文书样本(2020修订版)》《南京市水务行政执法监督和指导办法》《规范行政处罚罚没单据管理通知》等规章制度，水务执法制度体系日趋完善。在2020年的全省水行政执法技能竞赛中，南京市水务综合行政执法总队代表南京市水务局参赛，获得团体第二名，个人第二、第四名的好成绩。积极开展各类专项行动，省厅陈年积案清单中涉及南京的34项，2020年全部办理结案。同时，对全市的河湖违法案件及陈年积案进行了全面排查，至年底，市本级72件、区级65件也已经全部办结。

【水利改革】 农业水价改革。以农业水价改革“1168”“水票制”等经验模式为切入点，将农业水价综合改革工作纳入政府街、镇考核，年度全市296.6万亩的农业水价改革，高分通过省级验收。通过农业水价综合改革的持续推进，全市灌溉水有效利用系数由2016年的0.655提升至2020年的0.68，农业节水成效明显，有效提升了全市农业节水能力和农村水利工程管护水平。

水土保持“放管服”。完成了部级623个扰动图斑、省级181个扰动图斑复核。积极推进水土区域评估，在全市首个江北新区中央商务区水土保持区域评估的基础上，完成了江苏高淳经济开发区、南京六合经济开发区等5个水土保持区域评估批复，区域内的水土保持方案审批进一步简化，有效提升了营商环境。积极推进水土保持第三方技术评估，持续优化服务，开展“互联网＋政务服务”建设，推行“不见面审批(服务)”改革，水土保持全程“不见面审批”事项占比达100%。2020年，全市办理水土保持方案审批427件，其中市级办理58件。经省联席会议评估，全市水土保持工作为优秀等级(苏水保联〔2020〕1号)。

开展汤山地下水水权交易试点。以节约和高效利用水资源为导向，立足汤山街道实际，积极推进江宁汤山地区地下水水权交易工作。目前试点工作已基本完成，七个地下水企业与汤山温泉公司签订水权交易合同，交易量共39.55万m^3。

【水利科技】 2020年，省级水利科技项目立项1项、市级水务科技项目立项6项，省级水利科技项目完成6个项目结题验收，市级水务科技项目完成2个项目结题验收，“秦淮河流域水系变迁及洪涝风险研究”项目获得2020年度江苏省水利科技进步奖。积极做好防汛信息化支撑，汛前全面排查设备问题隐患，及时维修故障设备，共修复水雨情遥测站类监测站点47处，及时处理监测设施故障近300次，确保了整个汛期信息化设备运行的稳定；建立健全市、区视频会商联合保障机制，汛期共保障各类视频会议71场，无事故、无差错。完成智慧水务建设项目(2020—2021年度)可研编制、立项、招标等工作，并积极推进项目实施，推进硬件设施采购安装和软件系统开发，初步形成“一网、一图、两中心、四平台、五应用”的智慧水务总体架构。

【行业发展】 (1)推进公共资源全流程电子化交易。2020年3月，实现所有水务建设公开招投标不见面开标。全力推动招标过程电子化，逐步扩大电子招投标范围、完善电子招投标方式与流程。实现项目招投标双方在招标过程中“零见面”“零跑腿”。

(2)不断提升工商类用户(非居民)接水服务。一是通过工程建设项目审批系统数据共享，进一步实现了零材料，环节压缩至2个。二是针对新建社会投资简易低风险项目，实行“免上门、免审批、先服务后收费”。三是进一步优化审批服务流程，对供水管径不大，停水时间较短，影响范围较小的停水免于办理许可，改为备案制。2020年，办理停水审批23件，比去年减少76件，有效减轻了供水企业负担。

(3)全面优化供水服务体系。以“宁满意”工程为契机，加强部门协作，共建共治共享，打造用水服务“八个一通”新格局，实现供水服务再提升，公开服务和资费标准，为用户提供线上“可办业务、可查进度、可诉意见、可评结果”的便捷化“一网通”服务。目前，供水业务已实现网上端与江苏政务网同步受理；掌上端与江苏政务网App、“我的南京”App同步受理；自助端与政务服务一体自助机同步受理；营业厅端与政务服务窗口同步受理。

无锡市

【概述】 2020年，无锡水利以推动高质量发展为主题，以打赢打好碧水保卫战、河湖保护战为目标，抢抓发展机遇，强化使命担当，在“系统治水提质效、水利工程补短板、水利行业强监管”方面成效显著，“十三五”水利工作实现圆满收官。

【水利建设】 克服疫情影响，率先推进水利复工复产，2020年共实施市级水利投资项目17个，计划总投资16.59亿元，实际完成投资16.82亿元，项目开工率100%，投资完成率101.4%，超额完成年度目标任务。新沟河延伸拓浚工程通过竣工验收，新孟河延伸拓浚工程率先实现通水，锡澄运河整治工程定波水利枢纽工程于主汛期前通过水下验收，太湖梅梁湖生态清淤“聚泥成岛”试点工程优质高效完成试点任务，望虞河西控、环太湖大堤剩余、锡澄片骨干河网畅流活水等重点工程进展顺利。新孟河工程宜兴段获评“江苏省水利工程文明工地”。宜兴市水利建设获省政府真抓实干督查激励通报表扬、移民工作获省水利厅通报表扬。

【河湖长制】 深入实施河湖长制，细化落实“一河一策”，各级河长全年履职超过16万次，全市河湖水质持续向好，国省考断面优Ⅲ水比例86%，同比提高4.6个百分点，“十三五”期间提升幅度全省最大；重点水功能区水质达标率97.8%，超过省定目标15.8个百分点；161条环境综合整治河道优Ⅲ水比例66.7%，同比提高13.3个百分点；3条入江河流全部达到或优于Ⅲ类水；太湖无锡水域水质总体符合Ⅳ类水平；涌现出万马白荡、泰康浜、小渲河、九曲基、前湖村浜、胶山南新河等一大批生态样板河道。无锡市河长制工作获省政府真抓实干督查激励通报表扬，《人民日报》海外版头版加整版专题报道无锡市河道综合整治成效，无锡市滨湖区河长办获评“长江经济带全面推行河(湖)长制先进单位”。

【美丽河湖行动】 2020年9月，率先启动“美丽河湖”三年行动，聚焦太湖、长江、大运河、蠡湖等城市重要水体和群众身边的816条重点河湖，全力推进十大专项整治。建立“周周报、月月督、季季推”、“红黑榜”、抄告单等工作机制，着力解决河湖水域岸线突出问题，系统推进生态环境修复、岸线景观塑造、历史文脉传承与公共服务设施建设，一体打造高品质、高水平的滨水空间、生态走廊和城市景观，形成有特色、可示范的“美丽河湖”无锡样本，涌现出江阴市黄田港公园、宜兴市男留村河、梁溪区大寨河、锡山区九里河、惠山区万寿河、滨湖区富安新河、新吴区伯渎河、经开区何古桥河等各具特色的“美丽河湖”新亮点，成为市民养生休憩的“网红点”“打卡地”。

【生态河湖建设】 《无锡市生态河湖建设(2018—2020 年)总结评估报告》通过审查,无锡市生态河湖行动计划完成情况评估结果为"优秀"。完成锡北运河等 25 条主要河湖生态状况评价,整编形成全市主要河湖的生态状况评价成果。加强重点河湖生态流量(水位)管理,研究制定全市重点河湖生态流量(水位)名录 12 条,完成梁溪河、西氿的生态水位确定工作,推进洋溪河至双河、张塘河等跨行政区域河道水量分配工作。扎实推进重点河湖"两违三乱"和"一湖两河四乱"专项整治,完成 45 个长江干流岸线利用项目清理整治,长江经济带警示片蓝藻相关问题完成验收销号。

【太湖蓝藻湖泛防控】 面对极端不利的气象、水文条件,无锡水利坚持守土有责、守土尽责的政治担当,全力做好蓝藻打捞处置、生态清淤、调水引流、湖泛防控等各项工作。全年共计打捞蓝藻 169.85 万 t、水草 6.32 万 t,产出藻泥 8.61 万 t;完成生态清淤 380 万 m^3;通过"引江济太"累计调引长江水 6.65 亿 m^3,其中入湖 2.34 亿 m^3,梅梁湖、大渲河泵站累计调水 7.47 亿 m^3;确保了饮用水水源地安全、太湖连续 13 年安全度夏,太湖蓝藻打捞和湖泛防控工作获得省水利厅通报表扬。中共中央政治局常委、国务院副总理韩正来锡调研太湖治理工作。

【水资源管理】 落实最严格水资源管理制度,在省政府最严格水资源管理考核中获评优秀等次,代表江苏省迎接国家最严格水资源管理制度考核并取得好成绩。实现取水许可证发放无纸化、取水政务服务审批"一网通办"。全面完成取水工程(设施)核查登记整改提升,取水工程(设施)核查登记整改项目共 255 个,整改完成率 100%。实施全国用水统计调查制度,全市各类取水户录入率、注册认证率均达 100%。全年创建各类节水型载体 94 个,超额完成省下达的年度目标任务。积极落实"节水贷"新政,省级节水型企业荣成环保科技股份有限公司成为首批受惠企业,获得兴业银行无锡分行 5 000 万元"节水贷"额度,首笔投放 500 万元,并给予3.85%的优惠贷款利率。无锡市锡山区国家级县域节水型社会达标建设通过省级验收,江南大学和无锡市民中心被评为第二批省级水效领跑者,高速公路梅村服务区被省确定为"节水型高速公路服务区"试点创建单位。

【工程管理】 着力"规范化、精细化",不断提升工程管理水平。全市 11 家水管单位中,获得省级以上水利工程管理单位称号的 10 家,创建达标率 90.9%,17 座小水库中 16 座通过了规范化管理考核,创建达标率 94.1%,省级以上水利工程管理单位和规范化小水库创建达标率均为全省第一。全市第一轮河湖和水利工程管理范围划定通过省级验收。无锡市太湖闸站工程管理处、宜兴市横山水库管理所高分通过国家级水利工程管理单位复核,无锡市城市防洪工程管理处、省望虞河锡山管理所顺利通过省一级、二级水管单位复核。宜兴市获评全国深化小型水库管理体制改革样板县。

【农村水利】 深入开展农村河道综合整治,全年完成农村河道生态清淤 385.5 万 m^3,建成农村生态河道 8 条、生态清洁型小流域 2 个。加强水土保持监督,全面实施水土保持委托管理,审批生产建设项目水土保持方案 238 个,高分通过水行政主管部门水土保持监管履职能力督查,在省水土保持目标责任年度考核中获评优秀等次。完成水土流失治理面积 10 km^2,龙寺水土保持科技示范园通过水利部定期评估,经验做法获得省厅领导批示肯定并在全省推介。

【防汛防旱】 2020 年,无锡经历了 42 天"超长梅雨期",累计降雨量 711.4 mm,是多年平均梅雨量的 2.88 倍,梅雨总量列 1954 年以来第 2 位,无锡站等 5 个单站雨量超历史。

面对超长汛期、超强降雨，全市水利部门科学应对、众志成城，依靠省防指强有力的组织指挥、科学的监测预警与工程调度、区域流域部门军地一体化联动、不断完善的水利基础设施与科技信息支撑，以及快速高效的应急抢险救灾机制，迅速有效处置6处突发险情，最大程度减轻了汛情影响，有力保障了人民群众生命财产安全、生产生活秩序正常。

【水政执法】 以“两违三乱四清”专项整治行动为中心，无锡市水政监察部门全年组织水政执法巡查2 964次，依法处理水事违法行为209起，封填违章凿井68眼，拆除违章建筑和违章占用2 640 m^2，清除河湖网、簖287处，拆除河道违章坝埂86条，其中市本级开展水政执法巡查106次，依法处理水事违法行为69起。扎实开展水土保持监督执法专项行动，对水土保持“未批先建”项目重点突击，发出调查、限期补办、责令停止通知书共计41份，立案查处2起，指导、督促生产建设单位补办完成水土保持方案许可手续25项，实现水土保持案件“零突破”。扎实做好江砂禁采管理，全年组织出动执法艇31艘次、执法车335辆次、执法队员931人次，开展专项打击行动26次，向公安机关移交涉砂违法线索2起，抓获涉砂犯罪嫌疑人16人，拆除6条采砂船的采砂机具。

【水利改革】 推动建立无锡湖州太湖蓝藻防控协作机制、苏锡常泰长江河道采砂管理联合联动合作机制等跨区域河湖治理协作机制，跨界河湖治理、蓝藻防控、采砂管理等重难点工作取得明显成效。农业水价综合改革高分通过省级验收，经验做法获得省厅领导高度肯定。研发核心算法与预报降雨相适应的防洪调度方案，首次运用远程调度指挥抢险、二维码视频教学和无人机辅助巡查等手段，进一步提升了防汛抢险的信息化水平，为成功抵御流域性高水位汛情、确保安全度汛提供了科技支撑。

【水利科技】 国家“十三五”水专项课题“环境友好型植物源化感物质高效抑藻技术研究与应用示范”项目通过省级专家组验收，研究成果为湖泊蓝藻治理开辟了新路径，具有良好的示范应用前景。推进深井加压控藻技术应用，张桥港、符渎港两处加压控藻深井建成投运，并在藻水高效移动分离、藻泥脱毒、藻泥低温快速干化等技术上取得积极进展，在蓝藻湖泛防控中发挥了有效作用。应用适合在湖泊岛礁和山地等复杂地质条件下施工的土工管袋脱水技术，保障了生态清淤试点工程有力有序推进，为扩大清淤固淤的技术可行性作了有效探索。

【行业发展】 打造最优水利营商环境，有力服务保障了大拈花湾、宜马快速通道、锡澄轨交S1线、宜兴中环大硅片、白鹤滩一江苏特高压输电线路无锡段等一批省市级重大项目的顺利开工建设。按照新时代党的建设总要求，一以贯之落实全面从严治党，一体推进不敢腐、不能腐、不想腐。大力弘扬“忠诚、干净、担当，科学、求实、创新”的水利行业精神，组织水利党员干部下沉疫情防控和防汛抢险一线，“实施‘党建＋防汛’，全力打赢防汛减灾硬仗”获无锡市级机关“党建与业务深度融合案例”三等奖。无锡市水利局获评全省水利行业首批节水型机关，荣获全省水行政执法技能竞赛三等奖、第一届“工匠杯”江苏省水利建设工程质量监督技能竞赛优胜奖，获得无锡市党政信息工作一等奖、无锡市级机关第十二届办公技能大赛集体二等奖以及2018—2020年度无锡市级机关先进退管组织、先进职工之家等荣誉称号，营造了争先创优、干事创业的良好政治生态。

徐州市

【概述】

2020年,徐州市水务系统紧扣高质量发展主线,聚焦“工程补短板、行业强监管、系统提质效”三大重心,统筹推进水务建设、管理、改革三大重点,各项工作取得显著成效,市水务局连续九年获评市级机关绩效考核优秀等次。

【水利水务工程建设】 重点水利水务工程建设。2020年徐州市聚焦五大类36项工程项目,持续发力,重点突破,累计完成工程建设投资50.6亿元,超额完成年度任务,进一步夯实了全市水利水务工程基础。郑集河输水扩大工程全面完工,有力保障湖西地区284万人用水安全;市区奎河水环境整治全面提速,有序打造城市中心亲水景观长廊;平原洼地治理工程超额完成年度任务,有效改善低洼易涝地区生产生活条件;完成丰县李大楼、铜山区崔贺庄水库和贾汪区鲍十河3个国家水土保持重点项目,治理水土流失面积占全省的五分之一;不牢河治理工程如期完成,持续提升河道沿线区域防洪保安能力。这一大批工程的推进实施和建成运行,为推动徐州高质量发展提供了强劲动力。

水利工程建设管理。质量安全监督、电子化招标实现全覆盖,为推进疫情防控和复工复产工作,2020年3月起试行“不见面”开标,全流程电子化监管。重大项目分标方案专项审查推广施行,项目稽查、工程调度、第三方质检和安全督查积极开展,竣工验收和诚信体系建设工作有力推进。修订实施《徐州市水务工程建设管理办法(试行)》,出台《徐州市达标区雨污分流工程技术导则》,建管制度不断加强。丰县地面水厂净水厂工程和刘湾水厂深度处理工程获江苏省优质工程奖“扬子杯”。郑集东站增容改造工程和丰县梁寨闸站工程2个项目被评为省水利工程文明工地。徐庄水厂荣获水利部全国百家规范化水厂称号。刘山北站拆除重建工程施工标段、小沿河水源地扩大达标建设工程2标段(建筑物工程)、丰沛原水工程施工2标段、三八河污水处理厂三期改扩建工程等4个项目获市优质工程奖“古彭杯”。

【河湖长制工作】 河湖长制工作。全年市、县、镇三级河湖长累计巡河2.4万人次,其中市、县河湖长巡河调研593人次。市水务局与市检察院联合制定出台《关于建立水务领域检察监督与行政执法协作配合机制的意见》,在全省首创“河湖长+检察长”协作模式,建立了联合巡查、联合督查、联席会议“三联”机制。《打破省际行政壁垒 创新治水“五联”机制——苏鲁边界共建共享生态美丽微山湖的实践探索》入选水利部《全面推行河长制湖长制典型案例汇编》。编制印发《关于推进全市河湖长制工作高质量发展的意见》《2020年徐州市河湖长制工作要点》,深入推进全市河湖长制工作从高强度向高质量迈进。

河湖“两违三乱”整治。4 780起“两违三乱”问题全部整治完毕,有效解决了一批多年未解决的跨区域、跨行业、跨部门涉河问题,为全市打好碧水保卫战、河湖保护战奠定了坚实基础。骆马湖退圩还湖和微山湖鱼塘退养工程启动实施。丰县、沛县、邳州市、铜山区、经开区5座执法基地有序建设,两艘价值212万元的执法艇正式“服役”,进一步提高水政执法实战效能和应急能力。

生态河湖建设。全市累计建成45个河湖长制示范样板,打造24条生态美丽示范河湖,丰县大沙河建成全国首批、江苏唯一国家级示范河湖,持续发挥引领示范作用。黑臭水体治理扩面提档,在完成市区36条已治理黑臭水体销号工作的基础上,再实施市区4条河道景观提升和县城15条黑臭水体整治，不断完善河道监测养护机制，城市水体水质有效提升，呈现出“河畅、水清、堤固、岸绿、景美”的城市滨水空间。

【防汛防旱】 雨情。全市2020年平均降雨量1 035.3 mm，较常年偏多24%，偏多雨量主要集中在6、7月。汛期主要有6月16日、7月11日、7月21日和8月6日四次强降雨过程，其中8月6日8时至7日8时，全市普降中到大雨，局部地区暴雨至大暴雨，全市平均降雨量36.8 mm，最大点降雨量沛县程子庙242.5 mm。

水情。沂河、沭河发生流域性大洪水。8月15日4时10分邳州沂河港上水文站实测洪峰流量7 400 m^3/s，为1960年以来最大流量；8月15日12时45分新沂沭河新安水文站实测洪峰流量2 090 m^3/s，为1974年以来最大流量。

防汛工作。2月起开展全市汛前检查工作，市级储备编织袋160万只，土工布8.1万m^2、块石3.7万t等一批防汛抢险物资。各级防指有力有序有效做好连续强降雨和流域性洪水防御应对，成功抵御1960年以来沂沭泗地区最大洪水。邳州、新沂两地防汛部门在市防指统一调度指挥下，集结抢险队伍，加强巡堤查险，投入巡堤查险和抗洪抢险人员近4万人，投入各类抢险机械220余台套，减少农田受涝47万亩，减少受灾人口15.8万人，抗洪减灾效益7.1亿元，取得了无人员伤亡、无重大损失、无重大险情的全面胜利。

用水保障。拦蓄雨水资源15.7亿m^3，调引江淮水补水7.5亿m^3，市管主要泵站翻水11.3亿m^3，有效保障全市生活、生产和生态用水。

【水资源管理】 落实最严格水资源管理制度。在全省率先完成区域可用水量确定分析评价报告编制，严格用水总量、用水效率、水功能区纳污总量三项控制。强化地下水取用管理，封井压采任务全部完成，地下水资源已全面转为补充性、应急性备用战略水源。大力实施节水行动，成功创建28家省级节水型载体，省级节水减排示范项目2个。市区取用水户用水统计信息实现应报尽报。完成新一轮水计量设施检定，铜山区和丰县成功创建国家级节水型社会达标县，贾汪区通过省级验收并报水利部，铜山区、丰县和新沂市接受水利部最严格水资源管理制度考核并获优异成绩。

【农村水利建设】 农村水利工程建设。2020年完成投资2.93亿元。县乡河道疏浚整治工程。主要建设内容：疏浚整治县乡河道、沟通水系、岸坡防护、配套建筑物，年度完成投资1.58亿元。水土保持重点项目。主要建设内容：疏浚排涝沟，新建拦水坝、灌溉站和塘坝，植物措施防护，并对治理小流域实施水土保持监测，年度完成投资3 600万元。中央大中型库区、移民安置区基础设施建设和骆马湖搬迁群众生产生活困难扶持项目，年度完成投资4 334万元。灌区节水改造工程。主要建设内容：建设泵站、机井、渠道衬砌、配套建筑物及高效节水灌溉工程等，年度完成投资5 600万元。

农业水价综合改革。全面完成农业水价综合改革面积709.97万亩，安装用水计量设施610套，建立镇级农民用水合作组织130个，参与农户达90万户，2020年实现农业灌溉节水9 637万m^3，有效促进了农业增产、农民增收、农村发展，改革成效显著。

水土保持工作。实施了丰县李大楼小流域、铜山区崔贺庄水库小流域和贾汪区鲍十河小流域3个国家水土保持重点工程项目，治理水土流失面积36 km^2，占全省面积约五分之一；贾汪区接受水利部水土保持重点项目核查，获得好评；徐州市在2019年江苏省水土保持目标责任考核中取得优秀等次。

【水利工程管理】 水库安全运行管理。

全面落实水库"四个责任人"制度，对全市5座中型水库、67座小型水库及时调整更新责任人名单，通过报纸、政府网站向社会公布，在水库大坝设立公告牌，印发水库"四个责任人"履职手册，落实水库防汛"三个重点环节"，并举办全市水库管理视频培训班。完成5座中型水库、64座小型水库大坝安全鉴定，开展水库安全检查督查和考核，列出问题整改清单；对省厅交办的中型水库遥感监测新发现的违法点逐项现场核查确认，并及时反馈处置情况；对全市小型水库开展年度考核，根据考核等次下达管护经费45万元。积极推进水库管理与保护规划编制，高塘水库完成市级预审并上报省厅，阿湖、崔贺庄、庆安水库完成编制工作。

水管单位管理。规范维修养护项目管理，制定出台《徐州市市直水利工程维修养护项目实施管理办法（试行）》，2020年落实省级维修养护补助资金2 511万元、市级960万元。强化安全生产管理，对市直14座闸、站和各县（市）区、管50座闸、站（省计划53座）开展安全鉴定，对解台站、贾弯闸等10座病险工程编制病险水利工程安全应急预案，组织5个工作组，对市直17家工管单位进行安全生产全覆盖检查，并配合做好部省水闸督查检查问题整改。针对汛期沂、沭河60年以来最大洪水和旱涝急转的极端情况，要求各工管单位加强值守、科学调度，并现场指导黄河故道李庄闸、温庄闸下游护岸冲刷以及沂河丁庄涵洞出险情况，确保安全度汛。

达标创建工作。全面摸底工程观测监测设施，5座中型水库和大型闸站观测数据特征值和分析成果上报省水利厅。编制完成全市省级水管单位创建规划，完成新沂市高塘水库、塔山闸管理所2家省一级水管单位，新沂市白龙马、龙潭小水库2家省级规范化小水库复核，市直单集站、大庙站以及邳州市刘集站3家省二级水管单位创建考核，邳州市索家站、戴楼站，新沂市大沙河管理所等9家省三级水管单位创建考核验收。积极开展智能化泵站运行管理，选定刘山北站为智能化泵站建设首批试点单位，编制完成了《刘山北站智慧泵站建设实施方案》并上报省水利厅。

水利风景区创建复核。完成经济开发区金龙湖、贾汪潘安湖2家国家级水利风景区复核。累计创建7个国家级、24个省级水利风景区，国家级和省级水利风景区数量均排名全省第一，并实现了水利风景区县级全覆盖。

【供水管理】 城乡供水一体化建设。2020年计划投资10.87亿元，实施地表水厂、增压泵站、管网改造、老旧小区二次供水改造、信息化系统建设等供水项目，实际完成投资12.4亿元，完成率为114%，其中，邳州市城乡供水一体化入户率达100%。根据省住建厅下发的《关于下达2020年度城镇供排水行业重点工作任务的通知》，全市涉及新建管网175.8公里，改造管网212.35公里，91个城市老旧小区二次供水改造已全部完成。完成徐韩快速路刘湾水厂、徐贾快速路彭祖大道综合管廊涉及供水管线保护方案，完成了省道272、南三环、城东大道、彭祖大道快速路及"好得家"商场供水管线迁改工作。

供水行业管理。2020年市区供水量25 710万t，售水量21 388万t，分别较去年增加11.34%、17.96%。强化供水生产调度，完成市区供水应急联动、主城区备用水源应急供水调度方案。完成市区自来水趸售水价格调整，在现行0.78元/t基础上2020年上调0.15元/t，2021年上调0.15元/t，缓解了供水企业的经营压力。开展全市城乡水质监督监测工作，对全市原水、出厂水、管网水、二次供水及供水设施进行检查，发现问题督促整改。完成对徐州首创水务公司中期评估，全面了解徐州首创自2004年特许经营以来16年的企业运营、管理、财务等真实状况，为完善公共供水特许经营监管体系、加强城市供水规划与决策提供政策参考。抓好原水运行监管,完成徐州粤海水务 PPP 项目中期评估工作,制定《徐州市市区原水管线水质异常应急投加管理办法》,会同市财政局等相关部门对徐州粤海水务公司进行绩效考核。加强农村供水监管,农村区域供水入户率达 100%,农村供水水质第四季度合格率达 100%。

强化获得用水营商环境建设,全市共办结接水 207 件,其中市区 64 件,县区 143 件,营商环境获得用水考核位列全省第三名。徐州市徐庄水厂荣获水利部全国 100 个农村供水规范化水厂。

【排水管理】 城镇排水工程建设。管网建设方面:2020 年全市实际完成管网新建 155.5 km、管网改造 118.7 km、控源截污管网 98.5 km。管网排查方面:实际完成 879 km 管网排查。上述两项均超原计划。

城市排水防涝工作。4 月份市政府专门召开市区排水防涝工作会议,印发《徐州市区排水管网安全运行责任分工表》。加快推进易淹易涝片区整治,欣欣路和解放南路片区整治完成,徐海路排水箱涵经市政府同意结合管廊同步实施。做好排水设施维护保养,全年完成沟管清淤 2 000 余 km,巡查发现 2 479起井盖损坏等问题,全部于规定时间内处理完毕。

【污水处理】 启动实施城镇污水处理提质增效和精准攻坚"333"行动,消除管网空白区 11 个、污水直排口 55 个,新增城市污水处理厂 4 座,新建污水管网 340 km,市区污水处理能力达 80 万 t/d,集中处理率达 96%,城市生活污水处理全部达一级 A 排放标准,污水处理效能和城市水环境安全得到有效提升和保障。"镇级污水处理厂运行率低""主城区雨污分流进展较慢"2 个省级突出环境问题和 4 个省级环保督查问题整改任务,全部完成销号。

【水政执法】 电鱼炸鱼专项整治。5 月份在全市范围开展电鱼炸鱼专项整治行动,通过现场巡查、走访和群众举报等形式进行全覆盖拉网式巡查。全市共出动检查车辆近 500 台次,检查人员 2 000 余人次,吊机 20 台,异地保存捕鱼船只 12 艘,收缴电鱼器 26 台、电瓶 30 台、电缆线 400 余米,清除非法网箱养殖 200 多亩,有力打击了电鱼炸鱼等违法行为。

水土保持费征收。以水土保持行政许可案件为抓手,加大水土保持补偿费征收力度,强化水土保持监督执法工作,确保应征尽征,规范有序地推进水土保持补偿费征收工作。全年共计征收水土保持费约 391.98 万元。

水政执法队伍建设。组织全市河湖"三乱"整治执法能力培训班、无人机操作培训等活动,进一步提升能力素质和执法效能。全市 5 个水政执法基地建设有力推进,新增执法艇 2 艘。同时,多渠道完善各水政大队执法装备,实现省、市、县三级执法网络全覆盖、信息云共享。

【安全管理】 安全生产机制。全年市水务局召开 11 次办公会、5 次党委会、2 次水务系统会议专题研究部署专项整治工作。印发 2020 年全市水务安全生产工作要点、安全生产专项整治实施方案、三年行动实施方案、危险化学品安全综合治理和使用方案、火灾防控专项整治方案、高层建筑消防安全三年整治方案、执法"固安"行动方案等,并联合市纪委监委派驻组参与安全检查。

安全检查督查。积极推进安全标准化建设,对县区和直属 11 家工管单位安全生产三级标准化达标评定,指导 8 家水利施工企业通过省水利厅二级标准化达标验收。采取局领导带队综合检查、联合业务处室专项检查、第三方专业检查等形式,对全市水务系统在建工程、工管单位、监管企业进行常态化检查。全年开展各类检查 53 次,对于检查发现的 262 个问题和隐患,全部完成闭环整改。

安全生产专项执法。联合徐州市水政监察支队立案执法检查45起,对16家单位予以处罚,共计处罚13.9万元;督促各县(市、区)立案执法检查73起,对66家单位予以处罚,共计处罚57.99万元。

【财务管理】 水利水务投入。2020年全市水务投资计划55.37亿元,其中市本级政府投资公司融资6.1亿元,利用地方政府专项债券资金5亿元。丰县利用银行融资7.4亿元和社会资本13.4亿元实施城乡供水一体化、水系连通和污水处理等水务工程建设;沛县采取PPP方式利用社会资本8.1亿元实施地表水厂及配套管网和污水处理工程建设;徐州经开区利用政府专项债券资金6.97亿元实施房亭河水环境治理工程;铜山区争取地方专项债资金3.7亿元,加快供水和污水处理设施建设。

水务收费管理。水利工程水费、水资源费、水土保持费、堤防占用费、过闸费、污水处理费等6项收费约2.06亿元。睢宁县、徐州经开区等县(市、区)水务部门加强非税收入征缴管理,做到依法征收,应收尽收。水务收费计划全面完成,有力保障了有关水务事业单位和污水处理厂等经费运转。

【南水北调】 建设管理工作。完成丰沛尾水导流工程明渠段改造工程,5月9日通过单位工程和合同项目完成验收;组织完成丰沛尾水导流工程竣工验收准备工作,6月18日通过省南调办组织的工程竣工验收;督促完成睢宁县尾水导流工程竣工验收准备工作,12月11日通过省南调办组织的工程竣工验收。

运行管理工作。积极做好南水北调年度调水工作和市境内区域用水管理工作,2019至2020年向省外调水累计7.03亿m^3,2020年全市区域用水共计4.2亿m^3。严格送水河道、涵闸站等穿堤建筑物管控,未发现擅自向送水河道排放的现象。配合做好南水北调水质监测和保障工作,保证尾水不进入调水干线,导流水质持续稳定达标。协助运管单位建立健全市场化运行管理机制,逐步规范工程现场管理,有效提升政府投资效益。

【行业发展】 行业管理。2020年开展《徐州市"十四五"水务发展规划及专题研究》《徐州市河湖保护规划》《徐州市市区供水规划》等10项规划编制。《徐州市节约用水条例》修订施行,《徐州市河湖管理条例》立法预备阶段工作任务完成,并列入市人大2021年立法制定项目。

技术创新及应用推广。在研科技项目到期结题率100%,受到省水利厅通报表扬。1项科技成果荣获省水利科技进步三等奖,1项科技成果荣获第七届淮海科学技术奖三等奖和1人荣获优秀科技人才奖,2篇论文荣获徐州市自然科学优秀论文二等奖。坚持开展科技助力民营企业服务活动,依托水利学会优势,先后10余次组织专家团队深入民营企业考察调研,帮助企业解决技术难题,提供技术咨询,科技助力民营企业高质量发展。

营商环境建设。全省率先颁布实施《徐州市域开发区水土保持区域评估报告编制大纲》,17项涉水审批时限全部压缩至7个工作日以内,平均用时2个工作日,一律不收费。调查走访服务企业24家,开展座谈交流48次,接受反馈并解决问题47个,制定出台水利水务惠民惠企政策9项,主动支持涉水企业推广应用水务新技术、新产品。实行建设学校、安居工程等7类情形免征水土保持补偿费。指导帮助企业创建省级节水型载体100多家,年节水能力达4 000多万m^3,同时享受水资源费8折优惠政策,降低企业生产成本。防汛防旱"机动抢险队"建成"四星级服务品牌"。

党的建设。认真学习领会党的十九届五中全会精神和习近平总书记视察江苏重要指示精神,组织"打造区域样板、机关争当标兵"大讨论活动,营造学先进、当先进的浓厚氛围。强化党风廉政建设，采取“四不两直”形式开展了12次作风建设检查，领导干部常规谈话38人次，咬耳扯袖、红脸出汗成为常态。深入实施“五型机关”创建，建设党组织“七个一”标准化体系，开展24期能力提升培训班，持续落实“一支一项”联合共建，打造“党建引领，优化获得用水营商环境”“党群凝心聚力，助推雨污分流工程”等八个先锋工程项目品牌。群团部门充分发挥桥梁纽带作用，局工会积极送温暖、送健康，组织参加各类文体活动；局机关党委、团委、妇委会深入基层走访慰问，强化了党的群众基础。

（供稿：颜笑）

常州市

【概述】 2020年，常州市坚持疫情防控、水利项目复工两手抓，新沟河、新孟河工程基本建成，环太湖大堤剩余工程实现建设任务过半，滆湖退田还湖（二期）正式开工。基本完成《常州市“十四五”水利发展规划》编制，《常州市水利基础设施空间布局规划》进度符合市级国土空间规划编制要求。溧阳市北河纳入省厅中小河流治理项目名录，武进区永安河被评为全省生态河道建设示范样板。防汛抗灾取得全面胜利。经受超长梅雨期暴雨洪水考验，全市未发生严重淹涝灾情，未发生人身伤亡事故、重大财产损失，城市运行安全平稳有序。行业监管取得显著成效。河湖“两战”持续深入推进，长江干流岸线清理整治进度居全省前列。“两违”专项整治两年任务一年完成。节水优先方针切实落实。市级水效领跑者引领行动实现领域突破，省级节水教育基地和国家县域节水型社会达标建设实现一市五区全覆盖；节水型载体、用水审计和节水技术改造数量较2020年翻一番；市水利行业5家具备独立物业条件的单位全部建成节水型机关；节水型学校建设成功率达70%；创新开展“生命之水”主题教育示范园区建设。在2019年度江苏省政府组织的实行最严格水资源管理制度考核、水土保持目标责任考核中均获优秀等次，其中最严格水资源管理考核为首次入围。全面打造河湖长制升级版，小微水体河长及整治示范点全省率先推开。查出小微水体14 204个，落实村级河长277名、管护人员972名。整治小微水体200余处，推进整村成片整治，建立小微水体示范村5处。140项市级重点“两违”除两项延期外其余全部完成整改，56项“两违”再排查全部完成整改。省级下达20项河湖“三乱”全部销号，水利部明察暗访发现的10项问题也全部完成整改。抓实农村水利各项建设管理。在省对我市2019年考评中，四个涉农市区农村河道长效管理位列第一等次，农田农村小型工程管护获评优秀。农业水价综合改革全面完成，12月4日通过省级验收。经过三年努力，全市完成农业水价综合改革面积140.23万亩，改革面积基本实现全覆盖，农田水利工程管护得到加强，灌溉节水和农田水利工程设施实现长效化运行。水土保持力度加大。全年完成生产建设项目水土保持方案行政许可232个。开展了8批次生产建设项目水土保持监管监测。市及辖市区水土保持“十四五”规划通过初审。推进移民后扶争先进位。金坛区4个、溧阳市12个水库移民项目通过竣工验收。溧阳市引入第三方机构组织后扶项目初设审查，获得省厅肯定。

7月15日，经江苏省水利厅批复同意，大溪水库汛限水位由原汛限水位12.00 m恢复为除险加固确认的汛限水位14.00 m，非汛限水位相应地由13.00 m调整为14.00 m。

2020年9月，《常州市水利志》正式出版发行，全志记述了常州自然环境、地理和流域特点，包括流域、河流、水系、水资源及水旱灾害情况。

【水利建设】 在全省率先组织新孟河工程建设复工,新开段基本完工,实现全线应急通水。新沟河延伸拓浚工程通过总体竣工验收。环太湖大堤剩余工程实现建设任务过半。通济南河整治工程全面开工,完成年度投资任务。滆湖(武进)近岸带水生态修复12月进场施工。长荡湖湖底淤泥治理10月份通过省级验收。北市河、西市河和锁桥河3条河道底泥处理及生态修复项目年内完成。环太湖大堤剩余工程常州境内工程全面开工。澡港水利枢纽(扩容)基本完工。金坛区通济南河整治开工建设。天宁区龙游河、三宝浜和刘塘浜全线清淤疏浚,驳岸整修加快推进。新闸防洪控制工程改造、北童子河闸、建新河西闸、丰收河东闸、澡港河水利枢纽供电系统改造、澡港水利枢纽(扩容)外江侧护坡工程全部完工并实现投运。农村河道疏浚土方334.5万方,完成率117%;完成生态河道建设19条,武进区永安河被评为全省生态河道建设示范样板;省级生态清洁小流域完成2个。溧阳市北河纳入省厅中小河流治理项目名录。

【防汛防旱】 2020年,6月10日入梅,7月22日出梅,梅雨期长达42天,与1980、1999年并列第三。平均梅雨量达687.5 mm,为常年的2.8倍,仅次于1991年,列历史第二。其间强降水过程频繁,区域性和局地暴雨过程多发,省水利厅相继发布苏南运河常州段、长江江苏段洪水黄色预警,太湖洪水红色预警。面对特殊汛情,市委、市政府提前部署,1月份就开展汛前检查汇总,4月份对辖市、区和水利工程管理单位重点检查。拍摄制作2020年重点险工隐患录像片,对检查中发现的21处重点险工隐患以“一地一单”形式落实整改责任。修订市防指35家成员单位职责。开展超标准洪水防御预案编制。首次采用桌面推演+实战演练、主会场+分会场形式,开展2020军地联合防汛防台应急综合演练。组建水旱灾害防御抢险专家库,首批列入专家53名。发挥水利、应急、气象、水文会商机制功能,密切关注天气趋势和汛情发展。沿江水利工程累计运行42天,向长江排水26 329万 m^3。主要河道入太湖水量26 531万 m^3,城市防洪工程排水5 650万 m^3。大中型水库泄洪7 573万 m^3,报请省防开启雅浦港闸、武进港闸向太湖排水1 320万 m^3。在雨情、水情较常年偏重情况下,实现了“大洪无大险、大水无大灾”。

【水资源管理】 筛选确定200个用水统计名录,对102个取水工程项目核查发放取水许可证。印发《饮用水水源地安全保障规划(2019—2035)》。武进区滆湖备用水源扩大取水项目取水许可通过省级验收。开展地下水保护“清泉”行动,完成孟河片区封井101眼,启动地下水保护和利用规划编制工作,完成基础数据收集工作。强化节水工作,省级节水教育基地建设实现一市五区全覆盖;节水型学校建成率达70%,保持全省领先地位;在全省率先完成区、县级以上集中办公的行政中心节水型机关建设,按国家和省有关要求完成全部5家水利系统单位节水机关创建;节水技改项目数量翻一番,共建成节水技术改造项目27项,形成年节水能力约914万 m^3;在全省率先编制《常州市节水型园区评价体系》,引导集中用水户使用节水新技术、新工艺、新设备;推进“生命之水”主题宣传,首创并完成6个全市“生命之水”主题教育示范园区创建,在全市范围内开展百名“节水大使”评选活动。强化水生态环境保护。组织生态流量评价,编制《常州市重点河湖生态评价和生态水位(流量)管控总体方案(2020—2023年)》,完成5处湖泊生态保护性监测,17条河道生态状况评价。对常州市桑麻置业有限公司未取得水土保持方案审批许可即开工建设拟受到行政处罚一事提出申请,首次依法公开进行行政处罚听证。

【水利管理】 围绕打赢打好碧水保卫战和河湖保护战的目标，深化河长制工作。如期完成省“三乱”、市“两违”任务整改。创成五好河道 20 条、147 km。在全省率先出台小微水体河长制的指导意见，组织开展小微水体排查和整治示范点建设。推进法治水利建设。完成《常州市河道管理实施办法》修订及上报；与锡镇泰三市签订联合联动执法协议，建立长江采砂管理区域联动和部门联动机制。严格用水管理。全年共完成用水审计 24 家，其中省控 3 家，市控 21 家；完成省级节水型单位、灌区、小区、学校、企业创建任务 37 个，金坛区提前一年实现国家节水型社会建设达标县全覆盖。印发水库安全管理责任人履职责任、河道清淤指导意见。加强水管单位规范化管理，溧阳市成功跻身全国“第一批深化小型水库管理体制改革样板县”。梳理下放 18 条河道分区分段情况，明确事权下放承接要求。推进长江大保护。长江干流岸线清理整治于 4 月 10 日通过省级销号验收；《常州市长江岸线保护利用规划》6 月 13 日通过省长江办、水利厅审查，进度居全省前列。加强河湖空间监控。完成河湖空间 304 个变化点的遥感会商。推进新一轮河湖管理范围划定工作，下达 403 km 管理范围线划定任务。全年办结涉河行政许可 21 项，下达湖泊网格化管理经费 51 万元，争取退圩还湖聚泥成岛省级资金 1 292 万元。水库移民后期扶持项目进度、质量获省水利厅致信表扬。

【水利改革】 适应疫情防控期间水利建设特殊形势，对列入 2020 年度建设任务且利用市水利工程建设交易平台进行交易的水利工程，推行“不见面”开标，保障水利建设工程顺利实施。按照市政府统一部署，梳理市级河道管理工作内容，完成 18 条市管河道建设和管理权限下放至辖区的交接以及部分编制、人员、经费等转。强化水利设施管理体制改革，新北区成立区水利管理服务中心，负责沿江直排入江的排涝泵站的日常运行管理，建立沿江区管排涝泵站排水管控联席会议制度。推进市级水利工程管理单位改革，完成了常州市城市防洪工程管理处、常州市长江堤防工程管理处整合，市水利勘测设计院事改企，组建新的常州市城市防洪工程管理处，负责市区及长江沿线工程统一调度及运行管理调度。推进常州市水利工程监管服务平台项目，完成基础框架、功能模块建设。积极探索审慎包容执法，梳理了轻微水行政违法免罚事项清单，报市司法局审批。对接辖市、区及水文局等单位，武进、新北、天宁、钟楼农村基层预警防汛体系通过完工验收，并在 2020 年应对超长梅雨期强降水发挥显著作用。

【行业发展】 推广实施全员考核和考核工作纪实机制，激励广大水利干部职工勇于担当作为。加强事业单位领导班子建设，印发《常州市水利局下属事业单位领导班子和局管干部日常管理实施办法》，建立健全日常考察识别干部机制。落实意识形态工作责任制。严格执行全面从严治党和党风廉政建设工作月报制度，持续纠治“四风”。结合党组织结构优化调整，强化群团建设。成立市水利局妇联，选举产生了首届执委会。推动党员积分制管理，系统党建品牌成效明显，建成常州市级机关特色支部 1 个，实境课堂 1 处。疫情防控期间落实水库安全运行日报送制，对沿江魏村、澡港水利枢纽船(套)闸特别管制。党员干部赴辖市区参与联防联控 90 人次，获基层广泛肯定。2020 年市水利局首次被省人社厅、省水利厅评为全省水利系统先进集体。北塘河枢纽通过市级水文化示范点建设验收，常州水利主题公园正式启动建设。出版发行常州市级首部水利专志《常州市水利志》。在省厅组织的 2020 河湖故事大家讲活动中，市水利局荣获优秀组织奖。

苏州市

【概述】 2020年，苏州市水务系统取得明显成绩：防汛防台实现“不亡人、不伤人、少损失”目标，太湖治理做到确保饮用水安全、确保不发生大面积湖泛、确保城区不发生蓝藻集聚等“三个确保”；水资源配置能力不断提升，一批通江达湖重点水利工程完工；提前半年消除城乡黑臭水体，完成省“333行动”年度任务，创新推进江南水乡古镇污水处理提质增效达标区建设；初步建成大运河、七浦塘等骨干河道生态廊道和阳澄湖等生态绿心；太湖水文化馆落地苏州，建成印象苏州古城水文化馆。“联合河长制”入选中国改革50个案例并向全国推广，苏州市水务局被推荐为河长制工作全国先进集体。七浦塘获评全国(10条)“最美家乡河”。

【水利科技】 2019年，苏州市水务系统继续推进“智水苏州”建设，苏州市水利水务信息调度指挥中心大楼竣工。与华为技术有限公司开展战略合作，完成“智慧水利水务系统”顶层设计方案。完成平江路河道视频抓拍项目。全市新增水利科技项目9项，其中省级2项，市级7项；10项水利科技项目通过验收，其中省级2项，市级8项。目前在研科技项目共计20项。

【河湖长制改革】 2020年，苏州全面深化河湖长制改革，通过党政领导带头，推进全民共同参与，强化系统治理、依法治理、综合治理、源头治理，全市河湖生态环境明显改善。国省考断面水质优Ⅲ比例从2016年的64%提高到2020年的92%，地表水水功能区水质达标率100%。清退4.5万亩太湖围网养殖，整治完成932条黑臭水体，完成61个长江岸线清理整治、1 369个市级“两违”整治、45个省级和3 064个市级“三乱”整治，恢复2 610亩水域。全市187条省名录河湖5 500 km管理范围线全部划定，31条市重点河湖、1 555 km保护与利用岸线全部上图，33条河湖保护规划全面编制，16个重要水流自然资源统一确权启动登记。实行跨界水体联保共治，全市451条交界河湖实现“联合河长制”全覆盖，相关经验入选中国改革2020年度典型案例。全市建成357条生态美丽河湖，石湖、潜龙渠获省级水利风景区授牌。采取作文竞赛、摄影比赛、短视频大赛等多种形式，16 000名民间河长、学生河长、企业河长深度参与河湖管护，全民治水氛围日益浓厚，各地河湖长制工作登上学习强国平台，全市河湖治理见实效工作取得新进展。

【水污染防治】 高质量推进长江、太湖、阳澄湖、七浦塘、望虞河及支流水岸同治攻坚行动，系统治理418条通江达湖支流，沿线36座污水厂均按计划推进尾水提标改造，基本实现“长江干流苏州段水质保持稳定、42条主要通江支流年度水质均值达Ⅲ类”的目标，长江苏州段高标准建设沿江生态廊道领先全省。太湖治理做到确保饮用水安全、确保不发生大面积湖泛、确保不发生蓝藻集聚，应急投入6 000万元强化水源地围栏工程，保障渔洋山等水源地正常供水，统筹全市打捞力量和设备，强化阳澄湖等区域水葫芦打捞，全年打捞蓝藻18万t、水葫芦88万t。持续推进高质量城乡生活污水治理，全市新、改、扩建污水厂34座，新增污水处理能力22万t/d，完成2 900个村庄生活污水治理，建成污水管网3 400 km。强化农业面源水污染防治，清退太湖4.5万亩围网养殖，高标准完成全市低端低效产能淘汰和整治、“池塘养殖”标准化改造、船舶污染物接收设施建设等工作。建成阳澄湖70多km的生态美丽湖岸，长江苏州段沿岸新增生态景观防护林带8 892亩。

【防汛防旱防台风】 2020年汛期，苏州经历42天超长梅雨期，平均梅雨量630.9 mm，为常年2.65倍，列历史第3位。受全市普降大雨和客水影响，河湖水位迅速上涨，全市10个主要水文站点普遍超警超保，太湖平均水位最高达4.79 m，与1991年并列历史第3位，累计超警48天，超保9天。面对严峻的防汛形势，市防指超前准备，科学研判，组织协调，精准调度，全市实现了安全度汛，实现“不亡人、不伤人、少损失”目标，防汛工作取得了全面胜利。

防汛防台。2020年西太平洋产生多个台风，其中第4号超强台风“黑格比”于8月1日14时在菲律宾以东洋面上生成，随后沿西北方向移动，8月3日14时升级为台风，继续向西北移动，8月4日凌晨3时30分前后在浙江省乐清市沿海登陆，20时到达苏州南部，继而由南往北贯穿苏州，8月5日1时起逐渐远离苏州。8月4日20时起苏州受其影响，局部大到暴雨。

今年汛期受梅雨期强降雨和第4号台风“黑格比”影响，防汛形势十分严峻。全市共启动防汛、防台应急响应54次，市县两级上下联动、防指成员团结协作，较好地完成了防灾抗灾各项工作任务，城市运行正常有序。全市累计转移安置人口5 277人，无人员伤亡；无工业企业因汛停工停产；农作物遭受部分损失，受灾9 010公顷；直接经济损失7 272万元。

2020年苏州市全面修订了防汛、防台应急预案，及时编制了超标洪水防御预案，根据汛情及时提升防汛应急响应至Ⅱ级，市防指成立综合组、抢险救灾组、宣传组、专家组等四个防汛应急工作组，成员单位38人在市防办集中办公，提前制定预案、细化措施，做好长江洲滩、太湖湖区圩区、城区老旧危房人员的撤离准备，确保一个不落下。汛期沿江市控口门累计排水711潮次，排水量22.35亿m^3，吴江区东太湖口门累计分洪9.9亿m^3。京杭运河沿线应急加高加固61处薄弱点，在上游洪水来临前形成牢固的大运河防洪封闭圈，全力保障城市正常运行。

雨情。今年汛期，苏州市平均降水量较常年偏多近五成，根据苏州市17个雨量站实测降水资料统计，今年汛期(5—9月)面平均降水量为982.2 mm，较多年面平均降水量666.3 mm偏多47.4%。降水时空分布不均，时间上看，主要集中在6月和7月，分别较多年平均偏多66.5%和140.2%，8月、9月较多年平均偏多1.6%和19.5%，5月则较多年平均偏少33.8%；空间上看，汛期累计降水量最大为湘城站1 124.5 mm，较全市均值高10%，最小为张家港闸站850.5 mm，较全市均值低13.4%。苏州市6月9日入梅，7月21日出梅，梅长42天，较常年偏长18天，梅长列1951年以来历史第4位，与1999年和1980年持平，全市平均梅雨量630.9 mm，为常年2.65倍，列历史第3位。

水情。2020年汛期，苏州市主要河湖水位迅猛上涨，长期居高不下。受全市普降大雨和客水影响，河湖水位迅速上涨，全市10个主要水文站点普遍超警超保。太湖平均水位6月28日首次超警，太湖发生2020年1号洪水，7月17日超保证水位，7月20日涨至最高4.79 m，与1991年并列历史第3位，累计超警48天，超保9天。京杭运河枫桥站水位7月6日6时至18时(12小时)快速上涨0.7 m，达最高4.72 m，列历史第2位，累计47天超警。望虞河、太浦河因高水位大流量行洪持续超警。受长江上中游持续来水影响，长江干流大通来量上涨迅猛，汛期平均流量48 880 m^3/s，较多年平均(41 200 m^3/s)偏多近两成。7月13日出现今年最大流量84 600 m^3/s，列历史第2位，仅次于1954年(92 600 m^3/s)。长江最高潮位偏高，江阴萧山最高潮位为6.52 m(7月24日)，高于多年平均年最高潮位0.50 m，常熟浒浦最高潮位5.69 m(7月24

日)，高于多年平均年最高潮位 0.20 m。

科学调水。2020 年，苏州市面对严峻的防汛形势，市防汛防旱指挥部办公室通过提前预降、积极抢排、紧急抽排等措施，充分调度沿江各水利工程全力排水，降低河网水位。根据上游分流、自身强排、下游畅通的调度原则，按照水雨情和洪水位情况，在区域河网水位下降同时想方设法促进太湖洪水下泄，严防死守确保太浦河、望虞河行洪畅通和堤防安全，调度胥口闸、瓜泾口闸、福山船闸等参与分洪，为降低太湖水位作出苏州贡献。今年汛期沿江市控口门累计排水 711 潮次，排水量 22.35 亿 m^3，吴江区东太湖口门累计分洪 9.9 亿 m^3。京杭运河沿线应急加高加固 61 处薄弱点，在上游洪水来临前形成牢固的大运河防洪封闭圈。吴中区、高新区克服太湖运河“两路夹击”影响，错时错峰匹配调度，全力排除涝水，合理调控圩区水位。

【工程建设】 2020 年，苏州市推进重点水利水务工程建设。完成运河堤防加固工程投资 8.59 亿元，147.52 km 堤防已建设完工。完成阳澄湖综合整治工程投资 4.07 亿元。完成城区“清水工程”235 km 污水管网建设及修复、26 条河道清淤，提前半年实现全市基本消除城乡黑臭水体目标。高质量推进城乡生活污水治理，全市新、改、扩建污水厂 34 座，新增污水处理能力 22 万 t/d，完成 2 900 个村庄生活污水治理，建成污水管网 3 400 km。

【工程管理】 2020 年，苏州市规范水利水务工程管理行为。编写《水闸工程运行管理规程》《泵站工程运行管理规程》《堤防工程运行管理规程》，明确调度运行、设备操作、维护养护、工程检查等方面工作标准、作业流程和分工职责。创新水利工程建设管理模式，在项目设计阶段实行第三方审查制度，对项目符合性、技术性进行全面把关，提升项目设计质量。印发《工程建设履约行为规定》作为招标文件内容和合同条款，向社会第三方购买专业服务，进行从业单位信用管理和水利工程履约考核，更好提供技术支持，补充管理力量。市水利工程管理处通过国家级水利工程管理单位考核验收。举办苏州市水利工程管理培训班，推进水利工程规范化、精细化管理。

【供水排水】 2020 年，苏州市供水安全保障能力持续提升。配合市人大完成《苏州市供水条例》有关立法工作。全市全年供水总量 16.4 亿 m^3(比上年减少 0.4 亿 m^3)，平均日供水量 450 万 m^3，日最大供水量为 554 万 m^3。推动修编《苏州市供水专项规划》，完成修编《苏州市供水突发事件应急预案》。应急投入 6 000 万元强化水源地围栏工程，保障渔洋山等水源地正常供水。加强互联互通演练，进一步优化供水互通调度方案，提高保障能力，积极克服极寒天气对供水和污水厂运行的影响。2020 年全市新建供水管道 282 km，改造供水管道 477 km，完成 352 个老旧二次供水泵房改造，攻坚克难完成三山岛区域供水工程，除张家港外，其余各地均完成自来水深度处理改造。委托第三方开展供水企业服务质量考查评估。

2020 年，全市按照“厂网湿一根轴，水气泥一盘棋”，源头控制、过程管理、末端治理一条线，市县镇村一张网，继续推进城乡生活污水治理。加强排水许可管理，共办理排水许可证 2 577 件。全市新建、改建污水厂 16 座，新增污水处理能力 60 万 t/d，89 座污水厂完成工程性或管理性提标改造。新增污水管网 853 km，完成 389 个小区雨污分流改造，实施 974 个村庄农村生活污水治理，农村生活污水治理率达 90%。加快污水厂尾水生态净化湿地建设，完成 7 个尾水生态净化系统建设，规模 20 万 t/d，另有 9 个尾水生态净化系统在建，规模 65 万 t/d。

【农村水利建设】 2020 年，苏州市完成农村水利建设投资 12.6 亿元。超额完成农村河道疏浚整治任务，疏浚整治河道 1 530 条、1 055 km，疏浚淤泥 1 162 万 m^3，占年度计划的 116%。推进畅流工程，拆除堵水坝埂 114 处，建设桥涵 115 座。建成农村生态河道 90 km。加强圩区建设，新建改造排涝站 83 座、三闸 132 座，加高加固圩区堤防 21 km。完成农业水价综合改革任务，全市完成 146.46 万亩灌溉面积的水价改革任务，顺利通过省级验收。全面推进水土保持工作，全市完成 658 个部、省遥感扰动图斑现场核查，落实 444 个疑似违法生产建设项目的整改措施，完成 820 个生产建设项目水土保持方案审批。

【水政执法】 2020 年，苏州市开展水法宣传，开展纪念第二十九届“世界水日”和第三十四届“中国水周”活动，开展第九届“我的天堂我的水”主题征文活动，收集征文 11 101 篇，开展线上节水知识有奖问答，共有 1.5 万人次参与问答活动。配合苏州市人大常委会完成《苏州市供水条例》立法调研和修订，该《条例》于 11 月通过省人大常委会批准，于 2021 年 3 月 22 日起正式实施。印发《深化用水报装改革优化营商环境的实施方案》，规范全市用水报装工作，实现从提出申请到办结用户全程只需一次上门或者零上门。完成苏州市“两会”建议、提案 36 件。强化河湖执法巡查，现场查处水事违法行为 547 起，清除违章搭建约13 596m^2，清除违章占用约 37 784 m^2，清除网簖 6 100 余处。完善边界水事联合巡查机制，苏锡、苏通、苏泰市级层面全部签署联合联动执法巡查协议，合力打击长江非法采砂，2020 年全市共组织长江采砂执法巡查 602 次，出动执法人员 1 756 人次，执法艇 73 航次，执法车 583 车次。

【水资源管理】 制定苏州市《河湖健康评价规范》地方标准，持续推进河湖健康评价，全年完成 12 条河、6 个湖的健康评估。完成阳澄湖、七浦塘等部分跨县河湖的水量分配工作，按年度用水总量指标分解落实到各市区，做好用水总量监督和考核。严格地下水取水总量和水位双控制度，委托第三方编制《苏州市地下水规划》。严格取用水监督管理，完成 2 678 个取水工程登记，对 2 058 个取水设施进行整改提升。完善蓝藻和水葫芦防控机制，印发《苏州市太湖湖泛应急预案》，下发《关于开展太湖蓝藻防控和夏季供水安全保障工作专项督导的通知》，全年共打捞蓝藻 18 万 t、水葫芦 88 万 t(其中阳澄湖 14 万 t)，完成“进博会”外围保障任务。

（供稿：李友军）

南 通 市

【概述】 2020 年，南通市水利系统紧紧围绕高质量发展和水利工作目标，持续推进河长制、水旱灾害防御、水利工程建设和质量安全监管、长江大保护、全市区域治水畅流活水工程、生态美丽幸福河湖建设、农村水环境治理、农村水利、水资源管理和保护等各项工作。成功抵御超长梅雨期、超大长江洪水和超强降雨影响，被省政府表彰为“全省抗旱抗台抗洪工作先进集体”。实施“开门治水”，每周公布主城区主要河道水质。创新开展三峡移民工作，帮助移民勤劳致富，促进移民稳定融入当地，受到省水利厅专门来信表扬。93 个长江干流岸线利用项目清理整治任务全部按时完成并通过长江水利委员会现场复核。服务重大项目建设获市级机关服务重大项目单项奖三等奖。

【水利建设】 2020 年，全市共实施城建水利项目 45 项，总投资 11.4 亿元，其中省重点水利工程 0.22 亿元、农村水利工程 5.1 亿元，省水利厅下达的重点工程投资计划完成率 100%。加快推进智慧管控系统二期建设，目前已接入站点 80 个；淮河流域重点平原洼地治理工程基本完工;团结河治理、启东市新港闸拆建等工程竣工验收;农田水利建设、水土保持工程稳步实施;通吕运河水利枢纽顺利完工验收。

【河长制】 2020 年,各级河长巡河 54.8 万人次,交办问题 78 706 个,解决问题 76 626 个,整改完成率达到 97.4%。濠河及周边骨干河道的主要水质指标达到Ⅲ类水标准,实现县级以上城市建成区基本消除黑臭水体的目标。整治农村黑臭水体 1 371 条,53 条入江支流水质全部消除劣Ⅴ类。如泰运河、北凌河、栟茶运河、掘苴河等主要入海河流平均水质达Ⅳ类以上。31 个省考以上断面优Ⅲ类水质比例达到 93.5%,比上年提高了 17.3 个百分点,水质改善幅度全省第一。

【生态河湖建设】 2020 年,完成《南通市生态河湖行动计划(2018—2020 年)》的既定任务,共打造农村生态河道 2 810 条。通吕运河市区段、通州段,通启运河开发区、启海段,如泰运河如皋段、海门圩角河、启东新三和港等成为全市生态河道建设示范,其中,如泰运河如皋段入选江苏省 2020 年度生态河道建设示范样板名单。

【水资源管理】 市水利局确定 2020 年为全市水资源规范化管理提升年,印发《关于下达 2020 年实行最严格水资源管理制度目标任务的通知》,分解下达年度水资源管理及节水型社会建设目标任务。提出各地取水、用水户实现规范化管理"双百"的工作目标。按月统计工作进展,按季度开展"四不两直"监督检查,并以"一市一单"形式通报问题清单,限期整改提升。全年整改问题 1 709 项(包含 4 714 个取水工程、设施),规范化管理取水用户 1 169 家。9 月初,顺利通过水利部委托太湖局对海安市、如皋市、海门区的抽查。市水利局连续八年在最严格水资源管理制度考核通报中获得优秀等次,实现了"八连优"。在全省率先实现国家级县域节水型社会建设全覆盖。各县市区均顺利通过国家级县域节水型社会建设达标验收,在全省率先实现国家节水型社会示范县(区)全覆盖。

【工程管理】 2020 年,按照市安全生产专项整治"四清五化"要求,对水利工程管理单位、在建水利工程开展危险源辨识和风险管控。全市累计在建工程 116 个,水利工程管理单位 33 家,涵闸(泵站)、堤防 289 个(段),共辨识一般危险8 799 个,重大危险 1 031 个,所有危险源均可控。推进安全生产标准化及市级文明工地建设,全市共有水利水电施工企业安全生产标准化一级达标单位 1 家,二级达标单位 10 家,三级达标单位 4 家;水利工程管理单位安全生产标准化二级达标单位 9 家,三级单位 5 家。共有 13 个水利建设工地获得南通市水利工程文明工地称号。累计下达书面意见 163 份,排查问题隐患 451 条,整改完成 451 条。组织全市水利行业参加"全国水利安全生产知识网络竞赛"和省水利厅"安全隐患大家查"等活动,分别获全省第三和省优秀组织奖。

【防汛防旱】 2020 年,南通市成功防御了超长梅雨期、多次暴雨过程和台风"黑格比""巴威"等外围影响,荣获全省抗旱抗台抗洪工作先进集体。调整市级防汛抗旱指挥部成员,召开全市防汛抗旱工作会议,组织市、县两级政府签订防汛责任状。全面部署水利工程汛前检查工作,对长江沿线水下地形进行持续性跟踪监测监视,重点加强对历史险段、堤身薄弱堤段和穿堤建筑物的巡查力度,对长江、入江河道易坍地段加密监测频次,及时掌握河势动态变化情况。修订完善《南通市防汛防旱应急预案》《南通市防御台风预案》,完成县级以上城市超标洪水防御预案编制。制定《南通市水利局防汛抗旱值班规定》,严格执行汛期 24 小时值班和领导带班制度,密切监视天气趋势和汛期发展,坚持高频次会商研判,及时启动调整防汛防台应急响应级别；围绕精准调度主线，科学调度水利工程，及时发布调度指令49条，有效控制全市主要内河水位迅速回落至警戒水位以下。市防指启动沿江防汛Ⅲ级响应后，重点险工险段24小时驻点值守。全年汛期巡堤查险达21 000人次。及时消除隐患，长青沙西南缘知青涵洞前沿河床由-35 m(85高程，下同)刷深至-43 m，且有向岸边逼近趋势。发现险情后，市县两级防指迅速组织测绘单位、设计单位、施工单位等相关专家对长青沙西南缘险情进行紧急会商，制定抢险方案。市防指向省防指申请动用省级防汛块石11 200 t，并动用市级块石12 000 t。

【水政执法】 强化长江河道禁止采砂工作，出台《全市长江水域禁止采砂五项工作制度(试行)》，增补南通市市场监督管理局作为成员单位，长江河道采砂联席会议成员单位增至20个。与苏州、泰州相邻县(市、区)签订《县际联合执法协议》，先后开展8次“两岸四地”联合清江行动。2020年，全市长江禁采共出动执法人员12 288人次，执法车5 122辆次，执法艇458航次，开展夜间执法行动454次，开展联合巡江、联合整治、执法宣传、登船检查等行动232次，拆除非法采砂机具6台套，长江南通段采砂管理秩序整体可控。出台《南通市水利局扫黑除恶工作长效机制》，开展河湖违法陈年积案“清零”行动，26件河湖陈年积案全部“清零”，并通过水利部淮河水利委员会及省水利厅验收。

【水利改革】 农村水利改革方面，全面推进农业水价综合改革以来，完成农业水价综合改革面积583.29万亩。海安、如皋、如东等地的改革经验先后在水利部和江苏省介绍和推广。

服务重大项目方面，促成中天精品钢项目涉及海堤调整顺利获批，获市级机关服务重大项目单项奖三等奖。

【水利科技】 运用互联网+、大数据技术，提升防汛防旱、水资源管理、河长制工作、安全生产、长江堤防精细化管理、长江河道采砂管理等领域监管水平。加快推进智慧管控系统二期建设，目前已接入站点80个，涵盖崇川、濠河、五山办、市本级和开发区，提高了涵闸运行的效率和精度。整合现有的防汛决策指挥、河长制信息管理等平台，同时添加地理、潮汐、供排水等要素，基本建成智慧感知信息齐全、智慧分析能力提升、智慧应用业务协同的南通智慧水利系统。

【长江大保护】 2018年国家长江办下达93个岸线清理整治任务，通过近3年的不懈努力，截至2020年6月30日，全市93个项目全部按时完成整治任务，并通过水利部长江水利委员会的现场复核。《2020年长江经济带生态环境警示片》披露问题已全部整改完成并通过省级销号验收。

【城乡水环境治理】 城市水环境治理。2020年，南通市聚力打造崇川区100 km^2高质量治水典范城区，被《人民日报》《新华社》《科技日报》等10余家中央媒体和省级主要媒体宣传报道。扎实组织实施全市区域治水工程，启东试点成效明显，通州和通州湾示范区700 km^2区域试运行扎实推进。

农村水环境治理。2020年，南通市根据《全市农村河道疏浚整治三年(2018—2020年)行动计划》，大力开展河道清淤、岸坡整治、水系连通等工作，疏浚农村河道3 714条段(其中县乡河道88条段)，计划疏浚土方1 428万m^3，实际完成土方任务1 615万m^3，通过河道疏浚、岸坡整治、水系连通、生态修复等措施，增强河道灌排功能，持续改善农村水环境。

(供稿：刘宏哲)

连 云 港 市

【概况】 2020年，连云港市水利建设共完成投入19.12亿元，其中水利基本建设完成投资6亿元，完成车轴河治理工程、烧香河综合治理一期工程、河长制东盐河样板段（东盐河河滨公园）一期工程，西盐大浦河断面达标（生态湖三期）工程，西盐大浦河断面达标（生态湖四期）工程，沭新渠堤顶管理道路建设工程，西盐大浦河（玉带河闸至新浦闸段）清淤工程，东海县龙门站更新改造等工程。农村水利建设完成投资9.16亿元，主要实施农村河道疏浚、水土流失治理、农业水价综合改革、农村饮水安全、大中型灌区节水改造等工程。移民后扶项目年度拨付资金3.5亿元，实施基础设施、公共服务设施、农业生产设施及产业扶持等项目建设167个，核定发放移民直补资金41 483人次。完成工程维修养护投资0.46亿元，工程管理水平稳步提升，3家单位分别成功创建省级水管单位，4家单位通过省级水管单位复核验收，6座小水库通过示范库复核，海陵湖通过国家级水利风景区复核。清理整治河库“两违三乱”问题2 088项，大浦河水质由劣Ⅴ类提升至Ⅲ类，蔷薇河临洪闸断面水质2018年以来首次实现达标，6个国考断面的达标率、优Ⅲ类比例均达到100%，15条入海河流中有12条平均水质达到Ⅲ类。成功抗御1960年以来最大洪水，新沂河、新沭河分别行洪80天和52天，泄洪总量达102亿m^3。实行最严格水资源管理制度，县级以上集中式饮用水水源地实现“一用一备”，实施地下水管理及超采区综合治理，地下水限采区水位回升至25米限采线以上。赣榆区国家级县域节水型社会达标建设、灌云县省级节水型示范区分别通过验收，完成19家单位节水评价，12家单位开展用水审计、19家单位开展水平衡测试。创建市级节水学校32家，节水型企业9家，节水型社区21家，节水型灌区5个，赣榆区、东海县节水型教育基地建设分别通过验收。全市立案查处违法案件12起。

【河长制工作】 河长履职。市级总河长、市委书记项雪龙3次，市级总河长、市长方伟6次调研河长制工作。4月15日上午召开全市河长制工作会议。全市15名市级河长累计巡河136次，121名县区级河长累计巡河865次。

制度创新。实施流域长制，在大浦河、蔷薇河等支流较多、支流汇水对干流影响较大的河道设立流域长。实施副河长制度，对21条市级骨干河道，明确1个市级部门作为副河长单位，规定每月巡查不少于1次。推进跨界治水协同，与宿迁、盐城及淮安三市建立界河治理联动机制。

断面水质达标。长期劣Ⅴ类的大浦河从2019年4月起实现单月水质连续达标，2020年平均水质提升至Ⅲ类。蔷薇河临洪闸断面水质2018年以来首次实现达标，6个国考断面达标率、优Ⅲ类比例均为100%，15条入海河流全面消除劣Ⅴ类，11条平均水质达到Ⅲ类。完成城市建成区雨污水管网排查1 010 km，改造204 km，消除污水管网空白区38 km^2。徐圩新区、灌云临港产业园、灌南化工园区及柘汪临港产业园等4个涉及化工定位的园区全部建成专业废水处理厂和雨污分流管网。对列入市级河长制方案的21条河流设127个监测点每月监测一次，对开展水质达标攻坚河道每周开展加密监测。

治违治乱。2020年全市列入省高质量发展考核“两违”任务2 095项，完成2 088项，完成率99.7%。“两违”整治行动2019年启动以来，累计完成问题整治5 400项，县区自行排查整治1.56万项，清理违法圈圩3.68万亩、违法建设 190 万 m^2、违法网箱 2.6 万只。全市开展各类河库“两违三乱”联合执法 160 次。石梁河水库“两违”整治，市县乡三级联动，县乡河长坐镇指挥，成立工作组驻村包干推进，按时完成整治任务。

水美宜居环境。投资 1.65 亿元，实施石梁河水库生态修复一期工程，基本完成 55 km 环湖道路建设，生态复绿面积 100 公顷，新建灌南义泽河、灌云车轴河湿地保护区，新增受保护自然湿地 481 公顷，新增湿地修复面积 1 200 亩。实施车轴河、鲁兰河等骨干河道疏浚工程，8 座活水调水控制闸站实施除险加固。新沭河堤顶防汛生态道路全线贯通，东盐河河滨公园建成使用。

【水资源管理】 最严格水资源管理制度。完成省市 2020 年度最严格水资源管理制度考核。制定 2020 年最严格水资源管理目标任务，推进落实三条红线管理。发挥水资源的刚性约束作用，推动经济社会发展与水资源水环境承载能力相适应，完成徐圩新区石化产业基地规划水资源论证报告的报批。加强用水总量管理，将用水总量控制指标分解到县区和河湖流域，对超用水总量和水资源过度开发地区实行取水许可限批禁批制度。编制完成《连云港市水资源综合规划》，初步构建水资源规划体系。

饮用水水源地保护。2020 年赣榆区莒城湖、灌云县伊云湖、徐圩新区香河湖应急备用水源地通过达标建设验收，全市形成饮用水水源地“一用一备”新格局。加强水源地保护和监管，开展水源地自评估、名录核准核销、保护区划定，明确水源地专门管护机构，加强水源地监测，水质自动监测站全部接入省信息共享平台，所有水源地制定应急预案并定期演练。

水功能区监测。完成 29 个重点水功能区水质监测任务，全年达标率为 86.2%。

地下水保护。年内完成封井 70 眼，“十三五”以来，累计封井 408 眼，压采水量 954.43 万 m^3，在全省率先完成地下水封井、压采任务。地下水实行用水总量控制，加强灌云县燕尾港镇、灌南县新安镇、堆沟港超采区治理，超采区范围实现地表水区域供水全覆盖，地下水位回升至 25 m 限采线以上。

取水许可管理。加强取水许可审批管理，规范审批程序，严格水资源论证报告书技术审查把关。对纳入取水许可管理的取用水户下达年度用水计划，实行超计划加价收费制度。加强省级水资源信息管理系统运维。落实运维单位和资金，全市年度自备水企业在线率达 94%以上。加强取用水统计管理。对纳入取水许可管理的所有取用水户月度、季度用水量进行定期统计汇总，复核重点用水户在线监控量和实际抄表量，并结合高质量考核，对全市用水总量按季度进行统计测算，实行动态管控。

生态水位。完成市域内乌龙河、马河、民主河、卓王河等 4 条河流的生态水位确定，完成相应河库生态水位保障方案的编制，制定已确定生态水位的 22 条重要河库的保障方案。运用连云港市防汛防旱决策网的实时水位信息开展监测及预警，及时做好水资源调度，定期对生态水位保障情况进行测评，确保满足生态需水。

节水工作。完成 11 家市自备水企业的计划用水管理，市直管理的用水企业计划用水率完成 100%，推进公共供水用水户计划用水管理。《连云港市节约用水管理办法》于 2020 年 12 月 31 日通过市政府常务会审议。启动编制《“十四五”连云港市节约用水规划》。在规划、建设等项目中开展节水评价工作，年内完成 19 项节水评价。完成用水审计 12 家，水平衡测试 19 家。赣榆区国家级县域节水型社会达标建设、灌云县省级节水型示范区分别通过验收。评选出市级节水学校 32 家，节水型企业 9 家，节水型社区 21 家，节水型灌区 5

个;评选市级节水先进个人58名。赣榆区、东海县节水型教育基地建设通过验收,完成东海县、灌云县、临洪水利工程管理处水利行业节水型机关创建工作。

【城市水利】 市区水环境整治。加强河道长效管护,每条河道每天保洁人员不少于3人,每天保洁在岗时间不低于10个小时。安排专人每天沿线检查,每月总结考核,确保卫生整洁。调水3亿 m^3,保障城区生态用水需求。优化6闸联动调度方案,电厂闸采取"夜大昼小"调水方式,即夜间大流量、日间小流量调水,维持市区河道水体流动。

市区水环境工程。西盐大浦河是流经主城区的重要河道之一,市发改委2020年3月批复实施西盐大浦河(玉带河闸至新浦闸段)清淤工程,工程概算投资874.2万元。主要实施内容包括:河道清淤工程,按原设计过流断面进行清淤,长度2.63 km,设计河底高程−0.85 m,河底宽17~44 m,疏浚土方11.1 m^3。岸坡修复工程,修复干砌石护坡约464.62 m^3,增设花岗岩栏杆长约500 m。垃圾清理工程,清理河道内建筑垃圾约3 000 m^3、生活垃圾约300 m^3。绿化浮岛移栽10 000 m^2,修复破损绿化带。西盐大浦河清淤工程于2020年9月底开工,同年11月底完工。东盐河河滨公园项目工程范围为东盐河(朝阳路至苍梧路段)东岸的水利管理用地,工程占地面积30亩,项目投资1 453万元,公园以"缤纷东盐河,信用新港城"为主题,是集诚信教育、休闲观光、运动健身等多功能于一体的综合性公园。主要建设内容包括景观提升、绿化工程、照明工程、给排水工程、水景工程等。2019年11月27日,初步设计获市发改委批复,同年12月29日进场施工,受疫情影响,2020年2月26日工程复工,同年9月26日完工,10月1日正式开园。

【农村水利】 农村水利建设。2020年,重点实施了农村河道疏浚、大中型灌区节水改造、农村饮水安全巩固提升、水土保持等农村水利重点建设项目,全年共计完成农村水利与水土保持工程建设投资9.16亿元。完成农村河道疏浚土方497万 m^3,新建、拆建泵站12座,新建闸、涵等建筑物77座,建成生态河道15条;组织实施赣榆区朱稽河小流域水土保持重点工程,治理水土流失面积18 km^2;完成水利绿化造林面积10 463亩,新增有效灌溉面积1万亩,新增旱涝保收田6万亩,新增节水灌溉面积6.7万亩。全市农村水价改革实施面积491.18万亩任务全面完成(其中2020年完成水价改革面积108万亩),并通过省级验收,多元化落实计量措施4 310处(台套),实现改革试验区域全覆盖。新建莒城湖水厂一座(10万 t/d),更新改造农村供水管网7 561 km,新增工程受益人口59万人,全市实现"同水源、同水质、同管网、同服务"的城乡统筹区域供水目标,区域供水入户率达99%以上。

移民后扶。2020年,全市累计拨付大中型水库移民后扶资金3.5亿元,实施基础设施、公共服务设施、农业生产设施及产业扶持等项目建设167个,核定发放移民直补资金41 483人次。

【水利工程建设与管理】 工程建设。2020年,实施重点水利工程16项,完成投资6亿元。车轴河治理工程、东海县龙门站更新改造工程等全面完工;鲁兰河治理工程于2020年11月开工建设,年度完成投资12 000万元;东海县埝河闸拆建工程于2020年12月开工建设,年度完成投资100万元;东海县青湖闸拆建工程于2020年12月开工建设,年度完成投资3 000万元;灌云县拆建工程于2020年12月开工建设,年度完成投资3 100万元。市本级重点水利工程中,烧香河综合治理一期工程、河长制东盐河样板段(东盐河河滨公园)一期工程,西盐大浦河断面达标(生态湖三期)工程,西盐大浦河断面达标(生态湖四期)工程,沭新渠堤顶管理道路建设工程,西盐大浦河(玉带河闸至新浦闸段)清淤工程全面完成工;石梁河水库生态修复一期工程于2020年6月底开工建设,目前累计完成投资16 100万元;玉带河闸拆建工程于2020年12月开工建设,已完成投资500万元。全年完成水利建设工程招标90项、135个标段,总交易额约15.62亿元。

工程管理。2020年市区水工程管理处猴嘴闸管理所、东海县引淮入石房山电力翻水站管理所通过省二级水管单位验收,东海县房山水库管理所通过省三级水管单位考核验收。通榆河管理处灌北泵站、临洪管理处临洪闸、灌云县洋桥闸以及赣榆区通榆河管理所全部通过省水利厅组织的省级水管单位复核验收。赣榆区北康邑、大庄2号、大庄3号、马山、陈旦头水库以及东海县鲁庄水库通过了小水库示范库复核。石梁河水库管理处、市管处烧香河北闸、临洪东站以及通榆河管理处善北套闸管理所开展精细化管理单位创建工作,四家单位全部通过了年度考核。

工程维修养护。2020年度省级下达水利工程维修养护专项资金4 622万元,其中:维修经费1 913万元,流域性河道、大中型闸站及在册水库养护经费1 081万元,新增注册登记小水库除险加固及水库安全鉴定1 628万元。市级财政安排1 000余万元用于市本级水利工程维修养护,赣榆区投入1 600余万元用于水库工程包括小水库管理设施、度汛应急维护、防渗处理及工程安全鉴定等。东海县投入600余万元用于改善水库工程硬件设施。

小水库除险加固。2019年9月份开工建设的13座小水库,是连云港市第一批以"先建后补、以奖代补"形式开展除险加固的水库,批复概算7 900万元。2020年汛前完成水库蓄水验收,12月全部完成竣工验收。

河库保护规划。《石梁河水库管理和保护规划》《东海县昌梨水库管理和保护规划》通过省厅技术审查和市政府批复。小塔山水库、八条路水库和大村水库管理和保护规划完成市级技术审查。完成东海县安峰山和房山水库管理和保护规划。市级16条骨干河道管理和保护规划,4月份通过公开招标确定规划编制单位,2020年底完成技术审查。

水利工程安全鉴定。2020年完成32座大中型水闸、泵站及97座水库大坝安全鉴定。

石梁河水库北泄洪闸渗流异常处理工程。2020年9月中旬,石梁河水库管理处在例行工程检查中发现北泄洪闸消力池5处冒水孔冒水异常,并现场采取简易的应急措施以防止渗透破坏。同年10月初,江苏省水利厅组织相关水利科研、咨询、设计以及原水库除险加固工程有关参建单位赴水库现场实地检查,11月至12月,石梁河水库管理处委托江苏省水利勘测设计研究院有限公司编制完成《石梁河水库北泄洪闸渗流异常应急处理工程初步设计报告》,工程概算总投资约980万元。

【水政执法】 巡查。全年巡查河道长度约31 080 km,巡查水域面积约1 080 km^2,巡查监管对象83个。出动执法人员1 680人次,执法车辆420次,做到早发现、早制止、早处理,切实保障将水事违法案件遏制在萌芽状态。

查办案件。全年共立案12起,其中5起违建,6起非法采砂,1起非法取土。7起已缴纳罚款结案,1起经调解自行拆除结案。还有1起正在审查办理中,3起待申请法院强制执行。市水利局、市公安局成立"古泊善后河"专案组联合办案,对涉案30余人分别采取相应强制措施,先后逮捕涉案犯罪嫌疑人5名、移送起诉6人、扣押大型采砂船只3艘、进入行政处罚程序3人。

项目监管。连徐高铁涉河补偿工程。连徐高铁市区段涉及跨蔷薇河、大浦河两处现场补偿施工完成，东海段跨白鲁干渠、麦坡站引河、曹浦南灌渠、石安河、曲阳河、卫星河等涉河补偿主体工程已全部实施完工。涉水审批项目。2020 年累计接待各类咨询 1 000 余件，办结政务服务事项 190 项，全部在规定时限内办结，受理办结率 100%，承诺件提前办结率 100%，群众满意率 100%。全年参与审批事项办理 20 件，联合各管理单位对市管范围 8 项审批项目进行跟踪监管。

涉水纠纷调处。全年处理举报 5 起，完成 2019 年信访举报事项复核 1 起。完成灌云南美白对虾养殖违规取用地下水案的调查处理；查处赣榆区沙河镇政府在山岭房村违规采砂案件；完成赣榆区非法打井信访回复工作；配合完成石梁河非法取土信访案件回复工作、临洪湿地清障信访案件回复工作。

执法基地建设。按照省 2020 执法基地建设标准，配套完善通榆河执法基地建设。《连云港市石梁河水库水行政执法基地建设工程项目建议书》获市发改委批复，启动实施石梁河水库执法基地建设。

执法技能竞赛。参加 2020 年全省水行政执法技能竞赛，包揽团体赛、个人赛冠军。联合市人力资源和社会保障局、总工会组织举办连云港市 2020 年水行政执法技能竞赛，遴选全市水行政执法骨干队伍，并对获奖先进集体及个人授予“五一创新能手”、“连云港技能标兵”、全市水行政执法“办案能手”等荣誉称号。

网箱整治。成立石梁河水库违法圈圩及网箱整治工作专班，印发《石梁河水库违法圈圩及网箱整治工作方案》，召开石梁河水库网箱整治和规范化养殖工作会议，联合市农业农村局、生态环境局、公安局印发《关于规范石梁河水库网箱养殖管理的通告》，启动实施石梁河水库网箱整治和规范化养殖工作。建立连云港市石梁河水库网箱管理系统，加强库区网箱养殖信息管理。

【防汛防旱防台】 汛情。2020 年，连云港市先后遭遇夏初干旱、汛期多轮强降雨、沂沭泗流域 1962 年以来最大洪水和秋冬干旱等灾害。全年平均降水 1 145.4 mm，比多年同期偏多 27.6%，降水天数 84 天，主要降水过程 12 次。总体呈现 6 月中旬至 8 月降雨偏多且降雨量由北向南依次增大，降水年内分布明显不均，导致旱情、汛情交替发生。汛期（6—9 月）全市平均降水量 871.3 mm，比多年同期偏多 42.2%，比去年同期偏多 71.3%。汛期中有 49 座大中小型水库超汛限泄洪（大中型水库 9 座），其中石梁河水库最大出库流量 4 790 m^3/s（历史最大），小塔山水库最大出库流量 145 m^3/s（历史第三大），大石埠水库最高水位 50.64 m（历史最高）。

受上游和本地多轮降雨洪涝影响，新沂河、新沭河出现持续行洪过程，累计行洪时间分别长达 80 天、52 天，泄洪总量达 102 亿 m^3。8 月 14 日受上游山东临沂地区强降雨影响，新沂河上游嶂山闸最大行洪流量 5 520 m^3/s，沭阳站最大行洪流量 4 860 m^3/s，盐河南闸段最高水位达 6.57 m；新沭河上游新沭河闸最大泄洪流量 8 680 m^3/s（历史最大），大兴镇站最大行洪流量 6 080 m^3/s（历史最大），下游太平庄闸水位达 7.24 m（历史最高），超出 50 年一遇设计水位 0.64m。汛期受第 8 号台风“巴威”和第 9 号台风“美莎克”外围影响，形成局部强降雨。

灾情。7 月 11 日 19 时至 12 日 14 时全市普降暴雨到大暴雨、局部特大暴雨，平均降雨量 137.8 mm，最大降雨量为 251.0 mm（连云区宿城水库）。本次强降雨造成部分民房、农作物被淹没，全市受灾人口 58 903 人，紧急转移安置人口 250 人，房屋损坏 196 间，严重损坏 4 间，倒塌 7 间；农作物受灾面积约 8 300 公顷，直接经济损失约 6 500 万元；无人员伤亡。7 月 22 日夜间至 23 日凌晨出现强风雨天气，过程雨量达大雨到大暴雨，全市平均降雨量105.8 mm，最大点降雨量150.5 mm(赣榆区谢湖水库)，部分地区出现陆上7到8级、沿海海面9到10级大风，部分地区发生龙卷风灾害。共造成灌南县、赣榆区11个乡镇受灾，受灾人口15 575人，严重损坏房屋4间，一般损坏房屋2 579间；农作物受灾面积975公顷，其中成灾面积511公顷；倒损树木约5万棵，大量养殖的鸡鹅死亡，灾区部分电路、桥梁等基础设施受到不同程度损坏。灾害直接经济损失约7 752万元，其中农业损失约4 076万元。

抗灾行动。7月12日、7月23日两次启动全市防汛Ⅳ级应急响应，8月9日、8月14日启动新沂河防汛Ⅳ级、全市防汛Ⅲ级应急响应。面对严峻的防汛形势，市委书记、市长一线指挥，4名副市长分别担任抗洪督查组组长，5个技术专家组常驻一线，4 675名干群巡堤查险，1 790名抢险人员在险工隐患点备勤防汛，最终取得了抗御沂沭泗大洪水的全面胜利。受4月和9月、10月、12月降雨严重偏少影响，出现夏初干旱和秋冬干旱，经向省水利厅汇报，启动通榆河北延送水工程调水抗旱，5、6两月共调引长江水4 900万 m^3，提前调度石梁河水库补入安峰山水库、小塔山水库8 000万 m^3，有效保证了全市315万亩水稻顺利栽插。10—12月调度石梁河水库水源约4 000万 m^3 支持东海县、赣榆区抗御秋冬干旱，保障小麦灌溉用水需求，并对东海县安峰山水库、西双湖水库实施补库，保障在田作物灌溉需求。

【水利科技】 连云港市水利学会承担的“基于声学遥感的河流水环境监测与沉积提取研究”项目获江苏省级水利科技项目立项，争取省级财政专项补助经费40万元。“连云港市水文化遗产保护与传承对策研究”获2020—2021年度连云港市科协软课题研究资助项目，“中国(江苏)自贸区连云港片区水资源脆弱性评价与防控措施研究”等3个项目获市科协软课题研究立项。

【行业管理】 积极创建“清润”党建品牌，获得市级机关党建工作先进单位，获得市级机关高质发展决战决胜突出队十佳品牌1个和优秀品牌2个，“清润·小水滴”志愿服务品牌获得市第六届精神文明建设十大工作品牌。组织参加全国文明单位评比验收，获得第六届全国文明单位称号。通过复审继续获得全国水利文明单位称号。开展廉洁家庭创建和连云港市最美水利人评选，举办道德模范报告会和弘扬传统文化“我们的节日”系列活动。与联动共建的市东社区开展文明共建活动，为改善社区基础服务条件提供4万元共建资金。与赣榆区班庄镇汪于村开展城乡结对文明共建活动，资助3万元完善村部服务设施和文化基础工作。开展“三下乡”帮扶活动、阳光扶贫结对走访活动，重要节日慰问单位困难党员职工和共建社区(村)困难群众。

淮安市

2020年，淮安市深入落实“节水优先、空间均衡、系统治理、两手发力”的治水思路，按照“精准补短、强化监管、提升质效、增添动能、走在前列”的总要求，抓项目、强基础，抓监管、强责任，抓创新、强特色，抓作风、强保障，打造出了一批可学习可借鉴的特色亮点。

【水利建设】 2020年，全力克服疫情影响，推进实施流域治理、区域治理、城市水利、农村水利、水生态建设、水源保护等六大类55项工程，累计完成投入30.3亿元，创造了新的纪录。年度累计争取省级以上资金9.63亿元，为近三年最高。①国家级重点工程。洪泽湖周边滞洪区近期建设工程可研审批前置条件办理基本完成。淮河行蓄洪区及淮河干流滩区居民迁建工程、淮河流域重点平原洼地近期治理工程建设总体进展顺利。②省级重点工程。洪泽区苏北灌溉总渠右堤除险加固、淮安区水旱灾害应急治理工程全速推进。③城市水利工程。年度既定项目全部开工实施,其中月牙湖石塔湖水环境综合整治通过完工验收,清晏园水环境整治主体工程、城区泵站改造全部完成。④农村水利工程。完成年度投资6.86亿元,提前实施"十四五"农村供水保障工程,金湖县淮南圩灌区、涟水县涟中灌区、盱眙县姬庄灌区、河桥灌区等全面建成并发挥效益。

【河湖长制】 2020年,市级河长共巡河56次,交办问题149件,整治完成145件,完成率97.3%;县区级河长共巡河1 129次,交办问题642件,整治完成624件,完成率97.2%;乡镇级河长共巡河17 174次,交办问题1 669件,整治完成1 626件,完成率97.4%。全面完成3 926件"两违三乱清四乱"及水利部暗访交办问题整治。其中,省交办"三乱"189件、水利部暗访交办问题29件、中纪委挂牌督办"四乱"15件均100%完成。6月,淮安市河湖长制工作荣获省政府真抓实干、鼓励激励通报表扬。8月,淮安河湖长制工作经验作为江苏省唯一市级案例,被水利部推广,市水利局入选全国河长制工作先进单位。

建立健全河湖长、网格长和断面长工作体系,研究制定河湖长"三管"(管水体、管河道、管堤岸)、"三治"(治违建、治乱排、治侵占)、"三保"(保河畅、保水清、保岸绿)职责,不断压实"三长"责任。强化"三监跟进"机制。强化市纪委监委污染防治平台、"河长制+检长制"等"监管平台"作用,推动河湖"两违三乱清四乱"及水利部暗访交办问题整改,改善河湖水生态环境;强化河湖长制工作精准化、智能化、可视化和模块化管理等"信息平台"作用,提高河长制工作的质效;强化无人机巡查、视频监控、遥感监测等"科技平台"作用,提高河湖长巡河质量、河湖管理的质效。创新"三级联动"管护。在洪泽区开展区、镇(街)、村(居)三级跨界河道联防共治精准管护创新工作试点,通过建立源头管控、系统治理、协调联动、综合保障、监督反馈的河湖管护五大工作机制,形成三级跨界河道联防联控、共治共享的"315"精准管护模式。探索"三方齐抓"模式。充分做好大数据、网格化、铁脚板的融合文章,建成智慧河湖长制、洪泽湖网格化管理等平台,加快建设"感知一张网、河湖一张图、使用一盘棋、问题一站通、生态一体管"综合管理系统。

【生态河湖建设】 2020年,淮安市中心城市建设水利重点项目9项,包括月牙湖石塔湖水环境综合整治、黑臭水体岸线整治及活水连通、城区泵站提升改造、清晏园水环境治理工程等4项续建项目,电厂河泵站拆建工程、古盐河西安路节制闸工程、清晏园古建修缮工程、2020年淮安市城区河道轮浚工程、大运河里运河城区段市管水利设施景观提升工程等5项新建项目,全年完成投资超1亿元。及时下达2020年市级维修养护等经费230万元、市级防汛应急项目经费200万元、2020年第一批省级水利发展资金1 844万元,督促各地抓紧推进省、市维修养护项目实施。

【水资源管理】 2020年,淮安市全面落实最严格水资源管理制度,建立水资源刚性约束指标体系,编制完成古淮河、盐河水量分配方案,开展市级11个河湖生态评估工作。发布水资源公报和水文情报,年度用水总量29.68亿m^3,万元GDP用水量降幅26.4%,万元工业增加值用水量降幅23.66%,农田灌溉水有效利用系数0.610,重要水功能区水质达标率91.7%。新增取水许可11件,核发首批3张电子取水许可证照,白马湖和古淮河涟水湖备用水源地建成通水。提前完成省下达的全市843眼地下水压采任务,印发《淮安市2020年地下水井专项整治实施方案》,在全省率先启动新一轮地下水压采封填工作,对全市剩余的 1 051 眼地下水井实施分类处置。节水型社会达标建设工作经验获水利部推广，在全国性会议作交流。在淮阴师范学院开展全国首个供水公司参与的合同节水项目，古盐河服务区入选省节水型高速公路服务区建设试点。

【水利工程管理】 2020 年，洪泽湖治理保护全面展开，6 大类工程、20 项任务、75 个项目、近 30 亿元投资的目标任务得到深入实施。成立专门机构，配备 4 个编制，安排 3 名人员，全面开展工作，成功争取省级财政专项资金 2.17 亿元，市级财政配套 30%，制定“两船整治、退圩还湖、渔民安置、社会保障、产业扶持”五大政策意见。完成全部餐饮船清理整治、全部住家船签约任务，拆解 3 419 条，占比 92%，超省定任务 42 个百分点。完成洪泽区洪泽湖大堤生态廊道等 5 个生态修复示范工程。淮阴、洪泽、盱眙三县区退圩还湖方案达到时序进度。开展了“五大专项行动”(防汛实战演练月、洪泽湖治理保护推进月、“两违三乱清四乱”及水利部暗访问题专项整治攻坚月、河湖管护执法月、水利系统基层站所微腐败整治突破月)和“五大攻坚行动”(水利项目建设、文明城市创建、高质量发展考核达标、上级交办事项落实、招商引资)。

【防汛防旱】 市、县(区)两级落实防汛储备物资超 3 200 万元，抢险队伍 998 个 4.5 万人。在修订完善防御台风、防御洪水等多项应急预案基础上，完成市县两级超标准洪水防御预案编制，填补了空白。创新开展“防汛实战演练月”行动，有效检验、提升应急处置能力，为汛期淮河抗洪抢险打下了坚实基础。2020 年防汛防旱工作总体分为先抗旱、后排涝、再防洪三个阶段。上半年，面对旱情严重的情况，加大实施跨流域调水的同时，严格计划配水、错峰用水，按照水位、流量双指标强化用水监管，实现“有旱情无旱灾”既定目标。今年梅雨期 43 天，总降雨 511.5 mm，是多年平均梅雨期总降雨量(226 mm)的 2.3 倍，总体呈雨量大、梅期长特点。7 月中旬，受淮河上中游密集降雨影响，7 月 17 日淮河形成 1 号洪峰，淮河干流发生 2007 年以来最大汛情。盱眙站水位最高涨至 15.56 m，连续超警戒水位(14.6 m)运行 29 天，最高水位和超警时长均超过 2007 年。为确保洪水安全过境，淮安市及时启动防汛应急响应，启动行洪区安全运用，全力以赴抗洪抢险。洪水过境期间，淮河干流、入江水道、总渠、淮沭新河均大流量行洪，水利部门迅速组织成立专家组赴一线指导。其间，全市共发生较大险情 50 次，累计投入抢险救援人力 54 760 人次，投入机械设备 8 300 台套，救援艇 3 100 舰次，土石方 8.5 万 m^3，编织袋 44.45 万只。整体减淹人口 17.38 万人、减淹面积 170 万 km^2。

【水政执法】 2020 年，累计办理各类水事案件 105 起。建立水利、公安联合执法机制，共联合查处违法建设、破坏堤防、非法取水系列水事案件 4 起。3 935 件“两违三乱清四乱”问题基本清零，15 件水利部暗访问题全部完成整改并验收销号。

【水利改革】 2020 年，淮安市建立健全农业水价形成机制和精准补贴、节水奖励机制，加强农业供水计划管理和用水终端管理，规范农民用水合作组织管理运行，提高农业用水效率，全面完成农业水价综合改革验收，实现“改革范围、计量措施、工程产权、管护组织”四个全覆盖。深入贯彻水土保持强监管部署要求，水土保持方案编报率大幅提升，监管和信息化水平不断提高，制定《水资源生态环境损害赔偿制度改革实施方案》，防范地下水生态环境损害。查处江苏金鹿罐头食品有限公司擅自取用地下水违法行为，将其作为水资源生态环境损害赔偿案进行处理。

【达标创建】 洪金灌区高分通过省级水利风景区复审；淮阴区活动坝电站、金湖县洼东水库通过省三级管理单位复核；盱眙县黄龙等5座水库通过省规范化小水库复核;下达创建专款20万元,用于淮安区茭陵站国家级水管单位创建启动经费,计划3年内完成创建任务;有序推进市城市水利工程管理中心创建省二级、清江浦杨庙泵站管理所创建省三级水管单位相关工作。目前全市有省级管理单位27个,占比73%,省规范化小水库69个,占比62.7%,超额完成省厅下达的“十三五”目标任务。

【全力应对淮河第1号洪水】 6月9日入梅以来,特别是进入7月份,淮河流域普降大雨,雨水集中。7月17日,淮河流域形成第1号洪峰。淮河上游大量客水下泄,淮河干流发生2007年以来最大汛情。根据防洪形势变化及相关预案规定,7月20日20时淮安市启动全市防汛Ⅳ级应急响应,各县区及时启动相应应急响应。7月22日22时升级防汛应急响应至Ⅲ级,盱眙县同步升级防汛应急响应至Ⅱ级,淮阴区、淮安区相应升级应急响应至Ⅲ级。随着入江水道行洪流量增大和水位增高,7月24日10时金湖县启动防汛Ⅲ级应急响应。各地各部门均按照预案规定,严格落实响应措施,确保防洪安全。

7月22日晚,市防指下达鲍集圩行洪区人员撤离指令。盱眙县立即行动,连夜部署分组、明确任务,23日8时起正式启动撤离。至7月24日12时,完成全部12 717名群众撤离安置任务。省防指组织1 000名省级应急救援力量前置到鲍集镇(省消防救援总队队员900名、省水利防汛防旱抢险中心50名、安能集团抢险人员50名),随时投入险情抢护,确保防洪工程万无一失。水情决策、转移安置、治安搜救、医疗防疫、群众工作等7个工作组分别细化制订工作方案,确保安置群众生活有序、保障有力。随着洪峰过境,集中安置群众于7月26日和8月4日分两批次安排返回家园。

8月12日,官滩王桥圩、淮河腰滩圩先后出现圩堤破口险情,盱眙县防指紧急下达腰滩圩转移指令。安排约300名镇村干部、县直部门包村干部和公安干警,对淮河镇腰滩村全部村民、蛤滩圩部分老弱群众紧急疏导撤离。至12日20时,4 443名群众全部安全有序撤离完毕。市县两级防指第一时间安排紧急调拨挖掘机、铲车等抢险机械以及编织袋、石料、钢管等抢险物资,采用大机械填堵、投放石料和土方、钢管扎笼及打桩、编织袋装土等方式抓紧进行封堵,经过全力抢险,13日15时30分,王桥圩埂破口成功封堵,15日16时腰滩圩埂破口成功封堵。

(供稿:殷海平)

盐 城 市

【概述】 2020年,盐城水利系统坚持“水利工程补短板、水利行业强监管”总基调,推进“四水同建”,水利改革发展取得了新进展新成效,为走好“两海两绿”发展路径,加快建设“四新盐城”作出了新贡献。年内,盐城市连续三年被省政府表彰为“水利建设投资落实好、省水利基本建设投资计划完成率高、年度工作成效明显的市”;水利部在盐城召开农业水价综合改革工作座谈会,阜宁县在会上做典型经验交流发言;大丰区川南灌区农民用水户协会、阜宁县硕集社区用水协会获评全国农民用水合作示范组织;出台盐城市第一部水利规章《盐城市河道管理办法》;射阳河闸管理所通过国家级水利工程管理单位复核验收,水管单位创建总数在全省名列前茅。

【水利建设】 全市水利建设完成投资22.59亿元。水利基本建设方面,2020年省水利厅下达省水利重点工程共8项,年内完成投资9.93亿元,占计划的104%。大丰四卯酉闸下移工程、川东港影响处理完善工程全部完工,梁垛河工程上段工程完成、下段工程开工建设；里下河洼地治理盐都区、滨海县、射阳县境内工程和建湖县、阜宁县境内2019年度工程基本完成，建湖县、阜宁县境内2020年度工程开工建设；射阳县夸套南北匡海堤防汛道路、滨海县振东闸以北海堤水毁修复、射阳县双洋闸北侧剩余海堤保滩工程完成过半，滨海县西坎套闸和2019灾后应急治理工程全面开工建设。城市防洪三英闸站、新兴闸站全部完成，凤西河等4座闸站全面开工建设，年内完成建设任务1.1亿元。新洋港闸下移工程经过不断努力，用地预审、用海预审等各项前置文件均已办结。农村水利建设方面，完成投资11.56亿元，占全年计划任务的109%。一是提前完成农村饮水安全巩固提升工程，共铺设改造管网520.3 km，受益人口262.5万人。全市区域供水入户率保持100%。二是大力推进农村河道整治。11月中旬，整治任务全部完成，完成投资5.25亿元，共疏浚土方5 893万 m^3，建成农村生态河道200条，疏浚整治村庄河塘2 875条。三是提高农田水利保障水平。实施完成大中型灌区、水土保持重点工程、中小河流重点县等工程。四是全面完成农业水价综合改革。累计完成改革面积920万亩，占应改革面积100%，并通过省级验收。9月23—24日，水利部在盐城组织召开农业水价综合改革工作座谈会，重点推广盐城经验。五是深化水土保持监督管理。完成64个生产建设项目水土保持工作方案行政审批工作，启动水土保持监督执法专项行动，对生产建设项目开展10次事中事后监管，对18个生产建设项目开展监督检查，严格图斑核查工作，查出未批先建生产建设项目87个，征收水土保持补偿费515万元，开展全市2020—2021年水土保持监测工作。

【河湖长制】 河湖管理体系进一步完善。聚焦打赢打好碧水保卫战、河湖保护战，市政府以8号令出台《盐城市河道管理办法》，市河长办印发《盐城市河湖长制工作高质量发展实施方案》，年内34个省考以上断面33个达Ⅲ类。全市各级河长累计巡河30万余次，其中县级以上河湖长累计巡河882次，根据巡河发现问题，共下发问题交办单895个。河长制综合管理平台全面升级。在市级河长制综合管理平台1.0版基础上，进一步优化升级为3.0版，开发巡河管理、交办督办、信息查询、监督考核、统计报表等实用性能，从可收集、可监控、可分析、可考核、可开发五个方面，为各级河长巡河履职提供技术支撑，提升河湖长制工作现代化、智能化、信息化水平。“两违三乱”专项整治圆满收官。按照省、市“两违三乱”专项整治工作要求，共排查整治河湖“两违”问题1 840个、“三乱”问题1 051个，共整治“商混”、建材等企业153家，整治非法码头、砂石场340处、449 735 m^2，拆除违建房屋662处、102 494 m^2，搬迁墓地52处、5 828座，清理畜禽养殖场534处、415 646 m^2，清理养殖塘口211处、936 406 m^2。

【生态河湖建设】 制定印发《2020年全市生态河湖工作要点》，贯彻全省2020年生态河湖工作总体要求。制定并出台《盐城市河道日常巡查管理办法(试行)》，加强涉河建设项目事中事后监管，全年共检查25个项目，发现问题及时整改到位。加快湖泊湖荡退圩还湖。盐都区全面完成大纵湖退圩还湖规划及实施方案批复内容，形象进度100%，圆满完成省对市高质量考核任务；盐都区“五荡”退圩还湖规划、建湖县“一湖六荡”退圩还湖规划、阜宁县境内射阳湖退圩还湖规划通过专家审查，报省政府待批；全面建立河道保护规划体系。市承担的新洋港、蟒蛇河、串场河河道保护规划编制已完成待审，射阳河等13条河道保护规划正在开展编制工作，各县(市、区)承担的省骨干河道保护规划编制工作全面展开。完成新一轮国普河道管理范围划定。11个县(市、区)新一轮国普河道管理范围划定工作通过县级验收，共完成205条(段)国普河道管理范围划界工作，划界总长5 280 km。加强河道漂浮物打捞。市政府出台《盐城市通榆河串场河新洋港水面漂浮物打捞工作实施方案》，建立“属地负责、政府主导、部门监管、专业打捞、断面补偿、考核推动”的工作机制，引导推动面上漂浮物打捞工作。完成通榆河市区段及其上游地区漂浮物打捞项目移交工作，确保无集聚性漂浮物。加强水域岸线监测管理。配合省水利厅对流域性河道、省管湖泊湖荡遥感监测发现的684个变化点进行现场核查；实施新洋港等14条骨干河道2017—2020年遥感核查工作，形成初步核查成果。全面完成水利绿化造林任务，全年全市水利系统共栽植苗木14 810亩，完成任务的100.02%；年内盐都区大马沟成功创成省级水利风景区。

【水资源管理】 重抓双控管理，从严核定用水总量控制指标，2020年全市用水总量控制在49.2亿 m^3，较省控指标压缩约8亿 m^3，万元GDP用水量较2015年累计下降31%，用水效率明显提升。确定全市可用水量，分配重要河湖水量，取水许可电子证照应用实现市县全覆盖，强抓计划用水、定额管理，完成规划水资源论证3个。试点开展水权交易，阜宁县阜水农村供水有限公司将地下水指标转让给江苏劲浪饮品有限公司，为企业发展提供了水资源支撑，实现了地下水资源的优化配置。重抓节约用水，推进国家节水行动，出台《盐城市节约用水管理办法》，东台市、大丰区获水利部国家节水型达标县命名，建湖县通过国家级节水型达标县验收。市县水利行业节水机关建成率100%，率先开展G15高速东台服务区节水型高速公路服务区创建；工业冷却和海水淡化年利用海水17.8亿 m^3。实施合同节水5项，申报典型节水示范案例3个，评选全市首批节水大使50名、节水志愿者77名，发挥节水宣传教育引领作用。重抓水资源保护，全市集中式饮用水水源地达标建设全面完成；新水源地及引水工程取水项目扩容增量，许可水量达2.8亿 m^3。全面开展生态水位确定、生态河湖状况评价，制定完成射阳河、串场河生态水位确定及保障方案，开展射阳河等38条河道生态状况评价。实施地下水封井331眼，完成省任务数的107%，地下水水位平均回升0.84 m。

【工程管理】 推进水利建设管理，制定《水利工程建设监督检查制度》《项目法人建设管理工作评价表》，对项目法人建设管理各个环节需要完成的工作进行全面梳理并量化考评。制定《盐城市水利工程建设从业单位履约考核评分工作规则》，完善市级履约考核制度。制定《盐城市水利工程建设从业社会法人信用管理实施办法》，对不同质量失信行为进行界定。年内，按规定对13家具有失信行为的单位进行约谈，并根据《江苏省水利工程建设信用管理实施细则》对5家单位进行一般失信行为认定。制定《关于加强水利工程建设安全生产管理和质量管理的指导意见》，要求项目法人把质量、安全管理相关要求列入合同，明确违规违约条款。推进水利工程运行管理，全年完成南八滩闸等14个大中型闸站、16个小型闸站安全鉴定工作，完成6 674座5个流量以上水闸信息核实填报工作；组织闸站安全运行检查督查20多次，跟踪督办问题整改；全面启动大中型闸站安全警戒区设立工作，对闸站运行和上下游水政巡查提出明确要求，杜绝管理范围内钓鱼捕鱼现象发生。年内市通榆河枢纽工程管理处及东台市、大丰区、射阳县、响水县大中型闸站安全警戒区已设立。市射阳河闸管理所及市通榆河枢纽工程管理处等单位率先启动工程精细化管理试点工作。12月12日，在省江都水利工程处精细化管理验收及全省精细化管理工作推进会上，盐城作先进典型交流发言。全年完成1个国家级、5个省级水管单位复核验收，新创1个省三级单位。推进安全生产管理，压紧压实全系统各级党政领导责任、部门监管责任、水利生产经营单位主体责任，签订安全生产责任状22份。研究制定局重大安全隐患挂牌督办制度，组织开展安全检查111次，下发安全检查意见书14份，列出隐患清单389条，对安全隐患整改完成反馈结果严格把关，实行“闭环”销号。针对市管3座“四类闸”重大安全隐患，细化“五落实”方案，斗龙港调节闸打坝封闭，并拆除地面以上建筑物，安全隐患已销号；加快推进新洋港闸下移、黄沙港闸拆建前期工作。扎实开展“安全生产月”活动，修订局生产安全事故应急救援预案，组织开展应急演练，举办全市水利安全监督管理人员培训班，组织参加全国水利安全生产知识网络竞赛、省水利厅每日答题活动，推进安全生产标准化达标建设，年内创成安全生产标准化二级单位3家、三级单位4家。

【防汛防旱】 明确市、县、乡、村四级5 186名行政、技术防汛责任人，市防办通过电话逐一点调到位，压紧压实防汛责任。全年，组织修订完善盐城市防汛防旱工作导则和市防汛防旱预案，市、县两级水利系统共储备块石7.9万t、编织袋371.3万只、土工布14.05万m^2、木材691.9 m^3，乡级储备草包12.2万只、编织袋426.1万只、土工布4.4万m^2、木材699.6 m^3；建成“专群结合”约7.76万人的防汛抢险抗旱服务队员库。精准调度水利工程，保供水、战梅雨、抗强台、防洪水，成功抗御汛前阶段性干旱、接近历史极值的超长梅雨期以及强台风“黑格比”正面袭击影响等，实现防灾减灾效益约28.71亿元。全年共调引境外来水121.25亿m^3，其中引江79.83亿m^3、引淮41.42亿m^3(含行洪水量)，沿海“五大港闸”累计开闸1 439潮次、排水120.97亿m^3，较常年增加34.6%，保障了全市各类用水需求，保证了人民群众生命财产安全，实现了全市安全度汛目标。常态化开展市区保水活水运行，市区第三防洪区生态调水累计运行51轮共218天，翻水约8.15亿m^3，恢复了河道生态基流，改善了水环境质量，为盐城国考、省考断面水质达标、成功创文提供有力的水环境支撑。

【水政执法】 执法能力稳步提升。启动东台市泰东河执法基地建设，组织开展各类培训5期，累计参训200多人次。1人在全省水行政执法技能竞赛中荣获“全省水行政执法能手”称号。在全市水政监察队伍中全面推行《江苏省水行政执法工作规范》、《江苏省水行政执法人员行为规范》和行政执法“三项制度”。开展水行政执法(强制)案卷评查，查办的未依法编报水土保持方案擅自开工建设“璀璨天城”房地产项目案，在2020年度盐城市级行政执法案卷评查活动中，被评为优秀案卷。执法巡查取得实效。年内与市公安、交通、生态环境和农业农村等部门开展联合执法巡查9次，联合处置违法侵占响水船闸通榆河堆堤架设供电线路等3起涉河违法行为。督促盐城市航道管理处和废黄河船闸在汛前自行拆除废黄河内的240 m违建挡沙墙。全市各级水政监察队伍共开展执法巡查1 326次，出动执法人员10 424人次，出动执法车船3 304次，巡查总里程5.15万km，制止各类水事违法行为246起，全市水事秩序进一步向好。

【水利改革】 深化“放管服”改革，引导涉水审批中介机构进驻政务服务网中介超市平台，做好区域评估服务工作，不见面审批事项比例提高到100%；对符合条件的生产建设项目水土保持方案审批实行承诺制管理，精简审批材料、提高服务效率。委托局工管单位实施行政处罚工作，建立工管单位巡查和执法统一的机制，实现日常巡查和行政执法工作无缝衔接。做好审批权限下放工作，将市级负责审批河道由40条调减为20条。完善“互联网+政务服务”模式，提升行政审批服务效能，共审批项目158件，比去年同期增长66.3%。主动接轨上海，年内盐城市水利局主要负责同志等带队，先后对接上海市水务局、上海市青浦区水务局、上海农场等，学习农村河道生态治理、水资源管理、水利工程建设规范化管理等先进经验和做法。11月，与上海市水务局等单位签订《上海飞地区域水利同建共管框架协议》。

【水利科技】 盐城水利系统在组织申报6个2020年度水利科技项目课题的基础上，配合省水利厅开展课题评选工作，同时督促各课题研究项目承担单位严格按照水利科技项目合同规定要求，完成课题项目，并组织开展课题验收评定工作。年内，盐城市水利勘测设计研究院申报的"生态护坡与生态净化结合的河岸净化槽技术研究及示范""农业水价改革背景下灌溉流量监测装置研究"2个项目被列入2020年省水利科技项目，"水工混凝土质量提升关键技术"获2020年江苏省水利科技进步奖一等奖。

【行业发展】 加强思想建设。落实中心组集中学习、理论学习联系点等制度，全年完成14个专题学习；坚持理论学习"四巡"制度，用好"学习强国""铁军号角""周一大讲堂"等平台，认真落实"三会一课"、民主(组织)生活会、基层党组织统一活动日、民主评议党员等党内政治生活制度，推行党员"积分制"考核、深化"评定升"。强化党建引领。认真执行民主集中制，修订制定《局党委会议事决策规则》《"三重一大"事项决策制度》等；印发《2020年市水利局党委基层党建工作计划》《2020年落实党建工作三级责任清单》，细化任务，落实责任，层层传导压力。全面完成基层党组织换届工作，选举成立水利工会联合会。组织党员自愿捐款7.4万余元支持新冠肺炎疫情防控工作；规范党费收缴、管理和使用，严格党员发展。着力打造"城安水清党旗红""党建联盟6+X"等水利特色党建品牌，射阳河闸"守潮人之家"党建品牌以及省一级支部书记工作室示范点建设在省内外形成示范效应，老干部支部被省表彰为全省离退休老干部先进集体。深化水利精神文明建设，扎实开展爱国卫生运动、志愿者服务等活动，盐城市水利局被市委、市政府记集体三等功。扎实完成年度帮扶任务，全年送扶贫慰问金11.3万元；组织开展"助医""助困"活动，走访慰问职工78人。推进"职工之家"创建，4个单位分别创成省职工书屋示范点和市十佳模范职工之家、五一文明示范岗。扎实开展扫黑除恶专项斗争，系统无涉黑涉恶现象。围绕省、市委的巡查整改意见，局党委切实担负起巡查整改主体责任，完成阶段性整改目标。加强队伍建设。全年局系统举办各类培训班46个、参学2 015人次；打造"劳模创新工作室"1个、建成技能实训室6个，开展职工技能培训12期，培训职工600余人次，2项技术课题获全市职工"十大先进操作法"。巩固作风建设。认真履行全面从严治党主体责任，召开全市水利系统全面从严治党暨党风廉政建设会议，印发《市水利局党委2020年党风廉政建设工作计划》《全市水利系统党风廉政建设主体责任清单》，成立9个督察组开展专项督查并通报情况。组织开展"510"廉政警示教育、廉政文化实境教育，设立"水利廉政讲堂"，推进"党风廉政教育月"活动。全面排查廉政风险点，召开市水利系统项目建设集中廉政约谈会，创新探索《基层党支部纪律检查委员履职办法(试行)》，印发《履职纪实手册》，定期组织开展约谈提醒，开展作风建设专项督查；在3个基层船闸开展"船民驿站"服务品牌创建。印发《关于开展2020年度"正风肃纪镇村行"专项行动的实施方案》《关于开展2020年度"正风肃纪看机关"专项行动的实施意见》，落实工作机构组织推进，接受市纪委专项督查总体情况良好。

（供稿：臧滨城、方振作）

扬州市

2020年，全市水利系统以“十六字”治水思路为指引，积极践行“治城先治水”发展理念，主动应对严峻复杂的变化形势，省、市高质量发展考核水利指标年度任务均顺利完成，也为“十三五”水利改革发展画上了圆满句号。2020年是扬州水利发展史上具有重要里程碑意义的一年，习近平总书记来扬州视察，实地察看江都水利枢纽和运河三湾生态文化公园，详细了解南水北调东线工程建设、大运河文化遗产保护等工作，这是对扬州水利工作的巨大鼓励和鞭策。

【水利建设】 2020年全市水利建设投资超30亿元。(1)重大水利工程建设。长江防洪能力提升堤防加固一期工程全面完工，二期工程年内加固堤防46.3公里、建筑物40座。淮河流域重点平原洼地治理完成投资2.35亿元，其中第一阶段施工任务全部完成并通过完工验收，第二阶段施工全面铺开。长江仪征幸福河口段应急治理工程顺利完工。瓜洲泵站工程通过竣工验收。淮河流域2019年旱涝灾后应急治理工程全线开工，江都境内工程基本完工，宝应、高邮境内工程形象进度超50%。开工建设扬州闸泵站工程、淮河入江水道沿线部分病险涵闸除险加固工程。仪征在汛前及时完成泗源沟闸除险加固工程。宝应落实水利建设投资成效显著，获省政府办公厅真抓实干督查激励。(2)重要规划编制和重点项目前期工作。全力配合水利部、流域机构和省水利厅开展南水北调东线二期工程前期工作，多举措争取影响最小的输水线路方案。历经多轮修改，反复完善市、县“十四五”水利发展规划，初步排定“十四五”全市重点水利工程项目计划。加快完善水利基础设施空间布局规划，合理划定38项、5.47万亩市级规划预留项目用地，协调重要涉水生态空间范围落实到全市国土空间“一张图”上。统筹全市44个项目纳入2021—2023年全省水利重点项目前期工作三年滚动推进计划，12条省级骨干河道纳入“十四五”省级中小河流治理方案。启动城区智慧水利综合调度工程方案设计。制定《扬州市城区河道整治和泵站改造补短板工程实施方案(2021—2025)》。(3)城乡水利建设。全面完成小秦淮河、邗沟河整治工程。开工建设北护城河综合整治工程、念四河西段整治工程、陆洲泵站改建工程、赵家支沟涵闸改造工程和瓜洲泵站完善配套及景观提升工程。建成城区水环境智慧调度中心。广陵区更新改造5座城市排涝泵站。实施高邮灌区、江都沿运灌区等2个大型灌区，高邮市向阳河、汉留、司徒，江都区团结河、野田河等5个中型灌区节水改造。疏浚县乡河道85条，建成农村生态河道41条。全面完成农业水价综合改革任务。2019年水土保持目标完成情况获优秀等次并位列全省第一，2020年新增水土流失治理面积5 km^2，建成2个省级生态清洁型小流域。

【河湖长制】 开发部署“云上扬州”智慧水利河长制综合管理系统。制定《扬州市河湖长制工作考核细则》。全年各级河湖长共签发问题交办单1 000余份，交办事项反馈率100%。市、县两级河湖长开展巡查673人次。民间河长当选“第二届江苏十大河湖卫士”。统筹推进“两违四乱”专项整治，全市列入年度考核的506处“两违”问题验收销号503处(含延期整改10处)，42处“清四乱”问题验收销号41处。啃下金陵船舶扩建工程、苏北油库码头等109个长江干流岸线利用项目清理整治“硬骨头”。规范整治大运河沿线153家砂石码头(泊位)、小船厂和混凝土搅拌站。强力推动高邮湖、宝应湖和里下河湖泊湖荡退圩还湖，高邮市高邮湖退圩还湖工程进场施工，宝应县白马湖、高邮湖、宝应湖退圩还湖工程完成前期工作，兰亭荡、广洋湖退还自由水面 1.6 万亩。

【生态河湖建设】 (1) 圆满完成长江岸线清理整治任务。国家下达的清理整治项目及环保督察反馈要求整治项目共 109 个项目已全部按序时进度完成，并通过水利部长江委和省水利厅核验。累计拆除办公、生活设施 412 栋、总建筑面积 20 万 m^2，退让生产岸线 6.3 km，复绿 152 万 m^2。完成《扬州市长江岸线保护利用规划》编制和审查工作。(2) 长江河势治理成效明显。总投资 53 亿元的长江堤防防洪能力提升工程，一期工程 10 亿元全面完成，二期工程全线开工；总投资 6 亿元的长江镇扬河段三期工程、长江崩岸应急治理工程，护岸总长41.7 km，全面建成发挥效益。全面加强长江嘶马弯道、六圩弯道、仪征水道、仪征幸福河口坍江段等重点河段的河势监测。实施长江镇扬河段世业洲左汊仪征市幸福河口段应急治理工程，累计完成抛石 15.65 万 m^3，已于 12 月 28 日全面完工。(3) 全面完成大运河非法砂石码头整治任务。会同市生态环境局、工信局、交通局和运河沿线地区完成大运河沿线 153 家砂石码头(泊位)、小船厂和混凝土搅拌站规范整治，并顺利通过省水利厅组织的销号验收。在清理整治的基础上，跟踪推进绿化修复工作，宝应县完成绿化生态修复 16 km、45 万 m^2，建成城区运河风光带2.5 km；高邮市清理麦黄草 11 平方公里，形成 1.65 万亩的生态隔离圈。(4) 退圩还湖工作有序推进。宝应县、高邮市退圩还湖工程顺利通过省高质量考核。宝应县白马湖、宝应湖、高邮湖退圩还湖工程项目立项、环评、稳评、实施方案等行政审批手续全部获批；兰亭荡一期工程 4 300 亩已全部完成退圩；广洋湖一期工程 10 700 亩已完成招标；兰亭荡二期5 000亩、广洋湖二期 5 000 亩的初步设计报县发改委待批，已完成招标前期工作。(5) 持续做好涉河项目管理。平稳承接省厅下发水行政许可审批工作。积极主动服务重大项目建设，强化河道管理范围内建设项目管理，提前介入中汽中心(高邮)汽车科创园科研创新平台及配套设施建设工程、城市快速路改造、中铁宝桥企业、353 省道等建设项目，坚持跟踪服务指导，依法依规帮助建设单位办理手续。明确市、县河湖管理事权。提请市政府批复出台《扬州市市管河道名录》，为规范河道管理保护奠定了基础。规范涉河建设项目批后监管。出台《扬州市河道管理范围内建设项目事中事后监督管理实施办法(试行)》。

【水资源管理】 2019 年度实行最严格水资源管理制度考核蝉联优秀等次。实施水资源总量和强度双控行动，2020 年用水总量控制在 32.69 亿 m^3，单位地区生产总值用水量 57.36 m^3/万元，较 2019 年下降 8.1%，超额完成省高质量发展考核规定的 5.6%降幅指标。持续推进饮用水水源地达标建设，宝应县里运河氾水水源地通过省级验收，宝应湖备用水源地完成主体工程。开展子婴河、小涵河、沿山河等重点河湖生态状况评估，印发区域内重点河湖生态流量(水位)名录。配合流域机构和省水利厅开展长江干流、高邮湖等跨省江河流域水量分配工作，出台三阳河水量分配方案。落实长江经济带"两口一源"布局规划，中石油江苏分公司试采二厂及黄珏社区排污口、江都区真武镇集中排污口等入河排污口全部整治到位。实施《扬州市节水行动实施细则》及分工方案，形成水利部门抓总、20 个部门参与的工作协调机制，全市规模以上公共供水计划下达率 100%，创成 21 家省级节水型载体、37 家市级节水型载体。江都、广陵创成国家级节水型社会建设达标县(区)。高邮推动两家制衣企业完成全市首笔水权流转交易。拥有独立物业的县(市、区)水利(水务)局全部建成水利行业节水机关。

【工程管理】 组织小型水库和水闸安全运行暗访检查,小型水库管理"四个责任人""三个重点环节"在2020年防汛工作中发挥重要作用。深化小型水库管理体制改革,仪征市小云水库、光华水库创成省级规范化管理单位。开展水利工程安全鉴定,按序时完成全市所有水库大坝和瓜洲闸、胥浦河闸等4座中型水闸安全鉴定任务。强化水利工程空间管控,划定49条省级骨干河道、127条国普河道、5座省管湖泊和1座中型水库、65座小型水库、42个中小型闸站管理范围线。制定《扬州市市管河道名录》,为规范河道建设管理事权、强化河道管理保护提供了依据。着力提高工程管理规范化、精细化水平,原润扬河管理处创成我市首家国家级水管单位。

【防汛防旱】 2020年全市先后遭遇持续干旱、旱涝急转、梅雨超长"待机"、长江流域超历史洪水、淮河流域并发大洪水的严峻形势,特别是长江扬州段水位涨势猛、洪峰水位高、持续时间长。在人民群众生命财产安全受到威胁的紧要关头,各单位深入贯彻习近平总书记"两个坚持、三个转变"防灾减灾新理念,广大干部职工发扬水利人特别能吃苦、特别能战斗的优良传统,以专业之长、行动之实向党和人民交出了一份满意答卷。

(1) 抓用水保障。超前提请省防指中心调度江都水利枢纽加大引江流量,及时启用里下河水源调整工程补充灌溉用水,最大程度保障农业夏栽。扛起"源头城市"担当,坚决执行省防指抗旱调度指令和沿运地区用水计划。江都、高邮、宝应压实责任,24小时管控取水口门,厉行节约、错峰轮灌,确保江水北调出境水量不打折扣,有力支持了淮北地区抗旱大局。(2) 抓汛前准备。市、县防指提请本级政府召开防汛防旱工作会议,更新市、县、乡防指组成人员名单。及时拆除骨干河道阻水坝埂,修订完善防汛防旱应急预案、防御台风应急预案,针对性储备"三袋"、块石、木材、土工布等防汛物资,新增无人机、气动打桩机等现代化应急抢险装备。联合扬州军分区、各县(市、区)人武部组织武警官兵、民兵预备役人员、消防救援队伍和地方专业力量开展防汛抗洪抢险演练。登记全市在建水利、交通、市政等施工队伍信息以备抢险调用。(3) 抓指挥调度。市、县防指密切监视雨情、水情和工情变化,严格执行24小时值班带班制度,加强各类水利工程运行及调度监管,及时上传下达防汛信息。加密会商分析研判,滚动预测预报预警。市防指组织召开防汛视频调度会议7次,启动应急响应4次,派出6个工作组和1个机动专家组下沉一线检查指导各地防汛抢险工作。果断启用仪扬河闸超常规分泄仪邗丘陵山洪,及时消除圩区河道险情。广陵、仪征、开发区撤离新沙滩、朴席江滩等沿江低洼地区人员13 071人。瓜洲泵站首次投入实战,开机运行近3 000台时,抽排主城区涝水3.23亿m^3。(4) 抓巡堤查险。应急响应期间,全市日均投入3 000人次对长江、淮河入江水道等300多公里堤防进行不间断巡查和清杂清障,应急加固42处隐患堤段、穿堤涵闸等薄弱环节,清障面积204万m^2。省防指第68期《防汛抗旱简报》专题介绍了我市市、县两级防指在巡堤查险方面的好做法,要求各地推广借鉴。

2020年防汛应急响应长达43天,会商次数、调度指令、督导检查都创纪录。市委七届十一次全会上,夏心旻书记给予防汛抗旱工作高度评价,将其与疫情防控、复工复产并列为全年打赢的三场硬仗,盛赞"确保了社会稳定、江河安澜、人民群众生产生活平稳有序"。

【水政执法】 全年处置各类水事违法行为188起,其中立案查处6起,拆除违章建筑5 800 m^2,清除违章种植400亩,恢复大运河、古运河等河道滩地400亩。推进生态科技新城泰安镇左某非法侵占河道、扬州人家酒店拖欠水资源费等难点案件，进一步树立执法权威。水事违法陈年积案“清零”行动圆满收官，历史遗留的 26 起案件全部结案。持之以恒打击长江非法采砂，建立宁镇扬、扬镇泰交界水域水政执法联动机制。着力提升水利工程建设质量安全管理水平，严肃处理长江防洪能力提升工程个别标段质量问题，责令施工单位拆除重建不达标闸站，有力警示了水利建设市场从业企业。开展水利行业安全生产专项整治，安全生产形势持续稳定向好，全年未发生一起安全生产事故。坚持依法行政，开展规范性文件清理，保留 3 部、修改 3 部、废止 2 部。按时完成法治政府建设任务，顺利通过“七五”普法终期考核验收。高邮市水利局建成全省水利法治建设示范点。

【水利改革】 (1) 以水权交易探索为方向，着力提高水资源的利用效率。水权改革是落实节水优先方针、破解水资源瓶颈问题的重大举措，加快推进水权改革工作，是利用市场配置水资源的重要手段，更是促进节约用水和水生态环境改善的重要制度。《关于印发 2020 年全市水资源管理的工作要点》(扬水政〔2020〕16 号)中明确积极开展全市水权改革交易探索，加强水权流转和交易研究。江苏名佳羽绒有限公司原许可审批水量为地下水 4.5 万 m^3，因生产规模扩大，取用水量需求增加，主动提交扩大许可水量的申请，但因目前资源管控和红线压采要求，扩大审批水量难度较大。为更好地服务企业，结合水权交易试点，经数据分析和实地调研，江苏省波司登制衣有限公司因工艺改善，地下水取用水量大幅降低，且与江苏省名佳羽绒有限公司相距较近。2020 年 8 月 12 日，双方就 1.5 万 m^3 水权互易达成一致，约定使用期限两年，签订水权交易协议书，并在扬州水利官方网站进行宣传报道，藉此扬州市首例水权交易顺利完成。

(2) 以农业水价改革为抓手，着力强化水资源的刚性约束。牢固树立“先建机制、后建工程”的理念，将有效灌溉面积范围内的大中型灌排工程建设、高标准农田和高效节水灌溉项目作为改革实施重点，坚持工程建设与机制建立并重。全市按照应改尽改的原则，于今年 4 月底完成年度改革任务 52.5 万亩，全面完成 397.14 万亩“十三五”改革任务。同步对全市 32.4 万处小型水利工程产权进行明晰，颁发产权证书，落实工程管护主体和责任。农业灌溉方式逐渐从大水漫灌走向管灌、滴灌、喷灌等节水灌溉，农田灌溉水利用系数由原来的 0.628 提升到 0.630。改革区域内水费实收率超过 95%，农村水利工程供水的商品属性得到认可。通过新闻媒介的广泛宣传，人民群众节水意识明显增强，改革工作取得了显著的生态、经济和社会效益。

(3) 以运河文化带建设为契机，着力补齐水利基础设施短板。2020 年以来，按照市委、市政府大运河文化带建设有关工作部署和“1＋6＋10”规划体系要求，我局组织编制了《大运河扬州段河道水系治理管护专项规划》，针对大运河存在的主要问题和薄弱环节，提出若干重点工程和措施，旨在进一步提升防洪安全保障，改善河道水系资源条件，促进河湖管护能力提升，为沿线经济社会发展和大运河文化带建设提供水利支撑。

(4) 以污染防治攻坚为引领，着力提升水源地安全保障能力。结合水源地专项整治活动，统筹推进集中取水、集中保护，宝应县、高邮市调整县级以上水源地，实施取水口搬迁工程，2020 年 1 月 15 日，高邮市里运河清水潭、高邮湖马棚湾应急备用水源地通过省级达标建设验收，12 月 28 日，宝应县里运河氾水水源地达标建设通过省级技术核查。完成年度集中式饮用水源地长效评估，配合市发改委修订《扬州市饮用水水源地安全保障规划(2021—2025 年)》，切实提高供水安全保障能力。

(5) 以建设生态河湖为核心，着力改善水生态环境质量状况。围绕合理分水，按照“应分尽分、再难也得分”的要求，积极配合省水利厅开展长江干流、高邮湖等跨省江河流域水量分配，同步将水量指标分解至县级行政区。统筹推进跨县河湖水量分配方案，开展全市水量与县级行政区水量分配衔接工作，编制完成扬州市三阳河水量分配方案，并经市政府授权发布。研究制定区域内重点河湖生态流量（水位）名录，同步推进生态流量管控，维护河湖健康生命。围绕系统治水，以沿山河、子婴河等市县领导担任河（湖）长的河湖和群众关注度高的河湖为重点，有序推进河湖生态状况评价，树立生态河湖样板。

(6) 以完善生态补偿为目标，着力实现水资源的可持续利用。配合完善多元化生态补偿制度，积极探索水利行业生态补偿机制，严格水资源管理制度“三条红线”，统筹考虑本地和境外水资源量，明确区域范围内可用水量，完成全市水资源承载能力监测与评价工作，建立水资源承载能力监测评价体系和风险预警机制，针对不同类型地区的超载特征和超载成因，研究提出水资源调控的措施建议和补偿制度，促进经济社会发展与水资源承载能力相适应。深入推进江苏省“两口一源”布局规划实施，全面完成15个入河排污口规范封堵接管工作。

【水利科技】 (1) 加强项目管理。2020年，组织申报省级水利科技项目4项，其中，“防汛抢险物资动态配置与防汛抢险智能决策系统研究”项目是针对当前我市的防汛压力，顺应水利工程管理的智能化发展而开展的科技研究；“大型轴流泵站多机组断电飞逸水力不稳定性研究”项目对瓜州泵站的运行安全具有重要的现实意义；“‘生态活水’治理农村黑臭水体技术研究与应用”和“反硝化生物反应器净化农田排水的技术研究”两个项目更是契合当前大力发展生态水利的主题和水质提升的硬需求，研究绿色净水技术。配合省厅完成了“稻麦轮作区农业排水精准控制技术研究”“平原圩区水稻管道输水灌溉技术研究与应用推广”“水稻新型种植模式节水高产综合技术研究”“扬州市中心城区河网闸泵联合调度优化研究与应用报告”等4项省级水利科技项目的验收工作。同时争取省厅立项项目“生态活水’治理农村黑臭水体技术研究与应用”一个。

(2) 推广应用新技术。积极推进科技兴水战略，大力宣传水利部科技推广项目，要求建设、设计、施工单位结合工程实际，引进上级水利部门推广的新技术、新工艺、新材料。围绕我市当前水利建设需求，开展国内外水利先进适用技术试用示范、培训推介等工作，重点搭建供需平台，为基层水利单位提供各类先进适用成熟的新技术、新材料、新工艺、新产品，解决技术持有单位与基层需求单位之间信息不对称等问题。2020年我市重点推广应用了一体化机泵、绿化混凝土护坡、高分子板桩等先进适用水利科技产品，真正做到科技兴水。

【行业发展】 (1) 夯实保障体系这个“支撑点”。坚决克服麻痹思想，慎终如始做好疫情防控工作，取得了全市水利系统职工及家属、各建设工地“零疑似”“零感染”的阶段性成果。坚决落实过紧日子要求，重点强化预算管理，提高经济统筹能力，上争中央和省级财政资金达6.89亿元。健全行政事业单位内部控制体系，防范化解资金、资产管理使用等方面的风险隐患。(2) 找准机构改革这个“突破点”。升格组建市城市河道管理处、市水利工程建设中心等2家副处级直属单位并迅速正常运转。大力提拔重用忠诚干净担当的好干部，加强人才队伍横向交流。(3) 抓好“放管服”改革这个“着力点”。安排专人入驻扬州市政务服务中心行政审批窗口。推广应用

“多规合一”业务协同平台、工程建设项目审批管理系统，优化洪水影响评价报告、生产建设项目水土保持方案、取水许可等审批流程。推动经济技术开发区实施工程建设项目区域评估。取水许可电子证照制证与颁发实现县(市、区)全覆盖。

镇 江 市

2020年面对突如其来的疫情和长江历史罕见洪水，在市委、市政府的坚强领导下，全市水利系统攻坚克难、奋力拼搏，较好地完成全年目标任务，圆满收官“十三五”。

【防汛防旱】 汛前，落实防汛责任，对448座长江穿堤涵洞进行全面探查，完成60处度汛隐患整改，编制12份超标准洪水应急预案，设备调试、物资储备、队伍演练全面到位；汛中，全市水利部门靠前指挥、精准调度、有效应对；全市共组织超20万人次巡堤、5 000余人抢险，及时排查处置险情79处，稳妥转移安置群众6 099人，全市未决一堤、未发生一起人员伤亡事故、未出现重大灾情，取得了防汛战役的全面胜利。汛后，积极争取市级以上经费1 200万元，迅速掀起水毁修复热潮。

【重点水利工程建设】 全年完成重点工程投资1.29亿元。编制完成“十四五”水利发展规划和水利基础设施空间布局规划；丹阳市太平港闸站工程、扬中市江堤加固及兴隆港应急改造工程、通济河整治工程前期工作积极推进；镇扬河段和畅洲应急护岸工程、扬中市何家大港工程及句容市仑山水库除险加固项目获批实施；智慧水利项目全面开工，镇江新区姚桥堤防提升工程、扬中市万福桥闸站工程基本建成，新孟河延伸拓浚镇江境内工程在全省率先实现通水验收。

【生态河湖建设】 2020年，围绕“加快推进全市生态河湖高质量发展”总河长令，全市四级河湖长巡河履职5万人次，交办任务清单3 600多份，有力推动解决河湖问题。101个市级“两违三乱”按期整治销号，142个长江干流岸线清理整治项目圆满完成。全市取缔非法码头43个，清退长江岸线5.3 km，生态复绿70万m^2；整治沿河排口192个，建设改造沿岸绿化和滨水空间约40.27万m^2，城区黑臭水体基本消除。化肥使用量较2015年下降12.7%，农药使用量下降18.2%，农业面源污染得到有效治理。建立宁镇扬联合河长制，与常州市签订了水污染协同治理协议，建立城区河湖治理联盟，促进一体化协同治理。2020年，国省考断面优Ⅲ比例首次达到100%，河道环境明显改观，生态河湖建设三年行动圆满收官。

【农村水利建设】 全年完成投资约2亿元，清淤农村河道210万m^3，农村生态河道24条，综合治理水土流失面积15平方公里，打造30个小微水体整治示范点，完成人民沟、茹墅湖水保治理工作，句容市鲍亭、丹阳市九里创成生态清洁小流域。“美丽库区、幸福家园”水库后扶项目建设投入约2600万元，完成丹徒区郚庄村、句容市丁庄村、西冯村年度建设任务，有效改善农村人居环境。出台《切实加强全市农村河道管护工作的意见》，进一步提升长效管护水平，2020年，四个涉农辖市(区)农村河道长效管护省级考核评估全部优良。加强水土保持监管，全面开展生产建设项目监督性监测，完成168个水土保持遥感扰动图斑现场复核及查处，编制全市首期水土保持公报，水土保持政府责任目标考核位居全省第三名。

【水资源管理】 完成县级以上饮用水源地长效评估，积极推进丹徒区世业洲水源地、丹阳市九曲河、扬中市铁皮港备用水源地达标建设。全年创建各类节水型载体32个，句容市创成国家节水型社会达标县，镇江新区成为全省首家开发区省级节水示范区，金东纸业创成国家级水效领跑者，江苏省首笔"节水贷"业务落户镇江。

【水利工程管理】 新一轮水利工程划界工作全面展开，河湖库保护规划编制有序推进，谏壁抽水站完成国家级水管单位创建年度任务并创成省级水利风景区，镇江高新区制定《河库长效管护实施细则》，白蚁防治工作成效明显。安全生产专项整治"一年小灶"与"三年大灶"紧密衔接，水利行业安全生产专项整治深入实施，水库闸站专项整治工作与全市 27 个重点领域同步推进，取得显著成效，全行业连续 3 年未发生等级以上安全生产事故。

【水政执法】 "七五"普法考核通过终期验收，推动《镇江市节约用水条例》列入市人大 2021 年立法计划。结合扫黑除恶专项斗争，建立跨区域联合执法机制，推动扬中市八桥、镇江新区五峰山执法基地建设，抓获非法采砂船 40 条，集中处置拆解采砂船 47 条，疏浚砂监管规范有序，市水政支队周佩日同志被授予"全国水利系统先进工作者"称号。放管服改革持续深化，完成镇江新区水行政执法权限下放，市水利局行政审批办结率、群众满意率均为 100%，营商环境考核居全市前列。

（龚　源）

泰州市

2020 年，泰州水利系统加大水利投入，强化水利管理，深化水利改革，水利在保障防洪安全、水资源供给安全、水环境和水生态安全、服务民生等方面取得了明显成效，较好地完成了各项目标任务。

【水利建设】 水利建设投资。2020 年，市级水利建设完成总投资 6.5 亿元。其中省级水利重点工程累计到位资金 2.55 亿元，实施江苏省重点平原洼地治理、古马干河整治工程，完成蚌蜒河整治工程；城市水利工程累积到位资金 1.57 亿元，实施送水河北闸站、2019 年度水生态河道治理、中干河水生态修复、城区河道清淤轮浚、城区河道活水工程；农村水利建设计划完成投资 2.38 亿元，重点实施农村河道疏浚、中小河流重点县等工程项目。

重点水利工程建设。2020 年，省级水利重点工程淮河流域重点平原洼地近期治理工程持续推进，海陵境内大寨河涵闸等 3 个涵闸（顶管）工程主体完成，姜堰境内姜堰套闸除险加固工程水下部分基本完成，兴化境内杨家河、向阳河河道及桥梁已完成，下官河河道及 4 座跨河桥梁已全面进场实施。实施完成蚌蜒河（渭水河一西塘港段）治理工程，并通过完工验收。组织实施古马干河东段（西姜黄河—私盐港）治理工程、古马干河闸外段整治工程。

城市水利建设。2020 年，送水北闸站工程、2019 年水生态工程基本完成，整治老东河、茶庵桥河、中桥支河、黄舍西河、戴集中沟等 7 条河道长 6.15 km，实施戴集中沟控制闸工程和绿化改造。启动实施中干河水生态修复工程，启动实施城区河道清淤轮浚工程，对城区景庄河、城南河、中子河等 8 条河道开展清淤疏浚，启动城区河道活水工程，开始实施中子河、西景河、跃进河及狮子河闸站、蚂蚁坝河闸站及南塘中沟闸站工程。

农村水利建设。2020 年，以兴化市圩里灌区建设为重点，整合利用往年小农水重点县项目结余资金，以及农业水价综合改革奖补资金，继续实施小农水设施建设，重点整治干、支渠以及电灌站等田间工程。全年共投入 1 900 万元，新建和改造农田小沟级以上建筑物 500 座，其中中沟级以上建筑物 454 座。投资 2.38 亿元，疏浚整治各级农村河道 953 条，其中县级河道 9 条、乡级河道 39 条、村庄河道（河塘）905 条（面），疏浚河道土方 1 050 万 m^3，按照生态建设标准整治河道 50 条。

【河湖长制】 河长制工作。2020 年市级河长巡河履职 49 次、县级河长巡河履职 566 次、乡级河长巡河履职 4 万余次，解决涉河问题近 1.8 万个，进一步提升了河长履职的“含金量”。出台全市河湖长制工作意见和考核细则，将河湖长制工作纳入对各市（区）高质量发展目标考核体系。对市管河湖定期进行无人机巡测，建成 22 个水质自动化监测站，每月发布市管河湖和通江河道水质简报、印发河长制工作月报，为市级河长高效履职、科学决策提供有力支撑。

河湖治理。全市骨干河湖 2 117 项“两违”整治任务全面完成，销号率 100%，共排查整治县、乡河道“两违”问题 2 312 项。严格落实长江大保护，全市 63 个长江干流岸线利用项目整治任务全部完成，在全省率先完成长江干流岸线整治清零目标。

工作督查。组建 6 个督查组，分赴各市（区）开展常态化督查，共通报重点问题 35 个，点名曝光县级河长 15 人、乡级河长 40 人、村级河长 29 人。充分发挥市河湖长制管理信息平台作用，实时更新河湖长履职情况，畅通问题督查交办和群众投诉举报渠道，助力河湖长制工作有力有效。

制度创新。省内第一个河长制地方法规《泰州市河长制工作条例》立法计划已经市人大常委会讨论通过，全国第一家河长制学校“泰州市河长制学校”已在市委党校挂牌成立，计划利用 5 年时间，将全市乡、村两级基层河长全覆盖轮训一遍；全国第一家河长制研究会“泰州市河长制研究会”已吸收会员近 100 人、会员单位 13 家，将着力成为提升理论、强化服务、学习交流的重要平台。制定完成省内第一个河长制地方标准，市、县、乡、村以及民间河长工作站建设系统推进，建成后将为各级河长提供点对点、面对面的优质服务。

【生态河湖建设】 生态样板河湖。出台生态样板河湖建设评定管理办法，把“生态样板河湖”的评定结果作为市级专项经费补助依据，并纳入市（区）综合考核内容。全年投入资金 7.1 亿元，打造县、乡、村生态样板河道 261 条、678 km。

里下河退圩（渔）还湖工作。省政府对《里下河腹部地区（泰州市姜堰区）湖泊湖荡退圩还湖专项规划》进行了批复。喜鹊湖退圩还湖工程实施方案获省水利厅批复，花粉荡实施方案通过省水利组织的审查。今年全面完成省高质量发展考核里下河退圩还湖个性指标，其中，陈堡草荡全面完成退圩还湖工作，恢复自由水面 4537 亩；得胜湖清退圩区 2.6 km^2，完成形象进度的 21%；蜈蚣湖二期工程已完成，恢复自由水面 2 515 亩。

水质达标建设。2020 年 1—11 月，全市 6 个国考断面水质优Ⅲ比例为 100%，24 个省考以上断面水质优Ⅲ比例为 95.8%。

【水资源管理】 取用水监管。全面完成取水工程（设施）核查登记整改提升工作，完成 3 个退出类工程和 126 个整改类工程的整改工作；全面实施用水统计调查制度，完成全市用水统计工作名录库建立，组织全市自备水源用水户按时填报统计表，对超计划用水户及时预警，确保全年用水量不超总量控制指标；完成泰州市可用水量分配暨周山河水量分配、生态流量（水位）确定研究工作；加强取水许可管理，规范水资源论证，严格取水许可审批和延续取水换证工作，落实禁批限批制度；积极推进电子证照应用，组织市级及各市（区）同步开展电子证照应用工作，完成兴化市自来水总公司、泰州华侨城有限公司等

11 家单位取水许可电子证照的发放，加强规费征收，2020 年共征收水资源费 8 111.3 万元，较上年增长 33.29%，其中市本级征收水资源费 2 149.71 万元，较上年增长 16.6%。

水源地保护。2020 年，泰兴市两泰官河苏余应急备用水源地建成通水；兴化市横泾河开发区水源地被核销。月度监测水源地水质，编发《泰州市集中式饮用水源地水文情报》。

水资源制度建设。落实水资源管理行政首长负责制，把水资源管理与保护纳入各地及有关部门绩效考核的重要内容。市水利局联合发改委、工信局、住建局、行政审批局出台了《泰州市建设项目节水设施"三同时"实施细则》，严格项目立项、审批、竣工等环节节水要求，实行事前、事中、事后全过程监管。

【工程管理】 河道工程管理。"城建惠民"行动计划涉及的 59 条河道实现管护保洁全覆盖；完成国家生态园林城市创建涉及水利部门各项任务；15 座水利工程安全鉴定评定为一类工程 10 座，二类工程 5 座；老东河闸站、智堡河闸站通过省三级水管单位复审。

市管河道保护规划。对列入《江苏省骨干河道名录》中的 65 条河道开展河道保护规划编制工作。今年完成靖泰界河、车路河等 15 条市管河道的保护规划编制工作。

水利工程调度。一是常态化运行城区调水泵站，开机 138 天，向主城区生态补水 7 478 万 m^2；二是利用沿江各通江口门抢潮引水，努力增加内河水源补给，通过口岸闸、马甸闸、过船闸、夏仕港闸等向通南地区引水 11.15 亿 m^3；三是协调省高港枢纽，动力抽引江水，向通南地区生态补水，高港枢纽共开机 15 天，引水 6 900 万 m^3。有效增加了水体的流动性，改善了通南区域河道生态环境。四是高港枢纽节制闸向里下河地区自流引水 50.82 亿 m^3，有效保证了里下河地区枯水期生态基流。

【防汛防旱】 汛前检查。4 月 9 日，召开全市防办主任会议，市防办就防汛准备工作进行了专门部署。4 月 15 日，根据汛前检查结果，正式发文至各市（区）防指，通报了防汛减灾薄弱环节和风险隐患并提出除险消险要求。各地积极筹措资金，对度汛隐患进行除险消险，投资 627 万元，共整修堤防 50.5 km，加固改造圩口闸 160 座、排涝站 48 个、涵洞 13 座。海陵区重点推进老 328 国道沿线控制性建筑物的改造工程；加大沿线周边区域的排水管网建设，完善九龙地区防洪排涝体系。高新区完成南官河闸外港堤提升工程，防洪标准提升至百年一遇。靖江市投入 1 081 万元进行长江堤防水毁工程修复。

物资储备及预案修订。2020 年市县两级防汛物资共储备块石 5.5 万 t，"三袋"275 万只，土工布 10.5 万 m^2、木材 1 148 m^3。修订完善了《泰州市防御台风应急预案》，并通过司法审查。6 月 19 日，组织开展城区应急排涝演练防汛抢险军地联合演练，进一步提高应急抢险救援队伍对江堤渗漏、管涌、内涝等紧急状况的处置能力。

防汛抗洪。2020 年汛期降水量及梅雨量较常年同期明显偏多，水情总体平稳，里下河地区略微超警；长江大通来量较常年同期偏大两成，沿江潮位 7 月至 9 月超警戒潮位。汛期，全市共出现 13 场暴雨、大暴雨过程，大部分为局部暴雨或大暴雨；大通平均流量 48 900 m^3/s，较常年同期（40 600 m^3/s）偏大 20.4%。7 月 6 日 18 时，泰州市启动长江防汛Ⅳ级应急响应，2 日 20 时，应急响应提升至Ⅱ级。7 月 13 日市防指派出由应急管理局、气象局、水利局、住建局、交通局、农业农村局等成员单位组成的 3 个督导组分别赴沿江地区督查指导防汛抗洪相关工作。长江流域累计出动 4 万多人次巡堤，累计巡堤 8 000 余卡米，汛期共发现 10 处险情，均得到及时妥当处置。受台风"黑格比"影响，8 月 4 日 11 时 30

分启动防台Ⅳ级应急响应，5 日 9 时解应急响应，“黑格比”未对泰州市造成人员伤亡和灾害损失。

【水政执法】 行政执法。2020 年，全市水利部门围绕长江、市级以上骨干河道等重点水域，着力开展河湖“三乱”专项整治和“清四乱”专项行动，组织开展水利专项执法，加大打击长江非法采砂、河道清障、水事违法案件的查处力度。557 个河湖“三乱”问题全部整改到位；组织开展 4 场“以案释法基层行”专场宣传，取得良好社会效应。完成“智守长江”执法信息化平台建设，实现长江河道实时监控、跟踪记录执法过程、网上审批水事案件、动态监管采砂船舶及远程指挥执法活动等功能。全市共开展执法巡查 2 000 余次，出动执法人员 11 000 余人次，纠正和处理水事违法行为 44 起，立案查处水违法案件 22 起。

行政许可。一是推进区域评估。组织评审《泰兴虹桥工业园水土保持区域评估报告》《泰兴滨江工业园区水土保持区域评估报告》《江苏省姜堰经济开发区水土保持区域评估报告》《泰州市姜堰区现代科技产业园水土保持区域评估》，对“优化营商环境、提高审批效率、减轻企业负担”起到了积极作用。二是动态调整行政权力清单。及时对本部门行政权力清单进行了梳理和认领，更新后的 181 项行政权力事项清单在泰州水利网上进行了公示。三是创新服务提升行政审批效率。六大类共 33 件行政权力事项，全面实行“网上办”“不见面”审批；对主要申请材料齐全次要条件或申请材料欠缺的政务服务事项，实行“容缺”受理制度；实行邮政快递送达便利化措施。缩短承诺办结时限。做到即办件当场办，承诺件提前办。2020 年共办理涉水行政许可事项 86 件，其中生产建设项目水土保持方案审批 37 件，取水许可 5 件，河道管理范围内建设项目 44 件。四是采用专项监管检查和双随机抽查方式进行事中事后监管。共组织随机抽查 3 批次，检查主体数量 12 个，对照行政许可批复，要求对检查发现的问题进行整改。

【水利改革与创新】 农业水价综合改革。从 2016 年 8 月启动农业水价综合改革工作，通过 5 年努力，全面完成 360 万亩的改革面积以及各项既定目标任务，2020 年 12 月通过省级验收。改革成效明显，2019 年节约农业用水总量 0.86 亿 m^3，亩均节水 24 m^3，节约灌溉用电 0.48 亿度，年节约电费 1 700 万元，农田水利设施长效管护率 100%，农业供水水费收缴率达 96%，群众满意度超过 95%。

水利信息化。利用信息网络、卫星遥感等先进技术，加快构建覆盖江河水系、水利基础设施体系、管理运行体系的网络平台，加快推进河长制综合信息服务平台、防汛防旱信息系统升级改造项目建设。

【行业发展】 党建活动。明确实施“党建＋重点工作 融合提升”书记项目，泰州水利局以“弘扬水的品格，率先担当奉献”为全年主题党日总主题，隆重举行全局性建党 99 周年主题党日暨道德讲堂（总堂）、“总书记这句话，最让我受教育”主题征文及演讲活动，推动全体人员学思践悟新思想。各支部先后开展了“听老局长讲水利精神”“比学习谈体会展风采“看河湖风光话大江水韵”等系列活动，进一步凝聚共识、提升能力。创立“泰水韵”党建服务品牌，得到《新华日报》、《中国水利报》、学习强国等省市媒体 20 余次报道，获得市级一等奖。扎实推进“组长项目”，泰州水利局作为工作团团长单位组织张郭镇工作团认领“组长项目”20 个，项目总投入 201.7 万元。其中我局认领“组长项目”8 个，投入金额 80 多万元，认领项目及投资金额位居泰州市前列。

精神文明建设。在《人民日报》APP、《中国水利报》、《新华日报》等媒体上发表文章 10 余篇，剧本《归途》荣获泰州市级机关一等奖。

深入开展文明城市创建活动，制定《2020年市水利局深化全国文明城市创建实施方案》，2次组织召开高港、姜堰以及相关处室（单位）参加的全国文明城市创建推进会，第一时间组织完成市文明办测评通报涉及的和“啄木鸟”交办的河道和公园保洁问题30多个。

意识形态工作。制定《2020年度意识态工作责任制实施意见》，明确责任清单。把意识形态工作纳入年度考核中、纳入目标管理中、纳入民主生活会和述职报告中。同时结合中心组学习，及时传达学习中央和上级党委关于意识形态工作的精神和部署。

党风廉政。组织学习《中国共产党章程》《中国共产党纪律处分条例》《中国共产党廉洁自律准则》等一系列党内政策法规；学习中央、省、市关于党风廉政建设最新相关文件和会议精神。组织党员干部赴盐城新四军纪念馆开展专题廉政教育；积极开展廉政征文活动，水利局报送的廉政小剧本《归途》获得泰州市纪委监委评选的一等奖；组织局机关全体干部职工观看专题警示教育片；健全廉政风险防控体系，修订排查廉政风险点，制定廉政风险防控手册。

（供稿：陈建勋 李想）

宿迁市

【概述】 2020年，宿迁水利亮点纷呈、成绩显著，荣获市2020年度高质量发展综合考核优秀单位，获重大贡献奖2项、创新创优奖1项，创建市以来水利系统最好成绩。河湖长制工作成效明显，获得国务院督查激励表彰；成功抗御流域大洪水，实现“大洪水无大灾”；重点水利工程在全省率先复工，住家船整治工作实现两年任务一年基本完成；水权交易创三项“全国第一”，为全国地下水管理探索出一条“生态优先、绿色发展”的新路。市水利局还荣获江苏省“安全生产月”活动优秀单位、江苏省工人先锋号、宿迁市优化政府采购营商环境知识竞赛总决赛第一名、宿迁市青年安全生产示范岗、“中心城市基础设施建设先进集体”等表彰，5项工程被评为“省水利工程文明工地”“治淮建设文明工地”。

【水利建设】 全年共实施19项（类）重点水利工程，投资24.03亿元。持续推进淮河流域平原洼地治理工程、黄河故道后续工程、溧河洼灾后重建应急治理工程等流域重大工程项目建设；加快实施西民便河（小口子至大王桥）治理工程、古山河治理工程、洪泽湖治理保护生态修复示范工程等区域重点工程；加快泗阳县众程、运南、宿城区船行等3个大型灌区和沭阳县古泊、柴沂等4个中型灌区配套、改造，疏浚40条农村生态河道，提前完成农水供水管网更新改造工程；来龙灌区现代化改造项目总投资4.99亿元，淮河流域及沂沭泗地区涝灾后应急治理工程建设规模由0.38亿元增至1.02亿元，古山河治理等工程当年争取、当年批复、当年实施，争取项目资金2.5亿元，骆马湖宿迁大控制三角区生态建设工程前期工作加快推进，形成初步规划方案。

【河湖长制】 印发《宿迁市2020年河湖长制工作要点》，排定32类100项重点河湖治理项目。18条市级河湖全面完成健康生态评估，围绕截污纳管、内源治理、河道水系、面源控制、生态修复、空间治理6个方面，完成相应河湖“一河一策”治理方案编制工作。大力推进“两违三乱四乱”治理。成立以局主要领导为组长的“两违三乱四乱”专项整治领导小组，共下发交办单45个，会办23次，现场督查50余次，有力促进了整违治乱，全面完成2316项河湖“两违”、195项“三乱”以及水利部交办的98项“四乱”整治任务。组织开展“赠河长一本书”活动、“童年的河”、“乡贤护碧水”等主题活动，宣传推广优秀水文化，激发河湖长治水管水热情，提升公众护河治河参与意识，营造全民参与、齐抓共管的良好氛围。

【生态河湖建设】 建设马陵河、顺兴河等生态河道 100 条，助推生态经济示范区建设。完成泗洪县大王庄段、临淮段生态修复示范工程、泗阳县聚泥成岛工程、近岸带修复工程、宿城区马化河水生态治理工程等 5 个洪泽湖生态修复示范项目。泗阳县成功入选国家水系连通及农村水系综合整治试点县，中心城区尾水导流规模达 28.6 万 t/d。稳妥推进洪泽湖住家整治。累计签订船只整治协议 3 551 条，完成率 100%，交船率 100%，实现两年任务一年基本完成。在全省率先启动实施洪泽湖退圩还湖，清退洪泽湖圩区 37.64 km^2，恢复湖泊水域面积 31.7 km^2。编制东沙河、古黄河、总六塘河等生态流量管控方案，完成刘柴河、安东河、砂礓河生态评估，开展总六塘河、古黄河、古山河健康评估和古黄河、马陵河生态五项监测实施近三年生态河湖中期自评估，积极维护河湖生态。

【水资源管理】 统筹水资源分配调度。完成淮河、新汴河、奎濉河、西民便河、总六塘河、骆马湖等 5 河 1 湖的水量分配，组织制定东沙河、古黄河、总六塘河、古山河 4 个主要河道生态水位，合理分水有序推进。2020 年全市单位 GDP 用水量创历史新低，较 2019 年分别下降了22.6%，降幅全省第一。全市 11 个常用水源地全部完成达标建设，中运河月堤应急备用水源地达标建设工程已全部完工，强化水源地巡查管护，全年未发生水源地突发水污染事件。开展取水工程（设施）整改提升暨地下水井整治专项行动，依法封井 1 361 眼、压减地下水开采量 5 053.28 万 m^3，超额完成省定封井压采任务，地下水位全面稳定回升，超地下水位红线区域全部消失，压采成效显著。强化节水示范引领。建立覆盖 23 个市直部门及 9 个县区宿迁市节水行动联络员制度，指导百威（宿迁）啤酒今年先后创成省级、国家级水效领跑者，新增 54 个省级节水型载体，省级节水型社会建设示范县区实现了全覆盖。在全国第一家开展地下水水权交易改革，完成全国第一例地下水取水权交易签约，在地下水水权交易中第一次实施生态回补，为全国地下水管理探索出一条“生态优先、绿色发展”的新路。全面部署推进电子证照推广应用，市、县区取水许可电子证照实现全覆盖。

【工程管理】 制定印发《宿迁市水利局局属管理单位水利工程维修养护项目实施管理办法（试行）》，规范省、市级水利工程维修养护项目管理。落实水库安全四级责任体系，完成 3 座湖泊、88 条河道、39 座小水库、123 座水利工程管理与保护范围划界任务。稳步推进两湖搬迁群众扶持项目建设，按照进度目标完成2 124万元 2020 年两湖搬迁群众扶持项目资金下达、实施方案审查批复及招投标工作。开展河道保护规划编制，完成《宿迁市市管河道（沂沭泗水系）保护规划》及《宿迁市市管河道（淮河水系）保护规划》的编制和审查工作。加强涉河许可项目管理，印发《宿迁市水利局关于进一步加强河湖管理范围内行政许可建设项目后续监管的通知》《宿迁市河湖保护范围内建设项目管理办法》。落实 2020 年全市水利工程维修养护项目经费 479 万元，强化水利工程日常管理。

【防汛防旱】 成功应对淮河超历史最高水位洪水、沂沭泗上游 1960 年以来最大洪水，积极抗御阶段性严重气象干旱，累计实现防汛抗旱减免灾效益 102.7 亿元。防汛抗洪工作被市委市政府作为全市三场硬仗之一，写入政府工作报告。严格落实防汛安全责任，排查消除各类隐患，编制超标洪水防御预案，足额储备防汛物资，组织各类防汛演练 15 次，累计投入抢险人力 2.9 万人，减少受灾人口 28.2 万人，避免耕地受淹 84.6 万亩。协调省防指引调江淮水 13 亿 m^3，投入抗旱人力 5.9

万人，投入各类抗旱设备2 500台套，浇灌抗旱面积56万亩，全力保障340万亩水稻栽插和生产生活用水，挽回粮食25万t，累计实现抗旱减免灾效益3.5亿元。编制河道生态流量管控方案，在保证防汛防旱安全的同时，结合水雨情和河道水质，开展生态补水，有效维护河道良好水生态环境。

【水政执法】 “两湖”禁采力度不减。初步建成骆马湖禁采监控系统，实现了信息化装备在禁采执法巡查中的广泛运用；持续加强日常巡查、联合联动，全市水行政执法巡查共出动11 075人次、1 016船次、936车次、无人机124航次，处理水事违法行为209件，立案查处21件，持续保持禁采高压态势。立案查处跨古黄河热力管道迁改项目，采取以案促改方式，与金樽路桥、天福园墓地、民便河桥等项目建设单位面对面以案释法，全市水行政许可违法项目显著减少。重大行政处罚规范开展。严格按照水行政执法案件办理制度、集体评议制度要求，规范水事案件的受理与立案、调查取证，邀请法律顾问对重大、复杂水事违法案件进行法律风险论证、风险评估作为重大水行政处罚案件的必经程序。依法依规征缴水资源费。应收尽收，重点将银控公司以往按照其售水量计征水资源费模式纠正为取水量计征，水资源费入库创新高。

【农村水利】 强化农村供水保障。投入2.72亿元实施泗阳县众程、运南、宿城区船行3个大型灌区以及沭阳县古泊等4个中型灌区续建配套与节水改造项目，改善灌溉面积47.58万亩。改造农村供水管网958 km，入户率达100%，覆盖乡镇47个，受益村(居)165个，受益人口26.3万人，在苏北率先完成供水管网改造任务。实施农村河道综合整治。疏浚农村河道40条，疏浚土方930万方，恢复提高河道引排能力。推进农业水价综合改革，宿豫区形成“敢为试点—成功示范—率先验收—管理长效”的特色改革路线，如期通过省级核验。强化水土保持监督管理。印发《宿迁市水土保持目标责任考核实施办法(试行)》和《宿迁市水土保持规划实施情况考核工作联席会议制度》，完成194个水保方案技术审查和行政许可，开展监督检查76批次，下达整改意见书44份，强化事中事后监管。打赢脱贫攻坚战。协调项目资金约300万元，用于水环境治理及灌排设施建设；直接投入到村48.4万元，用于产业项目帮扶、民生改善、环境整治和帮扶慰问等。刘涧村84户低收入家庭人均收入达8 000元左右，脱贫率100%。刘涧村集体经营性收入为58.4万元，挂钩帮扶任务圆满完成。

(供稿:钱文江)

昆山市

2020年昆山市水务局聚焦“高质量”和“一体化”两大主线，坚决打好碧水保卫战，统筹抓好新冠肺炎疫情防控和水务各项重点工作落实，全面加强河湖保护和治理，着力提供优质水资源、营造健康水生态，展现宜居水环境，为昆山高质量发展和现代化试点走在前列提供坚实的水务保障。

【水利水务建设】 2020年，昆山市水务局共扎口昆山市重点实事工程21项。汉浦塘防洪完善工程、老城区河道生态景观提升、吴淞江流域活水引清等工程已完工。昆山市在2019—2020年度苏州市水利建设质量工作考核中获评A级(优秀)。锦溪镇棋盘荡综合整治工程二标段、太史淀退渔还湖工程、活水畅流工程一期(三标)三项水利工程获评苏州市级优质工程。

【河湖长制】 2020年，昆山市落实市、镇、村三级河湖长607名，其中，市级河长19名、镇级河长208名、村级河长380名，覆盖全市 2 815 条河道，38 座湖泊，实现河湖长制管理全覆盖。发挥"一看水、二查牌、三巡河、四访民、五落实、六回头看"的基层河长履职六步法和"掌上巡河"APP 作用，各级河湖长巡河湖 1.7 万余次，完成市级河湖"一事一办"任务清单 435 项。市河长办完成日常督查 276 次，出动督查人员 552 人次，下发河长办工作交办单 53 项。创新民间河长新模式，聘任 3 名外籍民间河长参与巡河；打造集党建、河长制、水环境于一体成果展示载体"河长工作站＋"；攻坚河湖长制重点工作，严厉查处涉河、涉湖违法行为，累计清理 3 万余条地笼网等非法定置渔具，依法取缔非法码头 166 家，清理堆场 64 万平方米，新增绿化 36 万 m^3。

【生态河湖建设】 开展"生态美丽河湖建设样板""最美基层河长"等评选工作，发挥治水工作中先进典型的引领作用。深入落实苏州市生态美丽河湖建设五年行动计划，完成 36 条生态美丽河湖建设任务。积极融入长三角一体化发展，参与太湖淀山湖湖长协作机制工作，与上海青浦签订战略合作协议，同常熟市、太仓市、吴江区、吴中区、相城区、工业园区建立联合河长制工作机制，建立边界涉水事务联动调度、联动协作、联动执法等六大合作联动机制，做到"省市有边界、治水无盲区"。稳步提升河湖水环境质量，持续推进劣Ⅴ类河道整治销号工作，194 条重点河道水质明显好转，基本实现了消除劣Ⅴ类水体的目标，8 个国省考断面平均水质稳定保持Ⅲ类。

【水资源管理】 严格执行水资源总量分配，突出统筹配置资源，合理有序使用地表水、严格控制使用地下水、积极利用非常规水，强化水资源统一调度，统筹协调生活、生产、生态用水。2020 年，全市用水总量 5.02 亿 m^3，非常规水利用量 0.77 亿 m^3，城市再生水回用率达 27％ 。启动修编《昆山市地下水利用与保护规划》。严格以供定需，落实地下水水量和水位双控制度，严把审批关口，原则上不再审批工业取用地下水许可。近年来均无新增地下水开采量，全市地下水埋深均位于控制红线以上。2020 年，全市地下水用水量 31 万 m^3。实施河流生态水位控制，选择包桥圩作为试点，科学确定枯水期生态水位控制阀值，提出生态水位控制方案和调度运行方案。加强水源地长效管护，建立水源地保护与管理电子档案，开展水源地健康评估及整治、达标年度评价，落实生态治理任务、保护生物多样性、推进湖泊健康发展。加强重点湖泊蓝藻防控，开展蓝藻打捞应急演练，加大队伍物资配备，累计打捞蓝藻 2 200 t。

【工程管理】 有序推进完成 2020 年农水工程 44 座站闸改造工作，建立昆山市站闸巡查管理信息系统。积极融入长三角一体化发展，全力保障中国国际进口博览会水环境质量，全年共打捞水葫芦等水生植物 75 万余 t，上海市河长办连续 3 年来信感谢。完成文明城市创建各类问题整改 1 500 余项，助力昆山成功创建全国文明城市。完成全市 11 条国普河道管理范围线划定工作，2020 年划定总长 173 km，有序推进昆北塘、小虞河等 27 条 167 km 县级河道管理范围线划定工作。

【防汛防旱】 2020 年 6 月 9 日入梅，7 月 21 日出梅。汛期降水量 1 135.8 mm，比常年同期偏多 90.6％；梅雨量 618.6 mm，列 1960 年以来历史第三位，仅次于 1991 年和 1999 年。受长时间强降雨影响，梅雨期水位变化较大，以昆山娄江水文站（国家站）为例，梅雨期间最高水位 3.8 m（7 月 7 日），最低 2.76 m（6 月 15 日）。7 月 6 日，花桥水位达 4.06 m（佘山吴淞基面高程，下同），超历史最高水位，外河最高平均水位 3.84 m，超保证水位。以昆山娄江水文站（国家站）为例，汛期间的平均水位 2.94 m。

2020 年昆山降雨量总体偏多、降雨强度较大，河湖快速上涨，客水过境压力较大，防汛形势严峻，市防指分别于7月6日提升防汛应急响应为Ⅲ级，7月15日提升为Ⅱ级。受区域性暴雨影响，部分区域有不同程度积水，给群众出行和生产生活造成一定影响，6月5日强降雨共出现短时积水183处。7月6日，普降暴雨，局部特大暴雨，共造成短时积水214处。面临持续强降雨导致全市河湖超警戒水位、客水过境、上游太湖超警水位持续不退三重汛情叠加的不利影响下，第一时间加强与苏州市防指、太湖局、上海方面汇报沟通，加大内河排水力度，统筹区域洪水涝水外排，降低河网水位，留足承载空间。统筹做好轨交S1线等重大工程项目防汛安全工作。及时升级防汛应急响应，全力做好防汛排涝工作，全市未出现重大险情和灾情。

【水政执法】 建立四部门联合联动行政执法机制，城管局、交运局、水务局、生态环境局联合对“小散乱”排水户、工业企业、机动车维修企业、码头船舶、建设工地和垃圾中转站进行集中联合执法。以“水务攻坚执法”“水务联合执法”等活动为重点，开展水政执法巡查880次，制止或查处水事违法行为200次，立案15件并全部结案。

【水利改革】 深入落实国家节水行动，印发《昆山市节水优先行动方案（2020—2030年）》，制定2020年度节水优先行动计划，印发全市重点监控用水单位名录。强化取水许可审批事项事中事后监管，做到建设项目水资源论证100%。成功创建3个省级节水型公共机构及3个水务行业节水型机关，实现水务行业节水机关建设全覆盖。制定《昆山市傀儡湖饮用水源地日常管理细则》，按照“一源一档、同时建立、同步更新”的原则，建立水源地保护与管理电子档案。严格落实水源保护区水陆24小时巡查制度，构建人防、物防、技防“三位一体”安全保障体系，及时发现和查处各类破坏水源生态行为97起。全面完成11个区镇共10.95万亩的农业水价综合改革任务，顺利通过苏州市级验收。通过工程、管理、农业技术等节水措施，水稻灌溉节水20%，有效降低面源污染。

抓住一带一路、长江经济带、长三角一体化战略和长三角生态绿色一体化示范区建设等战略机遇，利用环太湖城市联席会议成员单位的平台。联合开展跨界片区水系规划研究编制工作，推动边界区域骨干河道联合整治，加快淀山湖岸线和防汛通道连通，使之“通江达湖”（吴淞江和淀山湖）。推进边界联合河湖长制，加强边界河湖的管理与保护。开展省际边界河湖涉水联合执法，提升区域水环境治理水平。以环淀山湖区域打造世界级湖区为契机，昆山南部的水乡三镇（锦淀周一体规划）作为世界级湖区重要的组成部分，围绕一心（淀山湖生态绿心）六水（6个主要水系通廊）七万亩湖（25个7万亩湖荡）的水系格局，以骨干行洪河道为廊道，以庞大的支河为基础，疏通堵点，畅通水系，构建等级明确、结构合理的河湖水系空间格局。在坚持以水定城、以水定地、以水定人、以水定产的基础上，探索区域更新的新动力与新模式，将生态优势转化为经济社会发展优势，为高端产业发展厚植最优生态，为城乡居民生活打造最美家园。

【水利科技】 2020年进一步优化完善智慧河长制信息平台（含APP），结合“认河、巡河、治河、护河”的总体要求，在优化配置前端数据采集设备和视频监控资源的基础上，完善河湖专题数据库，实现河湖长制动态和静态管理，增强河湖空间管控能力；同时融合运用“互联网+”，实现了日常巡河事务掌上办、涉水事件闭环化、一图展示集约化、水质监测实时化、治水管水规范化。连续两年成功举办海峡两岸（昆山）水环境治理论坛。成立国内首家县级市坝道工程医院。启用昆山与清华大学共建的水环境治理研究基地。

【行业发展】 在苏州率先建立水土保持

预防和监督管理体系。今年以来，178个生产建设项目水土保持方案通过技术审查，批复水土保持方案行政许可项目162个，征缴水土保持补偿费455万元。创新“支部＋”治理模式，在全省率先创新开展党支部助力“河湖长制”行动，10个直属党支部挂钩12座苏州市级河湖，推动党建与业务工作深度融合。以非公企业、行业监管企业、直属单位等党支部为基础，推进党建特色品牌阵地建设。积极开展“城乡一体化”党建联盟和“找差求进、助企惠民”活动。推广使用“学习强国”学习平台，实现“平台全覆盖、党员日日学”。扎实推进“三会一课”，组建水务局党课教员库，以支部班子成员和青年干部职工为主，首批31个课题已完成，作为各基层支部的选学“菜单”，教育引导党员干部始终当先锋、做表率。深入开展“作风建设提升年”活动，梳理完善局内部管理制度，全面锻造干部队伍过硬作风。严格落实中央八项规定及其实施细则精神，持续整治“四风”问题。积极支持派驻纪检监察组履行专责监督，把严的要求贯穿到日常，着力建设高素质专业化干部队伍。

（供稿：顾澜）

泰兴市

【概述】 2020年，总投入3.99亿元，实施备用水源地达标建设、生态廊道拓展区、城市水环境治理、农村活水等28项水利工程，85%以上农村河道实现畅流活水，城乡河道水质明显改善，全面实现可控可调。深入落实河长制，完成干河、中沟“两违”清理整治任务402处。制度化、常态化开展河长述职、“示范河道”“模范河长”评选活动，长江生态廊道成为全省长江大保护样板，古马干河被评为省2020年度生态河道建设示范样板，河长制工作连续三年在泰州市级考核中名列第一，先后被中央电视台、《新华日报》、学习强国平台等主流媒体报道。创成国家节水型社会达标县，两泰官河应急备用水源地建成通水，马甸水利枢纽创成省级水利风景区，市水务局被授为全省抗洪抗旱抗台工作先进集体。

【水利建设】 防汛抗旱工程建设。投入30多万元，开展坍段观测，组织白蚁防治，对长江水下地形开展多次测量；投入393万元，实施了骨干河道抢险工程、泰兴市九圩港背水坡渗水除险加固工程、泰兴市七圩港背水坡除险加固、通江小型穿堤涵闸维修项目。对市属通江闸进行了维护保养，对城区现有控制闸、泵站进行维修养护；投入890万元，建成滨江镇飞鸿闸站、济川街道金沙排涝站等防汛工程并发挥效益。

农村水利建设。投资2.12亿元，实施古马干河东段治理、备用水源地水系调整、生态廊道拓展区水环境整治、生态河道治理、农村活水、人大干河桥梁等9项工程，整治河道278条158.94 km，其中干河3条（段）16.07 km、中沟72条21.12 km、庄河203条121.75 km，配套建设桥梁45座、涵洞354座、排涝站1座。

城市水环境治理。投入1.65亿元，实施联盟中沟整治、甸何中沟整治、金沙中沟整治、耿戴中沟整治、东城河生态治理、银杏河清淤、外城河生态治理等16项城市水利工程，完成15条城区河道生态化治理，拆建排涝泵站1座，总规模为4 m^3/s，新建节制闸1座。重点实施“双河”滨河风光带建设，将众安港和星火中沟打造成风景整体协调、两河步道贯通、富有文化气息、生态环境优美的绿河风光带。

供水工程建设。投资1.13亿元，完成两泰官河应急备用水源达标建设，建设规模10万t/d，配套DN1400原水管道，形成“双重水源、双重保障”能力。投入2 581万元，完成技改项目19项，提高了制供水的安全运行能力。投资9 848万元，实施杨庄水厂深度处理改造项目，规模15万m^3/d，逐步实现从供“合格水”向供“优质水”的转变，水质综合合格率100%。投资约2.8亿元，实施河失、珊瑚、新街三个乡镇供水管网改造工程，进一步降低管网漏失率，提高供水效率。完成金沙路（大庆路～334省道）供水管道工程，打通了向阳水厂至城区DN1000主管之间的供水通道，先后实施了大庆路、长征路、澄江路等管道沟通，通过节点沟通，优化调度，城区水压普遍上升0.4～0.6 kg。

【河长制】 制定印发《泰兴市2020年度河长制工作要点》，落实“一河一策”实施方案，细化2020年度目标任务，形成任务清单和责任清单，促进各级河长履行好“管、治、保”职责。2020年，市级河长集中巡河64余次，镇级河长巡河5 230余次，村级河长巡河26 600余次，下发市级河长交办单6件、河长办交办单153件，全部办结到位。探索建立河长制、林长制、河湖警长制“三长”联动机制，促进河道河长、河道林长、河湖警长同向发力，切实将河道治理和保护各项措施落到实处。编发河长制工作简报24期，通报河长巡河履职、河长制重点工作推进等情况。大力开展河湖“两违”清理整治。泰州市下达的42处干河“两违”和360处中沟违章全部完成，在此基础上，自加压力，对全市干河、中沟“两违”进行了全面摸排，对一些没有手续的主房、辅房和码头也进行了清理，全市干河、中沟“两违”已全部清除到位。加大河长制宣传，开设《河长在行动》电视专栏，正面宣传或曝光类报道80次，泰兴河长制、河湖警长制工作被中央电视台专题报道，多次被人民网、学习强国、新华日报、中国水利报等主流媒体报道。出版河长制宣传画册，建成了泰兴首个“河长制”主题公园。建立根思乡南湖村村级河长制工作站，聘请23名社会义务监督员，落实141名民间河长，开办全市基层河长、民间河长培训班，开展河长制进学校、进社区以及幸福河湖摄影比赛等活动，形成了河长主导治理保护、河湖警长保驾护航、社会河长参与监督的工作格局。

【生态河湖建设】 大力开展生态河道建设，2020年投入1.89亿元，建设农村生态河道27条25.67 km，其中干河1条1.83 km、中沟12条16.77 km、庄河14条7.07 km。大力开展生态示范河道创建，12 km长江生态湿地和绿色廊道建设工程全面完成，已建成生态文明教育基地、长江断流亭、临江观潮等多个景点，成为全省长江大保护的示范样板；古马干河被评为江苏省2020年度生态河道建设示范样板；创新开展“模范河长”“示范河道”创建活动，每年评选20条示范中沟、庄河，评选10名示范河长，示范引领，树立典型；马甸水利枢纽创成省级水利风景区，“水利工程+”水利风景区建设新模式获得省水利厅肯定和推广；大力推进干河绿化补栽行动和中沟绿色通道建设，全市14条干河和441条中沟全部绿化到位。

【水资源管理】 完成省级水生态文明城市创建，十大示范工程全部圆满完成，25项控制性指标全面达标。全面落实最严格水资源管理，强化取用水监管，节水型社会建设深入推进，共建成35个节水型学校、81个省级节水型企业、单位、社区。单位地区生产总值用水量为43.7 m^3/万元，较2015年下降37.71%，超额完成泰州下达的28%的降幅目标。成功入选第三批节水型社会建设达标县。完成取水工程（设施）核查登记整改提升工作，大力开展年度水资源管理“两违三超”问题整治，完成5家用水单位的取水许可证发放，完成省级名录库内3处地下水井核查销号，发动2家企业主动对其名下4口地下水取水井实施封堵，对入选年度重点用水户名录的20家用水单位开展用水审计和水平衡测试，完成增产港生态流量（水位）确定，对增产港、天星港生态河湖状况进行评估。两泰官河应急备用水源达标建设如期完成，并通过省水利厅、生态环境厅、住建厅联合验收。加大水资源费征收力度，全年共计征收水资源费 1 176 万元，追缴自来水公司 2015—2019 年水资源费 1 103 万元，共计征收水资源费 2 279 万元。

【工程管理】 强化项目监督及信用考核监管，印发了《关于进一步加强水利工程施工图设计文件管理的通知》，对《泰兴市水利工程建设信用管理办法》《中标单位履约考核评分表》进行了修订，共组织对 16 个项目，开展了 53 次履约考核，考核结果上网公示并运用。强化招投标和事中事后监管，泰兴市水务局在泰州市 2019—2020 年度水利建设质量考核中获得 A 级第一等次。扎实开展安全生产专项整治系列行动，严格排查整改各类安全隐患 65 余处，未发生一起安全事故。推进安全生产标准化建设，通过水务安全生产标准化评审的施工贰级企业 1 家、叁级企业 3 家，并将安全生产标准化建设纳入企业诚信考核。扎实推进文明工地创建，泰兴市古马干河（马甸枢纽—西姜黄河）治理工程、泰兴市第三批中小河流治理重点县综合治理和水系连通试点工程施工 04 标等两项工程荣获“2019 年度泰州市水利工程文明工地 ”称号，滨江镇飞鸿闸站工程通过 2020 年度泰州市水利工程文明工地评审。全面完成农业水价综合改革任务，并通过省级验收，累计完成改革面积 81.77 万亩。

【防汛防旱】 鉴于部分乡镇、部门人事发生了变动，市政府对市防汛防旱指挥部成员进行了调整。4 月 26 日，市政府在市行政会务中心召开了全市防汛防旱工作会议，市政府与各乡镇及有关单位签订了防汛防旱工作责任状。市委、市政府高度重视防汛工作，主要领导和分管领导先后多次督查指导防汛工作并多次召开全市防汛视频调度会议，针对可能出现超标准洪水，编制了《泰兴市超标准洪水防御方案》。根据 2020 年超标准洪水防汛工作的要求，市水务局增储了编织袋 3 万条、土工布 2 000 m^2。6 月 5 日上午，市水务局在滨江镇飞鸿闸站开展 2020 年防汛抢险演练。7 月 3 日，在召开全市防汛调度会议期间，开展防汛抢险知识培训。7 月 8 日下午，市委书记刘志明主持召开市委常委会（扩大）会议，专题听取全市防汛工作情况汇报，研究部署下一阶段防汛工作。受长江上中游持续降雨影响，长江大通流量持续增加，7 月 13 日达 84 600 m^3/s，为中华人民共和国成立后第二大流量。按照省、市防指要求，全市于 7 月 6 日 19 时起，启动长江防汛Ⅳ级应急响应，7 月 11 日 17 时起提升长江防汛应急响应至Ⅲ级，7 月 12 日 20 时起提升长江防汛应急响应至Ⅱ级。应急响应启动后，市防指牵头成立由扬州大学、扬州水利勘测设计院相关专家领衔的专家组，对长江堤防及穿堤建筑物进行“拉网式”巡查，及时会商落实消险方案。市水务局抽调系统内 50 人组建专门的巡查队伍，对境内的江港堤防和各类通江涵闸站，实行全方位、网格化、24 小时不间断巡查。市水务局下发《关于加强重点时段江堤巡查（值班督查）工作的紧急通知》，由局负责人带班，加强重点时段（下半夜）长江堤防的巡查和督查工作。针对巡查中发现的险情，组织对九圩港、七圩港江堤渗水段进行了突击抢险，提升防御长江高水位的能力，保障了长江堤防安全。

【水政执法】 加强河道岸线执法检查和长江采砂管理，组织对全市干河进行全面清障，印发张贴《清障通告》350 余份，出动执法人员 300 余人次、执法艇 35 航次，清除内河各类渔网鱼簖 150 余口，清理僵尸船、住家船 3 艘。利用水行政执法快速响应全程监督平台，会同长航公安、海事、水警大队等开展联合执法巡查，开展各项执法巡查 50 余次，立案查处非法采砂船 5 艘，拆除非法采砂机具 7 套，拆解采砂船 2 艘，7 条非法采砂船移交长航公安刑事立案查处。加强对泰州港泰兴港区过船作业区滨江通用码头建设期疏浚采砂项目监管，批准许可采砂总方量 28.5 万 m^2，按照许可性采砂工程监管要求，规范采砂行为。

【水利改革】 全力推进泰兴市新一轮河道工程管理范围划定项目，依法划定国普 1495 河道内剩余未划界的 15 条河道管理范围边界、形成矢量化成果，为健全范围明确、权属清晰、责任落实、管理高效的河湖和水利工程管理与保护体系打好基础。

全面完成农业水价综合改革，核定改革面积 81.77 万亩，完成改革面积 81.77 万亩，完成率 100%，通过省、市、县三级验收。制定了农业水价核定办法，明确了超定额累进加价机制，出台了农业用水市级指导价，达到了运行维护成本；出台了精准补贴和节水奖励办法，共落实市级水价改革资金 1 219.0 万元；全市农田水利工程产权明晰比例为 100%，各乡镇(街道)注册成立了农民用水协会，各村建立分会，共组建 325 个用水合作组织，实现了管护组织全覆盖；坚持计划用水、定额管理，严格控制农业用水量，共落实计量设施 4 489 处，实现计量全覆盖。改革区农田水利设施运行情况良好，满足灌排需求，群众满意度较高。

【水利科技】 重视智慧水务建设，2020 年投入 18 万元，组织实施马甸水利枢纽自动化系统增设预警系统，对节制闸现有控制柜和自动化控制系统进行改造，重新编程；泵站、船闸对原有添加信号集中显示监控画面，当出现故障或报警信息时，画面中出现变色或闪烁等警示标识，同时对紧急告警信息要进行语音播报等。投入 600 万元，对城市河道自动化调度系统进行更新维护，全面监测城区 74 条河道温度、溶解氧、电导率、pH 值等，实时把控河道水质及水环境，对 71 座城区闸站、节制闸进行全方位无死角监控，全面实现可控可调。

【行业发展】 深入落实全面从严治党主体责任，研究制定党风廉政建设主体责任清单、负面清单。扎实开展作风建设领域突出问题系列专项整治，用足用好“第一种形态”，给予开除党籍 1 人、党内警告处分 1 人。扎实推进“书记领题”项目，认真开展“月晒季评年考”、“主题党日”、党员集中轮训等活动，切实推进“两学一做”学习教育常态化制度化。落实意识形态责任制，注重人才队伍建设，举办党员集中轮训班，开展“名师带徒”、演讲比赛、读书沙龙等特色主题活动，鼓励职工参加高等学历继续教育，加大人才招录引进力度，干部队伍综合素质进一步提升。积极争取泰兴市委、市政府的关心和支持，协调有关部门，将原苏源大厦置换给水务局办公，结束了水务局 10 年在外租房办公的历史；完成广陵水利站置换并装修改造，所有基层站所全面实现了标准化改造。44 件市人大建议、政协提案按时办结，办结率、满意率 100%。与此同时，群团、人武、水利学会、农村扶贫等工作顺利开展。

(供稿：许爱如)

沭 阳 县

2020 年，沭阳县水利局切实加强水利基础设施建设，深入推进河长制管理，防洪减灾、服务民生、水资源保障、水生态保护等各项能力不断提升，为全县经济社会发展提供了有力支撑和保障，被县委、县政府授予“突出贡献单位”。

【农田水利建设】 2020 年，沭阳县农村水利建设投入资金 1.254 亿元，先后实施了 3

项重点工程。一是沭阳县中型灌区节水配套改造项目。工程总投资1.2亿元，其中省级以上投资1.044亿元，县级配套0.156亿元，先后对新北、柴沂、沙河和古泊4个灌区进行节水改造。共计整治渠道护砌23.13 km，疏浚排涝沟塘2.5 km，配套涵闸76座，更新改造泵站8座，新建柴沂干渠桥1座，拆建沟渠桥1座，拆建渡槽1座，新建明渠式计量设施29处，拆建灌区管理用房1 050 m^2，灌溉水利用系数测算4项。二是沭阳县2018年度中央财政小型农田水利重点县结余资金增做工程。项目区在塘沟、胡集、钱集3个乡镇，总投资215.64万元，疏浚废港河4.2 km，新建石柏园灌溉泵站1座、废港河滚水坝一座，更换静韵河闸闸门及启闭机2套，建设高效节水灌溉农田970亩。三是沭阳县2020年度省级农村河道疏浚整治工程。总投资325.7万元，疏浚乡级农村河道35条，疏浚总长80.6 km，疏浚总土方量50.72万 m^3。工程实施后，改善、恢复河道排涝能力118.88 m^3/s，改善、恢复河道排涝面积99.06 km^2，增加引水能力12.04 m^3/s，增加河道蓄水能力63.83万 m^3。

【重点工程建设】 县水利局承担5项重点工程建设任务，其中省重点工程1项，县级重点工程4项，共计投资3.022亿元。一是新沂河灾后应急治理工程。工程总投资7 973万元，新建防汛路24 km、防渗桩5.66 km、整治滩面2.55 km^2 和漫水子堰闸加固维修。二是向阳桥拆建工程。向阳桥拆建工程为沭阳县2020年民生实事及重点基础设施项目，总投资1 100万元，工程已完成并投入运行。三快速通道防洪补偿工程。投资650万元，对新沂河大堤进行部分防渗加固和坡面防护。四是沭河船闸拆建工程。在原沭河船闸上游100米处建设1座高、宽各2.5 m的新闸，工程投资1 100万元。五是城后河、三中沟黑臭水体流域性整治。计划投资1.96亿元，对城后河、三中沟进行流域性整治，进行雨污分流、接污纳管、河道清淤整治以及生态修复，从而消除水体黑臭。工程项目建议书已批复。

【农业水价综合改革】 2020年，农业水价综合改革安排在淮西、柴沂、古泊、沙河4个灌区，涉及南湖、梦溪、高墟、桑墟、庙头、潼阳、茆圩、贤官、颜集、悦来等10个乡镇（街道）42.83万亩农田，通过实施水量计量设施，建立健全农业水价机制，积极稳妥推进农业水价综合改革。累计完成全县38个乡镇（街道）180.89万亩的农业水价改革面积，超额完成改革任务，并顺利通过省级总验收。

【防汛防旱工作】 认真总结2019年8月新沂河防汛抗洪经验，立足防大汛、抗大旱、抢大险，全力做好汛前检查、防汛预案修订、应急演练、河道清障、物资调运等防汛各项准备工作。自7月份以来，沭阳县多次普降暴雨。同时，受沂沭泗及淮河流域强降雨影响，新沂河持续行洪40余天，沭河、淮沭河、岔流新开河、柴米河、黄泥河等河道也相继行洪。新沂河沭阳站最大流量4 860 m^3/s，最高水位10.39 m，超过警戒水位0.89 m。县防指于8月14日15时启动防汛Ⅱ级应急响应，迅速组织32个乡镇（街道）2.68万名民力，于当晚18时前到达新沂河堤防指定位置，开展24小时不间断巡堤查险。在调集各乡镇防守民力的基础上，抽调江淮水利集团公司、县城开集团有限公司和县机电排灌管理总站150余名工程技术人员组建三支专业抢险队伍，参与堤防巡查和防汛物资调运。市防指派出15名具有险情应对处理经验的专家及技术人员，分布在新沂河沿线，对抗御洪水、险情应对等工作现场指导。在梦溪、七雄等多处发现外堤角渗水疑似险情，全部得到妥善处置，确保行洪安全。

【水利工程管理】 扎实开展河道“两违三乱”“四乱”问题整治。省、市级河长交办的44处“两违”问题，全部完成整改；省水利厅交办的淮沭河15项“三乱”问题，在全市率先一次性通过了省水利厅组织的销号验收；水利部暗访交办的6处“三乱”问题，已完成并销号4处，1处已向省市申请销号，另1处正在整改中；淮沭河沿线违建码头问题，已拆除到位，共依法拆除违建房屋35处78间、塔吊25台，恢复堤防绿化1.7公里；全县一般河道内发现的938处违法建设问题，全部完成清理。同时，完成新增成片林3 306亩，新栽植绿化林木25.7万株，更新改造杨树386亩，更新栽植杨树1.3万株。

【河长制工作】 全县共召开县级副河长单位和乡镇场(街道)工作会议12次，县级河长共召开会议27次，开展巡河77次，交办各类问题106个，办结率达98.1%；乡级河长共召开会议387次，开展巡河5 442次，交办各类问题1 457个，办结率达99.8%。淮沭河市级河长交办的淮沭河废弃船只清理，涉及船只188条，全部拆解到位；柴米河市级河长交办的柴米河沉船打捞问题，涉及沉船19条，全部打捞完毕；同时，有序推进“一河一策”治理方案编制及河道健康评估，及时将县考核细则下发至各县级副河长单位和乡镇场(街道)，要求各县级副河长单位参照市级“一河一策”治理方案编制大纲抓紧编制并上报县级河长审核。

【水资源管理】 一是开展非法开采地下水专项整治。编制《沭阳县非法开采地下水专项整治实施方案》，以经开区、各乡镇场(街道)为责任主体，开展非法开采地下水专项整治，完成环保督察反馈的303眼地下水井整改，其中关闭293眼、保留办证10眼。二是严格用水总量控制。落实县委、县政府关于全面建成小康社会监测指标要求，以农业用水量测算为抓手，圆满完成市下达沭阳县2020年单位GDP用水量指标实现度达85%的目标任务。三是积极开展水资源论证。开展沂北、柴塘、柴沂、古泊、沙河、淮西、新北等七个灌区农业用水水资源论证，完成江苏大红鹰恒顺药业有限公司、韩山医院、桑墟医院等地下水水资源论证。四是加大水资源费征收力度。继续采取“6＋1”征收模式，即县水资源利用服务中心负责城区和经开区水资源费征收，六个灌区负责乡镇水资源费征收。2020年完成征收水资源费1 000多万元，完成了市水利局下达的目标任务。五是加强节水型载体建设。成功创建4个省级节水型学校、5家省级节水型单位、5个省级节水型小区、1个省级节水型企业，节水载体覆盖率较去年进一步上升，节水型机关覆盖率达80%，节水型学校覆盖率达50%，节水型企业覆盖率达50%。

【水政执法】 2020年，继续以打击非法采砂为重点，严格查处各类水事案件。出动执法巡查人员297人次，全年查处非法采砂船只17条。协助全县各乡镇(街道)封填深水井294眼，浅层井164眼，立案查处非法取水案件11起，查处堤防非法取土、乱砍树木9起；联合沭城、南湖街道和交通局对淮沭河沿线三乱进行整治，共清理三乱船只183条、码头23处。

【水利科技】 完成节水管理信息系统建设，实现用户远程上报用水量、申报用水计划等线上功能，提升了水资源节约利用和监管水平。建成全县防汛防旱指挥系统，并布设20套水位监测站点以及11套视频监控站点，进一步完善重点区域的水位数据采集以及重点区域周边环境的远程监控，提升了洪涝灾害防御水平。

(供稿：张国良)

厅直工管单位

厅直工管单位 223～240 页

省骆运水利工程管理处

2020 年，江苏省骆运水利工程管理处克服新冠肺炎疫情影响，确保工程安全运行和效益的充分发挥，全处防汛抢险能力再次经受住了实战考验，夺取了 2020 年疫情防控、防汛防旱双胜利。

【工程管理】 一年来，该处围绕工程效益充分发挥，认真履职尽责，持续强化安全管理，全力服务“六稳”“六保”大局。严格调度指令，确保工程效益充分发挥。加强工程维修养护，强化值班及值班巡视纪律，切实抓好工程运行管理。全年该处所管泵站共运行 193 天，累计抽水 31 亿 m^3（包含南水北调向省外送水 7.5 亿 m^3），涵闸共泄洪 35 亿 m^3。加强黄墩湖滞洪闸、爆破口门及黄墩湖滞洪区预警系统等的管理维护。强化安全生产，确保全年安全生产无事故，全处安全生产文化氛围浓厚，以全省第一、全国第二十六名荣获《水安将军》知识竞赛“优秀集体奖”，在全国水利安全生产知识网络竞赛中，20 位职工获三等奖以上奖项。在省属泵站工程运行管理知识竞赛中获二等奖。

【防汛防旱】 一是加强队伍建设。成立 5 支党员抢险专家服务队、10 支抗洪抢险突击队、8 支工程运行巡险队和 7 支志愿服务队，加强针对性专业化提升训练，确保随时参加各项抢险工作。汛期做到 60 名主力队员 24 小时随时待命，100 名后备队员做好参与抢险准备。二是加强设备管理。加大抢险设备维修养护力度，确保设备拉得出、打得响。加强技术创新，全面强化抢险信息化建设。三是加强预案演练。认真总结历次抢险经验，完善应急抢险预案体系，修订“堤坝险情现场处置方案”等 4 套应急预案。联合宿迁市水利、应急管理局等单位在新沂河险工段举办防汛抢险演练。四是完成抢险任务。淮北干旱，淮河、沂沭泗地区大洪水行洪期间，抢险队先后奔赴淮河入江水道金湖控制线抗旱、盱眙县王桥圩和南京高淳胜利圩排涝。金湖抗旱历时 22 天，抽水 842 万 m^3；王桥圩排涝 15 天，抽排 1 185 万 m^3；胜利圩排涝 33 天，抽排 1 750 万 m^3。按照上级调度指令，快速反应，连夜调运土工布 3 万 m^2、彩条布 10 万 m^2、钢管 10.54 t、救生衣 2 000 件以及原木、编织袋等防汛物资支援新沂河、淮河大堤防汛抢险。洪水来临前做好了黄墩湖滞洪区的滞洪闸、爆破口门、预警系统应用准备。为夺取粮食丰收、大洪无大灾作出积极贡献。

【水政水资源】 一是加强巡查。重点针对“两湖三河”中省级河长交办问题清单完成情况，加强河湖巡查。做好“两违三乱”验收销号，对 429 处变化点逐一核查，完成“二湖三河五水库”遥感监测成果核查。二是加强监管。全面实施骆马湖网格化管理，开展骆马湖、徐洪河水生态监测，完成了骆马湖湖泊管理年报编制。联合宿迁 6 家水利单位开展“世界水日”“中国水周”系列宣传活动。联合公安等 7 家单位，有序开展了“六小船舶”“僵尸船”专项整治等联合行动，查处 2 起骆马湖非法采砂案件。三是加强队伍建设。该处全员通过全省行政执法资格考试，全面提升了基层大队软硬件水平，完成全处七个水政监察大队的标准化建设。

【基础建设】 刘老涧泵站加固改造工程通过机组启动验收，全力加快刘老涧新闸除险加固工程施工进度，泗阳二站可研获批，沙集闸站已上报可研，省发改委批复了抢险物资设备仓库项目。

【管理与改革】 一是抓好水库检查。完成了连云港市东海县、赣榆区 145 座大、中、小型水库安全运行督查。二是抓好险工险段专项检查。完成宿迁、徐州和连云港 3 市所涉及的水利部堤防工程险工段专项检查。三是抓好防汛抗旱物资监督检查。完成徐、宿、连3市防汛抗旱物资专项检查。四是抓好全省小水电管理相关工作。完成小水电清理整改督导调研、安全检查等工作。五是抓好有关督查暗访工作。抓好重点河湖库和饮用水源地管理(保护)范围内违建别墅明察暗访工作。六是抓好综合经营工作。对内抓好小水电生产及水土资源开发,对外继续拓展技术服务市场,打响骆运品牌,推进综合经营转型。抓好南水北调工程及北京、苏州委托工程管理。积极开展水下作业、电气预防性试验、机电安装、技术培训等特色经营项目,进一步塑造骆运形象,提升影响力。

【党建及职工教育】 一是持续营造浓厚学习氛围。全年共开展中心组学习22次。充分利用"五个讲坛""学习强国""机关党建云"等多种载体,提高学习成效。开展"不忘初心·牢记使命"主题教育回头看,巩固扩大主题教育成果。持续加强舆论宣传,定期开展意识形态工作形势分析,切实抓好意识形态管理,把牢正确舆论方向。二是持续强化党建特色。实施"三提升"活动(即"书记项目"提效、"党员之家"提质、"党支部工作法"提优)。根据"六有"主题党日要求,规范主题党日,持续推动"党建+中心工作"融合示范,编制下发了510方案。通过开展评选"骨干新星""书山有路"读书沙龙等活动,推动形成实干、实效工作格局。三是持续发挥表率作用。在疫情期间,实施"四个到一线",组织志愿突击队赴对口帮扶社区开展疫情防控巡查、志愿值班、关怀慰问等活动。派出2名队员参加全国水利系统"深研总基调 建功新时代"知识竞赛,获得好成绩。处离退休干部党支部"六有一提升"达标创优顺利通过验收。"沙集站我请战"视频荣获全国"水利抗疫故事"视频类一等奖。进一步加强职工教育及水利科技工作,全年全处取得发明、实用专利31项,发表论文58篇。

(供稿:吕坤)

省淮沭新河管理处

省通榆河蔷薇河送清水工程管理处

【工作概述】 2020年,淮沭新河管理处通过水利部文明单位专家组初验和水利行业节水型机关验收,通榆河蔷薇河送清水工程管理处创成国家级水管单位,连续第二年启用通榆河、蔷薇河"双线"调水抗击淮北大旱,积极应对"淮沂并涨"洪水,泵站累计调水4.76亿m^3,涵闸累计引水供水105.8亿m^3,累计泄洪排涝92.8亿m^3,管理处被表彰为全省抗旱抗台抗洪工作先进集体。规范实施维修养护项目2 200余万元,接受水利部5个批次飞检得到肯定。精细化管理全面推进,安全生产标准化全面覆盖,3项除险加固工程稳步推进,5项基建前期工作有序推进。

【工程管理】 2020年,共检查保养启闭机及钢闸门300多台套、钢丝绳近1.9万m、整理各类电力及控制电缆2万多m……累计完成垂直位移观测点位1 400多个,引河观测断面380多个,专题开展建筑物上浮缘由及发展趋势专题研究,绘制分析图表600多幅,编写综合分析报告10多篇。对全处各项应急预案进行梳理,重新进行修订并开展14批次培训演练。开展10余批次专项检查,整改300多个事故隐患,全部一抓到底,形成闭环管理。完成沭阳闸等9座工程安全鉴定和3座交通桥安全检测工作。积极开展"安全生产月"活动和安全生产主体责任"春风行动",召开5次安委会例会,开展6个专项安全生产整治,举办"一把手谈安全"等10余项安全主题活动,参加水利部"水安将军"活动、水利部安全生产网络知识竞赛和省属泵站工程运行管理知识竞赛均获得较好名次。

【防汛防旱】 启动通榆河、蔷薇河“双线”抗旱调水，淮阴二站累计运行 3 475 台时，抗旱翻水 4.31 亿 m^3；滨海站累计运行1 194 台时，抗旱翻水 0.45 亿 m^3。积极面对“淮沂并涨”，开展汛期安全运行综合督查，淮沭河、新沂河行洪期间，组建两支工作组现场指导防汛工作。新沂河累计行洪 45.74 亿 m^3，淮沭河累计泄洪 44.28 亿 m^3。成功抵御沂沭泗地区 1960 年以来最大洪水和淮河洪水。

【水政水资源】 2020 年，共完成“两违”整治项目 43 项，拆除违建面积近 7 万 m^2，其中省厅下达 16 项，管理处自加压力增加 27 项。在推进“两违”整治过程中，多次和地方水利部门沟通协调，将 41 项“两违”项目列入连云港、淮安、宿迁河长办整治清单共推整治工作。通过司法途径强制拆除了难度较大的淮阴二站下游违法码头和盐河闸上游违法码头。

【基础建设】 2020 年，在建工程 3 项，总投资 11 936 万元，淮涟闸除险加固工程通过竣工验收，杨庄闸除险加固工程进入扫尾阶段，沭新闸拆建工程已于 10 月中旬开工建设。5 个项目前期工作：新沂河海口枢纽南北深泓闸除险加固工程初步设计已经省发改委批复，淮阴闸交通桥除险加固工程初步设计正在省发改委履行审批手续，淮阴闸浮箱闸孔电站五期工程完成初步设计并上报省水利厅，淮沭船闸除险加固工程、沭新北船闸除险加固工程可研报告有序推进。全年实施维修养护项目 45 项，经费 2 200 余万元。

【管理与改革】 2020 年，开展各类培训 19 期 625 人次。建立完善职工教育培训制度，凡参加培训考核不合格者给以推迟职称申报、岗位升级一年的处罚。创新职称（等级）申报选送制度，凡申报专业技术职称评审的，要由处科技委进行初评，初评合格再参加省厅评审；凡申报技术等级升级考核的，要由处人事科进行考核，初考合格再参加省厅考核。2020 年选送 20 名职工参加岗位升级考核，通过率为 100%。针对科级以上干部、专业技术人员、工勤岗位人员，分别开展理论学习、概预算编制和维修项目编制、水文勘测技能竞赛和水政执法专题培训。开展以工代训，利用通吕泵站代管机会，培养泵站运行管理人才。

【党建及精神文明建设】 大力推进“三个表率”模范党组织建设，开展“忠诚核心、勇担使命”主题实践活动。深入开展“五抓五促”专项行动，制定细化行动清单，持续增强作风建设，积极营造担当作为、真抓实干的良好政治生态。2020 年，省厅巡察组对该处开展巡察“回头看”工作，针对省厅提出的问题，迅速制定整改措施，责任明确到人，确定整改时限，5 大类 25 条主要问题 29 条整改措施全部整改完成。认真落实《党支部工作条例》《基层组织工作条例》，持续推进“标准全覆盖”工作。组织党员干部赴洪泽“金堤永固”、泗洪“大王庄”等党性教育基地重温初心使命。

（供稿：刘平）

省灌溉总渠管理处
省淮河入海水道工程管理处

【概述】 2020 年，灌溉总渠、入海水道沿线工程全力行洪应对淮河流域性较大洪水取得胜利，管理处荣获全省防汛防旱防台先进集体。全面推行精细化管理，高良涧闸创成省一级水管单位，淮安三站创成省二级水管单位，淮河入海水道工程管理处顺利通过国家级水管单位复核，淮安二站通过省一级复核。加强河湖监管能力建设，积极推动河湖长“有名”“有实”“有能”，河湖生态面貌明显持续改善，工程管理范围内“两违”“三乱”全部整治到位。水利经济发展步入良性轨道，全处累计实现经营收入 3 140 万元。文明建设收获丰硕成果，管理处荣获全省“五一劳动奖状”，创成国家水情教育基地、省水利行业节水机关和“恩来干部学院”党性教育基地。一人获全国泵站运行工技能竞赛第十名好成绩，两人被评为第十一届全国水利技能人才。

【工程管理】 扎实开展汛前工作。围绕“细、实、全、新”汛前工作要求，扎实开展工程设备等检查维修保养，认真整改落实汛前检查发现的问题。抓好精细化管理工作。以淮河入海水道管理处、高良涧闸管理所和淮安抽水站变电所等单位为试点单位，扎实有序地推进精细化管理工作。管理处对照精细化评价办法及精细化指导书征求意见稿，通过细化分解精细化评价工作任务，组织开展试点单位精细化资料整编，完成了任务清单、工作流程图、作业指导书和规章制度等汇编工作。抓好达标创建工作。淮河入海水道顺利通过国家级水管单位复核验收，淮安二站通过省一级水管单位复核验收，高良涧闸、淮安三站管理所通过省级水管单位验收。抓好工程观测工作。完成 2019 年管理处观测资料成果的修订、整理、汇编和上报，完成近十年工程观测资料成果整理分析工作。推广 GPS-RTK 测量技术，应用于河道断面测量工作之中。

【防汛防旱】 2020 年灌溉总渠沿线降雨量 1 000 mm 左右，比多年均值略多，主汛期降雨集中，旱涝转变显著。管理处始终坚持安全至上，严格执行上级调度指令，处管泵站累计抽水 22.6 亿 m^3。其中淮安站安全运行 134 天，累计抽水 15.3 亿 m^3；淮阴站安全运行 63 天，累计抽水 7.26 亿 m^3。灌溉总渠渠首共泄水 52 亿 m^3；六垛南闸泄洪 11.44 亿 m^3；南、北运西闸共排涝 14 亿 m^3，海口枢纽排涝超 13 亿 m^3。

【综合经营】 抓牢委托管理市场，抓好水电船闸生产，拓展技术服务市场。规范苏淮公司、江海公司运行管理，完成公司改革方案制定和资产清查。2020 年，全处累计实现经营收入约 3 140 万元，经营净收入约 1 980 万元。全处签订对外经营合同 30 余份，合同金额 2 610 万元。优化南运西船闸通航服务，船闸通航量 800 余万吨、累计收入 570 万元。抓好水情和水电生产，水力发电 260 万度、收入 100 万元。

【水政水资源】 一是加强宣传。利用“世界水日”“中国水周”，围绕“坚持节水优先、建设幸福河湖”主题，悬挂横幅、张贴宣传画、设置宣传橱窗，组织收看水周宣传片。征集短视频，组织参加水利部水法规知识网上答题。强化营造河湖管理良好氛围。二是强化监管。开展白马湖、宝应湖等河湖专项巡查和检查 34 次，日常巡查 500 余次。开展湖泊重点巡查、遥感监测变化点核查、涉湖建设项目督查。积极参与淮河下游联防检查。三是推进河长制。加强与淮安、盐城两市河长办联系沟通，与县区河道堤防管理单位对接，准确掌握两河的基本情况。配合做好省级河长巡河线路查看和专题片制作。督查和暗访盐城市河湖“两违”整治完成情况，对盐城市重点河湖库和饮用水水源地管理范围违建别墅进行暗访。四是开展“两违”“三乱”整治。拆除大运河立交管理范围内违章建设共计 29 处，约 4 300 m^2，清理违规占用约 21 000 m^2。清除腰闸、北运西闸及高良涧闸管理范围内 3 处违法建设。上报省厅 3 项“两违”项目，2 项已完成、1 项进入司法执行阶段。五是开展河湖监测与管理。委托省水科院对灌溉总渠、入海水道、废黄河、白马湖、宝应湖进行遥感监测，对白马湖、宝应湖开展水生态监测和流域化监测。六是推进两湖退圩还湖与建设项目监管。《金湖县宝应湖退圩还湖工程实施方案》通过省厅专家组审查，其余市县退圩还湖专项规划已全部获批。

【基础建设】 一是加快工程改造步伐。

淮安三站改造工程顺利通过竣工验收;淮阴站加固改造工程超额完成年度任务,累计完成投资 2 800 万元,占总投资的 36%;阮桥闸拆除重建完成监理、施工招标。二是积极开展前期工作。推进淮安一站、阜宁腰闸、南运西闸等工程加固改造前期工作,组织编报并深入研究阜宁腰闸可研报告,组织开展淮阴站挡洪闸、新河北闸、清安河地涵及淮扬公路旱闸等工程安全鉴定工作。三是抓好病险工程管理。对全处大中型闸站基本情况进行梳理,开展全处病险工程安全检查,形成病险工程"五落实"情况总结报告,组织编报审查处三四类病险水利工程安全应急预案。

【管理与改革】 一是加强队伍建设。编制处《2021—2025 年度人才发展规划》,注重青年干部的选拔和培养。发挥高技能人才传帮带作用,开展师徒结对活动,成功结对 14 对师徒。开设"流动课堂"到基层站所水利工程管理现场。成立泵站和水闸 2 个实践小组,每月围绕不同课题开展学习和实践操作训练。参加全国泵站运行工技能竞赛,1 人获得全国第十名好成绩。二是强化职工管理。严格落实岗位责任制,实行清单管理、工作纪实和定期考核制度,印发处《奖惩办法》,修订处《职工考勤管理办法》《职工考核管理办法》。结合"四个到一线""五抓五促"行动,强化作风建设。制订《管理处效能监察办法》,强化对年度重点工作任务和计划执行情况的督查。三是做好科技项目管理工作。对 2019 年度全处科技成果进行汇编;2020 年发表水利科技论文 28 篇,取得专利 21 项,获得 2 项软件著作权,获得 1 个江苏省科学技术奖。

【党建及精神文明建设】 (1)处党委认真履行全面从严治党主体责任,全面提升政治站位,深入开展"忠诚核心、勇担使命"等主题实践活动。规范开展好"三会一课"、组织生活会,建立"五位一体"主题党日活动,实现全处"党员之家"标准化全覆盖。开展"五个讲坛"活动,分片组建 5 个青年理论学习小组,抓党员经常性学习,7 人进入"学用新思想"答题竞赛活动全省前 300 名。(2)加强党风廉政,开展文明创建。围绕公车使用、公务接待、工程项目、物资采购、安全生产、疫情防控、综合经营、职工管理等抓好监督检查。通榆支部与厅运管处支部、维修养护支部与省防指中心支部、淮安一站支部与省节水办支部分别结对共建,管理处与城南社区结对帮扶。(3)开展志愿服务。开展"党员进社区""践行恩来精神,争创模范团队""传承五四精神,争当环保卫士"等志愿服务活动。志愿服务项目"节水护水,志愿先行"获江苏省志愿服务大赛水利专项二等奖。(4)抓好水文化建设。建成大运河水立交文化展示区。编制《这里有座水工博物馆》水情读本,拍摄《安澜展示园》水情宣传片。创成国家水情教育基地、省水利行业节水机关。申报"恩来教育基地"被命名授牌。

(供稿:卞金彪)

省洪泽湖水利工程管理处

【概述】 2020 年,省洪泽湖水利工程管理处疫情、业务两手抓,成功抗御了严峻旱情和淮河流域较大洪水,洪泽湖管护攻坚克难,巡查监管、渔民上岸、十大生态示范工程齐头并进,创新开展"党建+湖泊管护"行动,党建业务深融合双促进,全处呈现良好的发展态势。

【工程管理】 一是细化标准。精心编制了三河闸、石港站、洪泽湖大堤、三河船闸 4 个精细化管理手册,编写了《江苏省堤防精细化管理》,编制 50 余项作业指导书。主持编制《河长公示牌规范》《河湖岸坡植物防护技术规范》2 项江苏省地方标准并颁布实施。完成

“洪泽湖网络信息化管理研究”“洪泽湖大堤悬挂式高压摆喷垂直截渗工程关键检测技术与效果研究”课题研究，分获省水利科技进步二、三等奖。二是强化创新。全国首创堤防段格化管理，做到“定格、定员、定责”，汛期累计巡查760人次，及时查清堤防运行现状；以视频监视、专家识别、专业队伍搜捕等方式专业化猎获猪獾一只，保障堤防安全；优化项目管理，创新“3T”工作法强力推进项目实施，14项维修项目、1项防汛应急项目全部完工；规范化登记船舶，引入AIS船舶自动识别系统，提高通航效率；采用高精度激光测距仪对周桥大塘石工墙进行倾斜度观测，被省河道局简报推广。三是量化考评。开展精细化管理培训，编发精细化管理考评细则，4个管理所均通过管理处考核评价，三河所通过全省首批厅精细化管理考核验收。细化作业指导书，优化观测大年观测方法线路，行程30 km，全面完成观测任务。精准分析6座工程近10年的观测数据，涉及观测点位近万个，绘制分析图表100余幅，分析评价了工程安全稳定性。

【防汛防旱】 一是打好汛前突击战。汛前检查正值疫情最吃劲时刻，管理处按照“任务不减量、标准不降低、时间不推迟”的要求，优选检查人员、优化工作方案、优先个人防护，全面查清隐患薄弱环节、消除工程隐患；及时修订防汛预案、应急处置预案，开展三河闸应急抢险门专项演练，为汛期工程安全运行打下坚实基础。二是打赢防汛主动仗。2020年，先旱后涝、旱涝急转，管理处严格落实运行值班和巡查责任制，密切关注水情雨情，精准执行调度指令，处管工程安全运行，充分发挥了防洪保安、保障供水综合效益，夺取防疫、防汛“双胜利”。三河闸安全行洪72天，其中“亮板”运行40天，累计泄洪量315亿 m^3，水文测流91次、制作公布水情报表178期，最大实测流量7 970 m^3/s；石港站安全运行2 671台时，累计抽水2.16亿 m^3；蒋坝站累计运行1 055台时，抽水190万 m^3；洪泽湖大堤安全挡洪，三河船闸安全通航。三是答好联防新考卷。2020年4月省洪泽湖联防指挥部成立，管理处承担洪泽湖联防办职能，以完善一张图、拍摄一段视频、编制一部手册、开展一批检查为主线，推动水域、工程统一监管，不断提升洪泽湖地区防洪减灾能力。先后抽调精兵强将160余人次扎实做好水库运行管理督查、堤防隐患核查、防汛物资核查、汛限水位核查、水管单位抽查、用水口门督查等6个专项检查，指导各地落实防汛责任、确保运行安全。在盱眙县个别堤防出现险情后第一时间组建工作组蹲点指导、协助抢险。在金湖架机抗旱一线，多方协调、全力服务，为机组顺利架设、抽水、拆出提供有力保障。四是严守安全基本盘。建立完善《处安委会工作规则》《处安全生产执纪监督工作方案》，制定处党委、单位(部门)、运行班组三级责任清单，明确领导责任、监管责任和主体责任。持续推进安全生产网格化管理，被省安委会评为“落实安全生产主体责任先进做法”典型，并在全省推广。组织参加水利安全生产知识竞赛，获得全国水利安全生产知识竞赛网络答题厅直单位第1名，“水安将军”安全生产知识趣味竞赛全国第35名、厅属单位第3名，傅金同志获得个人三等奖；获得“安全生产每日一题”在线知识竞答厅直单位第1名、优秀组织奖。

【湖泊管理】 一是坚持规划先行。贯彻共抓大保护、不搞大开发方针，认真落实《洪泽湖治理保护三年工作计划》，细化年度工作要点，参与《洪泽湖保护规划》的修编审查，指导沿湖5县区编制退圩还湖实施方案并通过审查，协调推进洪泽湖主要入湖与出湖河道保护规划出台。二是坚持综合施策。积极稳妥协同推进渔民上岸工作，截至12月31日，全湖住家船7 066条拆解6 863条，完成率

97.1%；餐饮船全部拆解完成。积极参与推进沿湖10项生态示范修复项目方案的审查实施，12月底主体工程实施完毕。组织实施三河闸景观提升工程，协调洪泽湖南部出口水生态修复项目。推动退圩还湖方案报批，推动泗阳县退圩还湖工程实施。编印洪泽湖水资源质量状况报告，推进洪泽湖和淮河水质达标提升。三是坚持管理跟进。与河海大学、中科院南京地理湖泊研究所等合作，开展湖泊管理项目研究，邀请院士为治水管湖出谋划策。督促实施入湖河道达标整治工程，开展环湖畜禽养殖情况调查和粪污资源化利用研究，积极推进货运船舶生活污水防污设施配备和改造，加快沿湖城乡生活污水处理设施建设，提增污水处理质效。

【综合经营】 一是加强内部管理。修订完善综合经营管理办法、内部审计管理办法等内控制度，加强经营项目的内部监督审计。二是提升服务能力。在做好三汊河河口闸、南京秦淮区西水关船闸、南水北调金湖站等委托管理的基础上，顺利续接苏州工业园区水利设施委托管理项目，巩固和拓展优势项目，提升管理处综合服务能力与品牌。

【水政水资源】 一是"两违三乱"完美收官。严格落实省委省政府"两违"整治目标，配合省市有关部门，督查省级下达的"三乱"整治任务完成。洪泽湖"三乱"项目97项，完成销号96项，销号率99%；淮河干流江苏段"三乱"项目62项，销号62项，销号率100%。二是违法行为有效管控。加强对非法采砂、非法圈围、非法侵占行为的监管，全年累计巡查1.3万次，发现违建点10处315亩，均处置到位。督查盱眙县猫儿湖问题，协助调查环保部督办事项，跟踪监督泗阳县聚泥成岛工程、泗洪县洪泽湖渔港升级改造、盱眙县淮河大桥危桥改建工程等涉湖行政许可项目。对洪泽湖、淮河干流(江苏段)、盱眙县5座中型水库414处遥感现场核查，加强水质取样分析，守护好洪泽湖的蓝天碧水。三是巡查监管落细落实。坚持每月一排查、每季一会商、每年一考评，深入开展大排查大整治，驰而不息补短板、强监管、促发展。面对不计其数前往三河闸捕(钓)鱼等影响安全的人员，联系洪泽区公安局，建立警务、工管、水政人员联合巡查、联合执法机制，设置8台交通技术监控设备，组织全处水政监察员，连续2个月昼夜巡逻，驱离相关人员2 000多人次、捕鱼船300多艘次，维护了三河闸良好水事秩序。

【基础建设】 一是有序推进船闸拆建前期工作。面对四类工程三河船闸工程存在通航能力不足、上下闸首抗滑稳定不满足规范等问题，积极协调推动船闸拆建前期可研工作。二是抢抓维修养护项目实施。2020年省厅批复处维修项目14项、防汛应急项目1项，11月底前实体工程量全部完工。项目实施中，管理处严格按照规范化管理的要求加强项目管理工作，有效维护了工程设施设备的完好。

【管理与改革】 一是合力抗击疫情。新冠肺炎疫情发生后，管理处高度重视，早布置、快行动、严管控，全力以赴做好疫情常态化防控工作。及早成立疫情防控领导小组，研究制定疫情防控、督查工作方案，严格做好疫情防控各项工作。组织党员、干部职工"四个到一线"，全处党员递交"抗疫请战书"，组建了党员突击队、青年团员突击队、志愿者服务队；组织处属7个党支部143名党员，带头开展无偿献血和爱心捐款活动。二是细化内部管理。修订完善《年度综合考核实施办法》《平时考核办法》《廉政风险防控手册》等，进一步发挥考核评价导向作用、筑牢廉政防火墙。坚持政务公开，"三重一大"事项一律上会研究，规范办事流程；强化预算管控，严格采购管理，严控"三公两费"经费支出；管理处通过全省水利行业节水机关验收，荣获江苏省厂务公开民主管理工作先进单位；三河闸水利风景区入选中国水利风景区发展报告，石港站获评省级水利风景区。三是强化队伍建设。严格干部选拔程序，提拔任用了3名正科级干部、4名副科级干部，调整交流9名科级干部，考核转正1名正科级干部，进一步优化科级干部结构。以赛促学强化人才培养，管理处获得全省水行政执法技能竞赛集体三等奖、省属泵站运行管理知识竞赛三等奖，5名职工通过高级职称评审。组织开展"7·26"三河闸建成放水纪念活动、挖掘身边典型，石港所荣获"江苏省工人先锋号"荣誉称号、三河所获得全省水利先进集体；张立师同志获得"江苏省五一劳动奖章"，郭军同志获得全省水利先进工作者，徐铭、霍中元同志获得"三抗先进个人"，张莉莉家庭获得省级机关"最美家庭"荣誉称号。

【党建及精神文明建设】 一是聚焦政治建设。坚持以习近平新时代中国特色社会主义思想为指引，认真学习贯彻十九届四中、五中全会精神及习近平总书记视察江苏重要讲话指示精神，贯彻落实总书记对防疫工作、防汛工作、安全生产工作重要讲话指示精神，巩固"不忘初心、牢记使命"主题教育成果，准确把握"两争一前列"的目标定位，增强守初心、担使命的思想自觉和行动自觉，教育引导全处党员干部职工树牢树立"四个意识"，增强"四个自信"，做到"两个维护"，切实把总书记的重要讲话指示精神转化为推进管理处高质量发展的强大动力。二是强化理论武装。坚持读原著、学原文、悟原理，常态化开展党委理论中心组学习，深入学习《习近平谈治国理政》，及时学习全国两会精神等，开展"忠诚核心、勇担使命""追循总书记足迹、贯彻新发展理念"等主题实践活动，邀请省委党校教授做专题讲座，开展交流研讨12次，不断提高理论素养。举办"学用新思想悦读悦青春"青年读书交流竞赛，张同然同志代表省厅参加水利部"深研总基调建功新时代"知识竞赛，获得全国第一名。三是打造党建品牌。坚持围绕中心抓党建、抓好党建促发展的工作思路，创新实践"党建＋湖泊管护"活动，努力打造富有洪泽湖特色的党建品牌，成功经验在新华日报刊载推广。牵头组织的"关爱洪泽湖保护水环境"获江苏省青年志愿服务项目大赛一等奖，季超同志荣获青年志愿服务事业"贡献奖"称号。处党委、三河所党支部获得厅系统先进基层党组织荣誉称号，三河所党支部争创全省"服务高质量发展先锋队"；退休党支部"六有一提升"达标创优工作在厅系统首家高分通过验收。

【水文化建设】 一是建设水文化展示区。以洪泽湖大堤为主线、三河闸为重要节点，实施洪泽湖古堰、洪泽湖南部出口等生态修复项目，整修礼坝、周桥大塘遗址、礼湖生态示范段，深度挖掘洪泽湖水文化，凝练洪泽湖治水精神，让水工程与水文化有机融合，成为展示治水历史、传播治水文化的新亮点。二是筹建水文化博物园。委托东南大学研究院初步完成洪泽湖水文化博物园规划，请厅领导为博物园设计把脉，与沿湖市县会商协调解决历史遗留问题，开展三河闸水利风景区特色文创商品开发等，着力建成工程展示与研究、文化保护与教育、多重审美和休闲等功于一体的精品博物园。三是提升水文化影响力。与《新华日报》《扬子晚报》等主流媒体合作，发稿30余篇，宣传展示了"大湖卫士""同心治水"新形象；承办"第二届江苏十大河湖卫士"推选活动，引导社会公众关爱洪泽湖、保护水环境，张敏同志高票当选河湖卫士。积极参与"江苏河湖故事大家讲"线上线下活动，徐佳培同志获得三等奖。

（供稿：曹恒楼）

省江都水利工程管理处

2020年11月13日，习近平总书记视察江都水利枢纽，详细了解南水北调东线源头工程和枢纽建设运行情况，并发表重要讲话、作出重要指示，让全处干部职工倍受温暖鼓舞，倍感责任在肩。

一年来，江都水利工程管理处在统筹做好疫情防控工作的同时，各项工作争先创优。完成江水北送东引、淮河入江水道泄洪、抽排涝水等重大运行任务，江都抽水站全年累计抽江35亿m^3，排涝3亿m^3，引水38亿m^3，万福闸、太平闸、金湾闸累计泄洪323亿m^3，创2008年以来新高。高分通过国家级水利工程管理单位考核复核，成功创建全省首家水利工程精细化管理单位，满分通过水利行业节水机关考核验收。持续打造"全国文明单位""国家水情教育基地""国家水利风景区"，徐士坤、尤文成两名同志分获第八届全国水利行业泵站运行技能大赛冠亚军。

【疫情防控】 及时成立处疫情应对和防控工作小组，坚持召开防疫与业务工作周调度会，认真落实应对措施和防控工作方案，保障平稳复工复产。制定系列防控举措，严格落实人员出入管理制度，严密掌控工作人员活动轨迹，强化对外接待、物业后勤防疫管理，及时做好统计上报，认真收集归档防疫台账。配备红外热成像人体测温装置，及时采购和储备常规防护用品、消毒药品，确保公共场所杀毒到位、设施安全、防护有效。坚持防控宣传全覆盖、排查全方位，及时转发防疫信息，制定防疫指南，开展防疫主题志愿服务和应急演练，参与社区防疫活动，坚持做好疫情防控常态化，确保工作运转有序。

【党建工作】 坚持以党的政治建设为统领，提高政治站位，严格对标对表，制定实施年度党建和党风廉政工作要点，签订责任状和承诺书，层层压实责任。坚持党委中心组理论学习和研讨交流，开展党性党风教育，强化党员教育管理。深入推进党支部规范化、标准化建设，抓好党建信息化平台运用，探索党建与业务工作深度融合，促进主题党日活动"六有"更加规范。拓展"一支部一品牌一工作法"，完善"五微"手段。开展党建与业务工作创新课题研究，开设理论讲坛、岗位讲坛等"六个讲坛"。举办庆祝中国共产党成立99周年"十个一"系列活动。高质量完成省级机关党支部书记培训班主题党日现场演示。密实廉政风险防控屏障，开展"两个专项"整治，从源头上把好廉政关口，开展党风廉政教育月活动，制定5大项、18条措施"以案促改"工作实施方案。组织制订"小微"权力清单，召开廉政教育通报会，要求全处科级干部参加党内法规闭卷测试，举办党内法规知识竞赛，毫不放松推进党风廉政建设持续向好。

【防汛防旱工作】 强化汛前检查，加强督查指导，完成工程设施检修、软件资料完善、应急措施演练、工程定期观测等度汛准备工作。开发精细化管理信息平台，以信息化促进精细化，参与编写全省水利工程精细化管理丛书，创全省首家水利工程精细化管理单位。抓好事故隐患排查治理、火灾防控专项整治、安防设施增设工作，做好水政宣传警示标牌GPS定位、编号和电子图绘制等工作。举办各项反事故预案演练、警示教育、安全培训、网络竞答等系列活动。参加全省水文系统应急监测培训与演练并做好保障工作。联合地方政府对太平闸、金湾闸水域管理范围内19户渔民实施"渔民上岸"工程，清理船只53条，彻底解决历史占用难题，消除安全隐患。从严落实各项防汛要求，加强工程运行督查和应急保障力量，在排泄淮河特大洪水和抽排里下河涝水期间，精准做好水文测报，认真组织巡堤查险和防汛清障，确保工程安全度汛，充分发挥减灾效益。高分通过国家级水利工程管理单位考核复核。

【河湖长制工作】 坚持巡查全覆盖，当好“两河四湖”哨兵，加强沟通协调，推进解决河湖“两违三乱”突出问题。精心制定省级河长巡河方案，制作河长制工作专题宣传片2部，开展河湖长制明察暗访，做好省级河长交办事项检查跟进。完成“高邮湖邵伯湖及运河扬州段管理与保护信息系统”，实现湖泊巡查轨迹、案件管理等信息化管理转向三维。建立河湖长制信息化平台，加强立体监测技术应用，掌握水质状况。构建流域详图、管理网格、监控平台、视频监控系统，初步构建河湖管护体系。完成高邮湖、邵伯湖三级网格划分，初步构建湖泊网格化管理体系，做好“一河四湖”管委会成立有关工作。把握幸福河湖建设和南水北调东线工程运行的更高要求，确保水源地及输水干线水环境质量稳定达标。

【水利科技】 立足泵站、水闸运行特点和管理需求，优化监控系统软硬件架构，研发智能管控一体化平台。建设邵仙套闸“智慧船闸”软件系统，采用最新移动支付、电子发票、GPS定位等技术，实现船民自助办理过闸收费业务。重点研究大型泵站群优化调度运行决策、感潮泵站水闸自动控制、水利工程智慧管理等技术，推广应用水泵集成式液压叶片调节机构、主机组测控保一体化方式，提高设备集成度和可靠性。获省水利科技进步一等奖1项，发明专项3项、实用新型专利8项，取得计算机软件著作权登记证书6项。

【水利经济】 重视预算编制质量，精准编制单位发展专项，统筹调配预算资金，强化预算绩效管理。抢抓水环境治理、活水畅水工程以及政府购买服务等项目，做强综合经营工作，现有委托管理项目部15个、管理工程70余座，承接安装检修项目8个，加强对项目部业务指导和安全监管，重视项目跟踪和资质维护。提高邵仙套闸通航服务水平，实现快速、便捷、安全通航。推行维修养护中心和基层站所联合协作，有序推进经营实体改革。

【精神文明建设】 持续打造“国家水情教育基地”“国家级水利风景区”。丰富江都水利枢纽展览馆陈展，完善处区绿化，启动“都江堰·江都站世纪工程交相辉映”共建活动。深化道德讲堂、“我们的节日”、勤俭节约、学雷锋、义务献血、线上植树等30多项文明创建活动，参与捐资抗疫、捐资助学、扶贫帮困、扶老助残等社会公益活动，慰问群众582人次。处职工书屋被江苏省总工会评为“职工书屋”示范点，管理处通过第六届“全国文明单位”复审，满分通过水利行业节水机关创建考核。融合全媒体讲好源头故事，中央电视台、新华社、人民日报、新华日报等主流媒体，聚焦江都水利枢纽，开展源头宣传系列报道，展播“源头”工程多维多彩的立体形象。

【职工教育培训】 持续开展“四个一”活动，发挥大师工作室功能，传承工匠精神与专业技能。徐士坤、尤文成两位同志分获第八届全国水利行业泵站运行工技能竞赛冠亚军。江都三站被授予“江苏省工人先锋号”，站区团支部被授予“江苏省五四红旗团支部”。先后承办省第六届水文勘测技能竞赛、省水政执法技能竞赛。

（供稿：颜蔚）

省秦淮河水利工程管理处

【概述】 2020 年，江苏省秦淮河水利工程管理处坚持走秦淮特色生态治水之路，为流域高质量发展提供了坚实的水利支撑和保障。秦淮河流域防汛抗洪硬仗取得全面胜利，率先完成省属水利工程安全警戒区划定及封闭管理工作，施行河湖管理“三全法”，省属“两违”清零，河湖“三乱”清零，陈年积案清零。在秦淮河流域成立省水利系统首个生态服务站，创成全省首批水利工程精细化管理单位，建成首批水利行业节水机关，顺利通过“全国文明单位”复审考核。秦淮党建品牌走在全省前列，多位省领导肯定了“五个一”工作法。“大美秦淮”志愿服务项目荣获全国银奖。

【工程管理】 制定精细化管理评价工作计划，抓任务清单确定、抓管理标准制定、抓管理流程绘制、抓管理制度修订、抓内部考核措施、抓信息化顶层设计，开发使用智能巡检系统和精细化管理系统，明确 13 类 147 项任务清单，编制管理标准、主要工作流程图 268 项，修订完善 136 项规章制度，编制 15 本作业指导书，顺利通过首批省级精细化管理单位考核验收。

【防汛防旱】 全力应对长江流域超历史洪水和秦淮河流域严峻汛情，秦淮新河闸站首次联合运行，采取“高挡低排”方式全力泄洪排涝，其中泵站排涝运行 34 天，排水量 1.59 亿 m^3；秦淮新河闸、武定门闸共泄洪 13.93 亿 m^3，武定门泵站排涝 696 万 m^3，工程防汛减灾效益充分发挥，南京市防指专门致信表示感谢。省长吴政隆检查秦淮新河泵站防汛工作，人民日报要闻版专门报道管理处防汛工作，中央电视台 3 次与管理处现场连线，新华网、新华日报、江苏卫视、中国水利报等主流媒体均刊发刊播相关报道。

【安全生产】 转变自我检查的传统模式，委托第三方权威机构开展专项排查整治和消防安全大检查，全面落实整改安全隐患，实现闭环管理。在水利部全国水利安全生产知识竞赛、“水安将军”知识趣味竞赛中，获一等奖 2 项，二等奖 9 项，三等奖 5 项，被水利部评为“优秀集体”，安全生产主体责任落实“春风行动”获省安委办通报表扬，并在全省推广经验做法。

【幸福河湖建设】 建成无人机智慧巡湖系统，探索河湖管理“三全法”，逐步实现陆水空天“全方位”巡查、24 小时“全天候”监控、生态河湖“全要素”监测。实施石臼湖、固城湖网格化管理，持续跟进固城湖退圩还湖工程实施。克服疫情影响，秦淮新河泵站于 2 月 11 日在全省率先投入秦淮河水生态保障运行，全年累计抽引江水 5.4 亿 m^3，秦淮新河闸、七桥瓮 2 个国考断面和以三汊河河口闸为代表的省考断面水质持续优于考核指标。成立全省水利系统首个生态服务站，机械设备与人工力量相结合，长效管护武定门闸上游 3 万多 m^2 水域。

【节水机关建设】 高质量推进节水机关创建工作，建成非常规水回收再利用系统、微生态滤床净化系统，建立监管平台，实现用水在线实时监控，处机关区域用水量降低 35%，以满分成绩通过水利行业节水机关验收。

【基础建设】 秦淮新河水利枢纽改扩建项目前期工作有力推进，独立选址报告获南京市政府批复，项目用地预审与选址意见书获省自然资源厅、南京市规划资源局批复，移民安置规划大纲通过省厅组织审查。武定门节制闸交通桥加固工程顺利完工并提前通车，消除安全隐患，确保节制闸运行安全。

【水行政执法】 履行“一河两湖”行业监管职能，督促各级河湖长履职尽责，完成秦淮河、石臼湖、固城湖21个“三乱”整治项目，销号率达到100%，实现陈年积案“清零”。贯彻落实《江苏省河道管理条例》，率先全面完成省级水利工程安全警戒区划定与封闭管理等工作，与水警、渔政、航道管理等部门开展联合巡查执法，有效遏制水事违法行为，维护工程运行安全。

【管理与改革】 打造高素质专业化水利人才队伍，获省水利科技进步二等奖1项，出版专著1部，取得发明专利2项，发表工程类论文8篇。筹建技师工作室、职工教育实训基地，完善岗位竞聘机制，8名科级干部考核合格正式任职，其中35周岁以下青年干部4人，占选任干部数的一半。深化“三支队伍”能力提升研究成果，全年职工各类培训千余人次，培训率100%。加强内控制度执行，加强财政资金使用管理，强化内部审计监督，严控预算外支出的增长，杜绝不规范采购行为。

【党建工作】 精心打造“江苏省省级机关党员教育实境课堂”，接待省内外学习体验人员6500人次。探索“中心组—党支部”联学机制，推行支部积分考核、星级评定，处机关第二党支部两次受邀在省级机关党支部书记培训班上做发展党员规范演示。江苏卫视采播专题片《飘扬的旗帜》，系统推广管理处基层党组织“五个一”工作法，在“七一”期间播出。扛起党风廉政建设主体责任，坚决立行立改巡察“回头看”反馈意见。党员干部积极响应“四个到一线”行动要求，采取果断措施防控疫情，实现疫情防控和年度目标同步推进。

【精神文明建设】 持续开展“我们的节日”系列活动，举办“医者仁心 大爱无疆”道德云讲堂，联合多方力量开展节水科普和长江大保护志愿行动。“大美秦淮 我先行”志愿服务项目被团中央、中央文明办联合授予第五届中国青年志愿服务项目大赛全国银奖。发挥文明单位示范带动作用，与淮安区苏嘴镇龚营村签订“城乡结对、文明共建”协议，助力水利扶贫攻坚。离退休党支部“六有一提升”创建成功通过省厅考核验收，并得到省委老干部局肯定。

【水文化建设】 创新提出“秦淮水文化”概念，不断丰富内涵、拓展外延，研究课题收入“江苏水文化与水韵江苏建设”理论研讨论文集。成功举办首届秦淮水文化讲坛，更新完善水韵秦淮文化展厅、秦淮河水情教育长廊、江苏法治水利宣传园，打造秦淮水文化景观艺术墙，建设水韵秦淮主题雕塑，进一步提升秦淮河枢纽水利风景区的文化内涵和国情水情教育功能。

（供稿：张加雪 陈大卫 康智瑜）

省太湖地区水利工程管理处

【概述】 2020年，江苏省太湖地区水利工程管理处紧紧把握“补短板、强监管、提质效”总基调，疫情防控工作扎实有效，水旱灾害防御能力不断提升，省管河湖面貌持续改善，工程运行管理科学高效，节水机关建设树立典范，安全生产形势稳定向好，党建和精神文明建设硕果累累，单位发展后劲蓬勃有力，成功抵御太湖流域性大洪水，圆满完成年度各项目标任务。

【工程管理】 积极开展年度精细化管理单位创建，以张家港水利枢纽、丹金闸枢纽为试点单位，查漏补缺、落实整改，修订完善各类规程预案、岗位流程。常熟枢纽成功创建省一级水管单位，张家港枢纽通过省一级水管单位复核。修订完善项目管理办法，合理安排项目实施计划，规范项目实施流程，2020年共完成防汛应急项目75万元、维修项目883万元、养护项目165万元。加快推进信息化统一门户、统一平台建设，完成管理处工程管理系统升级改造，开展新沟河工程自动化控制信息网络建设。落实网络安全二级等保要求，完善防护设备设施。持续推进科技创新，研发"常熟枢纽泵站安全识别与诊断系统研究"等科技项目。

【防汛防旱】 处属骨干枢纽工程全年累计排泄洪涝 54.15 亿 m^3，成功抵御太湖流域性大洪水。超前谋划超标洪水防御。加强工程汛前检查，修订完善应急预案，落实应对超标洪水的防御措施。常熟水利枢纽充分挖掘工程潜力，闸站联合运行全力排水，汛期共排水24.38亿 m^3，相当于二分之一的太湖蓄水量。江阴水利枢纽闸站全力抗洪运行 41 天，泵站排水达 6.14 亿 m^3，承担了区域大部分涝水入江的抽排任务，有效解决了直武地区因长江高水位顶托排涝不畅的问题。蠡河控制工程错峰行洪，降低无锡段大运河水位。张家港枢纽加强联合调度，向北抢排区域洪涝水。钟楼防洪控制工程、丹金闸枢纽工程严阵以待，积极备战，确保工程随时投入运行。

【引江济太】 持续开展"引江济太"和区域调水，常熟枢纽共引水 79 天，改善望虞河水动力条件，加快太湖水体置换速度，缓解了太湖北部水源地蓝藻暴发的严峻形势，保障了流域供水安全。全年，常熟水利枢纽累计引水 6.60 亿 m^3，其中泵引 4.02 亿 m^3，入太湖 2.36 亿 m^3。江阴水利枢纽累计引水 1.08 亿 m^3。

【综合经营】 规范成本费用开支，加强内部财务管理，加强会计基础规范建设，完善重点岗位人员配置。强化日常支出、采购管理、专项管理、资产管理、审计工作等各方面的常态化管控，严控"三公"经费及会议费开支，提高资金使用效率。拓宽经营收入渠道，积极服务地方生态补水需求，实现望虞河调水有偿服务。提高窗口服务质量，丹金闸联合地方公安、海事部门开展通航整治，蠡河闸结合"所长接待日"积极开展文明通航服务，张家港水利枢纽通航运行实现零现金支付。

【水政水资源】 履行河湖监管职能，协调服务好省级河长巡河工作。健全长效管护机制，完成滆湖、长荡湖的网格划分和网格化管理平台建设，推动沿湖县区落实了 25 名网格员，全年省管湖泊网格化巡查 1752 人次，行程 12 000 km。加强河湖空间管控，组织开展遥感核查，对 633 处遥感变化点进行现场复核、审定，太湖地区省管湖泊 70 处"三乱"整治项目完成整改销号。积极参与新一轮湖泊保护规划编制。积极做好太湖地区省管湖泊退圩还湖工作，苏州高新区、宜兴、武进、溧阳、金坛等地区退圩还湖工程有序推进。其中，列入高质量考核指标的太湖梅梁湖、长荡湖等聚泥成岛工程全部实施完成。科学分析现状，深入现场调研，深度参与新一轮省管河湖保护规划的修编。

【基础建设】 新沟河延伸拓浚江边枢纽工程通过省水利厅组织的竣工验收。积极参与新孟河界牌枢纽、奔牛枢纽工程建设工作，全力推进处机关综合管理用房 2 号楼改造项目，做好蠡河闸拆除重建前期工作。

【安全生产】 全面落实安全生产责任，完善安全生产标准化长效管理机制，通过安全生产标准化二级单位复核。持续加强安全风险动态管理，做好蠡河闸病险工程风险管控；开展安全生产专项整治，落实隐患排查治理，开展专项检查 96 次，共排查出隐患 115 个，已全部整改到位。积极开展安全生产文化建设，认真落实安全生产主体责任集中宣讲"春风行动"，组织开展"一把手谈安全"和"安全生产每日一题"活动，参加全国水利安全生产网络竞赛等各类比赛并取得优异成绩。对南京部分地区 107 座水库的安全运行、太湖流域 6 处堤防险工隐患段堤防、太湖湖西区 3 座中型水库的防洪调度和汛限水位等情况开展督查，督促地方压紧压实责任，高质量完成防汛督查。

【管理与改革】 成立新冠肺炎疫情防控领导小组，严格执行健康码通行、体温检测、信息登记等防控措施，实时掌握职工出行情况和健康状况。围绕疫情防控做好信息公开，制作基层站所防疫微视频，大力宣传战“疫”中涌现的先进典型和感人事迹。加大防护物资保障力度，积极引导外地职工就地过节，各项疫情防控工作落细落实。

加快补齐人才短板，充实工勤技能岗位，通过公开招聘引进大学生 4 人，安置退役士官 4 人，2 人通过高级工程师评审，4 人通过工程师评审。举办“强本领、互促进、共提高”岗位技能竞赛，全年共有干部职工 2 000 余人次参加各类培训，职工队伍工作专业性不断增强。统筹谋划新孟河工程接管人才储备工作，为工程后续接管储备技术力量。

制定完善节水管理规章制度，开展节水器具、尾水回收、非常规水利用等设施设备改造，结合现状排水系统，重新梳理组织地面雨水径流，增加源头控制及净化能力，有效提升用水效率，成功创建省水利行业节水机关。制作《太湖安澜》节水建设宣传视频荣获“节水中国”主题歌曲网络人气奖。

【党建及精神文明建设】 处党委深入学习党的十九届五中全会精神和习近平总书记视察江苏重要讲话指示精神，开展党委中心组专题学习研讨，邀请专家开展主题宣讲，教育引导党员干部增强“四个意识”、坚定“四个自信”、坚决做到“两个维护”。

深入开展“五抓五促”专项行动，持续改进工作作风，坚决打好疫情防控阻击战和防汛抗洪攻坚战。大力开展党员干部“四个到一线”活动，处领导奔赴一线、靠前指导，基层涌现出一批优秀的“战疫”“抗洪”太湖人。坚持“三会一课”制度，全面建成标准化党员之家，退休党支部通过“六有一提升”达标创优验收，江阴水利枢纽管理所党支部荣获“厅系统先进基层党支部”称号。

积极组织参加“学用新思想”网络答题活动，管理处 21 名党员进入前 300 名。组织全体干部职工赴常熟蒋巷村、沙家浜革命历史博物馆、苏州工业园区志愿者之家等地开展“全面小康奋斗有我”实境教育。积极开展“光盘行动”“挑战 21 天”打卡，“银发生辉”老同志志愿者服务队走近船民，“河湖扬帆”青年志愿者走进社区，全力推进绿色机关建设。举办“品粽香 忆文化”、“情系水利、共庆重阳”、迎新春线上答题等活动，持续参加“一袋牛奶的暴走”公益活动，与铜仁市德江第五小学共同开展“传递书香”课外书籍捐赠，与沭阳县周集乡谢河村开展城乡结对、文明共建。管理处顺利通过江苏省文明单位、全国水利文明单位复审，江阴水利枢纽管理所荣获“江苏省工人先锋号”称号。

（供稿：谢铭慧）

省泰州引江河管理处
省灌溉动力管理一处

【概述】 2020 年，江苏省泰州引江河管理处统筹推进疫情防控、工程管理、防汛抗旱、河湖监管、船闸通航、从严治党、文明创建等工作，圆满完成全年各项目标任务，抗击新冠肺炎疫情工作进展顺利，荣获第六届“全国文明单位”称号，“青春引江、公益力量”项目获评第五届中国青年志愿服务项目大赛金奖。

【工程管理】 管理处抓好工程巡视检查和维修养护，确保工程设备设施完好，进一步提升工程安全标准化水平，扎实开展安全生产专项整治行动。编写完成《泰州引江河高港枢纽闸站下游段堤防应急加固工程可行性研究报告》，开展双电源供电改造前期研究，着力补齐工程短板。加快科技创新项目实施，船闸“不见面服务、不上岸过闸”管理模式和高港船闸闸口抓拍系统分别获得了全国水利职工创新成果一等奖和优秀奖，全年管理处共获得发明专利1项、实用新型专利9项。3本技术专著正式出版发行。

【防汛防旱】 2020年共执行省水旱灾害防御调度指令37次，高港枢纽常态化向苏北及里下河地区大流量引水290天，累计引长江水50.8亿m^3，高港泵站冬春枯水期7次向通南地区开机送水0.69亿m^3，拉马河闸累计引水1 217万m^3，服务地区工农业发展和城乡居民用水。2020年高港泵站开机排涝4 607.25台时，抽排涝水6.32亿m^3。汛期开展防汛巡堤查险工作，组织1 038人次对管理处江堤实行24小时巡检，及时处置管涌，保障了堤防安全，有效防范长江流域洪水。10月，省机动抢险三队出机20台套赴高淳胜利圩排涝抢险，抽排涝水800万m^3。

【船闸通航】 管理处不断优化高港船闸运行调度流程，完善登记信息化和申报诚信化。疫情防控期间，管理处在积极落实防控措施的同时，全力做好通航服务工作，有力保障地方企业复工复产。2020年，高港船闸累计放行单机船14.7万余艘，船队1 700余个，船舶通过量达1.56亿t，有力促进地方经济高质量发展。

【管理与改革】 一是编制管理处"十四五"发展规划。在充分总结管理处"十三五"发展成绩的基础上，广泛调研，深入思考，精心编制管理处"十四五"发展规划和2035年远景目标。二是规划打造滨江水情风光带。结合江堤加固改造工程，综合安全管理、景观提升、水情教育等功效，规划通过"一标一塔一座山"，将引江河口门长江堤岸打造成为风光带。三是处属企业改革任务顺利完成，根据省级党政机关和事业单位经营性国有资产集中统一监管改革要求，完成处属培训中心资产清查、人员安置、公司注销等工作。

【河湖管理】 一是里下河湖区网格化管理效能逐步提升。全年，管理处对里下河河湖巡查37次，涉湖4市9县湖泊管理单位及网格员按照网格化巡查制度加强日常巡查。新增违法行为明显减少，里下河湖区遥感监测变化点数量比上一年减少50%。二是里下河湖区退圩还湖取得新实效。充分发挥里下河腹部地区湖泊湖荡管理与保护联席会议作用，兴化市平旺湖一期，陈堡草荡、蜈蚣湖一期，盐都大纵湖、兴化蜈蚣湖二期，得胜湖、宝应兰亭荡、广洋湖二期退圩还湖工程已基本完成。全湖区2020年退出自由水面20.691 km^2。三是"两违三乱"整治见实效，与地方政府、河长办加强会商，全面完成管理处管理范围内6个"两违"整治项目。积极开展省级河湖"三乱"整治项目核查验收销号，全年完成整改并正式验收省级河湖"三乱"整治项目37个，另有9个已通过现场验收。其中引江河、通榆河"三乱"整治项目已全部通过销号验收。根据省水政总队要求，开展对通榆河盐城段20个"三乱"整治点现场复核和南通地区40个"两违"整治情况暗访，对南通、泰州境内重点河湖违建别墅暗访调查。四是做好里下河湖区、泰州引江河、通榆河"一湖两河"河湖长制相关工作。做好省级湖长郭元强巡湖、省级河长马欣巡河协调工作。

【党建工作】 一是强化政治站位，落实全面从严治党主体责任。开展"忠诚核心、勇担使命"主题实践活动，对"不忘初心、牢记使命"主题教育整改问题进行"回头看"。二是强化意识形态工作，组织开展"强化意识形态筑牢思想防线"主题党日活动，开展党员干部"四个到一线"。对防疫抗战中、防汛抗洪特别是堤防巡查中，涌现出来的党员突击队、青年突击队先进事迹进行宣传，弘扬正能量。三是强化理论武装，开展中心组理论学习，举办《习近平谈治国理政》第三卷专题宣讲、党史革命史宣讲，常态化推进"五个讲坛"、青年理论学习小组、"学用新思想"等活动。选送职工参加省水利厅代表队，在水利部"深研总

基调 建功新时代”知识竞赛中荣获一等奖。四是强化基层支部建设，推进“三个表率”模范党支部建设，建成标准化规范化“党员之家”。定期开展党支部平时检查、年中督查和年末考核评比，推动管党治党责任落到实处。推进“一支部一品牌”创建，加强党建特色品牌化。五是强化党风廉政建设。选择4个党支部进行了第二轮全面从严治党巡察工作，实施“五抓五促”专项行动，开展党风廉政教育月系列活动和“两个专项”整治，制定《管理处督查工作管理办法》。把握运用监督执纪“四种形态”，以严明的纪律推进全面从严治党。

【文明创建】 一是文明单位创建再上新台阶。管理处以创建全国文明单位为目标，制定年度文明创建工作计划，开展各类创建活动112项，2020年11月，管理处被中央文明委表彰为“全国文明单位”。完成处区雨污分流、雨水中水利用等项目，通过节水机关创建验收。二是志愿服务项目再获新荣誉。志愿服务品牌项目“青春引江 公益力量”经过多年不懈努力，不断拓展服务形式、提升服务效能，于2020年12月在第五届中国青年志愿服务项目大赛中荣获金奖。三是水情国情教育再添新动能。依托“国家水情教育基地”“全国中小学生研学教育实践基地”平台，深入开展水情教育，制作中小学生水情教育读本，开发交互类H5“走进泰州引江河 水利知识大闯关”，举办探寻“好玩的水”活动、云端讲授水情教育课程、举办中小学生“水与生活”征文大赛等。四是内部制度管理再提新质效。开展“规范制度管理年”行动，梳理机关部门规范性文件147件、基层站所规范性文件440件，更新完善管理制度29项，强化制度的执行监督，推进制度落实取得成效。推进目标管理任务清单，实行“定岗定责定员定标”。

（供稿：刘军、王昕炜、万静、黄雪婷）

省防汛防旱抢险中心

2020年，省防汛防旱抢险中心积极应对前所未见之大疫情、历史少有之大洪涝，圆满完成防汛抗旱抢险任务，长江管护、人才培养、党的建设、综合经营等工作取得新突破，中心高质量发展取得显著成效。

【防汛防旱】 2020年，中心接收省厅总计14次防汛抢险调度指令，其中6次物资调运指令，共调运编织袋29.8万只、土工布5.76万 m^2；8次防汛调度指令，圆满完成入江水道金湖控制线临时泵站架设、卫星通信车保障、盱眙前置抢险、盱眙排涝、高淳胜利圩排涝等抗旱抗洪攻坚任务，累计投入人员2 750余人次，设备225台套，共翻排水9 000余万 m^3。完善运行管理制度，实行24小时值班巡查，确保运行安全。成立领导专家队伍，靠前指挥，专业人员深入一线，具体处置并指导地方巡堤查险、处置险情。编写《江苏省巡堤查险实务手册》，编制《盱眙堤防险情处置案例》。

【训练演练】 突出演练实战化，开展10次预案演练、抢险调度演练。组建防汛抢险青年突击队，以军事化训练强作风，以专业化训练强本领，强化应急排水、照明、电源、无人机、无人船、卫星通信车等设备制式化管理，及餐车、宿营车、个人装备等标准化管理，持续完善防汛抗旱装备体系。完成防汛抢险工培训教材编制，推进防汛抢险工等级培训单位质量评估。建立完善常态化、多层次、全方位的训练演练机制，成功举办8期防汛抢险培训班。训练中心成功创建国家水情教育基地，高标准举办2020防汛应急抢险救援实战演练。

【长江管护】 人工及无人机长江岸线巡查122人次，共5 174 km，发现非法停泊采砂船 1 艘；跟踪统计上报 24 个采砂船指定停泊点数量变化；5 次参与镇扬泰及苏通地区打击长江非法采砂活动。组织开展联防检查，完成 596 项长江干流岸线利用项目复核和第二轮长江委核查；228 项“三乱”整治项目完成 227 项，销号率 99.5％。筛选、核查 2020 年遥感监测涉及沿江八市变化点 1 304 处。起草《长江江苏段格化巡查管理办法》，划分 578 个段格。开展长江江苏段洲滩调查与研究、水生态监测项目、综合信息一张图三维可视化及数据实时传输应用与研究，为全面科学推进河长制工作提供依据。长江江苏段通江河道入江口调查成果通过省河长办技术审查，为入江支流整治管理提供技术支撑。以服务沿江水灾害防御、水资源管理、水生态环境保护、长江河道监管、沿江水行政执法等涉水业务为重点，推进数据共享交换体系整合和一体化信息服务平台建设。

【基础管理】 一是狠抓安全生产不放松。建立完善研判机制、责任细化机制、日常动态巡查机制，开展“生命通道”“六类场所”火灾隐患防控专项整治，组织安全检查 30 次，发现并整改隐患 57 起；扎实开展“四个到一线”，强化责任担当，坚决打赢疫情防控阻击战。二是提升行政效能不动摇。组织“防汛抢险，我们在行动”系列专题报道，积极宣传抗疫、抗旱、抗洪先进人物、事迹 33 篇，政务信息在厅属管理处排名第二；垃圾分类、无烟机关建设有序推进；妥善处理信访服务工单 40 条，确保“两会”“两节”期间安全稳定。三是强化队伍建设不松懈。结合“同向培养”，开展结对帮带，举办科长讲堂，抓好干部培训，注重从一线岗位、应对急难险重任务中挖掘、培养优秀年轻干部，6 名专技人员调整到艰苦岗位锻炼。鼓励技术创新、岗位晋级，中心职工发表论文、取得实用型专利等 11 个，23 名中高级技术技能人才通过资格考核评审并得到聘任。四是强化财务管理不粗放。进一步规范资金资产管理，提高运行保障能力，职工收入逐年增长。

【党建及精神文明建设】 深入开展“党员队伍与技术骨干同向培养”示范项目，挑选 3 名“90 后”优秀年轻干部到基层单位锻炼，3 人确定为党员发展对象，3 人成为预备党员或转为正式党员，8 人成为技术骨干，完成阶段目标。以支部建设为着力点，在抗洪一线举办“发扬艰苦奋斗精神”特色党课，开展“三个表率”“五抓五促”“忠诚核心、勇担使命”主题实践等活动。及时通报违反中央八项规定精神问题 22 起，编辑廉政短信、微信转发提醒 16 条，严防“四风”变异。强化廉政风险防控，累计绘制廉政风险防控流程图 30 张，排查廉政风险环节 89 个、廉政风险点 160 个，制定廉政防控措施 168 个。利用纪委委员、纪检委员参与各项督查，关口前移，全程监督。开展“防疫有我、比武争先”“学用新思想”答题竞赛等技能比拼活动，广泛开展社区疫情防控、节水宣传、青春扶贫、义务植树、无偿献血等志愿服务活动。

2020 年，中心荣获抗旱抗台抗洪工作“先进集体”；在省“学用新思想”竞赛中 27 人进入前 300 名；全国水利安全生产知识网络竞赛中 2 人获一等奖、总分及参与率在厅属单位中排名第二；省管水利工程“守初心、大练兵、赛预案、保安全”主题活动中获知识竞赛一等奖；“安全生产每日一题”在线知识竞答获优秀组织奖。

（供稿：杨逸君）

大 事 记

2020年江苏水利大事记

1月

1日，江苏省第十三届人民代表大会常务委员会第十二次会议通过实施《江苏省人民代表大会常务委员会关于促进大运河文化带建设的决定》。

3日，厅党组书记、厅长陈杰在省级机关党的建设工作会议上作题为《政治引领 筑牢堡垒 全面提升基层党建质量》的交流发言，介绍了我厅党建工作经验。

9日，人社部、水利部表彰全国水利系统先进集体和先进工作者劳动模范，江苏省水旱灾害防御调度指挥中心、南京市长江河道管理处、苏州市水务局、徐州市水务局等4个单位被授予“全国水利系统先进集体”称号；洪泽湖水利工程管理处湖泊监管科科长张敏、常州市溧阳市水利局副局长朱建铭、南通市新江海河闸管理所所长季叶忠、淮安市水利规划服务中心主任王道虎、镇江市水政监察支队支队长周佩日、宿迁市沭阳县岔流新开河堤防管理所所长仲鲁军等6名同志被授予“全国水利系统先进工作者”称号；江苏省工程勘测研究院有限责任公司地理信息中心主任徐加东被授予“全国水利系统劳动模范”称号。

17日，省水利厅在南京召开会议，传达学习中央纪委四次全会精神，并首次组织厅直单位党委书记和纪委书记集中述责述廉。

18日，我省南水北调工程2019—2020年度第一阶段调水任务圆满结束，历时39天，累计调入骆马湖水量约2.92亿方，向山东省供水约2.59亿方。

21日，厅党组书记、厅长陈杰主持召开厅党组会，专题传达贯彻省委常委会关于新型冠状病毒疫情防控工作会议精神。

2月

11日，厅党组书记、厅长陈杰主持召开厅疫情防控工作领导小组会议，强调要在抓好疫情防控的同时，切实抓好行业运行，突出做好保供水水源、保春耕灌溉、保度汛安全，坚决做到“一防三保”。

11日，厅党组书记、厅长陈杰赴扬州仪征市泗源沟闸督查水利工地复工情况。陈杰指出，该工程直接关系到扬州和仪征的防洪安全，及时妥当处置好病险隐患极其重要，现场的施工管理工作要压实防疫的各项措施，严防交叉感染，做到疫情防控和施工建设两不误、两确保。

18日起，厅党组书记、厅长陈杰及5位分管厅领导分别带队，对新孟河延伸拓浚、望虞河西岸控制、环太湖大堤剩余、长江南京河段八卦洲汊道河道整治、淮河行蓄洪区及淮干滩区移民迁建、淮河流域平原洼地近期治理、黄墩湖滞洪区调整与建设等7个重大节水供水项目以及徐州、盐城、扬州、泰州4个市的重点水利工程等工地复工情况进行督导。

18日，我省启动南水北调工程2019—2020年度第二阶段向山东省调水工作。

18日，省长吴政隆调研南京溧水区农村疫情防控和春耕备耕、水利建设、产业发展等工作。厅党组书记、厅长陈杰陪同调研。

19日，省长吴政隆赴淮安市洪泽区、宿迁市泗洪县调研南水北调工程调水工作，重大水利项目建设和重点物资生产情况。厅长陈杰陪同调研。

21日，在细化落实好疫情防控安全措施的前提下，全省在建172项重大节水供水工程在全国率先全部复工。

26日，赵世勇副省长赴太湖治理新孟河界牌水利枢纽工程调研疫情防控和复工工作。厅党组书记、厅长陈杰，副厅长朱海生陪同调研。

26日，全省水利工作视频会议召开，厅党组书记、厅长陈杰强调，全省水利工作将以习近平新时代中国特色社会主义思想为指导，落实省委十三届七次全会、省"两会"以及全国水利工作会议部署，加快推进水治理体系和治理能力现代化，探索开启水利基本现代化新征程，为全面建成小康社会和圆满完成"十三五"规划提供坚实的水利支撑和保障。全体在宁厅领导参加会议。

3月

9日，省水利厅召开厅党组会，厅党组书记、厅长陈杰专题传达贯彻习近平总书记在中央决战决胜脱贫攻坚座谈会上的重要讲话精神，进一步落实党中央、国务院和省委、省政府关于打赢脱贫攻坚战的决策部署，研究部署加快推进我省水利扶贫工作特别是农村饮水安全工作。

10日，省长吴政隆主持召开省打好污染防治攻坚战指挥部视频会议，坚持以习近平新时代中国特色社会主义思想为指导，坚决克服新冠肺炎疫情影响，对打好污染防治攻坚战再动员、再部署、再落实，奋力夺取疫情防控和经济社会发展双胜利。省领导樊金龙、马秋林、费高云、刘旸、赵世勇、陈建刚，省水利厅厅长陈杰在主会场参加会议，韩立明等各设区市政府主要负责同志在分会场参加会议。

13日，全省防御超标准洪水工作视频会议召开，传达贯彻全国超标洪水防御工作视频会议精神，厅党组书记、厅长、省防指副指挥陈杰参加会议并强调，要深入贯彻总书记"两个坚持、三个转变"的防灾减灾救灾新理念，始终坚持以防为主、防重于抢的工作方针，坚决做到标准以内洪水保安全、超标洪水有对策，强化底线思维，增强忧患意识，提高防控能力，着力防范超标洪水重大风险。副厅长、省防指秘书长张劲松对超标准洪水防御预案编制工作任务进行了部署安排，副厅长朱海生主持会议。全体厅领导在主会场参加会议。

16日，省水利厅召开加快推进新孟河新沟河建设管理与运行调度视频会议，超前谋划、系统推进基本具备运行调度条件的新沟河工程、汛期即将投入应急使用的新孟河工程相关工作。厅党组书记、厅长陈杰主持会议并强调，两项工程事关太湖流域防汛保安，必须坚决扛起责任、主动作为，把各项工作做实做到位，把工程功能用足用好，为实现更高水平"两个确保"目标奠定坚实基础。副厅长张劲松、朱海生分别就新孟河新沟河运行调度和建设管理工作做了具体安排。

16日，陈杰厅长接待了来厅交流工作的淮安市市长陈之常一行。

3月22日是第二十八届“世界水日”，主题为“Water and climate change”(水与气候变化)。3月22—28日是第三十三届“中国水周”，主题为“坚持节水优先，建设幸福河湖”。我省多地举办纪念活动，引领全省形成珍惜水、节约水和爱护水的良好风尚。

24日至26日，副省长赵世勇在淮安、宿迁、连云港、扬州等地调研水利并检查防汛工作，在省水利厅召开座谈会，听取全省防汛抗旱工作情况汇报，对全省防汛抗旱、太湖应急度夏等工作部署安排。省政府副秘书长诸纪录、省水利厅厅长陈杰参加调研，有关市县(市、区)领导陪同调研。省水利厅全体厅领导参加座谈。

27日，省水利厅联合省文明办、团省委举行“第二届江苏十大河湖卫士”推选活动启动仪式。省水利厅、省文明办、团省委、扬子晚报相关领导出席活动。厅领导高圣明、韩全林、黄良勇以及厅机关有关处室单位负责同志，省洪泽湖水利工程管理处负责同志参加启动仪式。

4月

6日，省水利厅召开全省防汛工作会商会，厅党组书记、厅长陈杰主持会议并强调，各地要坚决扛起防汛抗旱主责，立足防大汛、抗大旱、抢大险，切实把思想和行动统一到省委省政府的决策部署上来，全面落实各项防御措施，坚决守牢水旱灾害防御底线。厅领导张劲松、韩全林、周萍、季红飞参加会议。

7日至9日，水利部副部长叶建春率队检查指导我省汛前准备工作情况。副省长赵世勇在常州会见叶建春一行并介绍我省防汛抗旱工作。

13日，丰县湖西片区整体帮扶工作联席会议在南京召开，深入贯彻落实省委、省政府脱贫攻坚决策部署，全面总结丰县湖西片区整体帮扶工作，加快推进片区2020年帮扶项目建设。省政府副秘书长诸纪录、省水利厅厅长陈杰、省政府扶贫工作办公室主任朱国兵等参加会议。丰县湖西片区整体帮扶工作省级联席会议成员单位、省委驻丰县帮扶工作队及省水利厅有关处室负责同志在南京主会场参加会议；徐州市、丰县及湖西片区6个乡镇负责同志在丰县分会场参加会议。

16日，全省防汛抗旱工作电视电话会议召开，会议充分肯定2019年我省抗旱抗台抗洪工作成效，要求总结用好实践中形成的好经验、好做法，认清今年防汛抗旱工作面临的严峻复杂形势，增强抓好工作的紧迫感和责任感。省委常委、常务副省长、省防指指挥樊金龙出席会议并讲话，副省长、省防指常务副指挥赵世勇主持会议。会上，表彰了2019年全省“三抗”工作先进集体和先进个人。

20日，太湖防总召开视频会议，部署推进2020年太湖流域防汛抗旱工作。省长、太湖防总总指挥吴政隆，水利部副部长魏山忠出席并讲话。太湖防总副总指挥、流域各省市政府领导赵世勇、彭佳学、汤志平、李德金、张曙光等在各地参加会议并讲话。

24日，省水利厅召开全省水利系统全面从严治党暨党风廉政建设工作视频会议。厅党组书记、厅长陈杰在会上强调，要始终坚持以习近平新时代中国特色社会主义思想为指引，在省委省政府的坚强领导下，坚决扛起全面从严治党政治责任，为探索开启水利基本现代化新征程提供强有力的政治保障。厅党组成员、副厅长张劲松主持会议，厅党组成员、驻厅纪检监察组组长徐杰对党风廉政建设工作和反腐败斗争进行了部署安排，厅党组成员、副厅长高圣明传达了省纪委全会和水利部党风廉政建设会议精神，通报了党风廉政建设情况，并对党风廉政建设责任清单落实提出了具体要求。全体厅领导参加会议，省级机关工委派员列席指导。

30 日，苏鲁省际南水北调台儿庄站停机，抽水量达到年度调水计划，标志着我省南水北调工程完成 2019－2020 年度省际交水工作。

5 月

8 日，长江防总在湖北武汉召开 2020 年指挥长视频会议，总结 2019 年长江水旱灾害防御工作，分析长江流域防御形势，安排部署 2020 年工作。长江防总总指挥、湖北省省长王晓东主持会议并讲话，水利部副部长叶建春在北京分会场出席会议并讲话。江苏省副省长赵世勇在江苏分会场参会并做交流发言。省政府副秘书长诸纪录，省水利厅厅长陈杰、副厅长张劲松、厅二级巡视员季红飞在江苏分会场参加会议。

11 日，省水利厅召开厅系统廉政警示教育报告会，正式启动厅系统“党风廉政教育月”活动。在宁厅领导参加报告会，厅党组成员、副厅长高圣明主持会议。

14 日上午 8 时，南水北调金湖站最后一台机组停止运行，为我省南水北调工程 2019—2020 年度向省外调水任务画上完美句号。我省南水北调工程已连续 7 年圆满完成国家下达的向省外调水任务，累计向山东省供水超 47 亿 m^3。

21 日，副省长、苏南运河省级河长费高云赴常州开展巡河活动，组织召开座谈会，进一步部署推进苏南运河治理与保护工作。

21 日至 22 日，省人大常委会副主任魏国强一行，赴高淳区开展《江苏省农村水利条例(草案)》立法调研。

22—27 日，全国人大代表、省水利厅厅长陈杰赴京参加十三届全国人大三次会议。

22 日，根据“党风廉政教育月”活动安排，省水利厅组织党员干部参观王荷波纪念馆暨廉政教育基地。在宁厅领导参加活动。

25 日，省洪泽湖管理委员会召开全体成员视频会议。副省长、管委会主任赵世勇出席会议并讲话。

27 日，惠建林副省长赴徐州检查沂河、新沂河、分淮入沂河长制工作，组织召开座谈会，部署推进沂河、新沂河、分淮入沂的保护治理工作。

27 日，省委常委、省委秘书长、里下河腹部地区湖泊湖荡省级湖长郭元强开展巡湖活动，组织召开座谈会，研究部署里下河腹部地区湖泊湖荡治理工作。

27 日 16 时，省水利厅通过省预警发布中心发布洪泽湖干旱蓝色预警，请交通、农业部门以及徐州等 6 市做好抗旱防范工作。预警发布后，省委省政府高度重视，吴政隆省长批示要求加强协调调度，确保农业用水、粮食丰收。

30 日，全国人大代表、江苏省水利厅厅长陈杰接受人民论坛网采访提出：画好治水“同心圆” 建设美丽新天堂。

6 月

2 日至 4 日，水利部副部长叶建春带队来我省调研南水北调东线工程，副省长赵世勇陪同调研。

5 日，副省长马秋林赴镇江、常州检查新沟河、新孟河、滆湖、长荡湖“两河两湖”河湖长制工作，在常州召开座谈会。

6 日至 8 日，水利部副部长魏山忠调研我省生态河湖建设。省水利厅厅长陈杰、副厅长韩全林陪同调研。

9日，水利部、公安部、交通运输部在南京召开长江河道采砂管理合作机制领导小组(扩大)会议。领导小组组长、水利部副部长魏山忠，领导小组组长、交通运输部副部长刘小明，副省长赵世勇出席会议。省水利厅厅长陈杰在会上做交流发言，副厅长韩全林参加会议。水利部、公安部、交通运输部相关单位和长江干流沿线省市水利部门负责同志参加会议。

10日，省水利厅工会在南京召开第一次会员代表大会，会议选举产生了厅工会第一届工会委员会、经费审查委员会，提名产生了女职工委员会，并对2020年厅工会主要工作进行了部署。省总工会副主席马永青、省水利厅副厅长高圣明参加会议。

11日，省委书记娄勤俭检查调研太湖治理工作，察看淤泥处置现场和水质监测情况，了解藻水分离技术改造、工艺升级情况，听取了太湖治理和安全度夏的工作情况汇报。省委常委、秘书长郭元强参加调研，省水利厅厅长陈杰陪同调研。

11日，省委常委、常务副省长樊金龙赴淮安市调研指导夏粮收购和防汛抗旱工作。

12日，副省长陈星莺赴南京市溧水区、高淳区，检查石臼湖、固城湖管理与保护工作，召开湖长制工作座谈会。

15日16时，省水利厅发布苏南运河常州段洪水蓝色预警，16时30分，发布苏南运河无锡段洪水蓝色预警，17日10时20分，预警解除。

16日10时40分，省水利厅发布秦淮河洪水蓝色预警，17日15时，预警解除。16日，厅党组书记、厅长陈杰结合"安全生产月"活动，就水利安全生产工作开展专题宣讲。

16日，全省防御梅雨期强降雨工作视频会议在南京召开。省委常委、常务副省长、省防指指挥樊金龙出席会议并讲话，副省长、省防指常务副指挥赵世勇主持会议。省水利厅厅长、省防指副指挥陈杰，省气象局、省住房城乡建设厅、省农业农村厅负责同志通报相关工作情况，南京、徐州、常州、淮安4市政府相关负责同志作交流发言。

16日，水利部将我省水库大坝安全鉴定实现常态化的工作经验向全国推广。我省水库大坝安全鉴定工作，比水利部提出2022年完成的目标提前了2年。

17至18日，国家防汛抗旱总指挥部秘书长、应急管理部副部长兼水利部副部长周学文带队来我省检查指导淮河流域防汛抗旱工作。副省长、省防指常务副指挥赵世勇陪同检查并在座谈会上汇报了江苏省防汛抗旱工作情况。

11日至18日江苏出现入梅后连续强降雨过程，据江苏省水利厅统计，全省面均降雨量178 mm，其中淮北地区207 mm、江淮之间189 mm、沿江苏南154 mm。经全力调度，洪泽湖干旱蓝色预警于6月18日10时解除，苏北地区成功抵御了旱涝急转，旱情全面解除；苏南地区部分河网水位短时超警后很快回落至警戒线下，强降雨防御初战告捷。

19日，水利部副部长叶建春主持会商，逐一对长江、黄河、淮河、珠江、太湖等流域的雨情水情和防汛形势进行分析，有针对性地作出安排部署。会后，水利部向上海、江苏、浙江、安徽等省(自治区、直辖市)水利(水务)厅(局)，长江、淮河、珠江水利委员会，太湖流域管理局发出通知，要求加强监测预报预警，加强水利工程调度，突出抓好小型水库安全，强化山洪灾害防御，加强中小河流洪水防御，加强值班值守和信息报送。

22日，国家防总副总指挥、水利部部长鄂竟平主持会商，进一步强化部署南方强降雨防范工作，研判当前汛情发展态势，要求严阵以待、强化措施，全力以赴做好当前各项防御工作。水利部副部长叶建春出席会商会，并对强降雨和洪水防御工作提出具体要求。水利部派出的六个工作组正在安徽、湖南、贵州、江苏、广西、广东等省(自治区)防汛一线，协助指导地方做好强降雨防范工作。

23日，国家防总召开长江流域防汛抗旱工作会议，国务委员、国家防汛抗旱总指挥部总指挥王勇参加会议并讲话。省委常委、常务副省长、省防指指挥樊金龙，省防指副指挥、省水利厅厅长陈杰在江苏分会场参加会议。

24日，江苏省召开防汛抗旱工作视频调度会议。江苏省委书记娄勤俭对当前我省防汛抗旱工作作出批示，省长吴政隆提出明确要求。省委常委、常务副省长、省防指指挥樊金龙出席会议并讲话。省水利厅厅长、省防指副指挥陈杰参加会议。

27日至30日，江苏省防汛抗旱指挥部在南京举行2020年防汛应急抢险救援实战演练。30日下午，副省长惠建林现场观摩演练并讲话。省水利厅副厅长张劲松，省防指有关成员单位，各设区市水利、应急部门负责同志参加了现场观摩。

27日下午，淮委召开防汛会商会，进一步分析研判近期雨情水情发展趋势，安排部署强降雨防御工作。为防范新一轮强降雨，淮委已向河南、安徽、江苏发出《水利部淮河水利委员会关于做好强降雨防范工作的通知》，要求各地重点从落实防汛责任、强化预测预报预警、做好水工程调度、突出抓好水库安全度汛、高度重视山洪灾害防御、加强防汛值守和信息报送等方面，全面做好强降雨防范各项工作。

28日13时，省水利厅发布苏南运河常州、无锡、苏州段洪水蓝色预警，15时30分发布太湖洪水蓝色预警。受持续降雨影响，6月28日11时，苏南运河常州段水位上涨至4.37 m，无锡段水位上涨至4.16 m，苏州段水位上涨至4.05 m。

28日，受持续降雨影响，我省太湖地区河湖水位持续上涨，省水利厅于15时30分发布太湖洪水蓝色预警。28日18时，太湖平均水位3.82 m，超过警戒水位0.02 m，并呈继续上涨趋势。按照《江苏省防汛防旱应急预案》规定，省防指决定，6月28日18时30分起，启动我省太湖地区防汛Ⅳ级应急响应。

29日下午，省长吴政隆主持召开省政府常务会议，认真学习贯彻习近平总书记对防汛救灾工作的重要指示精神，坚持人民至上、生命至上，根据党中央、国务院决策部署和省委工作要求，对做好防汛防台风和抢险救灾工作再细化实化，切实把确保人民生命安全放在第一位落到实处。

29日，省水利厅召开厅系统庆祝中国共产党成立99周年纪念大会，及时传达学习了习近平总书记对防汛救灾工作作出的重要指示精神，部署近期防汛抗旱工作。厅党组书记、厅长陈杰给厅系统党员作题为“担当诠释忠诚、实干践行使命”的专题党课。会议表彰了一批先进党支部、优秀共产党员和优秀党务工作者。在宁全体厅领导参加会议。

29日，受持续降雨影响，10时里下河兴化站水位涨至2.02 m，超警戒水位0.02 m，水位将继续上涨。省水利厅于11时发布里下河地区洪水蓝色预警。

30日，由省水政监察总队移交长航公安局镇江分局的“12·10”特大非法采砂案告破，16名犯罪嫌疑人被移送检察机关审查起诉。本起案件由公安部治安管理局督办，经过6个月缜密侦查，成功打掉1个盘踞在长江靖江水域的采、运、销一条龙的非法采砂团伙。

7月

1日，省长吴政隆视察江都水利枢纽工程，检查指导水利和防汛工作。他强调，要深入学习贯彻习近平总书记重要指示批示精神，坚决贯彻党中央、国务院决策部署，牢固树立以人民为中心的发展思想，把防汛防台抢险救灾工作的各项责任和措施进一步抓紧抓实抓到位，以实际行动过硬成效践行初心使命、做到“两个维护”。省政府秘书长陈建刚、省水利厅厅长陈杰、扬州市委书记夏心旻，省水利厅总工程师周萍、二级巡视员季红飞等陪同考察。

Δ省委、省政府对省级副总河长和部分省级河长湖长进行调整。省委书记、省人大常委会主任娄勤俭，省委副书记、省长吴政隆担任省级总河长。省委副书记任振鹤，副省长费高云，副省长赵世勇担任省级副总河长。15位省委、省政府领导分别担任20条河道的省级河长、14个湖泊的省级湖长。

2日9时，里下河地区洪水蓝色预警解除。

3日，副省长赵世勇赴镇江调研长江岸线清理整治和安全度汛相关工作。省政府秘书长诸记录、省水利厅厅长陈杰、镇江市市长徐曙海、省水利厅副厅长韩全林陪同调研。

5日17时30分，省水利厅发布长江江苏段洪水蓝色预警。

6日12时，省水利厅发布太湖洪水黄色预警。

6日15时，我省启动长江防汛Ⅳ级应急响应。

7日12时12时，我省太湖地区应急响应提升至Ⅲ级。

7日，江苏省委副书记、省级副总河长、长江干流江苏段河长任振鹤在南京巡河并调研防汛抗灾工作。

9日下午，省委书记、省级总河长娄勤俭到省水利厅检查防汛抗灾情况，调研水利工作，强调要深入贯彻落实习近平总书记关于防汛救灾工作重要指示精神，始终坚持人民至上、生命至上，进一步压实各地各部门各单位责任，全面落实防汛抗灾各项举措，以安全度汛的实际成效造福人民。省领导郭元强、赵世勇参加检查。省水利厅厅长陈杰汇报水利工作情况。

10日，省水利厅厅长、省防指副指挥陈杰一行，深入南京市溧水、高淳防汛一线，检查指导防汛工作。厅二级巡视员季红飞及相关处室负责同志陪同检查。

11日13时，省水利厅发布长江江苏段洪水橙色预警，14时，我省长江防汛应急响应提升至Ⅲ级。

12日14时30分，省水利厅发布太湖洪水橙色预警。

12日16时起，我省长江、太湖地区的防汛应急响应提升至Ⅱ级。

12日16时起，我省长江、太湖地区的防汛应急响应提升至Ⅱ级。

12日，省长吴政隆实地检查长江防汛、秦淮河排涝并前往省防指指挥调度全省防汛工作。省委常委、常务副省长樊金龙，副省长赵世勇，南京市市长韩立明，省政府秘书长陈建刚参加检查。各设区市政府负责同志在各地防指参加会议。

13日13时，根据国家防总紧急通知，省水利防汛物资储备中心发运50万m^2覆膜编织布、14艘玻璃钢冲锋舟、10 000件救生衣，驰援安徽宣城、安庆、马鞍山、芜湖等地抗洪抢险救灾。截至14日7时30分，所有发运物资全部到达指定地点。

13日晚21时20分，根据国家防总要求，省防汛物资储备中心发运40万m^2覆膜编织布、23 m^2单帐篷150顶，支援江西南昌抗洪抢险救灾。截至15日凌晨3时40分，所有发运物资全部到达指定地点。

14日，全国防汛抗洪救灾工作专题视频会议召开。省长、太湖流域防总总指挥吴政隆在江苏分会场出席会议并发言。省委常委、常务副省长樊金龙，副省长赵世勇，省军区副司令员田厚玉参加江苏分会场会议。

14日，副省长、省防指常务副指挥赵世勇赴南京八卦洲检查指导防汛抗洪工作。

15日，省委常委、常务副省长樊金龙赴镇江丹徒区和宜兴市检查指导防汛工作，实地查看险工险段处置加固情况，现场会商研判汛情形势，调度落实应急抢险措施，看望慰问一线防汛人员。

16日，省长、太湖防总总指挥吴政隆深入苏州、无锡太湖流域防汛抗洪抢险救灾一线检查指导工作并看望慰问奋战一线的防汛人员。吴政隆与水利部副部长陆桂华进行了工作会商。省委常委、苏州市委书记蓝绍敏，副省长赵世勇等参加检查。

17日8时，太湖洪水预警升级为红色。

18日9时，长江南京段升级为洪水红色预警。

18日上午，省委书记娄勤俭主持召开省委常委会会议，深入学习贯彻习近平总书记在中央政治局常委会会议上关于防汛救灾工作的重要讲话精神，分析当前全省防汛抗灾形势，研究部署进一步应对工作。

18日上午，省委书记娄勤俭来到位于南京鼓楼滨江的长江南京潮水位站，察看江水潮位变化，检查指导防汛工作。

19日，省长吴政隆深入南京市水阳江、石臼湖地区，检查指导工作并看望慰问一线防汛人员。副省长赵世勇，南京市市长韩立明，省政府秘书长陈建刚参加检查。

19日，省委副书记任振鹤到扬州、镇江检查指导防汛抗灾工作，实地查看险工险段处置加固情况，看望慰问一线防汛人员。

20日，副省长、省防指常务副指挥赵世勇赴泰州市检查指导长江和里下河地区防汛工作，并于当晚赴省防指与沿江和沿太湖部分县区视频连线会商。

20日至21日，省委常委、常务副省长樊金龙赴高邮、泗阳、新沂等地检查淮河流域防汛工作并召开省苏北五市防汛工作视频会，对淮河流域防汛工作进行再动员再部署。

22日9时，淮河江苏段洪水预警升级为黄色。

23日15时起，淮河地区启动防汛Ⅲ级应急响应。

23日16时起，沂沭泗地区启动防汛Ⅳ级应急响应，25日，应急响应结束。

26日13时30分，太湖洪水预警调整为橙色。

28日20时，太湖地区防汛应急响应由Ⅱ级降至Ⅲ级。

28日20时起，我省长江、太湖地区的防汛应急响应由Ⅱ级降至Ⅲ级。

29日10时，太湖洪水预警调整为黄色。

8月

4日10时30分，省防汛抗旱指挥部办公室启动防台风Ⅳ级应急响应，5日10时30分，应急响应结束。

4日晚，省防指副指挥、省水利厅厅长陈杰组织防御第4号台风“黑格比”视频会商会，传达贯彻省委省政府领导指示要求，视频连线苏州、无锡、盐城、南通市防指，进一步部署当前台风防御各项措施。

4日，省委常委、组织部部长郭文奇赴宿迁市专题检查防汛工作、京杭大运河苏北段和微山湖河湖长制工作，组织召开座谈会，深入贯彻习近平生态文明思想和习近平总书记关于建设幸福河湖的重要论述精神，落实省委关于美丽江苏建设等最新部署要求，部署把“一河一湖”打造成“幸福河湖”的典范。

4日至11日，水利部派出2个巡查组分别对我省、市、县三级水行政主管部门及其质量监督机构履职情况巡查，对我省重大水利工程新孟河延伸拓浚工程质量安全情况开展巡查。省水利厅副厅长朱海生陪同。

5日10时30分，太湖洪水预警调整为蓝色，11时，我省太湖地区的防汛应急响应由Ⅲ级降至Ⅳ级。

7日18时，我省淮河地区防汛应急响应由Ⅲ级降至Ⅳ级。

9日14时30分，长江南京段洪水预警调整为蓝色，15时，我省长江防汛应急响应由Ⅲ级降至Ⅳ级。

10日，《新华日报》第1版刊发《有大洪无大险，“金钥匙”在哪里》长篇报道。

14日10时30分，太湖洪水蓝色预警解除，11时，我省太湖地区Ⅳ级应急响应结束。

14日13时30分，沂沭泗地区启动防汛Ⅲ级应急响应。

14日，省防指召开沂沭泗地区大洪水防御工作视频调度会，传达贯彻省委书记娄勤俭、省长吴政隆批示精神，分析研判当前沂沭泗地区面临的防洪形势，全力做好防御大洪水各项工作。省委常委、常务副省长、省防指指挥樊金龙出席会议并讲话。省防指副指挥、省水利厅厅长陈杰在宿迁分会场参加会议并汇报沂沭泗地区抗洪工作情况。

15日，副省长、省防指常务副指挥赵世勇赴沂沭泗地区宿迁、徐州、连云港市检查指导防汛抗洪工作。省防指副指挥、省政府副秘书长诸纪录，省防指副指挥、省水利厅厅长陈杰参加相关活动。

15日13时，我省长江防汛Ⅳ级应急响应结束。

16日19时30分，沂沭泗地区防汛应急响应由Ⅲ级降至Ⅳ级，17日21时，应急响应结束。

18日0时，我省淮河地区防汛Ⅳ级应急响应结束。

20日9时，省水利厅解除石臼湖洪水蓝色预警，至此，全省大江大湖洪水预警全面解除，主要河湖水情基本恢复正常水平。

9月

2日至3日，水利部南水北调司司长李鹏程一行来我省调研南水北调工程水量调度工作。省水利厅党组书记、厅长陈杰会见了调研组一行。

22至24日，省水利厅在南京举办全省水利系统领导干部学习研讨会，深入学习贯彻《习近平谈治国理政》第三卷，推动广大干部职工学懂弄通做实习近平新时代中国特色社会主义思想。厅党组书记、厅长陈杰提出，要从“知其所以必然”的高度，学习领会习近平总书记治水论述，从中把握治水管水的“金钥匙”。

10月

14日，副省长马欣赴泰州、盐城巡查泰州引江河、通榆河河长制工作。省水利厅一级巡视员叶健，省住房和城乡建设厅负责同志，泰州、盐城两市市级河长参加巡查。

省委书记娄勤俭在省推动长江经济带发展领导小组会议上充分肯定了五年来我省长江生态修复和绿色发展取得的显著成效。省长吴政隆主持会议并讲话。

30日，“不忘初心 牢记使命”长三角生态绿色一体化发展示范区协同治水再深化主题活动在吴江汾湖北岸举行。水利部太湖流域管理局、苏州市委市政府、上海市水务局、江苏省水利厅、浙江省水利厅以及青浦、吴江、嘉善三地相关领导参加活动。

11 月

6 日，厅党组书记、厅长陈杰主持召开厅党组理论学习中心组学习（扩大）会议，学习传达贯彻党的十九届五中全会精神。全体在宁厅领导。

12 日，全国冬春农田水利暨高标准农田建设电视电话会议之后，省政府接着召开会议，研究部署我省贯彻落实措施。副省长赵世勇出席会议并讲话。

13 日，中共中央总书记、国家主席、中央军委主席习近平考察江都水利枢纽，作出重要指示。省水利厅党组书记、厅长陈杰在现场向习近平总书记汇报。

16 日，省水利厅党组召开扩大会议，专题传达学习习近平总书记视察江苏重要指示和全面推动长江经济带发展座谈会重要讲话精神，按照省委省政府部署要求，研究水利系统贯彻落实工作。在宁厅领导参加学习，部分同志进行交流发言。

17 日，省水利厅党组书记、厅长陈杰，省审计厅党组书记、厅长侯学元在南京共同签署了《关于共同推动水利系统内部审计工作高质量发展的合作框架》。省审计厅副厅长李海洋、省水利厅总工程师周萍参加了签约仪式。

27 日，《江苏省农村水利条例》由江苏省十三届人大常委会审议通过。

28 日，深入学习贯彻习近平总书记视察江苏重要讲话指示精神“都江堰 · 江都站世纪工程交相辉映共建仪式”在江苏省江都管理处举行，从巴山蜀水到江南水乡，苏川两地的水利人在江都管理处真情携手，开展合作共建，全面开启水利基本现代化新征程。

12 月

5 日，全省水利系统贯彻落实习近平总书记视察江苏重要讲话指示精神学习交流会在省江都管理处召开。厅党组书记、厅长陈杰强调，全省水利系统要牢记习近平总书记谆谆教导，切实把总书记的重要讲话指示精神转化为水利改革发展的强大动力，以实干践行嘱托，用担当开创新局，在推进水利现代化进程中当表率做示范走在前。全体厅领导参加会议。

14 日至 15 日，省水利厅厅长陈杰带队赴南通现场督办南通如海界河管护治理不到位的问题

15 日，江苏省水利学会 2020 学术年会暨第十届江苏水论坛在南京举办。省水利厅党组书记、厅长陈杰出席开幕式并致辞。省科学技术协会党组书记、副主席孙春雷，中国水利学会副秘书长吴伯健出席开幕式并致辞。

23 日 9 时起，我省南水北调工程开始向山东省调水，计划调水 6.74 亿 m^3。

25 日 10 时开启望虞河常熟枢纽闸泵联合引水，2020—2021 年度“引江济太”调水工作正式启动。

30 日，全省河长制工作领导小组会议在宁召开，部署在新阶段深入推进全省河湖长制工作，着力打造造福人民的幸福河湖。副省长赵世勇出席会议并讲话。省水利厅厅长、省河长办主任陈杰通报了全省河湖长制工作情况。

水利统计资料

2020 年江苏省水资源公报

一、综　　述

2020 年，全省降水量比多年平均值偏多 22.8%，年末大中型水库和省管湖泊蓄水量较 2019 年增加 23.2 亿 m^3，全省用水总量比 2019 年减少 40.7 亿 m^3，用水效率进一步提升，用水结构不断优化。

2020 年，全省年降水量 1 236.0 mm，折合降水总量 1 268.8 亿 m^3，比 2019 年增加 54.7%，比多年平均偏多 22.8%，属丰水年份。

全省水资源总量 543.4 亿 m^3，是 2019 年的 2.3 倍，比多年平均增加 60.2%。其中地表水资源量 486.6 亿 m^3，地下水资源量 137.8 亿 m^3，重复计算量 81.0 亿 m^3。

全省 6 座大型水库和 43 座中型水库年末蓄水总量比年初增加 2.5 亿 m^3。全省 13 个省管湖泊（不含南四湖、石臼湖和里下河湖荡），年末蓄水总量比年初增加 20.71 亿 m^3。

全省供水总量 452.7 亿 m^3，较 2019 年减少 40.7 亿 m^3。其中，地表水源供水量 436.6 亿 m^3，地下水源供水量 4.3 亿 m^3，非常规水源供水量 11.8 亿 m^3。用水总量为 452.7 亿 m^3，其中，生活用水 63.7 亿 m^3，工业用水 117.6 亿 m^3，农业用水 266.6 亿 m^3，人工生态河湖补水 4.8 亿 m^3。耗水总量 241.9 亿 m^3，废污水排放总量 64.61 亿 m^2。

全省人均综合用水量 534 m^3，全省万元地区生产总值（当年价）用水量 44.1 m^3。万元工业增加值（当年价）用水量 31.1 m^3，农田灌溉亩均用水量 423.1 m^3，农田灌溉水有效利用系数 0.616。城镇居民人均生活用水量 158.0 L/d，农村居民人均生活用水量 102.6 L/d。按可比价计算，万元国内生产总值用水量和万元工业增加值用水量分别比 2019 年下降 6.5%和 8.7%。

二、水资源量

（一）降水量

全省年降水量 1 236.0 mm，比 2019 年增加 54.7%，比多年平均偏多 22.8%，属丰水年份。

淮河流域平均降水量 1 144.5 mm，比多年平均偏多 20.7%；长江流域平均降水量 1 339.0 mm，比多年平均偏多 24.5%；太湖流域平均降水量 1 437.6 mm，比多年平均偏多 26.9%。与 2019 年比较，淮河流域增加 59.4%，长江流域增加 61.2%，太湖流域增加 39.6%。

13 个设区市降水量与多年平均比较均偏多，其中南京、无锡、徐州、常州、苏州、南通、连云港市、淮安、宿迁偏多 20%以上。

江苏省设区市及流域分区降水量见表 1，全省降水量等值线见图 1，全省年降水量距平见图 2，2000—2020 年全省年降水量变化见图 3。

表 1　2020 年江苏省设区市及流域分区降水量

设区市及流域分区	年降水量(mm)	与 2019 年比较(%)	与多年平均比较(%)
南京	1 415.5	96.8	31.1
无锡	1 544.1	45.8	34.9
徐州	1 033.6	57.7	24.7
常州	1 479.8	54.1	28.1

续表

设区市及流域分区	年降水量(mm)	与2019年比较(%)	与多年平均比较(%)
苏州	1 413.9	26.9	26.1
南通	1 306.1	42.3	21.3
连云港	1 150.4	66.5	28.4
淮安	1 172.0	65.0	20.4
盐城	1 196.1	50.3	18.7
扬州	1 201.5	72.6	17.6
镇江	1 193.2	55.5	8.6
泰州	1 192.8	66.6	14.3
宿迁	1 109.7	52.9	24.1
全省	1 236.0	54.7	22.8
淮河流域	1 144.5	59.4	20.7
长江流域	1 339.0	61.2	24.5
太湖流域	1 437.6	39.6	26.9

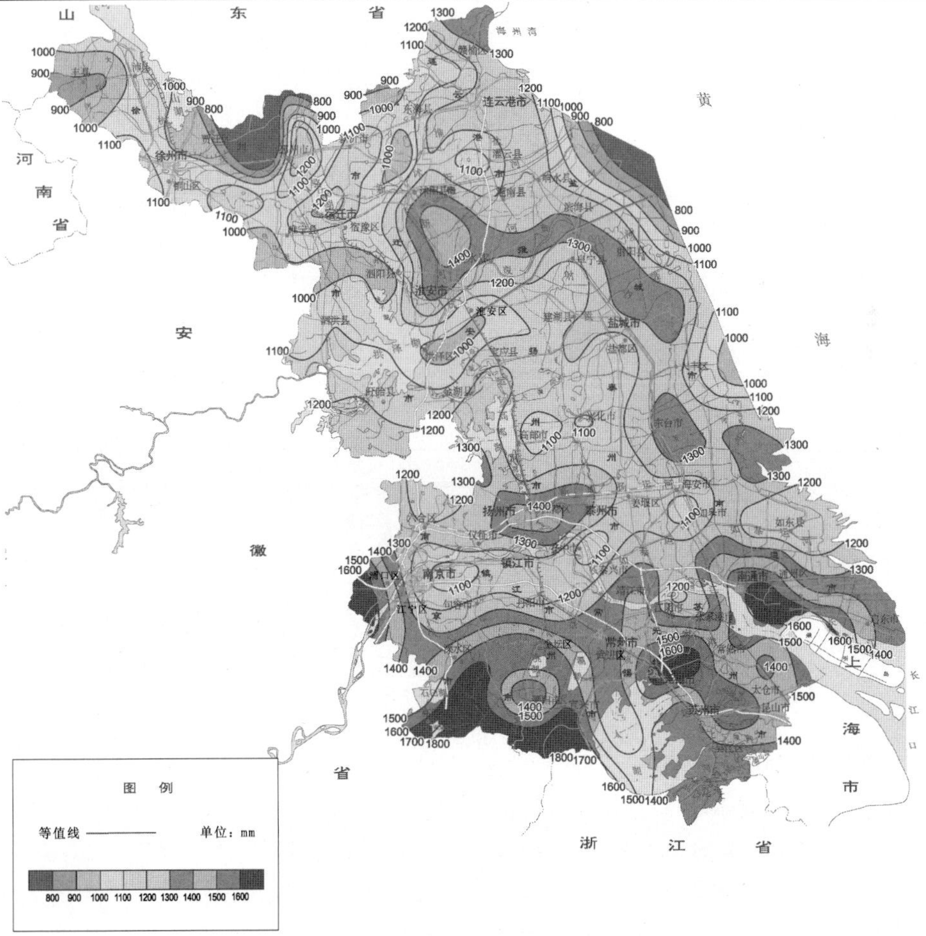

图1 全省降水量等值线图

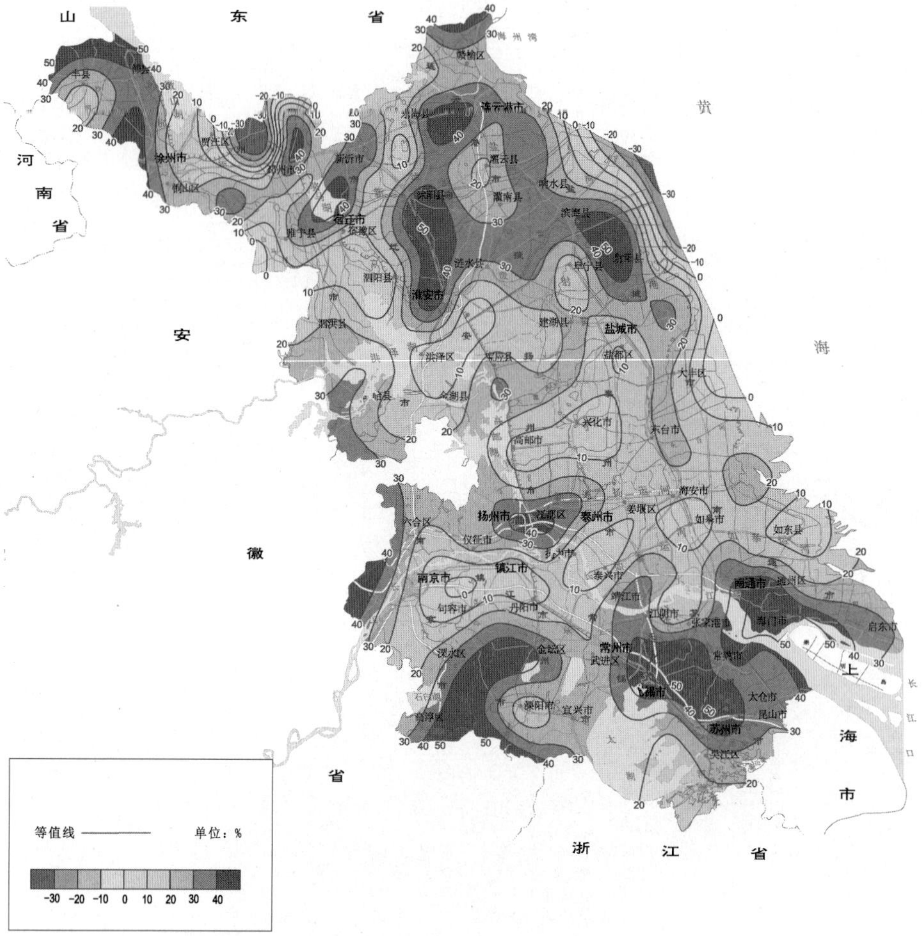

图 2　全省年降水量距平图

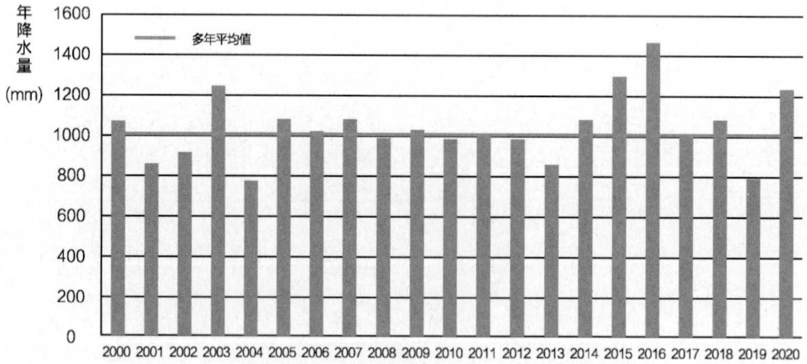

图 3　2000—2020 年全省年降水量变化图

(二) 地表水资源量

全省地表水资源量 486.6 亿 m^3，年径流深 474.0 mm，比 2019 年地表水资源量增加 199.5%，比多年平均地表水资源量偏多 67.7%。其中，淮河流域 263.18 亿 m^3，长江流域 94.58 亿 m^3，太湖流域 128.85 亿 m^3。

13 个设区市地表水资源量与多年平均比较，南京、无锡、苏州、宿迁均偏多 80%以上。2020 年各设区市及流域分区年地表水资源量见表 2。

表 2　2020 年江苏省设区市及流域分区地表水资源量

设区市及流域分区	地表水资源量(亿 m^3)	与 2019 年比较(%)	与多年平均比较(%)
南京	40.35	637.8	84.9
无锡	35.72	109.5	85.0
徐州	37.43	132.1	76.6
常州	30.45	147.2	73.6
苏州	54.80	63.9	86.5
南通	41.02	197.0	61.6
连云港	35.05	168.9	71.8
淮安	43.69	312.5	68.2
盐城	68.09	225.4	50.9
扬州	26.13	1 014.2	54.4
镇江	17.14	247.6	22.9
泰州	23.08	624.2	47.0
宿迁	33.65	262.9	92.0
全省	486.60	199.5	67.7
淮河流域	263.18	251.5	62.5
长江流域	94.58	311.6	74.3
太湖流域	128.85	97.7	74.1

入省境水量(不含长江干流)638.0 亿 m^3,其中,长江下游支流来水 22.7 亿 m^3,淮河上中游来水 428.1 亿 m^3,淮河下游来水 8.2 亿 m^3,沂沭泗上游来水 84.9 亿 m^3,浙江省来水 92.3 亿 m^3,上海来水 1.8 亿 m^3。

出省境水量(不含长江干流)221.8 亿 m^3,其中,进入上海市 136.21 亿 m^3,进入浙江省 70.9 亿 m^3,进入外省长江流域支流 8.3 亿 m^3,南水北调入山东省 6.4 亿 m^3;入海水量 501.5 亿 m^3,其中,沂沭泗 234.0 亿 m^3,淮河下游支流 239.4 亿 m^3,长江流域 28.1 亿 m^2。

长江干流年径流量(大通站)111 801 亿 m^3。全省汇入长江干流水量 552.7 亿 m^3,其中,淮河流域 326.7 亿 m^3,长江流域 115.2 亿 m^3,太湖流域 110.8 亿 m^3;引长江水量 299.4 亿 m^3,其中,淮河流域 118.8 亿 m^3,长江流域支流 92.4 亿 m^3,太湖流域 88.21 亿 m^3。

出入省境和入海水量示意图见图 4。

(三) 地下水资源量

全省地下水资源量(矿化度<2 g/L)137.8 亿 m^3,比多年平均值偏多 11.1%,比 2019 年增加 77.3%。其中,平原区地下水资源 122.6 亿 m^3,山丘区地下水资源量 16.4 亿 m^3,重复计算量 1.2 亿 m^3。全省分流域平原浅层地下水补给情况见表 3。

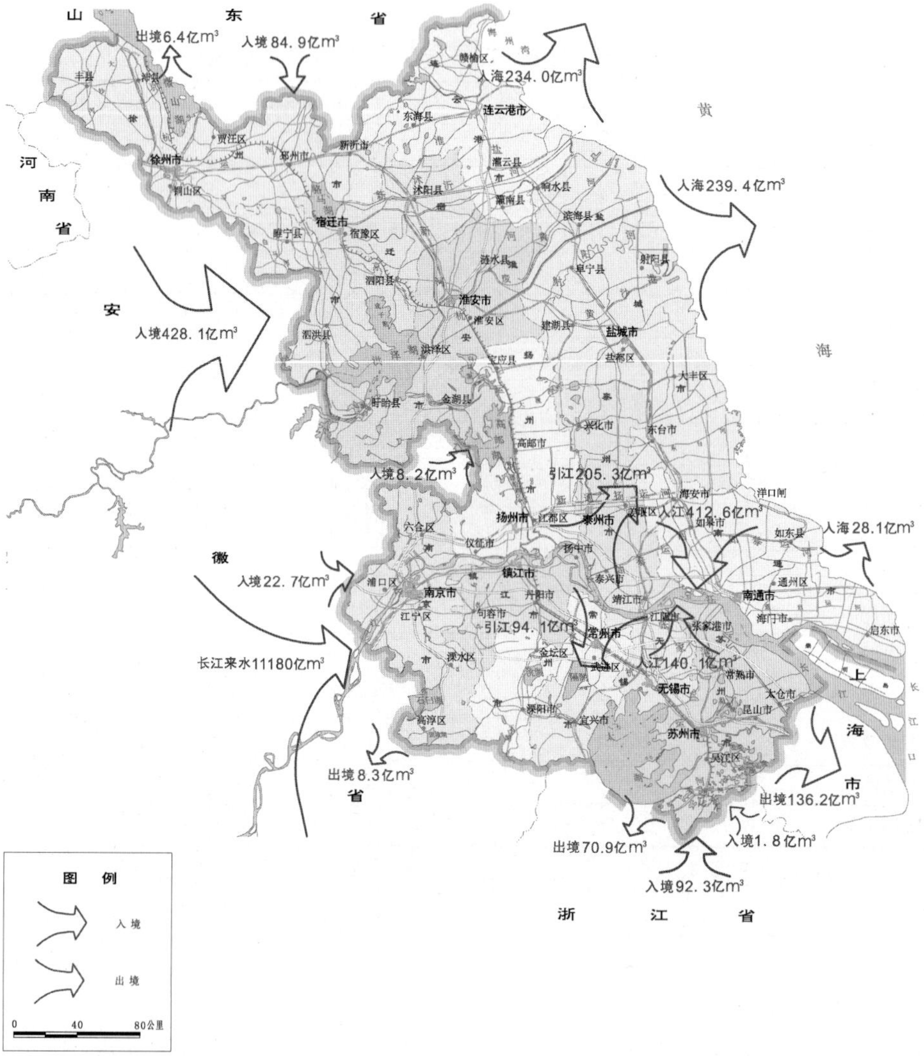

图 4 出入省境和入海水量示意图

表 3 全省分流域平原浅层地下水补给情况

流域分区	平原浅层地下水总补给量(亿 m^3)	平原浅层地下水计算面积占比(%)
淮河流域	85.3	64.5
长江流域	20.1	16.1
太湖流域	17.2	19.4
合计	122.6	100.0

(四) 水资源总量

全省水资源总量 543.4 亿 m^3，比多年平均值偏多 60.2%，是 2019 年的 2.3 倍。其中，地表水资源量 486.6 亿 m^3，地下水资源量 137.8 亿 m^3，重复计算量 81.0 亿 m^3；淮河流域水资源总量 304.8 亿 m^3，长江流域水资源总量 102.8 亿 m^3，太湖流域水资源总量 135.8 亿 m^3。全省平均产水系数 0.43，平均产水模数 529 万 m^3/km^2。2020 年各设区市及流域分区水资源总量见表 4，设区市降水量与水资源总量对比见图 5，设区市水资源总量与多年平均值比较见图 6。

表 4　2020 年江苏省设区市及流域分区水资源总量

设区市及流域分区	水资源总量（亿 m³）	与 2019 年比较（%）	与多年平均比较（%）
南京	41.47	373.8	82.8
无锡	37.34	94.7	83.1
徐州	47.49	63.7	47.0
常州	32.02	123.5	70.6
苏州	58.12	52.6	80.0
南通	47.62	139.8	55.1
连云港	40.67	125.5	67.2
淮安	48.76	161.1	57.5
盐城	76.48	146.2	47.1
扬州	28.51	476.0	51.9
镇江	17.83	167.5	22.7
泰州	25.56	315.0	45.1
宿迁	41.52	145.2	74.8
全省	543.39	134.5	60.2
淮河流域	304.78	149.5	53.4
长江流域	102.84	192.2	69.1
太湖流域	135.78	82.7	70.6

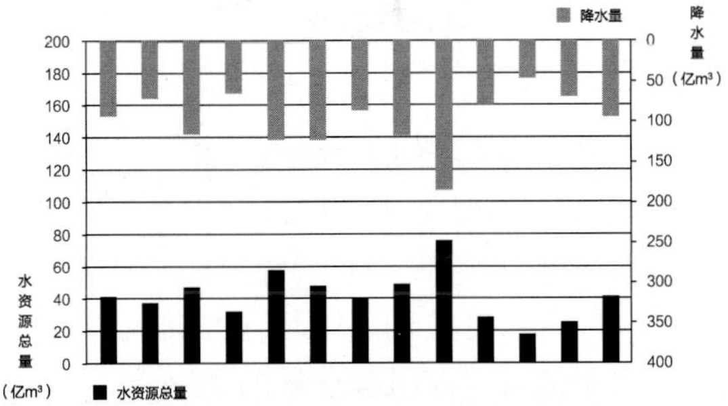

图 5　2020 年设区市降水量与水资源总量对比图

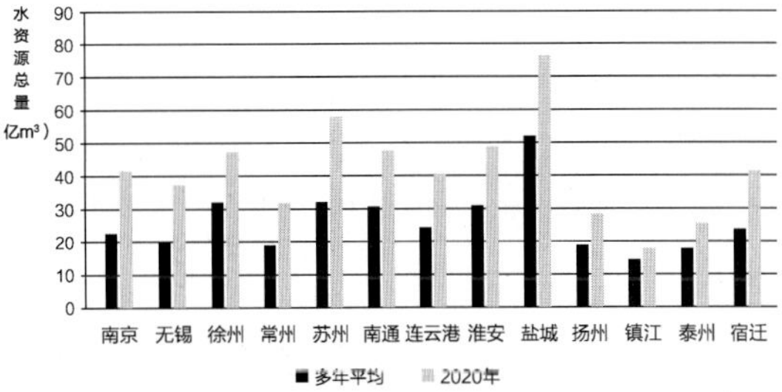

图 6　各设区市水资源总量与多年平均值比较图

与多年平均值比较，全省各年代水资源总量差异较大，2000—2020 年全省水资源总量年际变化过程见图 7。

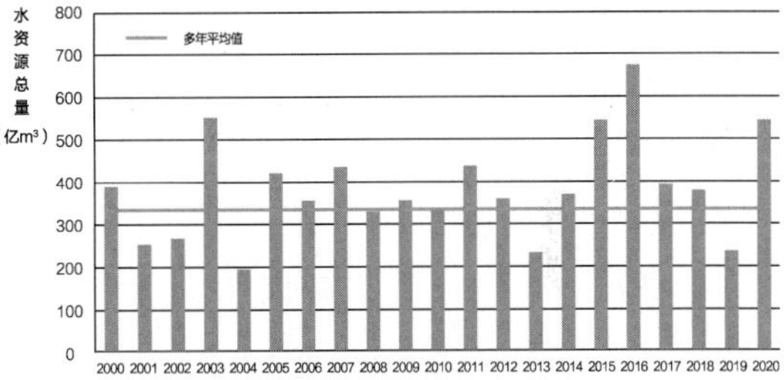

图 7　2000—2020 年全省水资源总量变化过程图

（五）蓄水动态

1. 省管湖泊

全省 13 个省管湖泊(不含南四湖、石臼湖和里下河湖荡)年末蓄水总量 107.2 亿 m³，比年初增加 20.74 亿 m³。省管湖泊蓄水量见表 5。

2. 大型水库

全省 6 座大型水库年末蓄水总量 5.3 亿 m³，比年初多 0.98 亿 m³。大型水库蓄水量见表 6。

表 5　省管湖泊蓄水量　　单位：亿 m³

湖泊名称	太湖	洪泽湖	骆马湖	固城湖	长荡湖	滆湖	白马湖	宝应湖	高邮湖	邵伯湖	总 计
年初蓄水量	52.10	13.83	5.37	1.08	2.42	4.72	0.56	0.09	5.65	0.67	86.48
年末蓄水量	48.70	30.60	8.51	0.87	2.24	4.50	0.74	0.150	9.78	1.13	107.22
蓄水变量	−3.40	16.77	3.14	−0.21	−0.18	−0.22	0.18	0.06	4.13	0.46	20.74

表 6　大型水库蓄水量　　单位：亿 m³

水库名称	石梁河	小塔山	安峰山	沙 河	大 溪	横 山	总 计
年初蓄水量	2.37	0.76	0.28	0.42	0.24	0.25	4.32
年末蓄水量	2.58	1.09	0.35	0.46	0.56	0.26	5.3
蓄水变量	0.21	0.33	0.07	0.04	0.32	0.01	0.98

3. 中型水库

全省 43 座中型水库年末蓄水总量 4.82 亿 m^3，比年初多 1.48 亿 m^3。其中，淮河流域 19 座，年末蓄水总量 2.39 亿 m^3，比年初多 0.64 亿 m^3；长江流域 17 座，年末蓄水总量 1.98 m^3，比年初多 0.69 m^3；太湖流域 7 座，年末蓄水总量 0.45 亿 m^3，比年初多 0.15 亿 m^3。

4. 浅层地下水

全省平原区面积 7.12 万 km^2，年末浅层地下水储存量比年初多 8.41 亿 m^3，其中水位上升区面积 2.31 万 km^2，储存量增加 5.5 亿 m^3，水位相对稳定区面积 4.81 万 km^2，储存量增加 2.9 亿 m^3。各流域地下水储存量也均有不同程度的增加，其中，淮河流域 5.6 亿 m^3，长江流域 1.3 亿 m^3，太湖流域 1.5 亿 m^3。

三、水资源利用

（一）供用水量

全省供水总量 452.7 亿 m^3。其中，地表水源供水量 436.6 亿 m^3，占供水总量的 96.4%；地下水源供水量 4.3 亿 m^3，占供水总量的 1.0%；非常规水源供水量 11.8 亿 m^3，占供水总量的 2.6%。与 2019 年相比，供水总量减少 40.7 亿 m^3，其中，地表水源供水量减少 40.0 亿 m^3，地下水源供水量减少 2.0 亿 m^3，非常规水源供水量增加 1.3 亿 m^2。

全省用水总量 452.7 亿 m^3。其中，生产用水 403.6 亿 m^3，占用水总量的 89.1%；居民生活用水 44.3 亿 m^3，占用水总量的9.8%；生态环境用水 4.8 亿 m^3，占用水总量的 1.1%。与 2019 年相比，用水总量减少 40.7 亿 m^3，其中，生产用水减少 45.4 亿 m^2，居民生活用水增加 3.7 亿 m^3，生态环境用水增加 1.0 亿m^3。

按照产业结构划分，第一产业用水 266.6 亿 m^3，占生产用水的 66.1%，其中农田灌溉用水 240.3 亿 m^3，占第一产业用水的90.1%；第二产业用水 121.2 亿 m^3，占 30.0%，其中，电力工业用水 80.0 亿 m^3，一般工业用水 37.6 亿 m^3；第三产业用水 15.8 亿 m^3，占 3.9%。各类用水量组成见图 9。

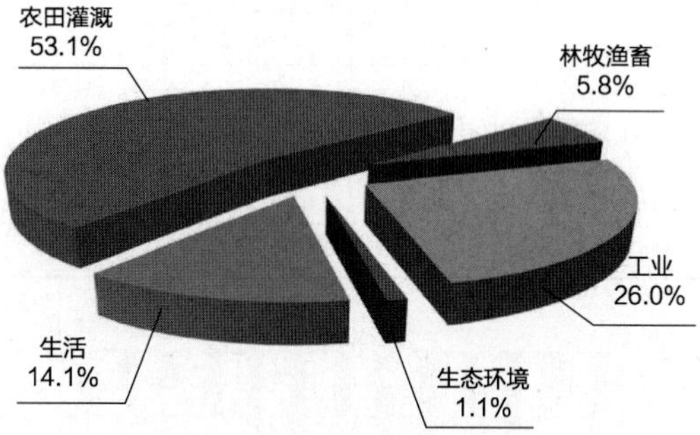

图 9　各类用水量组成图

分流域看，淮河流域用水量 216.3 亿 m^3，占用水总量的 47.8%；长江流域用水量 108.8 亿 m^3，占用水总量的 24.0%；太湖流域用水量 127.6 亿 m^3，占用水总量的 28.2%。分流域供用水量见表 9。

表 6　大型水库蓄水量　　单位：亿 m^3

流域分区	供水量				用水量			
	地表水	地下水	非常规水	合计	生活	工农业生产	生态环境	合计
淮河流域	209.9	4.0	2.4	216.3	22.9	191.5	1.9	216.3
长江流域	105.7	0.2	2.9	108.8	17.5	89.9	1.3	108.8
太湖流域	121.1	0.1	6.4	127.6	23.3	102.7	1.6	127.6
全省	436.7	4.3	11.7	452.7	63.7	384.1	4.8	452.7

分区域看，苏南地区用水量 180.0 亿 m^3，占用水总量的 39.8%；苏中地区用水量 105.8 亿 m^3，占用水总量的 23.4%；苏北地区用水量 166.9 亿 m^3，占用水总量的 36.8%。设区市用水量组成见图 10。

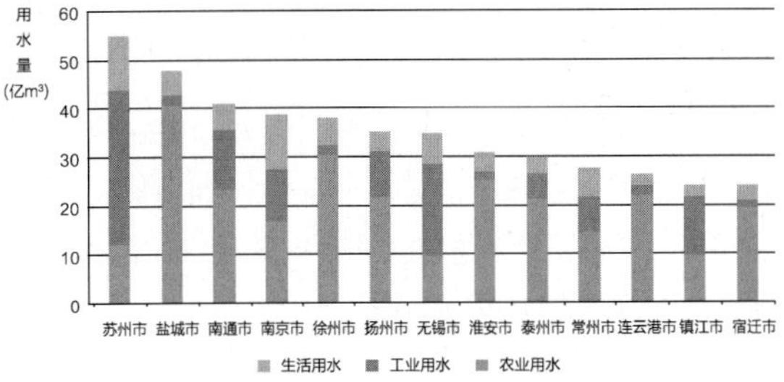

图 10　设区市用水量组成图

(二) 用水耗排量

全省用水消耗总量 241.9 亿 m^3，综合耗水率 53.4%。废污水排放总量 64.6 亿 m^3。

(三) 地下水开发利用

全省地下水开采量 4.3 亿 m^3。全省 22 个地下水超采区，水位上升的 19 个，稳定的 3 个，无下降区。地下水水位降落漏斗面积 4 315 km^2，主要分布于盐城、徐州、宿迁、淮安等地，较上年减少 87 km^2。苏锡常禁采区漏斗区范围消失。全省无超地下水水位红线区域。地下水水位降落漏斗分布见图 11。

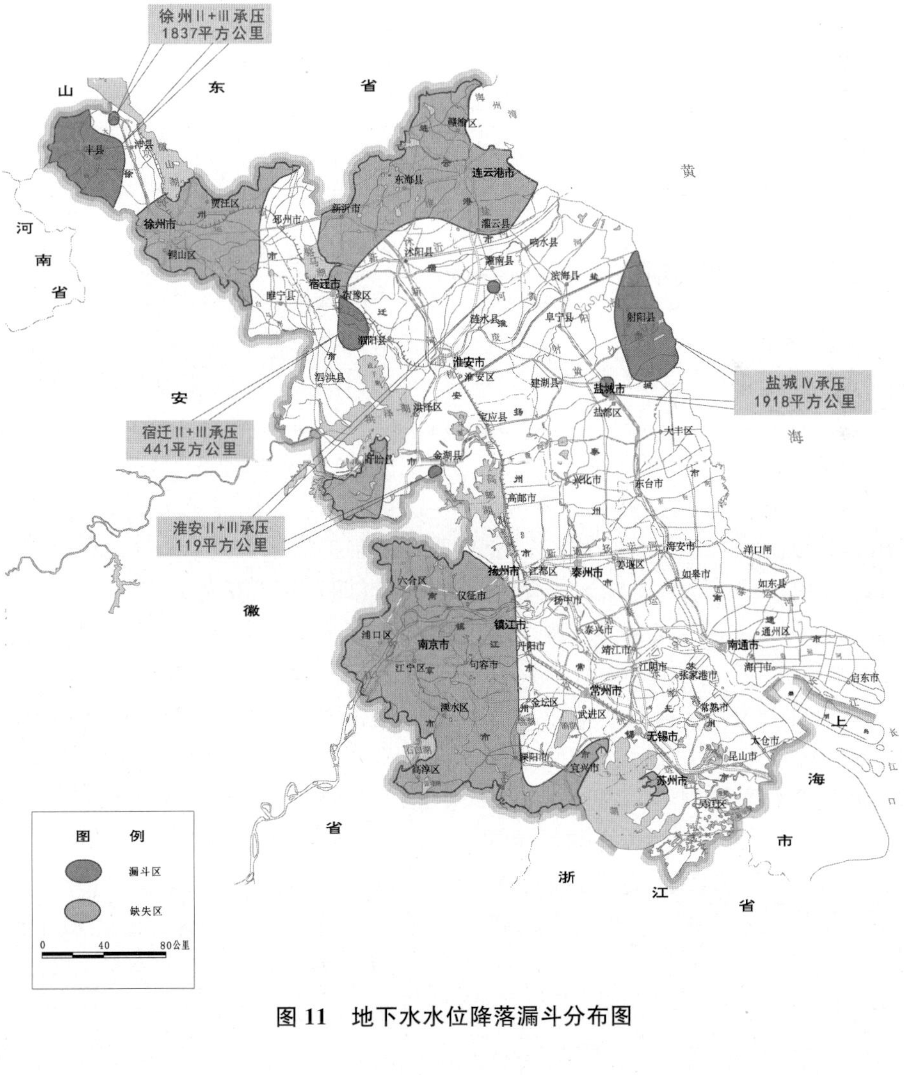

图 11　地下水水位降落漏斗分布图

（四）用水指标

全省万元地区生产总值用水量 44.1 m^3，万元工业增加值用水量 31.1 m^3。农田灌溉亩均用水量 423.1 m^3，城镇居民生活用水量 158.0 L/(人・d)，农村居民生活用水量 102.6 L/(人・d)。

苏南、苏中、苏北地区万元地区生产总值用水量分别为 30.3 m^3、49.4 m^3、70.0 m^3；农田灌溉亩均用水量分别为 502.2 m^3、435.1 m^3、391.8 m^3；万元工业增加值用水量分别为 35.4 m^3、33.2 m^3、11.7 m^3。

（五）用水指标趋势分析

2015 年—2020 年，全省用水总量趋于稳定。2020 年为丰水年，全省用水总量 452.7 亿 m^3，比上年减少 40.7 亿 m^3，在用水总量控制目标之内；按可比价计，全省万元地区生产总值用水量比 2015 年下降 28.3%，超额完成国家年度考核目标（25%）；全省万元工业增加值用水量比 2015 年下降 31.5%，超额完成国家考核年度目标（20%）；农田灌溉水有效利用系数 0.616，超额完成年度控制目标。全省用水指标趋势分析见表 10。

表 10 全省用水指标趋势分析

用水指标	2015 年	2016 年	2017 年	2018 年	2019 年	2020 年
用水总量（亿 m^3）	460.6	453.2	465.9	460.2	493.4	452.7
万元地区生产总值用水量（m^3）	65.7	60.0	54.2	49.7	49.5	44.1
万元工业增加值用水量（m^3）	44.7	41.2	36.7	34.2	32.4	31.1
农田灌溉水有效利用系数	0.598	0.605	0.608	0.612	0.614	0.616

四、水资源调配

（一）南水北调

江苏南水北调新建工程和江水北调工程通过"统一调度，联合运行"，2019—2020 年度累计向山东调水 7.03 亿 m^3，完成向山东供水任务，输水沿线水质实现稳定达标，实现水量与水质双达标目标。

（二）江水北调

做好水源调配，干旱期间全力实施江水北调，强化用水管理，通过一系列蓄水保水、调水供水以及管水等措施，保障了农业夏栽大用水，同时保障了城乡居民生活、重点工业、大运河航运和生态等用水。江水北调沿线省属泵站、省指定大站及南水北调新建泵站、通榆河北延工程灌北泵站、金湖控制线临时机组等全年累计抽水 108.8 亿 m^3，其中江都枢纽抽江 35.2 亿 m^3。

（三）江水东引

调度高港枢纽、江都枢纽适时引长江水补给里下河地区。江都枢纽、高港枢纽全年分别引江水 37.71 亿 m^3、54.2 亿 m^3（含向通南地区送水），解决里下河等地区用水，并为宝应站、滨海站等抽水，沿海射阳河、黄沙港、新洋港、斗龙港、川东港冲淤排水及区域水环境改善提供水源。

（四）引江济太

实施调水引流，严格控制望虞河沿线、环太湖口门运行，有效补充太湖地区河湖水量，促进梅梁湖、贡湖及东太湖水体流动，维护太湖良好水生态，抑制太湖蓝藻暴发，保障无锡、苏州市太湖水源地及宜兴市等太湖周边地区乡镇的供水安全。全年实施 4 轮引江济太调水，常熟枢纽年调引长江水量 6.6 亿 m^3，望亭立交入太湖水量 2.4 亿 m^3；梅梁湖泵站（含大渲河泵站）年出湖水量 7.8 亿 m^3。

（五）秦淮河调水

实施引江调水，增加水体流动，促进秦淮河水生态改善。秦淮新河枢纽全年调引江水6.0亿 m^3，维持秦淮河合理水位，有效保障了供水、航运、水环境等需求。

五、水资源管理

（一）实行最严格水资源管理制度

省政府建立由分管省领导为召集人的联席会议，功调推进考核重大事项。印发全省考核实施方案，完成对各设区市考核工作，考核结果经省政府同意向各设区市人民政府通报。配合开展长江、南四湖、高邮湖、滁河等购跨河湖水量分配方案；完成省内秦淮河、淮沭河、沭新河、苏北灌溉总渠、骆马湖等跨市河湖及部分跨县河湖水量分配方案；编制淮河、太湖、沂河、沭河等河湖水量调度方案。率先探索开展可用水量确定。

（二）规范取用水监督管理

在率先完成全省范围的取水工程核查登记工作的基础上，全面完成长江、淮河、太湖流域的取水工程整改提升任务，全省共核查登记14 499个取水项目（对应31 966个取水工程），共取缔1 333个项目，整改4 750个项目。在全国率先出台《江苏省水资源管理监督检查实施办法》，采用“四不两直”等方式，全年累计对1 500余个取水工程进行监督检查，促进规范取水。加大水资源费征收力度，全年征收水资源费超15亿元，超额完成年度征收任务。

（三）加强制度和标准建设

水源地长效管护机制全面建立，制定全国首个集中式饮用水水源地长效管护地方标准。会同省市场监督管理局印发《江苏省林牧渔业、工业、服务业和生活用水定额（2019年修订）》，制定出台《江苏省水平衡测试管理办法》，为开展节约用水工作提供标尺。

（四）深化水资源管理改革

组织制定《关于推进水权改革工作的意见》，宿迁市洋河新区完成全国首例地下水取水权交易试点。在率先颁发全国首批省级取水许可电子证照的基础上，全面部署推进电子证照应用，率先实现省市县三级取水许可电子证照全覆盖。会同省商务厅制定并印发开发区水资源论证区域评估方案和实施细则，启动实施水资源区域评估工作，探索取水许可承诺告知制度。会同省财政、税务等部制定《水资源费改税税额标准与政策措施》，印发地热水、矿泉水水资源费改征资源税及建立部门协作机制的通知，地热水、矿泉水费改税平稳过渡。

（五）推进水资源信息化建设

全面推进省水资源信息化统一平台建设，加强省市县三级管理部门业务应用：建成取水许可电子证照、水资源强监管与考核、取水工程（设施）信息管理等系统，启动节约用水信息管理系统建设。在96个5万亩以上大中型灌区取水口门、年取用地表水10万 m^3 以上、地下水5万 m^3 以上取水大户建设3 100个水资源监测站，全省河道外85%以上非农取水以及60%以上总取水量实现在线监控。

六、水资源节约

（一）全面落实国家节水行动

将万元国内生产总值用水量纳入全省高质量发展综合考核体系，将节水行动年度目标任务纳入最严格水资源管理制度核。系统谋划全省及各地节约用水工作，开展全省“十四五”节约用水规划编制，各地分级分地区编制节约用水规划。

（二）加强用水节水全过程监管

落实《江苏省“十三五”水资源消耗总量和强度双控行动实施方案》，依据总量和强度控制指标，科学制定区域年度用水计划。对重点领域、行业、产品等用水节水工作，开展年初下达目标任务、年中督促检查、年底综合考核的全过程监管。

（三）加快推进节水型社会建设

加快推进国家级县域节水型社会达标建设，全省累计 43 个县（市、区）完成达标建设，占全部县（市、区）的 45%，提前超额完成国家下达目标。大力推动节水型载体建设，年度建成 264 家省级节水型载体和 113 所省级节水型学校；评选产生 16 家省级水效领跑者，经遴选推荐，芬欧汇川、金东纸业、百威（宿迁）啤酒 3 家单位被评为国家水效领跑者。重点推进节水型高校建设，建成 42 家国家级节水型高校。在抓好市、县级水利行业节水机关建设基础上，进一步向全体党政机关延伸，全省已累计创成 73 家节水型机关单位。建立节水评价和台账登记制度，全省累计完成 600 余个项目的节水评价。联合省发展改革委、国家税务总局江苏省税务局共同推进合同节水管理，年内新签约 24 个合同节水项目，其中高校合同节水 12 项。

（四）创新节约用水体制机制

在全国创新推出“节水贷”业务基础上，针对新冠疫情，进一步拓展“节水贷”业务范围，支持节水型企业复产复工，累计发放低息贷款 37 亿元，惠及 60 余家企业。在全国率先开展节水型高速公路服务区建设，拓展节水宣传新阵地，制定了《节水型高速公路服务区建设标准》，启动试点建设。

（五）加强宣传引导

在“世界水日”“中国水周”期间加强水资源和节水集中宣传。省水利厅领导走进江苏“政风热线”直播间解读“水乡是否要节水”，赴省政府门户网站开展在线访谈，赴江苏卫视《黄金时间》栏目专题解读节水政策。在人民日报、新华日报、中国水利网、江苏水利网等媒体总结宣传水资源节约保护工作经验成效。

七、水资源保护

（一）加强饮用水源地保护

全面完成水源地达标和应急备用水源建设，全省县级以上城市集中式饮用水水源地全面达标，超额完成长江经济带城市水源地达标建设目标任务，县级以上城市 75 个供水单元全部实现双源供水或建成应急备用水源，形成相互调配、互为补充的安全供水格局。建成跨部门水源地信息共享平台，推进数据共享和信息互通。

（二）全面完成省级生态水位（流量）确定

全面推进生态水位确定与保障，制定发布主要河湖（库）生态水位（流量），提前超额完成水利部下达的目标任务；按照“一河（湖）一策”的要求，编制完成第一批重点河湖生态水位保障实施方案，建立生态水位月监测、年评估制度，加强水利工程优化调度和取用水管控，主要河湖（库）生态水位均得到有效保障。组织开展平原水网地区生态流量（水位）研究探索，开展里下河腹部区、阳澄淀泖区等片区生态水位确定试点。

（三）推进生态河湖建设

系统推进长江、太湖、洪泽湖等重点河湖治理保护，太湖水环境综合治理连续 13 年实现“两个确保”。组织开展生态河湖行动计划实施情况评估，梳理总结三年行动计划所取得的成效与经验。在全国率先颁布《生态河湖评价规范》地方标准，省级持续 10 年逐年开展全省主要河湖生态状况评估，组织各市全面开展重点河湖生态状况评估。

（四）加强水资源监测体系建设

持续组织开展全省水功能区、饮用水源地、排污口、长江入江支流、地下水、水生态等六大监测工作，开展太湖、洪泽湖主要湖泊水资源质量监测，全面掌握河湖水资源水生态状况。定期发布水源地水文情报。

(五) 加强地下水保护

按照省政府批复的《江苏省地下水压采方案(2014—2020)》要求,加快推进苏中苏北八市封井压采,建立季通报、年考核机制,累计完成封井 7 883 眼、年压减地下水开采量 4.3 亿 m^3,超额完成省政府下达的目标任务。该区域地下水水位全面稳定回升,超地下水位红线区域全部消失。

附　　注

1. 地表水资源量:指河流、湖泊、冰川等地表水体逐年更新的动态水量,即当地大然河川径流量。

2. 地下水资源量:指地下饱和含水层逐年更斯的动态水量,即降水和地表水入渗对地下水的补给量。山丘区采用泄排量法计算,以总排泄量作为地下水资源量。平原区采用补给量法计算。在确定水资源分区或设区市的地下水资源量时,扣除了山丘区与平原区之间的重复计算量。

3. 水资源总量:指当地降水形成的地表和地下产水总量,即地表产流量与降水入渗补给地下水量之和。

4. 多年平均:采用 1956—2016 年系列。

5. 降水距平:指年降水量与多年平均值的比较。

6. 洪泽湖蓄水量计算采用平蓄不破圩(不含女山湖)曲线计算。

7. 供水量:指各种水源为用水户提供的包括输水损失在内的毛水量,分地表水源、地下水源和其他水源统计。地表水源供水量指地表水工程的取水量;地下水源供水量指水井工程的开采量;其他水源供水量包括污水处理再利用、集雨工程、海水淡化等水源工程的供水量。海水直接利用量另行统计,不计入供水总量。

8. 用水量:指各类用水户取用的包括输水损失在内的毛水量,按生活、生产与城镇环填 3 大类用户统计,不包括海水直接利用量。生活用水包括城镇和农村生活用水。工业用水指工矿企业生产过程中用于制造、加工、冷机、空调、净化、洗涤等方面的用水,不包括企业内部的充分利用水量。

9. 2000 年后新增直流冷却火电用水量按耗水量计入用水总量。

10. 第一产业用水:包括农田灌溉、林牧渔和牲畜用水。

11. 第二产业用水:包括工业和建筑业用水。

12. 第三产业用水:包括商品贸易、餐饮住宿、交通运输、机关团体等各种服务行业用水。

13. 废污水排放量:指第二产业、第三产业和城镇居民生活等用水户排放的水量,但不包括火电直流冷却水排放量和矿坑排水量。

14. 缺失区:指不同层位地下水对应的含水砂层不发育或基本缺失的区域。

2020 年全省水利建设主要指标统计表

面积：千公顷

指标名称 / 省市	（耕地灌溉面积）有效灌溉面积	节水灌溉面积	除涝面积				水土流失综合治理面积		堤防总长度（km）	达标堤防长度		
			小计	3～5 年	5～10 年	10 年以上	合计	其中：小流域综合治理面积		总长度（km）	其中：一级堤防（km）	其中：二级堤防（km）
合计	4 500.550 0	2 885.250 0	4 483.010 0	220.080 0	1 216.250 0	3 046.680 0	950.690 0	346.384 0	56 399.27	43 328.03	1 265.62	3 780.65
江苏省												
南京市	228.300 0	157.420 0	237.49	1.46	2.57	233.46	226.818 0	94.072 0	2 468.44	2 058.29	116.02	473.84
无锡市	109.250 0	75.100 0	108.55	2.18	1.14	105.23	45.830 0	6.380 0	2 195.81	2 057.19	61.81	145.75
徐州市	595.840 0	367.740 0	600.13	73.66	139.33	387.14	63.338 0	8.712 0	4 970.17	2 849.75	53.93	371.93
常州市	167.820 0	105.225 0	149.13	4.36	17.68	127.09	32.580 0	4.070 0	2 663.17	1 758.51	6.46	141.54
苏州市	196.220 0	124.734 0	176.38		1.79	174.59	16.590 0	16.590 0	7 586.64	7 156.86	61.17	356.41
南通市	426.170 0	299.240 0	443.43	16.47	61.64	365.32	33.480 0	1.780 0	1 428.62	1 126.49	15.89	565.76
连云港市	370.540 0	254.010 0	391.20	16.54	161.86	212.80	127.943 0	110.510 0	2 915.56	1 852.92	158.02	207.80
淮安市	465.890 0	304.310 0	435.92	6.77	161.82	267.33	115.241 0	15.320 0	4 621.58	3 201.28	362.73	262.27
盐城市	795.100 0	471.600 0	787.99	31.95	308.08	447.96	24.490 0	2.790 0	10 765.46	8 646.09	168.78	497.66
扬州市	291.180 0	214.100 0	291.38	8.30	62.33	220.75	56.791 0	40.250 0	5 266.99	3 071.24	66.84	273.88
镇江市	139.450 0	100.860 0	141.49	0.13	14.14	127.22	57.459 0	31.500 0	1 339.36	1 109.04		214.67
泰州市	284.730 0	151.651 0	295.02	1.86	81.56	211.60	9.800 0	5.670 0	4 913.57	4 724.70		190.54
宿迁市	430.060 0	259.260 0	424.90	56.40	202.31	166.19	140.330 0	8.740 0	5 233.90	3 715.67	193.97	78.60
江苏省属												

2020 年全省水利重点工程实施情况表

单位:万元

序号	项目名称	建设任务	本年完成	完成比例
一	172 项节水供水重大水利工程	459 931	479 875	104.3%
1	淮河流域重点平原洼地近期治理工程	180 000	192 929	107.2%
2	淮河入海水道二期工程	2 600	2 600	100.0%
3	淮河行蓄洪区及干流滩区居民迁建工程	13 000	19 000	146.2%
4	新孟河延伸拓浚工程	174 000	174 350	100.2%
5	望虞河西岸控制工程	11 468	11 468	100.0%
6	环太湖大堤后续(江苏段)工程	61 301	61 966	101.1%
7	八卦洲汊道河道整治工程	17 562	17 562	100.0%
二	国家专项规划项目	160 304	167 607	104.6%
1	中小河流治理工程	69 409	69 707	100.4%
2	江河支流治理工程	38 064	41 064	107.9%
3	排涝能力建设工程	31 199	35 204	112.8%
4	病险水闸加固工程	21 632	21 632	100.0%
三	省重点区域水利项目	415 189	420 905	101.4%
1	沿海水利建设工程	25 671	27 180	105.9%
2	其他区域重点项目	360 200	364 049	101.1%
3	竞争立项项目	21 681	21 931	101.2%
4	省属水利工程	7 637	7 745	101.4%
四	其他水利重点项目	229 576	233 048	101.5%
	合计	1 265 000	1 301 435	102.9%

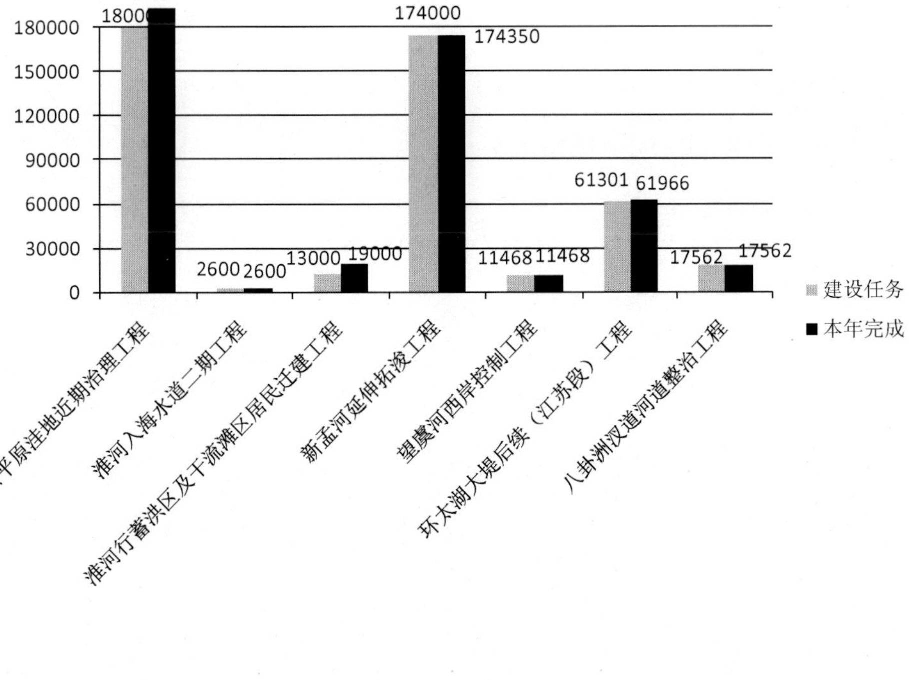

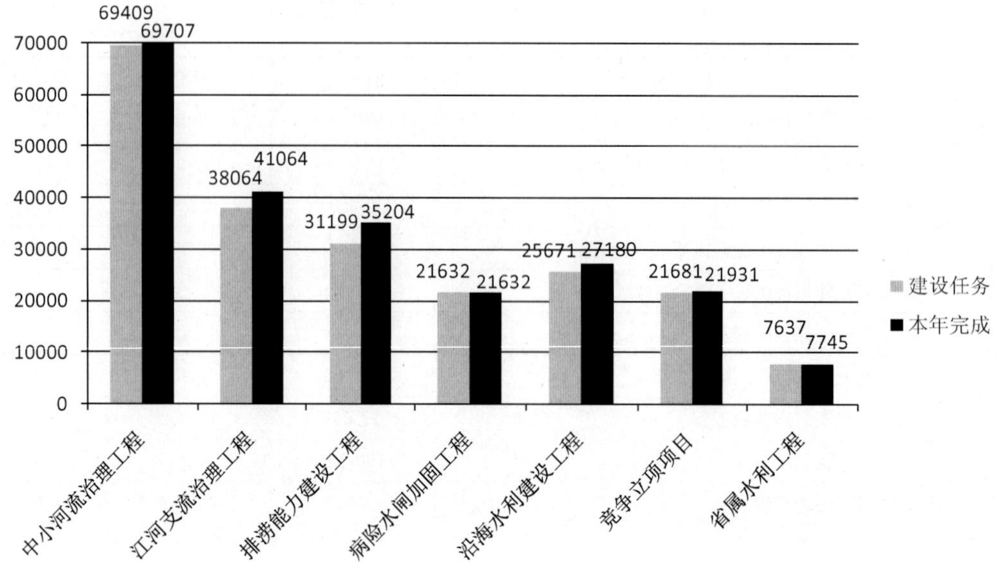

2020 年竣工验收情况统计

序号	工程名称	时间	概算(万元)
1	淮安三站改造工程	5 月 12 日	6 702
2	淮涟闸除险加固工程	5 月 13 日	2 458
3	徐州市邳西泵站更新改造工程	7 月 14 日	10 091
4	新沟河延伸拓浚工程江边枢纽工程	12 月 23 日	41 347
5	滁河防洪治理近期工程江苏省境内工程	12 月 25 日	21 3800
6	新沟河延伸拓浚工程	12 月 30 日	574 000

2020 年度江苏省水利科技进步奖获奖名单

序号	成果名称	推荐单位	主要完成单位	主要完成人员
一等奖 6 项				
1	蓝藻颗粒团聚过程与消除关键技术研究	中国科学院南京地理与湖泊研究所	中国科学院南京地理与湖泊研究所、水利部交通运输部国家能源局南京水利科学研究院、江苏省水文水资源勘测局	徐华成、王智源、冯慕华、潘继征、刘俊杰、陆小明、严晗璐、王昌辉、林育青、宋 娜、柯凡、杜海岩
2	多个大型采砂工程对长江局部河段河势影响的叠加效应研究	江苏省水利科学研究院	江苏省水科学研究院	赵 钢、徐 毅、王茂枚、姜果、王 俊、朱大栋、蔡 军、陈 楠、刘 洋、朱 昊、周广宇、罗 青、高 业、何 敏
3	水工混凝土质量提升关键技术	江苏省水利科学研究院	江苏省水利科学研究院、江苏省水利工程质量监督中心站、盐城市水利局、南京市水利建筑工程有限公司、江苏盐城水利建设有限公司	朱炳喜、高文达、周金山、何玉良、顾文菊、蔡一平、宋 力、储冬冬、黄根民、李进东、王小勇、龚飞龙、陈艳丽、袁 尧、许旭东
4	江苏太湖地区产汇流新机理及洪涝防控研究	江苏省水文水资源勘测局	江苏省水文水资源勘测局、南京大学	马 倩、许有鹏、陆小明、陆苗、姚允龙、沈顺中、王 强、陈卫东、许仁康、林芷欣、陈鑫、徐 兴、胡尊乐、高 斌、聂 青
5	水闸监控系统检测规范	江苏省江都水利工程管理处	江苏省江都水利工程管理处、江苏省水利厅运行管理处、河海大学	王冬生、薛井俊、丁 亚、袁志波、严 爽、周晓锋、赵林章、孙正兰、樊 旭、刘 刚、张晖、高杏根、王梦旭、任 杰、丁辰龙
6	江苏省作物灌溉用水定额研究与应用	江苏省水利厅	江苏省水利厅农村水利与水土保持处、河海大学、江苏省水利科学研究院、江苏省农村水利科技发展中心、徐州市水利科学研究所	叶 健、郭相平、沈建强、陈盛、王 俊、张昕怡、杨 星、陆承璇、操信春、张 健、梁森、翟林鹏、郭守岩、王志寰、章二子
二等奖 6 项				
1	里下河腹部地区湖泊湖荡群水生态调查评价与总体整治格局研究	江苏省水利工程规划办公室	江苏省水利工程规划办公室、水利部交通运输部国家能源局南京水利科学研究院	毛媛媛、喻君杰、陈 诚、陈长奇、苏长城、张 明、王智源、张 颖、兰 林、严晗璐
2	江苏省省级防汛物资储备管理规范化研究	江苏省水利防汛物资储备中心	江苏省水利防汛物资储备中心、河海大学	韦建斌、华庆莉、王 伟、黄莉、樊峻江、陈国星、骆 勇、王熹徽、郭 尉、张枫雷
3	秦淮河流域水系变迁及洪涝风险研究	南京市水利规划设计院股份有限公司	江苏省水利学会、南京市水利规划设计院股份有限公司、南京大学	杨红卫、张 鹏、许有鹏、陈璇、高 斌、宋 轩、王献辉、洪 欣、陈 瑗、高玉琴

续表

序号	成果名称	推荐单位	主要完成单位	主要完成人员
4	南水北调东线工程调蓄湖泊联合优化调度研究	江苏省南水北调工程建设领导小组办公室	江苏省南水北调工程建设领导小组办公室、河海大学	张劲松、方国华、郑在洲、刘丽君、闻　昕、薛刘宇、吴海军、黄显峰、吴学文、郭玉雪
5	洪泽湖网格信息化管理研究	江苏省水利科学研究院	江苏省水利科学研究院、江苏省洪泽湖管理委员会办公室(江苏省洪泽湖水利工程管理处)、江苏省测绘工程院	王冬梅、张　敏、卢　刚、陈昌仁、王　俊、郑福寿、万　骏、高士佩、梁文广、宋玉兵
6	基于GIS的江苏省小流域水土保持管理决策系统研究	江苏省水利厅	江苏省农村水利科技发展中心、南京林业大学、南京森林警察学院	张金池、王滇红、胡　乐、张水锋、林　杰、高　见、倪　霁、姚怀柱、刘　鑫、庄家尧
三等奖 8 项				
1	洪泽湖大堤悬挂式高压摆喷垂直截渗工程关键检测技术与效果研究	江苏省水利工程建设局	江苏省分淮入沂整治工程建设管理局、江苏省洪泽湖水利工程管理处、河海大学、江苏省工程勘测研究院有限责任公司	高　山、王　媛、问泽杭、孙超君、江　泉、付　兵、王正宏
2	水闸泵站标志标牌关键技术研究与推广应用	江苏省水利厅工程运行管理处	江苏省水利厅工程运行管理处、南水北调东线江苏水源有限责任公司	郭　宁、高杏根、莫兆祥、黄富佳、万　骏、吴学春、赵　勇
3	江苏优势水生植物对湖泊富营养化控制关键技术研究	江苏省水利科学研究院	江苏省水利科学研究院	胡晓东、王　俊、高士佩、严云翔、吴苏舒、徐季雄、朱　敏
4	环太湖出入湖河道污染物通量分析与研究	江苏省水文水资源勘测局	江苏省水文水资源勘测局苏州分局、江苏省水文水资源勘测局常州分局、江苏省水文水资源勘测局无锡分局	杨金艳、吕　文、王雪松、沈顺中、许仁康、杨　惠、徐　勇
5	徐州贾汪区潘安采煤塌陷区水质恢复治理及动态监测技术研究	徐州市水利学会	徐州市贾汪区水务局、南京大学金陵学院、江苏省水利厅	刘　宁、王　嵘、陈卫东、刘涛、万正成、葛　怡、陈　洁
6	基于"互联网＋水利"信息化系统的研究与应用推广	江阴市水利局	江阴市水利局、中电鸿信信息科技有限公司	邹明忠、席卫平、徐云峰、顾超、夏　勇、王　磊、沈建英
7	农田管道输水灌溉工程技术标准研究与应用	江苏省水利厅	江苏省水利厅农村水利与水土保持处、河海大学、江苏省水利科学研究院、江苏省农村水利科技发展中心	叶　健、郭相平、沈建强、周晓锋、杨子桐、李　鑫、杨　星
8	盐土隔离层脱盐改良技术试验研究	江苏省水利厅	江苏省水利厅农村水利与水土保持处、河海大学、江苏省水利科学研究院、江苏省农村水利科技发展中心、盐城市水利局	陈　盛、刘敏昊、郭相平、王俊、陈国存、张　健、王振昌

（洪　欣）

洪涝灾害基本情况统计表

填报单位:江苏省
起止日期:2020-01-01　　2020-12-31

地区	受灾范围		受灾人口	农作物受灾面积	受淹城镇	死亡人口	失踪人口	转移人口	直接经济总损失	其中水利工程设施直接经济损失
	县(市、区)	乡(镇、街道)								
	(个)	(个)	(万人)	(千公顷)	(个)	(人)	(人)	(万人)	(亿元)	(亿元)
合计	37	351	70.380 4	160.599 4	4			4.028 1	17.293 8	4.074 3
省本级										
南京市										
无锡市	1	8	0.009 8	0.786				0.003 4	0.026 9	0.019
徐州市	7	65	37.477 2	90.558	2			0.096 8	4.022 2	1.466 2
常州市	1	11	0.003 3	0.053 9					0.05	0.035 1
苏州市	7	61	0.294 7	9.010 2				0.166 6	0.727 3	0.204 1
南通市										
连云港市	1	26	11.631 4	11.186 6				0.033 8	2.120 9	0.382 3
淮安市	5	37	3.820 9	11.737 1	1			1.788 7	5.672 3	0.467 2
盐城市								0.025 6		
扬州市	1	4		0.117				1.309 1	0.07	
镇江市	5	12	0.694	0.586				0.603 9	1.408 3	0.679
泰州市	4	40	0.5		11.346 6				0.500 1	0.285 2
宿迁市	5	87	15.949 1	25.217 8	1			0.000 2	2.695 8	0.536 2

农业旱灾及抗旱效益统计表(年报)

表　　号:国汛统 12 表
制定机关:国家防汛抗旱总指挥部
批准机关:国家统计局
批准文号:国统制〔2018〕24 号
有效期至:2021 年 3 月

起止日期:2020-01-01　　2020-12-31

地区	实际播种面积		作物受旱面积	作物受灾面积			累计因旱人畜饮水困难		本年粮食总产量	粮食因旱损失		经济作物因旱损失	其他行业因旱直接经济损失	因旱直接经济总损失	抗旱效益		
	粮食作物	经济作物			其中成灾面积	其中绝收面积	人口	大牲畜							挽回粮食		经济作物
	(千公顷)	(千公顷)	(千公顷)	(千公顷)	(千公顷)	(千公顷)	(万人)	(万头)	(万吨)	(万吨)	(亿元)	(亿元)	(亿元)	(亿元)	(万吨)	(亿元)	(亿元)
合计	1 711.155	474.998	187.436	103.833	77.543	0.227	1.2		1 136.990 2	15.916	0.667 7	0.57	5.25	6.487 7	49.906	9.221 4	1.791 1
省本级																	
南京市																	
无锡市	79.51	58.39							54.751 2								
徐州市																	
常州市	76.513	49.698							80.154								
苏州市																	
南通市																	
连云港市																	
淮安市	561.483	79.543	87.833	63.76	63.76		1.2		416.35	0.376	0.009 4	0.03		0.039 4	18.548	4.209 2	0.001 1
盐城市	335.04	46.883	23.333						108.28						5.675	1.660 5	0.24
扬州市	102.37	72.28	1.63	1.13					53.0	0.04	0.008 3			0.008 3	0.283	0.118 7	0.02
镇江市	148.939	50.83							127.455								
泰州市	1.3	1.074	0.11	0.11	0.083	0.027											
宿迁市	406.0	116.3	74.53	38.833	13.7	0.2			297.0	15.5	0.65	0.54	5.25	6.44	25.4	3.233	1.53

制表人:郑福寿　王　建　沈　浩　　电　话:86338832